66,00

0398

Crime Organizado e Proibição de Insuficiência

B197c   Baltazar Junior, José Paulo
        Crime organizado e proibição de insuficiência / José Paulo Balta-
        zar Junior. – Porto Alegre: Livraria do Advogado Editora, 2010.
        266 p.; 23 cm.
        ISBN 978-85-7348-703-9

        1. Crime organizado. 2. Direitos e garantias individuais. I. Título.

                                        CDU – 343.911

        Índices para catálogo sistemático:
        Direitos e garantias individuais   342.7
        Crime organizado   343.911

(Bibliotecária responsável: Marta Roberto, CRB-10/652)

José Paulo Baltazar Junior

Crime Organizado e Proibição de Insuficiência

Porto Alegre, 2010

© José Paulo Baltazar Junior, 2010

Capa, projeto gráfico e diagramação
Livraria do Advogado Editora

Revisão
Rosane Marques Borba

Direitos desta edição reservados por
Livraria do Advogado Editora Ltda.
Rua Riachuelo, 1338
90010-273 Porto Alegre RS
Fone/fax: 0800-51-7522
editora@livrariadoadvogado.com.br
www.doadvogado.com.br

Impresso no Brasil / Printed in Brazil

Agradecimentos,

à Carmela Mottecy de Oliveira Baltazar, que me acompanhou e apoiou, amorosamente, em todos os momentos da elaboração da tese de doutoramento que resultou neste livro;

ao Professor Doutor Luiz Afonso Heck, pela aceitação, bem como pela firme e pronta orientação ao longo do Doutorado;

ao Professor Dr. Dr. h.c. mult. Bernd Schünemann pela acolhida junto à sua cátedra para Direito Penal, Direito Processual Penal, Filosofia do Direito e Sociologia do Direito na Ludwig-Maximilians Universität München durante o estágio de doutorando ao longo do ano de 2007, bem como ao seu assistente, Dr. Luis Greco;

à Faculdade de Direito da Universidade Federal do Rio Grande do Sul e à Ludwig-Maximilians Universität München;

ao Tribunal Regional Federal da 4ª Região, pela autorização de afastamento para curso no exterior;

à Coordenação de Aperfeiçoamento de Pessoal de Ensino Superior (CAPES) e ao Serviço Alemão de Intercâmbio Acadêmico (Deutscher Akademischer Austauschdienst-DAAD) pelo financiamento da pesquisa realizada na Alemanha.

Não são só ladrões, diz o Santo, os que cortam bolsas, ou espreitam os que se vão banhar, para lhes colher a roupa; os ladrões que mais própria e dignamente merecem este título, são aqueles a quem os Reis encomendam os exércitos e legiões, ou o governo das Províncias, ou a administração das Cidades, os quais, já com manha, já com força, roubam e despojam os povos. Os outros ladrões roubam um homem. Estes roubam Cidades e Reinos: os outros furtam debaixo do seu risco, estes sem temor nem perigo: os outros, se furtam, são enforcados, estes furtam e enforcam.

Padre Antônio Vieira, *Sermão do Bom Ladrão*, 1655.

Prefácio

A totalidade dos delitos cometidos na sociedade ou em parte dela deve ser entendida como a criminalidade.

Uma atuação particular, de grupo ou em massa pode sustentar a criminalidade. A última atuação mencionada, isto é, em massa, representa a chamada criminalidade organizada. Seu objetivo é um cometimento do crime constante, como, por exemplo, delitos patrimoniais organizados, tráfico de estupefacientes, terrorismo. A vítima do crime pode, igualmente, ser o particular, um grupo, raças inteiras ou povos. Além disso, delitos também podem dirigir-se contra o estado e suas funções. Aqui se deixa mencionar o exemplo dos delitos contra a administração da justiça, ou seja, prática judicial. É imaginável também que tribunais sejam transformados em joguete de interesses.

Disso deixa comprovar-se o significado da criminalidade. Ela não termina na perturbação e destruição de bens jurídicos de particulares, isto é, a vida, o corpo, a liberdade, a honra, o patrimônio. Alcança ela, além disso, também o pôr em risco a comunidade e a existência da ordem social e estatal. Pense-se nas possibilidades da técnica e da ciência atual. Até para a destruição da humanidade podem elas ser aproveitadas. A criminalidade apresenta, assim, um significado imediato, tanto na perda dos objetos atacados como no pôr em perigo determinados objetos. Isso pode situar-se no plano real.

No plano ideal, que se deixa situar ao lado desse plano real, aparece um significado mediato da criminalidade. Aqui podem ser mencionados como objetos, cuja perda reside, assim, no prejuízo ideal, os seguintes: as relações humanas da confiança e do ser dependente mutuamente e a confiança na defesa e auxílio estatal. Não é, com isso, indiferente até que ponto o/os estado(s), nacional e internacionalmente, está disposto a tomar posição firme e decidida diante da criminalidade. Essa tarefa torna-se tanto mais difícil quanto nessa tomada de posição têm de ser conservadas não só as exigências da segurança jurídica, estatalidade jurídica, mas também da humanidade[1]. O problema da sentença judicial falha[2] mostra, advertidamente e bem, o grau de dificuldade dessa tarefa.

Entre essas questões situa-se o trabalho de José Paulo Baltazar Junior, que também é juiz federal atuante no âmbito criminal. Na primeira parte ele apresenta, inicialmente, os direitos fundamentais entendidos como princípios, uma vez que esse entendimento primeiro possibilita o vencimento das questões da restrição dos direitos fundamentais e da proibição de insuficiência, tratadas a seguir. Na segunda parte ele trata do crime organizado, isto é, o estado da sua discussão científica atual, o problema da sua conceituação, tipificação e ele como problema para o processo penal. Na terceira parte, por fim, ele cuida da segurança não só como dever estatal, mas também como direito do cidadão, da ameaça do crime organizado e da concretização desse dever.

Ele foi defendido como tese para a obtenção do título de doutor na faculdade de direito da UFRGS. Obteve nota máxima. A banca examinadora: Ângelo Roberto Ilha da Silva, Danilo Knijnik, Ela Wiecko Volkmer de Castilho, Luís Afonso Heck, Néfi Cordeiro e Sergio Fernando Moro.

Alguns pontos, que representam a cientificidade desta tese, devem, aqui, ser realçados. Assim:

1. ela *não* insistiu na *afirmação* de causas da criminalidade sem fundamentos empíricos e na consequente *prescrição* abstrata de deveres ao estado;[3]

2. ela não só trabalhou a *literatura especializada* com respeito ao objeto da investigação, mas também no *original;*[4]

3. ela mostra *pré-compreensão.*[5]

Porto Alegre, verão de 2010.

Luís Afonso Heck
Prof. da UFRGS

---

[1] No sentido kantiano, isto é, não transformar a pessoa em objeto.

[2] Declarações de grupo direcionadas, no processo penal, ocorrem não só em favor do, mas também em desfavor do acusado.

[3] É, infelizmente, em geral, comum entre nós, nisso, o inverso, isto é, o manejo de um direito natural distante da realidade, estático, isto é, alheio à vida e, portanto, carente, nesse sentido, de normatividade.

[4] Isso tem, certamente, o seu fundamento nisto, que o seu autor permaneceu, como bolsista, um período junto à Ludwig-Maximilians Universität, München, Alemanha, orientado pelo Prof. Dr. Bernd Schünemann.

[5] Essa afirmação pode ser trivial quando se lê trabalhos de doutorado de países em que a formação é levada a sério institucionalmente, isto é, não a cavaleiro da tradição, gadamerianamente entendida. Isso não ocorre em nosso país. Neste caso, isso está em conexão com a trajetória acadêmica do seu autor. Pelo menos a fase da pós-graduação mostra um contínuo no âmbito da investigação que culmina nesta tese.

Sumário

Lista de abreviaturas e siglas 17

Introdução 19

**Parte I - Direitos Fundamentais como princípios, suas restrições
e o dever de proteção** 25

  1. Direitos Fundamentais como princípios 25

    1.1. A distinção entre regras e princípios 26

      1.1.1. Critérios tradicionais 26

      1.1.2. Os princípios como mandamentos de otimização 27

      1.1.3. Colisões de princípios e conflitos de regras 28

      1.1.4. Regras e princípios "prima facie" 29

      1.1.5. Objeções ao conceito de princípios 30

    1.2. Modelos de regras e de princípios 32

      1.2.1. O modelo puro de princípios 32

      1.2.2. O modelo puro de regras 32

      1.2.3. O modelo híbrido de regras e princípios 34

    1.3. Importância da distinção entre regras e princípios 34

  2. Restrições aos Direitos Fundamentais 35

    2.1. Teoria interna e teoria externa das restrições 35

      2.1.1. Teoria externa 36

      2.1.2. Teoria interna 36

      2.1.3. Direitos Fundamentais como princípios e teoria externa 37

    2.2. Restrição e conformação dos Direitos Fundamentais 38

    2.3. Classificação das restrições 39

      2.3.1. Restrições diretamente constitucionais e restrições
indiretamente constitucionais (restrições legais) 39

      2.3.2. Autorização implícita de restrições 42

    2.4. Os limites das restrições (Schranken-Schranken) 44

      2.4.1. Reserva de Lei 44

      2.4.2. O princípio da proporcionalidade como limite às restrições 45

      2.4.3. A preservação do núcleo essencial 46

    2.5. O tipo abstrato do Direito Fundamental e as restrições 47

  3. A doutrina da proibição de insuficiência ("Untermaßverbot") 49

    3.1. O conteúdo objetivo dos Direitos Fundamentais 49

    3.2. Noção de proibição de insuficiência 52

3.3. Proibição de insuficiência na lei fundamental alemã 54
3.4. Proibição de insuficiência na jurisprudência do Tribunal
Constitucional Federal da Alemanha 55
3.5. Críticas à teoria da proibição de insuficiência 56
   3.5.1. Autonomia da proibição de insuficiência frente
à proibição de excesso 56
   3.5.2. A compatibilidade entre proibição de insuficiência
e proibição de excesso 60
   3.5.3. Outras críticas à teoria da proibição de insuficiência 62
3.6. A concretização do dever de proteção 63
   3.6.1. Destinatários do dever de proteção 63
   3.6.2. O espaço de conformação do legislador 65
   3.6.3. Os deveres do Estado 67
     3.6.3.1. O dever de informar-se 67
     3.6.3.2. Os deveres de observação e melhora 68
   3.6.4. O problema da incerteza do quadro fático 69
   3.6.5. O risco residual como limite à proibição de insuficiência 71
   3.6.6. A determinação do Direito Fundamental em jogo 72
   3.6.7. A insuficiência dos critérios da proibição de excesso 73
   3.6.8. Proposta para a estrutura da proibição de insuficiência 74

Parte II - O crime organizado 77
1. Estado da discussão 77
1.1. A polarização no debate criminológico 77
   1.1.1. O discurso do mito 77
   1.1.2. A teoria da conspiração 79
   1.1.3. Crítica e tomada de posição 80
1.2. Crime organizado e política criminal 85
   1.2.1. A política criminal liberal 86
   1.2.2. O funcionalismo penal 88
   1.2.3. O Direito Penal de duas velocidades 89
   1.2.4. O Direito Penal do inimigo 90
   1.2.5. Crítica e tomada de posição 91
2. O problema do conceito 97
2.1. A história do conceito 98
2.2. Paradigmas de organizações criminosas 103
   2.2.1. O paradigma mafioso ou tradicional 103
   2.2.2. O paradigma da rede 107
   2.2.3. O paradigma empresarial 110
   2.2.4. O paradigma endógeno 115
   2.2.5. Tomada de posição 117
2.3. Distinção da criminalidade organizada e fenômenos assemelhados ... 118
   2.3.1. Criminalidade de grupo 118
   2.3.2. Criminalidade profissional 119
   2.3.3. Crime cometido de forma organizada 119
   2.3.4. Gangues juvenis 120
   2.3.5. Grupos terroristas 120

2.3.6. Criminalidade de massa 123
2.4. Características das organizações criminosas 123
2.4.1. Características essenciais 124
2.4.1.1. Pluralidade de agentes 124
2.4.1.2. Estabilidade ou permanência 124
2.4.1.3. Finalidade de lucro 125
2.4.1.4. Organização 126
2.4.2. Características não essenciais 127
2.4.2.1. Hierarquia 127
2.4.2.2. Divisão de trabalho 128
2.4.2.3. Compartimentalização 130
2.4.2.4. Conexão com o Estado 131
2.4.2.4.1. Corrupção 132
2.4.2.4.2. Clientelismo 134
2.4.2.4.3. Infiltração 136
2.4.2.5. Violência 136
2.4.2.6. Exploração de mercados ilícitos ou exploração
ilícita de mercados lícitos 140
2.4.2.7. Monopólio ou cartel 141
2.4.2.8. Controle territorial 141
2.4.2.9. Uso de meios tecnológicos sofisticados 142
2.4.2.10. Transnacionalidade ou internacionalidade 143
2.4.2.11. Obstrução à justiça 145
3. O problema da tipificação 145
3.1. A situação legal no Brasil 146
3.1.1. A lei brasileira do crime organizado 146
3.1.2. O crime de quadrilha (CP, art. 288) como antecedente nacional
da organização criminosa 147
3.1.2.1. Bem jurídico 148
3.1.2.2. Sujeito ativo 148
3.1.2.3. Tipo objetivo 149
3.1.2.4. Tipo subjetivo 151
3.1.2.5. Consumação 152
3.2. Documentos internacionais 153
3.2.1. A convenção de Palermo 153
3.2.2. Documentos europeus 156
3.3. Organizações criminosas na experiência estrangeira 158
3.3.1. Alemanha 158
3.3.2. Áustria 159
3.3.3. Bélgica 159
3.3.4. Bolívia 160
3.3.5. Espanha 160
3.3.6. Estados Unidos 160
3.3.7. Itália 160
3.3.8. Suíça 161

4. O crime organizado como problema para o Processo Penal 161
4.1. A relação entre o Processo Penal e os Direitos Fundamentais 162
4.2. Os direitos da vítima no Processo Penal 164
4.3. A verdade no Processo Penal 166
4.4. A prova e o crime organizado 169
4.4.1. Processo Penal e prevenção do crime 171
4.4.2. Meios de prova e meios de investigação ou de inteligência 175
4.5. Eficiência e devido processo 180
4.6. O papel do Poder Judiciário 183

**Parte III - A segurança como dever estatal e direito do cidadão e
a ameaça do crime organizado** 187
1. O dever estatal de segurança e o direito do cidadão à segurança 187
1.1. Fundamento do dever estatal de segurança 189
1.2. O direito à segurança em textos constitucionais
e documentos internacionais 192
1.3. O direito à segurança nas Constituições brasileiras 194
1.4. O dever estatal de segurança na Alemanha 196
2. A liberdade como limite do direito à segurança 199
2.1. A liberdade contemporânea 199
2.2. A relação entre segurança e liberdade 203
2.2.1. As teses possíveis na relação entre liberdade e segurança 205
2.2.1.1. Tese comunitarista 206
2.2.1.2. Tese individualista 207
2.2.2. Tomada da posição 208
3. Dever estatal de proteção e crime organizado 211
3.1. Dever de proteção e Direito Penal e Processual Penal 211
3.2. A questão empírica da existência de organizações criminosas
no Brasil 214
3.2.1. As dificuldades da questão empírica 215
3.2.2. A superação das dificuldades 217
3.2.3. O crime organizado no Brasil 219
3.3. A questão da existência de perigo 222
4. A concretização do dever de proteção no âmbito do crime organizado 225
4.1. A tipificação da organização criminosa 226
4.1.1. A insuficiência do crime de quadrilha 226
4.1.2. A tipificação como obrigação de direito internacional 228
4.1.3. A possibilidade dogmática de construção do tipo de
organização criminosa 229
4.1.4. As opções legislativas 231
4.1.4.1. Tipificação autônoma 231
4.1.4.2. Causa de aumento 232
4.1.4.3. Conceito instrumental 234
4.1.4.4. Tomada de posição 234
4.1.5. Projetos de lei em tramitação no Brasil 235
4.1.5.1. Projeto de Lei n° 3.731/97 235
4.1.5.2. Projeto de Lei n° 2.858/00 236

4.1.5.3. Projeto de Lei nº 7.223/02 236
4.1.5.4. Projeto de Lei do Senado nº 150/06 236
4.1.5.5. Projeto de Lei nº 7.622/06 238
4.2. A resposta processual penal ao perigo do crime organizado 239
4.3. A Forma ideal de concretização do dever de proteção no
crime organizado 242

Conclusão 245

Bibliografia 249

Lista de abreviaturas e siglas

AC - Apelação Criminal
ADI - Ação Direta de Inconstitucionalidade
AM - Amazonas
AP - Ação Penal
AP-QO - Questão de Ordem em Ação Penal
art. - artigo
AuslG - Ausländergesetz (Lei de Estrangeiros)
Bd. - Band (volume)
BGHSt - Entscheidungen des Bundesgerichtshofes in Strafsachen (Decisões do Tribunal Federal em Matéria Penal)
BVerfGE - Bundesverfassungsgericht - Entscheidungen (Tribunal Constitucional Federal Alemão - Decisões)
BtMG - Betäubungsmittelgesetz (Lei dos Estupefacientes)
Cap. - capítulo
CC - Conflito de Competência
CE - Ceará
CEDH - Convenção Europeia de Direitos Humanos
cfe. - conforme
CNJ - Conselho Nacional de Justiça
Conv. - convocado (a)
CP - Código Penal
CPC - Código de Processo Civil
CPP - Código de Processo Penal
CPI - Comissão Parlamentar de Inquérito
CRFB - Constituição da República Federativa do Brasil
CTB - Código de Trânsito Brasileiro
CTN - Código Tributário Nacional
CV - Comando Vermelho
D. - Decreto
DF - Distrito Federal
DJ - Diário da Justiça
EC - Emenda Constitucional
EDAC - Embargos de Declaração em Apelação Criminal
ES - Espírito Santo
HC - *Habeas Corpus*
Inq. - Inquérito
LC - Lei Complementar

LF - Lei Fundamental
LFB - Lei Fundamental de Bonn
m. - maioria
MC - Medida Cautelar
MG - Minas Gerais
MS - Mato Grosso do Sul
nº - número
NM - número de margem
Ob. cit. - obra citada
ONU - Organização das Nações Unidas
p. - página
PA - Pará
PB - Paraíba
PCC - Primeiro Comando da Capital
PE - Pernambuco
Pl. - Plenário
PR - Paraná
RCCR - Recurso Criminal
RE - Recurso Extraordinário
REsp - Recurso Especial
RHC - Recurso em *Habeas Corpus*
RJ - Rio de Janeiro
RMS - Recurso em Mandado de Segurança
RN - Randnummer (Número de Margem)
RN - Rio Grande do Norte
RO - Rondônia
ROMS - Recurso Ordinário em Mandado de Segurança
RS - Rio Grande do Sul
RSE - Recurso em Sentido Estrito
S. - Seite (página)
SC - Santa Catarina
SP - São Paulo
StGB - Strafgesetzbuch (Código Penal)
STF - Supremo Tribunal Federal
STJ - Superior Tribunal de Justiça
StPO - Strafprozessordnung (Código de Processo Penal)
T. - Turma
TO - Tocantins
TRF - Tribunal Regional Federal
v. - ver
v.u. - votação unânime

Introdução

É, de um lado, notável, contemporaneamente, o aumento do influxo do direito constitucional, em especial da teoria dos direitos fundamentais, sobre todos os ramos do direito. Não poderia ser diferente com o direito e o processo penal, que têm hoje como um dos mais relevantes objetos de discussão o controle do crime organizado, que passa, necessariamente, pela introdução de medidas legislativas de direito material e processual que implicam restrições de direitos fundamentais.

De outro lado, muito se tem publicado, em todo o mundo, nos últimos anos, sobre crime organizado, que tem sido objeto da criminologia, da doutrina penal e processual penal, de documentos internacionais e legislações nacionais, de decisões judiciais, de relatórios policiais, sem falar nas fartas referências das mídias escrita e eletrônica e do grande número de filmes e livros históricos, ficcionais ou semificcionais.

Coloca-se, então, o problema da compatibilização do controle[1] do crime organizado, objeto de medidas de direito material e processual restritivas, com os direitos fundamentais assegurados a todos os cidadãos, incluindo aqueles que estejam sendo investigados ou acusados.

A tese de doutoramento que resultou neste livro, intitulada "O controle das organizações criminosas perante os direitos fundamentais dos investigados e acusados", coloca o problema do crime organizado em uma área de intersecção entre o Direito Constitucional, em especial quanto aos direitos fundamentais, o Direito Penal e o Processo Penal. As duas

---

[1] Prefiro as expressões *controle* (ANARTE BORRALO, Enrique. *Conjeturas sobre la Criminalidad Organizada*, p. 48), *repressão* (MINGARDI, Guaracy. O trabalho da Inteligência no controle do Crime Organizado, p. 51), ou *contenção* em lugar de *combate*, *guerra* ou *luta*, as quais partem da ideia da existência de um inimigo identificado e com lideranças definidas, bem como de uma irreal pretensão de extinção da criminalidade, que, como fenômeno inerente à vida em sociedade, somente pode ser reduzida ou controlada, mas não erradicada (OSTENDORF, Heribert. Organisierte Kriminalität - eine Herausforderung für die Justiz, S. 69). É usual, porém, a expressão *luta contra o crime*, não só no Brasil como também na Alemanha, referindo-se o conjunto das últimas reformas legislativas penais e processuais penais como *Bekämpfungsgesetze* (SCHÜNEMANN, Bernd. Wohin treibt der deutsche Strafprozess, S. 12-13; WOLTER, Jürgen. 35 Jahre Verfahrensrechtskultur und Strafprozeßverfassungsrecht in Ansehung von Freiheitsentziehung, S. 159).

primeiras partes do trabalho trazem pressupostos necessários para o exame das relações travadas nessa intersecção. Na terceira parte, procede-se à relação entre as duas primeiras.

Como pressuposto necessário para a compreensão desse influxo dos direitos fundamentais sobre o direito e o processo penal, a primeira parte intitulada "Aspectos dos Direitos Fundamentais como Princípios, suas Restrições e o Dever de Proteção" é dedicada aos direitos fundamentais, seu caráter de princípios, suas restrições e os limites às restrições, bem como os temas da proibição de excesso e de insuficiência e do dever de proteção, de acordo com o modelo alemão, seguido, em grandes linhas, no direito brasileiro.

Na segunda parte, coloca-se o problema concreto do crime organizado, iniciando por uma "Aproximação Criminológica e de Política Criminal" consistente em um relato do estado da discussão criminológica e de política criminal,[2] contrapondo, na criminologia, o *discurso do mito*, que nega a existência do crime organizado e a *teoria da conspiração*, que vê nas organizações criminosas uma verdadeira hidra, infiltrada nas instituições e capaz de colocar em risco até mesmo o próprio funcionamento do Estado democrático. Tais abordagens criminonológicas se refletem, respectivamente, na política criminal liberal, no funcionalismo penal, no direito penal de duas velocidades e no direito penal do inimigo, também examinados sem pretensão exaustiva. Resta defendida a possibilidade e o acerto de uma tese intermediária, que preconiza o controle do crime organizado nos limites do Estado de direito democrático. Esse primeiro capítulo serve aos fins de situar o leitor no debate que se trava como pano de fundo do trato legal e doutrinário da matéria.

Os capítulos seguintes da segunda parte estão dedicados, respectivamente, aos problemas do conceito, da tipificação e da prova no crime organizado.

O segundo capítulo da segunda parte é dedicado ao problema do conceito de crime organizado, decorrente do fato de que não há consenso doutrinário ou legal sobre a conceituação ou mesmo as características do fenômeno[3] ou das organizações criminosas, encontrando-se grande variedade de definições distintas.

---

[2] "Política criminal é, por conseguinte, uma parte objetivamente diferenciada da Política do Direito em geral: Política do Direito no campo da justiça criminal. Por conseguinte, refere-se a política criminal aos seguintes campos: determinação da tarefa e função da justiça criminal, elaboração e decisão de um modelo determinado de regramento nesse campo (decisão básica político-criminal), sua conformação prática e execução mediante atribuição de competências e busca permanente de possibilidades de melhoramentos (realização da política criminal individual). (...) Política criminal pode ser definida, de forma sucinta, como a elaboração e realização de ideias de ordenação no campo da justiça criminal" (ZIPF, Heinz. *Kriminalpolitik. Eine Einführung in die Grundlagen*, S. 3).

[3] EISENBERG, Ulrich. *Kriminologie*, S. 906.

Após expostas as dificuldades da conceituação doutrinária e examinar a história do conceito, são analisados os diferentes paradigmas de organizações criminosas, o que é fundamental para sua adequada compreensão e conceituação. Segue a distinção do fenômeno em análise de outros assemelhados e a indicação de suas características.

A seguir adentra-se ao problema da tipificação, no qual se analisa a situação legal no Brasil, onde a Lei nº 9.034, de 3 de maio de 1995, conhecida como *Lei do Crime Organizado*, e que *Dispõe sobre a utilização de meios operacionais para a prevenção e repressão de ações praticadas por organizações criminosas*, segundo a ementa oficial, não traz conceito legal ou figura típica para tal delito. Analisa-se então o crime de quadrilha, considerado antecedente próximo da organização criminosa, de modo que a experiência jurisprudencial em relação à quadrilha pode fornecer subsídios para o pretendido tipo de organização criminosa. O mesmo vale para a experiência internacional e estrangeira na matéria.

Ao final da segunda parte coloca-se o crime organizado como problema também para o processo penal, suas relações com os direitos fundamentais e os temas da proteção da vítima, da prova e da eficiência da Justiça Penal.

Por fim, na terceira parte do trabalho, que constitui a abóbada entre as duas primeiras e é intitulada: "A Segurança como Dever Estatal e Direito do Cidadão e a ameaça do Crime Organizado", são tratadas as relações entre o direito fundamental à segurança e o dever de proteção que dele decorre com o direito de liberdade geral, frente à ameaça do crime organizado, bem como sobre a forma de concretização desse dever.

A terceira parte inicia pela exposição do dever estatal de segurança, seu fundamento, bem como a disciplina do direito à segurança em textos constitucionais do Brasil e do estrangeiro. Segue a análise da liberdade como limite do direito à segurança e a solução dessa colisão à luz do conceito moderno de liberdade.

O capítulo 3 tem por objeto o tema específico da concretização do dever de proteção no âmbito do crime organizado, quando é afirmada a possibilidade de fundamentar o recurso ao direito penal em decorrência do dever de proteção. Após examinar a questão empírica da existência de organizações criminosas no Brasil e da existência de perigo, é o momento de avançar para as formas de concretização do dever de proteção.

Coloca-se, então, o exame da possibilidade e conveniência da conceituação e tipificação da organização criminosa no direito brasileiro, o que é de extrema importância para o tema da restrição de direitos fundamentais mediante medidas específicas de investigação, uma vez que essas somente poderiam ser deferidas para a investigação de fatos definidos como crime praticado por organização criminosa, de modo que a definição do tipo ou tipos penais em relação às quais tais medidas são aplicáveis constituiria um limite de direito material com reflexos processuais.[4]

Segue o exame da possibilidade da tipificação, da insuficiência do crime de quadrilha e da obrigação de criminalizar assumida no plano internacional. Concluído pela possibilidade da incriminação, são examinadas as alternativas para tanto.

A seguir é feita a análise, nos limites do essencial enquanto resposta ao perigo representado pelo crime organizado, da concretização do dever de proteção no campo da prova, fazendo a relação entre processo penal, direitos fundamentais, eficiência, devido processo e técnicas especiais de investigação, aspectos considerados essenciais na resposta ao perigo representado pelo crime organizado.

Abre-se, então a possibilidade de três modelos de concretização do dever de proteção no âmbito do crime organizado, a saber:

a) a *tese fraca*, que nega a possibilidade de tipificação da organização criminosa, levando à necessidade de regulamentação específica dos casos em que admitido cada meio de prova;

b) a tipificação da organização criminosa e sua adoção como critério único para adoção de medidas investigativas, na chamada *tese forte*; e,

c) a *tese mista*, que admite a tipificação da organização criminosa, mas não toma essa tipificação como critério único para a possibilidade de adoção de medidas investigativas específicas.

Em suma, a estrutura do trabalho pode ser assim resumida:

a) a exposição dogmática do caráter de princípios dos direitos fundamentais, de suas restrições, seus limites, bem como da proibição de proteção deficiente e do dever de proteção;

b) o exame do fenômeno do crime organizado, partindo do pano de fundo criminológico e político-criminal, com enfoque especial nos problemas do conceito, da tipificação e da adoção de um processo penal funcional-garantidor;

c) a forma de concretização do dever de proteção no âmbito do crime organizado, no direito material e no direito processual.

A hipótese de trabalho é de que os direitos fundamentais atuam não só como limites, mas também como fator de legitimação e mesmo de imposição da ação dos poderes públicos, em especial, mas não exclusivamente, do Legislativo, no sentido do controle da criminalidade organizada e que, ante o atual estado de conhecimento sobre o fenômeno e a

---

[4] PIETH, Mark. Die Bekämpfung des organisierten Verbrechen in der Schweiz, S. 265.

multiplicidade de suas manifestações, o modo mais eficaz e seguro não é o da adoção do tipo de organização criminosa como critério único para a adoção das medidas específicas de investigação, a ser reguladas de forma individualizada, solução que melhor assegura o necessário equilíbrio da tensão existente entre a necessidade do controle e o respeito aos direitos fundamentais, podendo ser aplicada a lei penal dentro do marco constitucional, ou seja, "nos limites de um Estado democrático de direito".[5]

Razões de espaço e de exequibilidade levaram à delimitação do tema, em vários aspectos, como especificado a seguir.

Fica excluído, em primeiro lugar, o terrorismo, como tal, pois, embora possa ser visto como uma forma de crime organizado, apresenta peculiaridades quanto à motivação, objetivos e forma de atuação que fazem com que possa ser considerado um fenômeno específico, a merecer, também, estudo em separado.

Não se pretendeu, em segundo lugar, historiar ou examinar, de forma detalhada, o fenômeno do crime organizado no exterior, nem mesmo em suas manifestações mais conhecidas, das máfias italiana e norte-americana, sobre as quais existe farta literatura, em relação às quais serão feitas rápidas referências.

Não há, em terceiro lugar, intenção de comentar a lei brasileira sobre crime organizado, de modo que vários dispositivos dessa lei não serão referidos, como, por exemplo, aqueles dedicados aos temas da liberdade provisória e do direito de apelar em liberdade.

Em quarto lugar, o tema da autoria no âmbito de organizações criminosas, que comportaria, por si só, trabalho de pesquisa autônomo, por suas profundas implicações na dogmática penal material, não será, igualmente, objeto de atenção.

Em quinto lugar, não é propósito desse trabalho uma análise detalhada e exaustiva das medidas investigativas já existentes, bem como daquelas possíveis ou tidas como necessárias para o controle do crime organizado, como o incremento da cooperação judiciária internacional, o sequestro e perdimento de bens, a introdução de um regime específico de execução penal, o controle da corrupção e da lavagem de dinheiro.

Em sexto lugar, na análise da *tese fraca*, é avaliada a conveniência da regulamentação específica das medidas investigativas e das hipóteses para sua adoção, sem adentrar, porém, no exame detalhado sobre a disciplina legal de cada uma delas, avaliando-se, em termos gerais, a necessidade de uma adequada resposta processual penal ao perigo do crime organizado.

---

[5] TIGRE MAIA, Rodolfo. *O Estado Desorganizado contra o Crime Organizado*, p. 15.

Parte I

Direitos fundamentais como princípios, suas restrições e o dever de proteção

1. Direitos Fundamentais como princípios

O tema dos princípios é tratado por Robert Alexy[6] no terceiro capítulo de sua *Teoria dos Direitos Fundamentais*, intitulado *A Estrutura das Normas de Direito Fundamental*, tema no qual podem ser realizadas várias distinções teórico-estruturais, sendo a mais importante a distinção entre regra e princípio,[7] que: "constitui a base da fundamentação jusfundamental e é uma chave para a solução de problemas centrais da dogmática dos direitos fundamentais".[8]

Sem a referida distinção, não é possível uma teoria adequada dos limites, nem uma teoria satisfatória da colisão[9] ou uma teoria suficiente sobre o papel dos direitos fundamentais no sistema jurídico. A distinção entre regras e princípios torna mais claros, ainda, problemas como o efeito perante terceiros e a divisão de competência entre o Tribunal Constitucional e o Parlamento, constituindo o marco de uma teoria normativo-material dos direitos fundamentais.[10]

---

[6] A contribuição de Robert Alexy é fundamental no desenvolvimento do tema, sendo essa a justificativa para sua tomada como referência teórica de forma praticamente exclusiva para essa parte do trabalho.

[7] Essa distinção é considerada tão importante quanto àquela entre direito subjetivo e norma objetiva, normas primárias e secundárias, normas gerais e individuais (HECK, Luís Afonso. Regras, Princípios Jurídicos e sua Estrutura no Pensamento de Robert Alexy, p. 53).

[8] ALEXY, Robert. *Theorie der Grundrechte*, S. 71.

[9] Incluindo o tema da colisão entre direitos individuais e bens jurídicos coletivos, essencial para este trabalho (ALEXY, Robert. Individuelle Rechte und kollektive Güter. In: *Recht, Vernunft, Diskurs*, S. 237 e 257). Há tradução brasileira: ALEXY, Robert. Direitos Individuais e Bens Coletivos. Trad. Luís Afonso Heck. In: *Direito, Razão, Discurso*, p. 176-198.

[10] ALEXY, Robert. *Theorie der Grundrechte*. S. 71.

Com isso, resta clara a importância da distinção, que será explorada no presente capítulo, com base na estrutura adotada por Robert Alexy na obra já referida, em dois capítulos, a saber: A Distinção entre Regras e Princípios; Modelos de Regras e Princípios.

1.1. A DISTINÇÃO ENTRE REGRAS E PRINCÍPIOS

1.1.1. Critérios tradicionais

A distinção entre regras e princípios não é novidade, embora, muitas vezes, a contraposição se faça, erroneamente, entre normas e princípios ou entre normas e máximas, quando, na verdade, os princípios, assim como as regras, são normas, pois tanto uns como outras estabelecerem um *dever ser*, podendo ser formulados com o auxílio das expressões deônticas básicas de mandamento, permissão e proibição. Sendo assim: "A distinção entre regras e princípios é, pois, uma distinção entre dois tipos de normas".[11]

Alexy refere a possibilidade de três diferentes teses sobre a distinção entre regras e princípios, a saber: a) a pluralidade de critérios efetivamente aplicáveis e suas múltiplas combinações tornam impossível a tarefa de distinguir entre regras e princípios; b) é possível distinguir regras e princípios, mas a diferença é apenas de grau, em especial o grau de generalidade, na chamada *tese da separação fraca*; c) as normas podem ser distinguidas entre regras e princípios, não apenas em grau, mas também qualitativamente, o que constitui a *tese da separação forte*.[12]

Para a primeira tese, o melhor que se poderia fazer na classificação seria agrupar normas semelhantes, em famílias. De acordo com Heck:

> Essa concepção, que pode ser qualificada de "tese de semelhança de famílias", pode, sem dúvida, ser refutada, por meio disto: que será mostrado que uma divisão frutuosa em duas classes é possível: ela conserva, contudo, sua significação como referência à multiplicidade e enlacidade do separado.[13]

A segunda, da *separação forte*, ou seja, da diferença qualitativa entre regras e princípios, é a tese expressamente adotada por Alexy[14] e Dworkin,[15] já que, enquanto as regras obedecem a uma lógica de tudo ou nada, sendo aplicadas ou não aplicadas, os princípios são considerados mandamentos de otimização, podendo ser realizados em certo grau,

---

[11] ALEXY, Robert. *Theorie der Grundrechte*. S. 72.

[12] ALEXY, Robert. *Theorie der Grundrechte*. S. 74-75.

[13] HECK, Luís Afonso. Regras, Princípios Jurídicos e sua Estrutura no Pensamento de Robert Alexy, p. 56-57.

[14] ALEXY, Robert. *Theorie der Grundrechte*. S. 75.

[15] DWORKIN, Ronald. *Taking Rights Seriously*, p. 24.

conforme as possibilidades fáticas, e jurídicas.[16] A esse ponto é dedicado o próximo item.

1.1.2. Os princípios como mandamentos de otimização

Em assertiva que bem pode ser utilizada como um conceito de princípio, Alexy afirma a distinção fundamental entre regras e princípios no fato de que os últimos: "são normas que ordenam que algo seja realizado na maior medida possível, dentro das possibilidades jurídicas e fáticas existentes".[17] Quer dizer, os princípios são *mandamentos de otimização* (*Optimierungsgebote*), podendo ser cumpridos em diferentes graus, conforme o permitam as possibilidades reais e também as jurídicas, dadas pelas regras e princípios opostos. Na formulação de Dworkin: "Os princípios têm uma dimensão que as regras não têm - a dimensão do peso ou importância".[18] Nessa linha, para Achterberg:

> A questão posta no início sobre o significado téorico-democrático das normas jurídicas e das relações jurídicas deixa-se responder, sobretudo, pelo fato de que a Democracia apresenta-se como um *modelo de otimização* por meio da complexidade do ordenamento de normas e relações jurídicas, no qual a *abertura e completude devem ser colocadas em uma relação que possibilite a governabilidade na liberdade.*[19]

As regras, ao contrário, "são normas que somente podem ser cumpridas ou não".[20] Se a regra é válida, deve ser feito exatamente o que ela determina, pois a determinação nela contida já está determinada pelo que é fática e juridicamente possível. Na mesma linha, para Dworkin: "As regras são aplicáveis à maneira do tudo-ou-nada. Dados os fatos que uma regra estipula, então ou a regra é válida, e neste caso a resposta que ela dá deve ser aceita, ou não é válida, e neste caso em nada contribui para a decisão".[21]

Daí falar-se, ainda, em estruturas comparativas ou "quanto mais... tanto mais" (*Je-desto-Strukturen*) para os princípios e estruturas condicionais, também chamadas de estruturas "se-então" (*Wenn-dann-Struktur*) e "ou-ou" (*Entweder-oder Struktur*) para as regras. As primeiras são regras que podem ser cumpridas em graus e cujo grau de cumprimento tem efeito e consequências jurídicas graduais, enquanto as segundas estão vinculadas a um tipo e são, então, puramente condicionais.[22]

---

[16] ALEXY, Robert. A Fórmula Peso. In: *Constitucionalismo Discursivo*, p. 132.

[17] ALEXY, Robert. *Theorie der Grundrechte*. S. 75.

[18] DWORKIN, Ronald. *Taking Rights Seriously*, p. 42.

[19] ACHTERBERG, Norbert. *Die Rechtsordnung als Rechtsverhältnisordnung*, S. 102.

[20] ALEXY, Robert. *Theorie der Grundrechte*. S. 76.

[21] DWORKIN, Ronald. *Taking Rights Seriously*, p. 39.

[22] MICHAEL, Lothar. *Methodenfragen der Abwägunglehre*, S. 169-170.

1.1.3. Colisões de princípios e conflitos de regras

Consequência do que foi dito é a existência de distintos modos de solução para as colisões de princípios e os conflitos de regras, a iniciar pela terminologia. Com efeito, o *conflito entre as regras* é resolvido introduzindo-se ou reconhecendo-se em uma das regras uma cláusula de exceção, declarando-se a invalidade de uma das regras ou afirmando a inaplicabilidade de uma delas por conta de revogação em razão da superveniência de regra posterior.

Cuida-se aqui de validade jurídica, que não admite graduação, não podendo ser confundida com a eficácia social da regra, ou seja, com o seu cumprimento efetivo. Do ponto de vista jurídico, a regra vale ou não vale.[23]

Já a *colisão de princípios* é solucionada pela prevalência de um dos princípios em jogo, sem necessidade, no entanto, de uma regra de exceção, de declaração de invalidade ou eliminação do sistema de um dos princípios. Aqui se cuida de verificar, dadas as circunstâncias, qual o princípio que deve prevalecer, trabalhando-se não na dimensão da validade, mas naquela do peso.[24]

Quer dizer, na lei de colisão, do que se trata é de ponderar qual dos princípios, que têm o mesmo nível em abstrato, deve prevalecer no caso concreto, uma vez que os princípios, isoladamente, são considerados, como já dito, no item 1.1.2, mandamentos de otimização, valendo nos limites das possibilidades fáticas e jurídicas de sua concretização.[25] De ver que não há regra ou princípio que defina o princípio a ser privilegiado ou afastado em caso de colisão, o que somente é determinado no contexto de cada caso concreto.

Um princípio prevalente possui, então, uma *relação de precedência condicionada*, com aquele que é afastado no caso concreto, uma vez que a precedência é determinada sob certas condições, que constituam razões suficientes para afastar a aplicação de um dos princípios. Essas condições apresentam, então, um duplo papel, a saber: a) condição da relação de precedência; b) pressuposto do tipo abstrato da norma. Disso formula Alexy a chamada *Lei de Colisão* (*Kollisionsgesetz*), que é assim formulada:

> As condições sob as quais um princípio precede aos outros, formam o tipo abstrato de uma regra que expressa as conseqüências jurídicas do princípio precedente.[26]

---

[23] ALEXY, Robert. *Theorie der Grundrechte*. S. 77-78.

[24] ALEXY, Robert. *Theorie der Grundrechte*. S. 78-79; DWORKIN, Ronald. *Taking Rights Seriously*, p. 26.

[25] ALEXY, Robert. *Theorie der Grundrechte*. S. 80-81.

[26] ALEXY, Robert. *Theorie der Grundrechte*, S. 79-84.

No dizer de Alexy, a lei de colisão evita uma preferência e uma desconsideração dos princípios em termos gerais, mas sim considerada caso a caso, em questões individuais, formulando, caso seja correta a ponderação, uma norma de direito fundamental associada, ou seja: "uma norma para cuja formulação é possível uma fundamentação jurídico-fundamental correta".[27]

Para tanto, aplica-se a lei da ponderação, relação que forma o núcleo da ponderação e pode ser assim formulada: "Quanto mais alto é o grau do não cumprimento ou prejuízo de um princípio, tanto maior deve ser a importância do cumprimento do outro".[28] Essa lei deve ser aplicada em paralelo com a lei da ponderação epistêmica, assim formulada: "Quanto mais grave uma intervenção em um direito fundamental pesa, tanto maior deve ser a certeza das premissas apoiadoras da intervenção".[29]

1.1.4. Regras e princípios "prima facie"

Outro traço decorrente da diferença estrutural entre regras e princípios está no fato de que os princípios não contêm mandamentos definitivos, mas apenas *prima facie*, de modo que não contêm determinação sobre os princípios contrapostos e suas possibilidades fáticas de concretização. As regras, ao contrário, exigem que seja feito o que é por elas ordenado, razão pela qual são determinadas quanto às suas possibilidades jurídicas e fáticas, de modo que, caso não se conclua pela invalidade da regra, ela é, nesse sentido, já *prima facie*, definitiva.

Claro está, porém, que a regra pode ser afastada, como já visto, pela aplicação de uma cláusula de exceção, que poderá estar baseada em um princípio, caso em que a regra perde seu caráter definitivo para a decisão do caso. Quer dizer, a regra é, em princípio, definitiva, pois formulada por uma autoridade legitimada para tanto.

De notar que, ainda que um princípio venha a prevalecer e uma regra venha a ser afastada no caso concreto, isso não modifica o seu caráter *prima facie*, ao início mencionado.[30] O princípio, sendo uma razão *prima facie*, pode servir de base à elaboração de uma regra, ou seja, uma razão definitiva para o dever ser no caso concreto.[31]

---

[27] ALEXY, Robert. *Theorie der Grundrechte*, S. 84-87.

[28] ALEXY, Robert. Direitos fundamentais, ponderação e racionalidade. In: *Constitucionalismo Discursivo*, p. 111; Fundamentação Jurídica, Sistema e Coerência. In: *Constitucionalismo Discursivo*, p. 133.

[29] ALEXY, Robert. A Fórmula Peso. In: *Constitucionalismo Discursivo*, p. 150. Sobre a aplicação da lei da ponderação epistêmica, v., abaixo, o item 3.6.4. O Problema da Incerteza do Quadro Fático.

[30] ALEXY, Robert. *Theorie der Grundrechte*. S. 87-90.

[31] ALEXY, Robert. *Theorie der Grundrechte*. S. 92.

Crime Organizado e Proibição de Insuficiência

O caráter *prima facie* dos princípios, que não contém, em sua formulação, referência às possibilidades jurídicas e fáticas de sua concretização, é também causa de seu maior grau de generalidade, se comparados com as regras.[32]

1.1.5. Objeções ao conceito de princípios

Alexy ocupa-se de refutar três objeções ao conceito de princípios, quais sejam: a) a invalidade de certos princípios; b) a existência de princípios absolutos; c) a amplitude do conceito de princípio.

Como exemplo da primeira objeção, é referido o princípio de discriminação racial, que deveria ser declarado, *a priori*, inválido. Nesse caso, porém, não há sequer colisão de princípios, no sentido da teoria formulada por Alexy, a qual pressupõe a coexistência de princípios válidos, o que não é o caso, pois o princípio em questão é descartado já no plano da validez, o que não invalida, porém, a formulação teórica da existência dos princípios e das regras para solucionar a colisão.[33]

A existência de princípios absolutos, e, portanto, livres de ponderação, também colocaria em xeque a teoria proposta. O exemplo referido é o da dignidade da pessoa humana, explicitada na primeira fase do primeiro parágrafo do art. 1° da Lei Fundamental alemã, nos seguintes termos: "A dignidade da pessoa é intangível". Alexy responde a esse problema sustentando que a formulação em referência contém uma regra *e* um princípio, sendo aquela absoluta e este não. A regra, conquanto absoluta, é vaga, deixando espaço para interpretação, ou para o afastamento da regra, em casos concretos, em função da ponderação com outros princípios, como no caso de admissão de interceptações telefônicas, com fundamento na segurança da sociedade e do Estado. Em conclusão, o princípio da dignidade da pessoa humana, embora absoluto como regra, é dotado de certa vagueza, não sendo absoluto enquanto princípio.[34]

Por fim, a última objeção refere-se à amplitude do conceito de princípio, que podem referir-se tanto a direitos individuais como a bens coletivos, exemplificando-se com a saúde pública, o abastecimento energético ou de alimentos; a segurança da República e a aplicação eficaz do direito penal. Segundo Alexy, não há razão para limitar o conceito de princípios ao de direitos, sendo de todo conveniente a utilização de um conceito am-

---

[32] ALEXY, Robert. *Theorie der Grundrechte*. S. 92-93.

[33] ALEXY, Robert. *Theorie der Grundrechte*. S. 94.

[34] ALEXY, Robert. *Theorie der Grundrechte*. S. 94-99.

plo de princípio, abarcando os bens coletivos.[35] Essa amplitude não impede que os bens coletivos, sendo princípios, sejam objeto de ponderação.[36]

Borowski, a seu turno, dá resposta a outros tantos argumentos contrários à interpretação dos direitos fundamentais como princípios.[37]

A primeira é a de que a interpretação dos direitos fundamentais como princípios levaria a uma moralização excessiva do direito constitucional, o que é refutado, uma vez que os princípios de direito fundamental são normas, devendo, portanto, ser objeto de verificação quanto ao cumprimento dos requisitos de validade das normas, de acordo com o ordenamento jurídico vigente. Além disso, a determinação do conteúdo semântico e intencional dos princípios será verificada e aplicada, nos raros casos em que isto seja suficiente. Do contrário, serão submetidos à ponderação.

A segunda crítica é a do ceticismo frente à ponderação, fundada no argumento de que o estabelecimento de relações de precedência e de peso entre princípios é ditada por uma opção pessoal. Esse argumento é rebatido com aquele falta de outro sistema melhor que o da ponderação, aliado às circunstâncias de que os subprincípios da idoneidade e da necessidade são alheios à ponderação, bem como ao fato de que o princípio da ponderação é complementado com a teoria da argumentação jurídico-racional, o que confere racionalidade em casos individuais. Mais que isso, a vinculação aos precedentes e a carga de argumentação imposta a quem pretenda modificar uma posição conferem racionalidade do ponto de vista do conjunto do sistema.[38]

A terceira objeção é de que a teoria dos princípios reduziria à atividade legislativa à mera execução da Constituição, pois todas as questões seriam resolvidas mediante ponderação de princípios constitucionais, de modo que resultaria esvaziado o processo democrático. A resposta de Borowski é que a ponderação se dá levando em conta um princípio formal, de que devem ser obedecidas, *prima facie*, as decisões do legislador, desde que tenha agido esse dentro de sua liberdade de conformação. Caso o legislador ultrapasse tais limites, viola a Constituição. Os direitos fundamentais, assim, ao mesmo tempo em que garantem, são, de certo modo, limitadores do poder legislativo, ainda que democraticamente eleito.

A quarta objeção, que tem sentido inverso ao da anterior, reduz os princípios a enunciados programáticos, o que é incompatível com a moderna interpretação que se lhes dá. Ao contrário, a teoria dos princípios

---

[35] ALEXY, Robert. *Theorie der Grundrechte*. S. 98-9.

[36] Sobre o tema, v.: ALEXY, Robert. Individuelle Rechte und kollektive Güter. In: *Recht, Vernunf, Diskurs*, p. 232-261.

[37] BOROWSKI, Martin. *La Estructura de los Derechos Fundamentales*, p. 54-65.

[38] As duas grandes obras de Robert Alexy, *Theorie der juristischen Argumentation* e *Theorie der Grundrechte* são, nesse sentido, mutuamente complementares.

empresta aos direitos fundamentais uma força que não teriam caso vistos como um mero programa, conferindo-lhes *força normativa*.[39]

A quinta objeção consiste na impossibilidade de adotar medidas necessárias à salvaguarda da coletividade em função do reconhecimento do princípio da liberdade negativa, o que é rechaçado porque a adoção da teoria dos princípios não representa, necessariamente, a admissão de que toda e qualquer limitação dos direitos fundamentais em razão do bem-estar geral demandaria uma carga de argumentação em favor dos bens coletivos, reduzindo a capacidade dos últimos de impor-se frente aos direitos fundamentais.[40] Na verdade, o que a ponderação faz é racionalizar a solução de tais colisões.

Por fim, Borowski rechaça o argumento da falta de honestidade, no sentido de que os direitos fundamentais como princípios prometeriam mais do que efetivamente garantem, pela singela razão de que não se dá tal promessa superior ao realizado, a não ser que os direitos fundamentais sejam mal-interpretados.[41]

1.2. MODELOS DE REGRAS E DE PRINCÍPIOS

Alexy descreve três modelos distintos na matéria. Os dois primeiros são modelos *puros*: o modelo puro de regras e o modelo puro de princípios. O terceiro é um modelo híbrido, de regras e princípios. Dito isso, ao detalhamento de cada um dos três modelos referidos.

1.2.1. O modelo puro de princípios

No modelo puro de princípios, as normas de direitos fundamentais valem somente quando e na medida em que não se lhes opõe nenhum bem jurídico superior. A objeção a tal modelo é uma excessiva relativização do conteúdo dos direitos fundamentais, de modo que "não leva a sério a Constituição escrita", retirando a força vinculante da Constituição, mediante amplo recurso à ponderação.[42]

1.2.2. O modelo puro de regras

No modelo puro de regras, como o próprio nome indica, todas as normas de direitos fundamentais são vistas como regras, ou seja, aplicá-

---

[39] HESSE, Konrad. *Grundzüge des Verfassungsrechts der Bundesrepublik Deutschland*, S. 16-7, RN 42. Há tradução brasileira: HECK, Luís Afonso. *Elementos de Direito Constitucional da República Federal da Alemanha*, p. 48, NM 42.

[40] Sobre o tema, v., infra, o item 2.1.2 da Parte III.

[41] Para mais sobre as críticas à visão dos direitos fundamentais como princípios: BOROWSKI, Martin. *Grundrechte als Prinzipien*, p. 106-113.

[42] ALEXY, Robert. *Theorie der Grundrechte*, S. 104-106.

veis mediante mera subsunção,[43] sem ponderação, com notáveis ganhos do ponto de vista da segurança jurídica, da vinculação à Constituição e da previsibilidade.[44] Alexy avalia a compatibilidade de tal modelo com três tipos de direitos fundamentais, a saber: a) direitos fundamentais concedidos sem reserva; b) direitos fundamentais com reserva simples; c) direitos fundamentais com reserva qualificada.

Os direitos fundamentais concedidos sem reserva são aqueles em relação aos quais a Constituição não faz qualquer ressalva ou possibilidade explícita de restrição, como é o caso, tanto no Brasil (CRFB, art. 5º, IX), quanto na Alemanha (LF, art. 5º, 3) da liberdade artística. Direitos fundamentais com reserva simples são aqueles em relação aos quais o próprio texto constitucional traz, sem mais, a previsão de restrição, como, por exemplo, a proteção aos locais de culto religiosos, assegurada *na forma da lei*. Já nas reservas qualificadas a própria Constituição antecipa os requisitos ou casos em que poderá se dar a restrição, como se dá em relação à publicidade dos atos processuais, que somente pode se dar com fundamento na defesa da intimidade ou do interesse social, mas não com base em outros fundamentos.

Em relação aos primeiros, caso tomada na literalidade a Lei Fundamental alemã, não haveria possibilidade de restrição, por exemplo, em relação ao direito de liberdade artística, concedido, pelo texto constitucional, sem reserva,[45] o que, no entanto, se dá, mediante ponderação, por exemplo, com o direito à honra de terceiros ou mesmo com a segurança, como na situação exposta por Alexy da obra exposta no cruzamento de duas movimentadas ruas.[46]

Se as normas de direitos fundamentais sem reserva, tomadas em sua literalidade, garantem demais, as normas de direitos fundamentais com reserva simples, nas mesmas circunstâncias, garantem muito pouco. A solução para esse problema é a preservação do núcleo essencial, o qual, a seu turno, não é dado de forma absoluta, mas precisa ser alcançado, uma vez mais, mediante ponderação, o que evidencia, novamente, a insuficiência do modelo puro de regras.[47]

Tampouco em relação aos direitos fundamentais com reserva qualificada é satisfatório o modelo puro de regras, pois a avaliação do preenchimento ou não das condições estabelecidas pela reserva passará,

---

[43] BOROWSKI, Martin. *La Estructura de los Derechos Fundamentales*, p. 49.

[44] ALEXY, Robert. *Theorie der Grundrechte*, S. 107.

[45] Art. 5, 3: "arte e ciência, investigação e ensino são livres".

[46] ALEXY, Robert. *Theorie der Grundrechte*, S. 107-112.

[47] ALEXY, Robert. *Theorie der Grundrechte*, S. 112-114.

necessariamente, pela ponderação, como, por exemplo, para determinar-se a extensão do conceito de domicílio, por exemplo.[48]

1.2.3. O modelo híbrido de regras e princípios

Ante a insuficiência dos modelos puros, Alexy propõe a adoção de um modelo combinado, de dois níveis, um de princípios e outro de regras.

Ao nível dos princípios pertencem todos aqueles que podem ser relevantes para a tomada de decisões no âmbito dos direitos fundamentais, seja a favor ou contra uma determinada decisão, abrangendo não apenas os princípios referidos a direitos individuais, mas também aqueles referidos a direitos coletivos.

As normas de direitos fundamentais têm, porém, duplo caráter, devendo ser vistas, também, como regras, no sentido de que contém determinações frente a princípios contrapostos. Tais regras são, porém, incompletas, podendo, portanto, ser afastadas quando for demonstrada, mediante argumentação, a prevalência de tais princípios contrapostos. Nesses casos, a primazia do nível das regras é afastada.[49]

1.3. IMPORTÂNCIA DA DISTINÇÃO ENTRE REGRAS E PRINCÍPIOS

A distinção entre regras e princípios, como espécies do gênero das normas, é basilar para a teoria dos direitos fundamentais. As regras não são objeto de ponderação, mas apenas de interpretação, sendo aplicadas na base *do tudo ou nada*, enquanto os princípios, além de interpretados, são pesados, possuindo a dimensão do peso.

O conflito de regras é resolvido – externamente – com base em outras regras, de modo que uma resulta sem aplicação, enquanto a colisão de princípios é resolvida pela prevalência de um dos princípios, sem que aquele princípio afastado no caso concreto perca sua validade.

As regras impõem deveres definitivos, pois as condições fáticas e jurídicas são avaliadas previamente à sua instituição, enquanto os princípios determinam objetivos, a ser concretizados, conforme as possibilidades fáticas e o confronto com outros princípios o permitam.

A construção da noção de princípios jurídicos permite conferir ao direito constitucional, em especial à dogmática dos direitos fundamentais, a necessária abertura para uma realidade pluralista, bem como possibilita a adaptação da Constituição ao devir histórico, tornando-a mais perene.

---

[48]ALEXY, Robert. *Theorie der Grundrechte*, S. 114-116.

[49] ALEXY, Robert. *Theorie der Grundrechte*, S. 122-125.

Evita, também, o recurso a *valores* absolutos, independentes de ponderação, o que já serviu e pode servir como justificativa para o totalitarismo.

Essencial, para tanto, que a teoria dos princípios seja informada pela aplicação coerente, ou seja, vista em conjunto com a teoria da argumentação jurídica, de modo a evitar tanto o decisionismo quanto a excessiva relativização.

Ainda há, é certo, muito por fazer no aprimorar esse modelo, que representa, de todo modo, grande avanço em comparação com o direito de mera subsunção, ou com um *modelo puro de regras*, na terminologia de Alexy.

2. Restrições aos Direitos Fundamentais

Os direitos, ainda que fundamentais, não são absolutos,[50] sendo inerente à vida em sociedade a necessidade de restrições, limitações ou intervenções,[51] o que é amplamente admitido, até mesmo pela necessidade de compatibilizar o exercício dos direitos fundamentais com outros bens jurídicos protegidos pela Constituição,[52] com o interesse da coletividade,[53] ou com direitos fundamentais de terceiros,[54] na busca da concordância prática, que tenciona fazer com que os direitos fundamentais em colisão cheguem ao ponto ótimo possível de eficácia.[55]

2.1. TEORIA INTERNA E TEORIA EXTERNA DAS RESTRIÇÕES

A possibilidade de restrições aos direitos fundamentais é ideia de geral aceitação,[56] como se vê textualmente na maioria das constituições contemporâneas. Há discussão sobre a sua construção dogmática. Distinguem-se, então, a *teoria externa* e a *teoria interna* em matéria de restrição

---

[50] "A noção de um direito fundamental ilimitado é impossível na prática e contraditória na teoria" (BETHGE, Herbert. Die verfassungsrechtliche Problematik der Grundpflichten, S. 252).

[51] As expressões referidas são consideradas sinônimos (PIEROTH, Bodo; SCHLINK, Bernhard. *Grundrechte. Staatsrecht II*, S. 51).

[52] HÄBERLE, Peter. *Die Wesensgehaltgarantie des Art. 19 Abs. 2 Grundgesetz*, S. 12.

[53] SCHLINK, Bernhard. Freiheit durch Eingriffsabwehr - Rekonstruktion der klassischen Grundrechtsfunktion, S. 457.

[54] PIEROTH, Bodo; SCHLINK, Bernhard. *Grundrechte. Staatsrecht II*, S. 51.

[55] HESSE, Konrad. *Grundzüge des Verfassungsrechts der Bundesrepublik Deutschland*, S. 142, RN 317-318. Há tradução para o português: Elementos de Direito Constitucional da República Federal da Alemanha, p. 255, NM 317-318.

[56] HUSTER, Stefan. *Rechte und Ziele*, S. 78.

de direitos, matéria pertinente não só ao direito constitucional, mas à própria teoria geral do direito.

2.1.1. Teoria externa

Para a teoria externa, há dois objetos distintos. O primeiro é o direito em si, ou direito *prima facie*, que, na dogmática dos direitos fundamentais, é o tipo (*Tatbestand*) de um direito fundamental. O segundo objeto são as restrições ao direito.[57] Aplicadas as restrições ao direito *prima facie*, resulta o direito definitivo ou o âmbito de garantia definitivo do direito.[58] Desse modo, a prova da existência de um direito de acordo com a teoria externa se dá em dois passos, sendo o primeiro a pergunta sobre o fato de ser o comportamento ou omissão pretendido um direito em si ou *prima facie*. Sendo esse o caso, deve ser comprovado se o direito poderá ser restringido, donde resultará o direito definitivo.[59]

Desse modo, é admissível, para a teoria externa, a existência de direitos sem restrições, sendo a relação entre direito e restrições criadas pela necessidade de compatibilização entre direitos[60] ou bens jurídicos. Assim, por exemplo, o direito à seguridade social é restringido pelos interesses dos contribuintes e pela competência do parlamento para decidir sobre os gastos públicos, de modo que se poderá chegar a resultados diferentes no direito definitivo de acordo com o grau de necessidade, o número de beneficiários, as limitações orçamentárias e as concepções normativas subjacentes à concepção de justiça distributiva.[61]

2.1.2. Teoria interna

Já para a teoria interna não existem, como entes distintos, o direito e suas restrições, mas apenas o direito com um conteúdo determinado previamente pelo ordenamento, ou seja, limitado. Não há, aqui, *restrições*, mas apenas *limites*, ou no máximo, restrições imanentes,[62] uma vez que o limite advém de dentro do próprio direito, em oposição à restrição, que está colocada fora dele, definindo um procedimento que leva a uma diminuição do direito, de modo que algo que a ele pertencia deixa de a ele pertencer.[63] No dizer de Borowski:

---

[57] BOROWSKI, Martin. *Grundrechte als Prinzipien*, S. 34-35.

[58] BOROWSKI, Martin. *Grundrechte als Prinzipien*, S. 35.

[59] BOROWSKI, Martin. *Grundrechte als Prinzipien*, S. 36.

[60] ALEXY, Robert. *Theorie der Grundrechte*, S. 249-250.

[61] BOROWSKI, Martin. *Grundrechte als Prinzipien*, S. 36.

[62] ALEXY, Robert. *Theorie der Grundrechte*, S. 250.

[63] BOROWSKI, Martin. *Grundrechte als Prinzipien*, S. 37.

Segundo a teoria interna dos direitos, existe, desde um início o direito com seu conteúdo determinado. Toda posição jurídica que exceda dito direito predeterminado não existe. Desde esse ponto de vista, há somente um objeto normativo: o direito com seus limites concretos. Segundo um uso lingüístico generalizado, os limites do direito são "imanentes". No caso de direitos não-limitáveis, esse limite não pode denominar-se restrição. A restrição de um direito é uma diminuição ou uma redução do direito. Algo que é do conteúdo do direito antes de sua restrição deixa de sê-lo logo após a restrição. (...) No caso de direitos não-limitáveis, o procedimento de aplicação jurídica cumpre a tarefa de verificar se o conteúdo *aparente* do direito é também seu conteúdo *verdadeiro*.[64]

Segundo Alexy, a distinção não é puramente dogmática, pois quem adota uma concepção individualista de Estado e sociedade tenderia à teoria externa e quem adota uma orientação mais aproximada à do indivíduo como membro da sociedade tenderia à adoção da teoria interna.[65] Mais que isso, a adoção de uma ou outra das teorias em relação aos limites está ligada à adoção ou não da teoria dos princípios em relação aos direitos fundamentais, como segue.

2.1.3. Direitos Fundamentais como princípios e teoria externa

Adotada a teoria dos princípios, ou seja, vislumbrando-se os direitos fundamentais como princípios, e não como regras,[66] é admissível a possibilidade de restrições, sendo correta, partindo de tal pressuposto, a teoria externa.[67] Na mesma linha, para Borowski: "A teoria dos direitos restringíveis ou teoria externa tem, assim, capacidade de reconstruir a colisão entre objetos normativos, em especial, a colisão entre direitos e bens coletivos".[68] Bem por isso: "Entre a possibilidade de que os direitos sejam restringíveis e a teoria dos princípios existe um vínculo estreito".[69] Já para Huster, embora afirme que teoria interna apresenta, também, vantagens, nomeadamente em casos extremos, como de um direito ao homicídio, acaba por reconhecer que: "A favor da 'teoria externa' aponta que ela, com a diferenciação entre tipo abstrato e limite torna mais transparente a relação entre motivo e contra-motivo, entre interesse de liberdade e colisão de bens".[70]

---

[64] BOROWSKI, Martin. La Estructura de los Derechos Fundamentales, p. 68-69.

[65] ALEXY, Robert. *Theorie der Grundrechte*, S. 251.

[66] Para a distinção entre regras e princípios e suas implicações no campo dos direitos fundamentais, ver: ALEXY, Robert. *Theorie der Grundrechte*, S. 71 ff.

[67] ALEXY, Robert. *Theorie der Grundrechte*, S. 253.

[68] ALEXY, Robert. *Theorie der Grundrechte*, S. 68. Segundo o mesmo autor, é esta a concepção dominante na doutrina alemã do pós-guerra e na jurisprudência do Tribunal Constitucional Federal da Alemanha (Ob. cit., S. 74).

[69] ALEXY, Robert. *Theorie der Grundrechte*, S. 77; BOROWSKI, Martin. Grundrechte als Prinzipien, S. 137-139.

[70] HUSTER, Stefan. *Rechte und Ziele*, S. 88-89.

Crime Organizado e Proibição de Insuficiência

Tal distinção corresponde, no âmbito dos modelos estruturais da dogmática dos direitos fundamentais, a dois esquemas distintos. A teoria interna corresponde ao *modelo de pré-formação*, em que há identidade entre o âmbito de proteção[71] e o âmbito de garantia efetiva, de modo que não se coloca a questão dos critérios para a legitimidade de uma restrição dos direitos fundamentais.[72] Ao contrário, a teoria externa corresponde ao *modelo de intervenção e limite*, no qual há diferença entre o âmbito de garantia efetiva e o âmbito de proteção, sendo os direitos, portanto, restringíveis.[73]

Também para os direitos de proteção é de adotar-se a teoria externa, uma vez que, tais como os direitos de defesa, estão eles submetidos ao princípio da proporcionalidade, bem como a uma estrutura argumentativa de modelo externo. Quanto à aplicação da proporcionalidade, assim é porque os direitos de proteção são limitados por outros bens e direitos paralelos, sobretudo direitos de defesa, de modo que a limitação dos direitos de defesa com fins de proteção deve atender à proporcionalidade. Com isso fica claro que também em relação aos direitos de proteção é requerida uma aplicação da teoria externa e do modelo dos princípios.[74] Quanto à estrutura argumentativa, aquela da teoria externa, com a subdivisão em vários passos, é mais adequada à uma argumentação racional, analítica, do que a identificação, em um só passo, própria da teoria interna, na qual se correm maiores riscos de uma motivação apenas aparente.[75]

2.2. RESTRIÇÃO E CONFORMAÇÃO DOS DIREITOS FUNDAMENTAIS

Coloca-se, aqui, a questão da diferenciação entre restrição e conformação ou concretização dos direitos fundamentais, cuja importância prática residiria no fato de que uma regra de mera conformação não estaria sujeita às exigências de justificação impostas às regras restritivas,[76] demandando uma carga menor, ou mesmo inexistente, de fundamentação.

Há, efetivamente, posição doutrinária que distingue a conformação (*Ausgestaltung*) da restrição de direitos (*Beschränkung*), sendo que as primeiras partiriam de dentro do direito, enquanto a restrição seria externa a

---

[71] O âmbito de proteção (*Schutzbereich*) ou âmbito da norma (*Normbereich*) é determinado pela norma de direito fundamental, definido como o "âmbito recortado dentro da realidade de vida como objeto da proteção da norma de direito fundamental" (PIEROTH, Bodo; SCHLINK, Bernhard *Grundrechte. Staatsrecht II*, S. 49).

[72] BOROWSKI, Martin. *La Estructura de los Derechos Fundamentales*, p. 76.

[73] BOROWSKI, Martin. *La Estructura de los Derechos Fundamentales*, p. 75.

[74] BOROWSKI, Martin. *Grundrechte als Prinzipien*, S. 307-308.

[75] BOROWSKI, Martin. *Grundrechte als Prinzipien*, S. 313.

[76] ALEXY, Robert. *Theorie der Grundrechte*, S. 300.

ele,[77] em conceito que implica, então, a adoção, ao menos parcial, de uma teoria interna em matéria de restrições.

Hesse critica tal distinção, afirmando que a conformação ou regramento dos direitos fundamentais é uma forma secundária de limitação.[78] Também para Borowski, não há diferença entre restrição e conformação, tendo em vista que não é possível conformar sem restringir, havendo mera diferença de nível, pois a conformação se dá no plano legal, enquanto a restrição se dá no plano constitucional.[79]

Não há, efetivamente, compatibilidade entre a adoção da teoria externa e o conceito de mera conformação dos direitos fundamentais, como algo distinto das restrições. Quer dizer, aceita a existência distinta do direito *prima facie* e do direito definitivo, tanto a pretendida conformação quanto a restrição terão o efeito de restringir o direito *prima facie*. Do contrário, seria de admitir a existência do direito, do direito conformado e do direito definitivo. Quando muito, é de dizer que a conformação é um caso de limitação, que não está livre de argumentação, ainda que em menor grau.

O próprio Alexy, embora admita a diferenciação entre conformação e restrição, aponta como critério decisivo para tanto a não obstaculização da realização de um princípio jurídico-fundamental. Assim, sempre que o resultado da ação do legislador, ainda que se dê em relação a uma norma de competência, constitua um obstáculo à realização do direito fundamental, deverá exigir a correspondente fundamentação, por cuidar-se de uma norma restritiva.[80] Isso é coerente com o conceito dado para as restrições de direitos fundamentais como normas que limitam a realização de princípios jurídico-fundamentais.

Com isso, parece que tanto as normas ditas de conformação quanto as restritivas, sempre que limitarem direitos fundamentais, não estão completamente livres de carga argumentativa, fazendo com que a distinção não tenha, para os fins deste trabalho, maior relevância.

2.3. CLASSIFICAÇÃO DAS RESTRIÇÕES

2.3.1. Restrições diretamente constitucionais e restrições indiretamente constitucionais (restrições legais)

Alexy, operando apenas no campo das restrições em sentido estrito, ou seja, deixando de fora normas que explicitam, aclaram ou defi-

---

[77] SCHNAPP, Friedrich. *Grenzen der Grundrechte*, S. 731.

[78] HESSE, Konrad. *Grundzüge des Verfassungsrechts der Bundesrepublik Deutschland*, S. 138-139, RN 307. Na tradução brasileira: p. 249, NM 307.

[79] BOROWSKI, Martin. *Grundrechte als Prinzipien*, S. 152-153.

[80] ALEXY, Robert. *Theorie der Grundrechte*, S. 300-307.

nem direitos fundamentais, sem obstaculizar o seu exercício, propõe uma classificação baseada na distinção entre regras e princípios. Partindo de tais premissas, bem como da assertiva de que um direito fundamental somente pode ser restringido por normas de nível constitucional ou com base em normas de nível constitucional, separa as restrições *diretamente* constitucionais das *indiretamente* constitucionais.

A restrição diretamente constitucional é aquela que tem o seu conteúdo determinado pelo próprio texto constitucional. Como exemplo de restrição diretamente constitucional, ou seja, prevista no próprio texto constitucional, pode ser apontada, na CRFB, a vedação de associação "de caráter paramilitar", que restringe o direito de associação (art. 5º, XVII).

Já as restrições indiretamente constitucionais, ou restrições legais, são aquelas cuja imposição está autorizada pela Constituição, sem que o texto constitucional estabeleça os pressupostos para a restrição. Tais autorizações são veiculadas por cláusulas de reserva explícitas, ou seja: "disposições jurídico-fundamentais ou partes de disposições jurídico--fundamentais que autorizam expressamente intervenções, restrições ou limitações",[81] deixando, assim, um espaço para conformação pelo legislador ordinário, mas de todo modo submetidas à reserva de lei (*Gesetzvorbehalt*).[82] Como exemplo, na CRFB pode ser citado o inciso LVIII do o art. 5º, segundo o qual: "o civilmente identificado não será submetido a identificação criminal, salvo nas hipóteses previstas em lei". Nesse caso, foi deixado ao legislador ordinário o espaço para decidir sobre os casos nos quais será exigida a identificação criminal do identificado civilmente.

As reservas explícitas poderão ser simples (*einfache Gesetzvorbehalte*),[83] como no caso do dispositivo antes transcrito, em que se confere ao legislador ordinário, sem outros condicionamentos explícitos, a competência para restrição. Na Constituição de 1988, podem ser apontadas como reservas legais simples aquelas constantes nos seguintes incisos do art. 5º:

VI - é inviolável a liberdade de consciência e de crença, sendo assegurado o livre exercício dos cultos religiosos e garantida, *na forma da lei*, a proteção aos locais de culto e a suas liturgias;

VII - é assegurada, *nos termos da lei*, a prestação de assistência religiosa nas entidades civis e militares de internação coletiva;

XV - é livre a locomoção no território nacional em tempo de paz, podendo qualquer pessoa, *nos termos da lei*, nele entrar, permanecer ou dele sair com seus bens;

---

[81] ALEXY, Robert. *Theorie der Grundrechte*, S. 259.
[82] VON MÜNCH, Ingo. *Grundgesetzkommentar*, Bd. 1, S. 52.
[83] SCHNAPP, Friedrich. *Grenzen der Grundrechte*, S. 731.

XLV - nenhuma pena passará da pessoa do condenado, podendo a obrigação de reparar o dano e a decretação do perdimento de bens ser, *nos termos da lei*, estendidas aos sucessores e contra eles executadas, até o limite do valor do patrimônio transferido;

XLVI - *a lei regulará* a individualização da pena e adotará, entre outras, as seguintes:

a) privação ou restrição da liberdade;

b) perda de bens;

c) multa;

d) prestação social alternativa;

e) suspensão ou interdição de direitos;

LVIII - o civilmente identificado não será submetido a identificação criminal, *salvo nas hipóteses previstas em lei;*

As reservas serão *qualificadas* quando essa competência é limitada a casos previamente definidos pela Constituição, ou seja, quando há determinação de condições[84] ou direção da finalidade (*Zielrichtung*).[85] Pode ser citada como exemplo de reserva qualificada o art. 11, § 2º, frase 3, da Lei Fundamental alemã, que, tratando da possibilidade de restrição do direito de ir e vir, assegurado no § 1º, assim estabelece:

Este direito somente pode ser restringido por lei, ou com base numa lei, e somente nos casos em que a falta de meios de subsistência suficientes possam acarretar encargos especiais para a coletividade ou em que uma tal restrição seja necessária para a defesa perante um perigo suscetível de pôr em causa a existência ou a ordem fundamental liberal e democrática da Federação ou de um Estado-Membro, para o combate a epidemias, catástrofes naturais e acidentes particularmente graves, para a proteção contra o abandono de menores ou para a prevenção de delitos.

Na CRFB, um exemplo de reserva qualificada pode ser vislumbrado no inciso XII do art. 5º, segundo o qual: "inviolável o sigilo da correspondência e das comunicações telegráficas, de dados e das comunicações telefônicas, salvo, no último caso, por ordem judicial, nas hipóteses e na forma que a lei estabelecer *para fins de investigação criminal ou instrução processual penal*". Diante da reserva qualificada, não é dado ao legislador ordinário admitir que a interceptação telefônica, enquanto restrição ao direito fundamental de sigilo das comunicações, tenha lugar, por exemplo, para o reconhecimento de justa causa para rescisão de contrato de trabalho ou ainda para comprovação de infidelidade conjugal. Na hipótese, a própria Constituição fez a ponderação entre os direitos em jogo, entendendo pela prevalência do sigilo frente ao interesse na apuração das infrações extrapenais.

---

[84] SCHNAPP, Friedrich. *Grenzen der Grundrechte*, S. 731.

[85] VON MÜNCH, Ingo. *Grundgesetzkommentar*, Bd. 1, S. 52.

Crime Organizado e Proibição de Insuficiência

2.3.2. Autorização implícita de restrições

É certo que um direito fundamental somente pode ser restringido com fundamento constitucional. Quer dizer, a restrição de um direito fundamental por uma regra legal, em especial se não estiver autorizada de modo explícito na Constituição, somente é possível se essa regra legal estiver fundada em princípios constitucionais[86] ou em caso de afetação material de um bem jurídico digno de proteção (*schutzwürdiges Rechtsgut*).[87]

Daí a importância da possibilidade de restrições que não tenham sido expressamente autorizadas pelo texto constitucional, ou seja, da existência de uma competência tácita ou imanente de restrição concedida ao legislador ordinário,[88] cuja inexistência levaria a uma inviabilização da atividade legislativa e absolutização dos direitos fundamentais,[89] com o risco de abuso por parte dos titulares de tais direitos.

A existência de restrições implícitas de ordem constitucional é vista, então, como consequência lógica do princípio da unidade da Constituição,[90] segundo o qual nenhum direito fundamental deve ser contemplado de forma isolada,[91] como afirmado pelo Tribunal Constitucional Federal da Alemanha, nos seguintes termos:

> Cada dispositivo constitucional não deve ser considerado isoladamente ou interpretado a partir de si próprio. Do conteúdo integral da Constituição resultam seguramente princípios e decisões básicas, às quais está subordinado cada dispositivo constitucional. Esses dispositivos devem então ser interpretados de forma compatível com os princípios constitucionais e decisões constitucionais básicas. (BVerfGE, 1, 14 - *Südweststaat*).

A autorização implícita de restrições decorre, também, da adoção da teoria dos princípios, bem como do fenômeno das intersecções recíprocas e complementares dos direitos fundamentais.[92] Assim, a lei trabalhista que, fundada no princípio de preservação da integridade física do traba-

---

[86] BVerfGE 30, 173 (193); BVerfGE 32, 98 (108); MICHAEL, Lothar. Die drei Argumentationsstrukturen des Grundsatzes der Verhältnismäßigkeit – Zur Dogmatik des Über und Untermaßverbotes und der Gleichheitssätze, S. 150.

[87] STARCK, Christian. *Kommentar zum Grundgesetz*, S. 144.

[88] ALEXY, *Theorie der Grundrechte*, S. 263; STARCK, Christian. *Kommentar zum Grundgesetz*, S. 143.

[89] Nesse sentido: BETHGE, Herbert. *Zur Problematik von Grundrechtskollisionen*, S. 258-263; STF, RE 21533/DF, Luiz Gallotti, 1ª T., 16.4.53; STF, RMS 2138/DF, Luiz Gallotti, Pl., 24.7.53.

[90] "A unidade da Constituição serve à resolução de idéias (de valores) divergentes. A Constituição representa uma unidade de sentido livre de contradições para dentro" (BAMBERGER, Christian. *Verfassungswerte als Schranken vorbehaltloser Freiheitsgrundrechte*, S. 19). No mesmo sentido: SCHLINK, Bernhard. Freiheit durch Eingriffsabwehr - Rekonstruktion der klassischen Grundrechtsfunktion, S. 464; VON MÜNCH, Ingo. *Grundgesetzkommentar*, Bd. 1, S. 53.

[91] MICHAEL, Lothar. Die drei Argumentationsstrukturen des Grundsatzes der Verhältnismäßigkeit – Zur Dogmatik des Über und Untermaßverbotes und der Gleichheitssätze, S. 150.

[92] BETHGE, Herbert. Aktuelle Probleme der Grundrechtsdogmatik, 371.

lhador, limita o salário noturno, restringe de forma fundada a liberdade de trabalho e da atividade econômica.[93]

Na Alemanha, tais restrições encontram fundamento no art. 2º, 1, da Lei Fundamental, do seguinte teor: "Cada um tem o direito ao livre desenvolvimento de sua personalidade, à medida que ele não viola os direitos de outros e não infringe a ordem constitucional ou a lei moral;". O referido dispositivo é tido como limitador de todos os direitos fundamentais, já que o indivíduo não é visto isoladamente, mas em suas relações com terceiros, dentro da sociedade.[94]

No caso do Brasil, onde inexiste dispositivo análogo ao precitado art. 2º da Lei Fundamental alemã, fundamento para tais restrições pode ser vislumbrado no princípio da legalidade, objeto do inciso II do art. 5º da CRFB. Ainda que assim não se entenda, a existência de uma autorização implícita de restrição decorreria da própria distribuição das competências efetuada pela Constituição, que aponta para fins dignos de proteção, e portanto, para bens jurídicos constitucionais em sentido amplo.[95] Nessa linha, para Gavara de Cara:

> A ausência de uma reserva de lei para regular certos direitos fundamentais (arts. 4º e 5º, 3 LFB) não pode ser considerada como equivalente a um âmbito em que está excluída a regulação estatal. O Tribunal Constitucional admite que o Poder Legislativo pode estabelecer limites externos a ditos direitos com base na proteção de outros direitos fundamentais de terceiras pessoas e de bens jurídicos constitucionais de interesse geral que não sejam contrários e encontrem justificação na Constituição.[96]

No entanto, como adverte Hesse, a própria existência de reservas explícitas faz com que seja exigida uma especial cautela para que sejam aceitas limitações não escritas de direitos fundamentais, evidenciando tratar-se de verdadeiro *Direito constitucional não escrito*, não sendo suficiente, para tanto, a mera afirmação de que se pretende proteger um "bem comunitário de hierarquia superior".[97] Na formulação do Tribunal Constitucional Federal da Alemanha:

---

[93] BOROWSKI, Martin, BOROWSKI, Martin. *La Estructura de los Derechos Fundamentales*, p. 81.

[94] BVerfGE 32, 98 (107); BVerfGE 4, 7 (15); SCHMIDT-BLEIBTREU, Bruno; KLEIN, Franz. *Kommentar zum Grundgesetz*, S. 126. Em sentido contrário, negando tal caráter limitador ao dispositivo: VON MÜNCH, Ingo. *Grundgesetzkommentar*, Bd. 1, S. 54.

[95] MICHAEL, Lothar. Die drei Argumentationsstrukturen des Grundsatzes der Verhältnismäßigkeit - Zur Dogmatik des Über und Untermaßverbotes und der Gleichheitssätze, S. 150. Em sentido contrário, afirmando que a divisão de competências constitucional seria matéria de mera organização, desprovida de conteúdo material: BVerfGE, 69, 1.

[96] GAVARA DE CARA, Juan Carlos. *Derechos Fundamentales y Desarrollo Legislativo*, p. 330.

[97] HESSE, Konrad. *Grundzüge des Verfassungsrechts der Bundesrepublik Deutschland*, S. 139, RN 309. Na tradução brasileira: p. 250, NM 309. Não é por outra razão que o art. 19, 1, da Lei Fundamental, traz o chamado mandamento de citação, segundo o qual a lei restritiva do direito fundamental "deve citar o direito fundamental sob indicação do artigo".

Somente direitos fundamentais de terceiros colidentes e outros valores com nível constitucional podem limitar, excepcionalmente, direitos fundamentais não expressamente limitados, em atenção à unidade da Constituição e ao conjunto da ordem dos valores por ela protegidos. (BVerfGE, 28, 243 (261) - *Kriegsdienstverweigerung*).

2.4. OS LIMITES DAS RESTRIÇÕES (SCHRANKEN-SCHRANKEN)

As restrições aos direitos fundamentais não poderão, porém, adquirir intensidade tal que leve a um aniquilamento dos direitos, o que é evitado com uma construção dogmática adequada acerca das restrições.[98] Com efeito, se a mera alegação de preservação de bens jurídicos pudesse justificar, de forma ampla, restrições de direitos fundamentais, haveria um risco de erosão dos direitos fundamentais e de sua redução a meras normas programáticas.[99]

Daí a necessidade de limites aos limites (*Schranken-Schranken*), constituídos pela reserva de lei, pelo princípio da proporcionalidade e pela proteção do núcleo essencial.

2.4.1. Reserva de lei

Um primeiro limite é a reserva de lei (*Gesetzvorbehalt*), pela qual a restrição ao direito fundamental deverá estar prevista ou fundada em lei aprovada pelo parlamento,[100] como se extrai da leitura do art. 19 da Lei Fundamental alemã.[101] Assim também no Brasil, onde tal restrição pode ser extraída do princípio da legalidade, uma vez que: "ninguém será obrigado a fazer ou deixar de fazer alguma coisa senão em virtude de lei" (CRFB, art. 5º, II).

Embora esse limite aparente, à primeira vista, ostentar natureza meramente formal, assim não é, uma vez que o legislador está, como os demais poderes públicos, vinculado aos direitos fundamentais, o que, em alguns ordenamentos, é deixado expresso, como no art. 1, 2, da Lei Fundamental alemã, a chamada cláusula de vinculação (*Bindungsklausel*), assim redigida: "Os direitos fundamentais que seguem vinculam dação de lei, poder executivo e jurisdição como direito imediatamente vigente".

---

[98] STARCK, Christian. *Kommentar zum Grundgesetz*, S. 139.

[99] STARCK, Christian. *Kommentar zum Grundgesetz*, S. 144.

[100] JARASS, Hans D. Bausteine einer Grundrechtsdogmatik, S. 370.

[101] "À medida que, segundo esta lei fundamental, um direito fundamental pode ser limitado por lei ou com base em uma lei, a lei deve valer geral e não somente para o caso particular. Além disso, a lei deve mencionar o direito fundamental sob indicação do artigo".

Essa vinculação acaba por converter a reserva de lei em limite simultaneamente formal e material, pois, além de obedecer aos requisitos formais do processo legislativo, a lei ordinária que limita os direitos fundamentais não poderá violar o direito fundamental regulado ou outros que com ele entrarem em colisão.

2.4.2. O princípio da proporcionalidade como limite às restrições

Como já dito acima, no item 2.3.2., em decorrência do próprio *status* constitucional dos direitos fundamentais, do princípio da unidade da Constituição[102] e da hierarquia das normas jurídicas,[103] a restrição dos direitos fundamentais deve encontrar fundamento, explícito ou implícito, na própria Constituição.[104]

Mas as próprias cláusulas de reserva são, do ponto de vista material, limitadas pelo princípio da proporcionalidade e pelo mandamento de ponderação, o que evita que tais reservas possam permitir um esvaziamento completo dos direitos fundamentais, um risco no qual se incorreria caso se entendesse que há uma total liberdade do legislador ordinário no exercício de sua competência de restrição.[105] Nessa linha, para Alexy:

> Do caráter de princípio das normas jurídico-fundamentais resulta não apenas que, em razão de princípios opostos, os direitos fundamentais estão restringidos e são restringíveis, mas também que a sua restrição e restringibilidade são restringidas. Uma restrição de direitos fundamentais somente é admissível se, no caso concreto corresponde a princípios opostos um peso maior que ao princípio jurídico-fundamental. Por isso, pode-se dizer que os direitos fundamentais, como tais, são restrições à sua restrição e restringibilidade.[106]

Da aplicação do princípio da proporcionalidade aos direitos de defesa resulta uma proibição de excesso (*Übermaßverbot*), funcionando o teste da proporcionalidade como limitação à intervenção, que não poderá ser excessiva. A verificação da proibição de excesso deve ser verificada, tradicionalmente, de acordo com uma prova de três passos, que compreende a determinação: a) do âmbito de proteção do direito fundamental; b)

---

[102] SCHMIDT-BLEIBTREU, Bruno; KLEIN, Franz. *Kommentar zum Grundgesetz*, S. 126.

[103] HESSE, Konrad. *Grundzüge des Verfassungsrechts der Bundesrepublik Deutschland*, S. 139, RN 309 (Na tradução brasileira: p. 249, NM 309); KELSEN, Hans. *Reine Rechtslehre*, S. 228 ff.

[104] HESSE, Konrad. *Grundzüge des Verfassungsrechts der Bundesrepublik Deutschland*, S. 139, RN 309 (Na tradução brasileira: p. 249, NM 309); SCHNAPP, Friedrich E. *Grenzen der Grundrechte*, S. 730.

[105] GRABITZ, Eberhard. Der Grundsatz der Verältnismäßigkeit, S. 586 ff; HESSE, Konrad. Bestand und Bedeutung der Grundrechte in der Bundesrepublik Deutschland, S. 431; JARASS, Hans D. Bausteine einer Grundrechtsdogmatik, S. 351; STARCK, Christian. Kommentar zum Grundgesetz, Bd. 1, S. 144; VON MÜNCH, Ingo. *Grundgesetzkommentar*, Bd. 1, S. 52.

[106] ALEXY, *Theorie der Grundrechte*, S. 267.

da intervenção no âmbito de proteção; c) a justificação jurídico-constitucional da intervenção.[107]

A proibição de excesso já é bastante conhecida e não será objeto de exame detalhado aqui,[108] valendo apenas ressaltar que o exame das finalidades obedece a uma medida estrita, no sentido de que somente podem ser consideradas as alternativas que alcancem a finalidade ou as finalidades de forma igualmente eficiente em relação aquela em consideração.[109] Quer dizer, a medida considerada excessiva não poderá ser adotada ou terá que ser restringida ou limitada. Nesse sentido é que se pode entender também a proibição de excesso como uma restrição aos limites, pois as medidas que não sirvam ao alcance de tais finalidades ou atinjam de forma excessiva direitos fundamentais contrapostos estarão excluídas.

2.4.3. A Preservação do núcleo essencial

Outra tentativa de limitar as restrições é o recurso à cláusula de preservação do núcleo essencial, que teria o mérito de superar o argumento de que o recurso à ponderação acaba por se tornar uma solução em círculo, caso se entenda que tudo é ponderável. Bem por isso, há textos constitucionais que consagram, de forma expressa, a proteção do núcleo essencial dos direitos fundamentais, como segue:

> Em caso algum pode um direito fundamental ser afetado no seu conteúdo essencial. (Lei Fundamental Alemã, art. 19, 2).

> Os direitos e liberdades reconhecido no capítulo segundo do presente Título vinculam a todos os poderes públicos. Somente por lei, que deverá, em qualquer caso, respeitar seu conteúdo essencial, poderá regular-se o exercício de tais direitos e liberdades, que serão protegidos de acordo com o previsto no artigo 161, I, *a*. (Constituição Espanhola, art. 53, 1).

> As leis restritivas de direitos, liberdades e garantias têm de revestir caráter geral e abstrato e não podem ter efeito retroativo nem diminuir a extensão e o alcance do conteúdo essencial dos preceitos constitucionais (Constituição Portuguesa, art. 18, 3).

Discute-se, porém, se tal formulação, até por seu caráter vago,[110] pode representar um limite às restrições dos direitos fundamentais, ou seja, *um limite aos limites*. A discussão está relacionada com a determinação do caráter relativo ou absoluto da cláusula de preservação do núcleo essencial. Para a primeira, o núcleo essencial é o que resta do direito fundamental após a ponderação, sendo submetido, então, a uma relação de meio e fim.

---

[107] BOROWSKI, Martin. *Grundrechte als Prinzipien*, S. 36.

[108] Sobre o tema, ver: WENDT, Rudolf. *Der Garantiegehalt der Grundrechte und das Übermaßverbot*, S. 415-474.

[109] MICHAEL, Lothar. Die drei Argumentationsstrukturen des Grundsatzes der Verhältnismäßigkeit – Zur Dogmatik des Über und Untermaßverbotes und der Gleichheitssätze, S. 149.

[110] HUBER, Peter Michael. *Kommentar zum Grundgesetz*, S. 1742.

Já para para a segunda "existe um núcleo de cada direito fundamental que não pode ser afetado".[111]

Para Alexy, embora o Tribunal Constitucional Federal da Alemanha, em numerosas decisões, pareça adotar uma teoria absoluta, não o faz até as últimas consequências, admitindo, em verdade, uma ponderação, para concluir que:

> A garantia do conteúdo essencial do artigo 19, número 2, da Lei Fundamental não formula, frente ao princípio de proporcionalidade nenhuma restrição adicional da restringibilidade de direitos fundamentais. No entanto, como é equivalente a uma parte do princípio da proporcionalidade, é uma razão a mais em favor da validade do princípio da proporcionalidade.[112]

Na mesma linha, Huster, comentando a garantia de preservação do núcleo essencial:

> À primeira vista essa provisão sugere uma compreensão absoluta-subjetiva: a formulação, "em caso algum" deve o núcleo essencial de um direito fundamental ser atingido, indica um conteúdo nuclear independente e resistente à ponderação. Significantemente, porém, parte substancial da literatura não chegou a essa conseqüência, mas determinou o núcleo essencial como grandeza relativa, que resultaria do teste da proporcionalidade e respectivamente da ponderação.[113]

Dessa conclusão não destoa Häberle, com formulação diversa, ao afirmar que a determinação de preservação do núcleo essencial tem caráter meramente declaratório, resumindo os efeitos de outros institutos, tais como o conteúdo institucional dos direitos fundamentais, a função do legislador no âmbito dos direitos fundamentais e os conceitos de direito e liberdade.[114]

Como se vê, mesmo na Alemanha, a preservação do núcleo essencial não ganhou significado prático autônomo[115] e pouco aporta ao que é trazido pelo princípio da proporcionalidade, de modo que desserve como fixação efetiva de um limite aos limites, por deixar de fixar, de modo claro, um território livre de ponderação.

2.5. O TIPO ABSTRATO DO DIREITO FUNDAMENTAL E AS RESTRIÇÕES

Cuida-se, nesse ponto, de determinar a extensão do direito fundamental, o que também é chamado de tipo abstrato (*Tatbestand*),[116] âm-

---

[111] ALEXY, *Theorie der Grundrechte*, S. 269. Nessa linha: HESSE, Konrad. *Grundzüge des Verfassungsrechts der Bundesrepublik Deutschland*, S. 149, RN 333. Na tradução brasileira: p. 267-268, NM 333.

[112] ALEXY, *Theorie der Grundrechte*, S. 272. No mesmo sentido: HESSE, Konrad. *Grundzüge des Verfassungsrechts der Bundesrepublik Deutschland*, S. 149, RN 333. Na tradução brasileira: p. 267-268, NM 333.

[113] HUSTER, Stefan. *Rechte und Ziele*, S. 84-85.

[114] HÄBERLE, Peter. *Die Wesensgehaltgarantie des Art. 19 Abs. 2 Grundgesetz*, S. 234-236.

[115] SCHMIDT, Walter. Der Verfassungsvorbehalt der Grundrechte. *Archiv des öffentlichen Rechts*, S. 205-217.

[116] SACHS, Michael. *Die Gesetzvorbehalte der Grundrechte des Grundgesetzes*, S. 693.

bito de proteção (*Schutzbereich*), domínio normativo, âmbito normativo (*Normbereich*); âmbito de garantia (*Garantiebereich*) ou âmbito de validade (*Geltungsbereich*).[117]

Alexy, nesse ponto, passa a tratar do que chama de lado positivo da garantia fundamental, ou seja, do tipo abstrato do direito fundamental e do âmbito de sua proteção, e não mais do aspecto negativo, ou seja, da restrição. O tipo abstrato e o âmbito de proteção "referem-se a aquilo que é concedido *prima facie* pelas normas jurídico-fundamentais, ou seja, sem tomar em conta as restrições".[118]

Devem ser distinguidas, então, a teoria restritiva e a teoria ampliativa do tipo abstrato. Para a primeira, o tipo abstrato do direito fundamental é composto tão somente do suficiente para sua incidência, deixando de fora do tipo abstrato do direito fundamental os fatores que compõem a cláusula de restrição.[119] Alexy critica tal concepção, ao argumento de que, com sua adoção, o resultado definitivo da possibilidade de restrição do direito fundamental se dá fora da ponderação, uma vez que a cláusula restritiva não é considerada como parte integrante do tipo abstrato. Assim, conclui:

> Ao contrário, a solução da teoria ampla do tipo abstrato é não-contraditória e simples. Se uma razão fala a favor da proteção jurídico-fundamental, deve ser afirmada sua tipicidade, por mais fortes que sejam as razões contrárias. Isso não significa que em todos os casos se tenha que levar a cabo ponderações amplas. Mas também os casos claros de ausência de proteção jurídico-fundamental são o resultado de uma ponderação e é preciso manter aberta a possibilidade de ponderação para todos os casos e que de modo algum pode ser substituída por evidências de qualquer tipo.
>
> (...)
>
> Uma teoria ampla do tipo abstrato é uma teoria que faz cair no âmbito protegido tudo aquilo em favor de cuja proteção fala o respectivo princípio jurídico-fundamental.[120]

As principais críticas a uma teoria ampla do tipo abstrato são de duas ordens. A primeira é de que essa teoria conduziria a um dilema, composto, de um lado, por uma proteção excessiva dos direitos fundamentais, ou, de outro, a uma paralisação da atividade legislativa. Em outra formulação, ou colocaria em perigo outros bens jurídicos, ou não levaria a sério a proteção da Constituição. Quer dizer, não seria honesta, pois daria com uma mão, prometendo ampla proteção, para logo tirar com outra, admitindo ampla restrição. A segunda crítica é que inviabilizaria a atividade

---

[117] VON MÜNCH, Ingo. *Grundgesetzkommentar*, Bd. 1, n. 48.

[118] ALEXY, *Theorie der Grundrechte*, S. 272-273.

[119] ALEXY, *Theorie der Grundrechte*, S. 278. Pela adoção da teoria restritiva: SACHS, Michael. *Die Gesetzvorbehalte der Grundrechte des Grundgesetzes*, S. 693.

[120] ALEXY, *Theorie der Grundrechte*, S. 290.

do Tribunal Constitucional,[121] por incluir no tipo abstrato todos os fatores de restrição, que podem ser múltiplos conforme o caso concreto e os dados de fato envolvidos.

Alexy antecipa a resposta a tais críticas, afirmando que a expansão não se dá sobre a proteção definitiva do direito fundamental, mas sim sobre a proteção *prima facie*. Constrói, então, um modelo de dois âmbitos, distinguindo entre casos potenciais e casos atuais ou verdadeiros de direitos fundamentais. Somente compõem os últimos aquilo que é duvidoso ou sobre o que não há consenso, também modificável no tempo ou com base em novos argumentos. Exemplifica a construção com o caso do furto, que evidentemente está fora da liberdade geral de ação, não estando, portanto, protegido pelo direito fundamental, sendo, portanto, fora de dúvida, que é legítima a restrição imposta pelo Direito Penal.[122]

3. A doutrina da proibição de insuficiência ("Untermaβverbot")

3.1. O CONTEÚDO OBJETIVO DOS DIREITOS FUNDAMENTAIS

É certo que: "Os direitos fundamentais têm um caráter de resposta: eles representam reações a determinadas situações de perigo à liberdade pessoal".[123] Sendo assim, a visão tradicional dos direitos fundamentais como direitos de defesa está de acordo com o momento histórico de seu nascimento no qual as ameaças provinham, essencialmente, de fontes estatais.[124]

Na sociedade contemporânea, porém, as fontes de perigo e agressão aos direitos fundamentais não provêm exclusivamente do Estado, mas também de outros centros de poder, privados, em relação aos quais não dá resposta adequada a visão tradicional dos direitos fundamentais como direitos de defesa. Sendo assim, os direitos fundamentais passaram a desempenhar, ao lado de suas funções tradicionais, também uma função de

---

[121] ALEXY, *Theorie der Grundrechte*, S. 292-295.

[122] ALEXY, *Theorie der Grundrechte*, S. 296-299. Merece destaque a coerência do conjunto do pensamento de Alexy, restando evidenciado que a teoria dos direitos fundamentais sofre forte influxo da teoria da argumentação jurídica, pois a abertura do tipo abstrato dos direitos fundamentais acaba por deixar aberto um espaço maior para a ponderação, a depender, ao fim, da argumentação.

[123] DREIER, Horst. Subjektiv-rechtliche und objektiv-rechtliche Grundrechtsgehalte, S. 513.

[124] ROBBERS, Gerhard. *Sicherheit als Menschenrecht*, S. 194. Sendo certo, ainda, que: "Os direitos fundamentais são em grande parte, senão conceitualmente necessário, *reações a situações históricas de perigo*" (BETHGE, Herbert. Aktuelle Probleme der Grundrechtsdogmatik, S. 353).

defesa contra ameaças e agressões aos direitos fundamentais com origem em outros centros de poder, não estatais.[125]

Mais que isso, passou a ser admitido que os direitos fundamentais são dotados de conteúdo jurídico-objetivo (*objektivrechtliche Gehalt*),[126] correspondente à "compreensão dos direitos fundamentais como princípios objetivos, que influenciam o conjunto da ordem jurídica e obrigam o Estado a fazer tudo para a sua concretização",[127] tanto na legislação quanto na aplicação do direito,[128] até mesmo em decorrência do disposto nos arts. 1º, 2,[129] e 20, 3,[130] da Lei Fundamental alemã. Segundo Robert Alexy: "A dimensão objetiva dos direitos fundamentais é o mais importante instrumento da dogmática dos direitos fundamentais do pós-guerra para o alargamento do conteúdo dos direitos fundamentais".[131]

O Tribunal Constitucional Federal alemão, na decisão do *caso Lüth*, de 15 de janeiro de 1958, que marcou o reconhecimento expresso de tal construção,[132] afirmou que a Lei Fundamental: "na Seção dos direitos fundamentais estabeleceu uma ordem objetiva de valoração e daí deriva, de modo manifesto, um reforço da força conformadora dos direitos fundamentais" (BVerfGE 7, 198).[133]

Essa modificação no papel dos direitos fundamentais teve como fundamento a necessidade de adaptação da sua dogmática ao surgimento dos direitos fundamentais sociais e da mudança do papel do Estado,

---

[125] DIETLEIN, Johannes. *Die Lehre von den grundrechtlichen Schutzpflichten*, S. 15; HESSE, Grundzüge des Verfassungsrechts der Bundesrepublik Deutschland, S. 155, RN 349. Na tradução brasileira: p. 278, NM 349.

[126] DIETLEIN, Johannes. *Die Lehre von den grundrechtlichen Schutzpflichten*, S. 51; HERMES, Georg. *Das Grundrecht auf Schutz von Leben und Gesundheit*, S. 63; ISENSEE, Josef. *Das Grundrecht auf Sicherheit*, S. 28; JARASS, Hans D. Objektive Grundrechtsbehalte, S. 36-37; KLEIN, Hans H. Die Grundrechtliche Schutzpflicht, S. 490-494. Na Alemanha, o tema do conteúdo objetivo dos direitos fundamentais é antigo, sendo objeto de consideração doutrinária já na década de trinta do século passado (HUBER, Ernst Rudolf. Bedeutungswandel der Grundrechte. S. 79-80).

[127] HESSE, Konrad. Bestand und Bedeutung der Grundrechte in der Bundesrepublik Deutschland, S. 437; MAURER. Hartmut. *Contributos para o Direito do Estado*, p. 27. Nesse sentido: BVerfGE 53, 30 – *Mühlheim-Kährlich*; 56, 54 - *Fluglärm*; 77, 170 - *C-Waffen*.

[128] DIETLEIN, Johannes. *Die Lehre von den grundrechtlichen Schutzpflichten*, S. 70; SCHERZBERG, Arno. "Objektiver" Grundrechtschutz und subjektives Grundrecht, S. 1131.

[129] RUPP, Hans Heinrich. Vom Wandel der Grundrechte. *Archiv des öffentlichen Rechts*, S. 166. Eis o texto do dispositivo: Art. 1, 2. O povo alemão professa-se, por isso, por direitos do homem invioláveis e inalienáveis como fundamento de cada comunidade humana, da paz e da justiça no mundo;

[130] Art. 20, 3. a dação de leis está vinculada à ordem constitucional, o poder executivo e a jurisdição, à lei e ao direito;

[131] ALEXY, Robert. Grundrechte als Subkektive Rechte und als objektive Normen, S. 49.

[132] ALEXY, Robert. Grundrechte als Subkektive Rechte und als objektive Normen, S. 49.

[133] "Nesse sentido, há uma oposição a um velho constitucionalismo, que não tratava a Constituição como norma, pelo menos não como norma eficaz e a todos dirigida, mas como diretivas, conselhos dirigidos exclusivamente ao legislador e cuja eficácia dependia da vontade deste" (MORO, Sergio Fernando. Neoconstitucionalismo e Jurisdição Constitucional, p. 248.)

que passa a ser mais interventivo e atuante, necessitando prestar, positivamente, serviços, ou criar condições para que fossem prestados.[134] Nessa linha, para Grimm:

> Os direitos fundamentais foram, com isso, em primeiro lugar, liberados do seu direcionamento unicamente estatal e passaram também a ser decisivos para a ordenação social e, em segundo lugar, foram liberados da sua função de defesa e conformados como princípios também para o comportamento estatal.[135]

Com efeito, enquanto os direitos fundamentais como direitos de defesa contribuem para a manutenção do *status quo,* dos direitos fundamentais como direitos objetivos deriva um impulso de mudança,[136] estando voltados ao futuro, enquanto aqueles estão voltados ao passado e têm função conservadora.[137]

Desse modo:

> (...) é o componente jurídico-objetivo dos direitos fundamentais que conserva o direito aberto para as mudanças sociais e o impulsiona para uma otimização da liberdade em situações de incerteza, como um princípio dinâmico introduzido na ordem jurídica.[138]

Essa mudança dos direitos fundamentais (*Wandel der Grundrechte*) tem relação, então, com a pergunta acerca do quanto a norma jurídica pode influenciar a realidade,[139] pode impulsionar mudanças, e o quanto é por ela condicionada.[140] É de ver, no entanto, que o reconhecimento do caráter objetivo dos direitos fundamentais não tem como efeito a supressão ou superação de seu conteúdo de direito de defesa, sendo ambas as funções compatíveis.

Do conteúdo objetivo dos direitos fundamentais derivam vários efeitos, sobre os quais não há unanimidade terminológica, nem de classificação.[141] Não há aqui, a pretensão de esgotar o tema, pois o interesse desse trabalho recai, especificamente, sobre a proteção de insuficiência. Fica, então, com apoio em Jarass, apenas a referência de que, do conteúdo objetivo dos direitos fundamentais derivam as seguintes funções: a) proibição de piora (*Verbot der Schlechterstellung*); b) irradiação sobre a aplicação do direito e interpretação (*Ausstrahlung auf die Rechtsanwendung und*

---

[134] VOLKMANN, Uwe. Veränderungen der Grundrechtsdogmatik, S. 262-263.

[135] GRIMM, Dieter. *Die Zukunft der Verfassung,* S. 221.

[136] GRIMM, Dieter. *Die Zukunft der Verfassung,* S. 222.

[137] Embora focando a comparação com os direitos sociais: FERRAJOLI, Luigi. *Derecho y razon*, p. 862.

[138] GRIMM, Dieter. *Die Zukunft der Verfassung,* S. 240.

[139] RUPP, Hans Heinrich. Vom Wandel der Grundrechte, S. 161-162.

[140] Sobre o tema, ver: MAUNZ, Theodor. Verfassungsinhalt und Verfassungswirklichkeit, S. 1-3.

[141] Por exemplo, para Alexy, da concepção objetiva derivam as teorias: a) do efeito contra terceiros (Drittwirkung); b) direito a serviços públicos; c) direito ao processo; e, d) direito à organização (ALEXY, Robert. Grundrechte als Subjektive Rechte und als objektive Normen, S. 49).

Auslegung) infraconstitucional; c) efeito perante terceiros (*Drittwirkung*); d) dever de proteção jurídico-fundamental (*Grundrechtliche Schutzpflichten*); e) critérios para a colisão entre direitos fundamentais (*Vorgabe für Grundrechtskollision*); f) direitos de participação por organização e procedimento (*Teilhabe durch Organisation und Verfahren*); g) direitos a prestações (*Leistungsrechte*) ou direito a serviços públicos.[142]

3.2. NOÇÃO DE PROIBIÇÃO DE INSUFICIÊNCIA

Embora a matéria não seja absolutamente tranquila,[143] pode-se afirmar, contudo, que a doutrina dos deveres de proteção e da proibição de insuficiência encontra fundamento, ao lado de outros institutos, no conteúdo objetivo dos direitos fundamentais, objeto do item anterior.

Quer dizer, na atual dogmática constitucional,[144] os direitos fundamentais, ao lado da sua clássica função *negativa*[145] de limitar o arbítrio das intervenções estatais na liberdade, ou seja da proibição de excesso (*Übermaßverbot*), passaram a desempenhar também o papel de mandamentos de proteção (*Schutzgebote*) ao legislador, na chamada proibição de insuficiência (*Untermaßverbot*) que determina a existência de deveres de proteção jurídico-fundamentais (*grundrechtliche Schutzpflichten*),[146] na terminologia mais aceita, que enfatiza o aspecto da obrigação estatal, ou direitos de proteção jurídico-fundamentais (*grundrechtliche Schutzrechten*),[147] expressão que dá ênfase ao direito do cidadão, e não ao dever do Estado.[148]

---

[142] Não entrarei aqui nas especifidades de cada uma dessas funções. Para mais sobre o tema, ver: HESSE, Konrad. *Grundzüge des Verfassungsrechts der Bundesrepublik Deutschland*, S. 133-136, RN 290-299 (Na tradução brasileira: p. 239-244, NM 290-299); JARASS, Hans D. Grundrechte als Wertentscheidungen, S. 373-397.

[143] "A derivação constitucional dos deveres de proteção jurídico-fundamentais é o mais controvertido tem da teoria dos deveres de proteção" (UNRUH, Peter. *Zur Dogmatik der grundrechtlichen Schutzpflichten*, S. 26). Para o mesmo autor, uma segunda vertente na fundamentação dos deveres de proteção seria a dignidade da pessoa humana: ob. cit., S. 31.

[144] "Os deveres de proteção não são, desse modo, um corpo estranho, mas parte integrante da dogmática dos direitos fundamentais" (STERN, Klaus. *Das Staatsrecht der Bundesrepublik Deutschland*, Bd. III/1, S. 949). No Brasil, ver: FELDENS, Luciano. *Tutela Penal dos Interesses Difusos e Crimes do Colarinho Branco*, p. 108.

[145] DIETLEIN, Johannes. *Die Lehre von den grundrechtlichen Schutzpflichten*, S. 34; KLEIN, Eckart. Grundrechtliche Schutzpflicht des Staates, S. 1633; ERICHSEN, Hans-Uwe. Grundrechtliche Schutzpflichten in der Rechtsprechung des Bundesverfassungsgerichts, S. 85; VON MÜNCH, Ingo. *Grundgesetzkommentar*, Bd. 1, n. 16-17.

[146] "Deveres de proteção jurídico-fundamentais são deveres do Estado, de proteger bens jurídicos jurídico-fundamentais de seus cidadãos" (UNRUH, Peter. *Zur Dogmatik der grundrechtlichen Schutzpflichten*, S. 20). Ver, também: MICHAEL, Lothar. Die drei Argumentationsstrukturen des Grundsatzes der Verhältnismäßigkeit - Zur Dogmatik des Über und Untermaßverbotes und der Gleichheitssätze, S. 148.

[147] BOROWSKI, Martin. *Grundrechte als Prinzipien*, S. 209.

[148] Os deveres de proteção jurídico-fundamentais (grundrechtliche Schutzpflichten) não devem ser confundidos com os deveres jurídico-fundamentais (grundrechtliche Pflichten), assim entendidos os

Na mesma linha, Häberle ao afirmar que:

Dogmaticamente será necessário não apenas um "pensamento dos limites", mas também um "pensamento das tarefas": direitos fundamentais regulam, como antes, limites do Estado Constitucional, também para as suas "tarefas estatais"; eles circunscrevem, porém, também, tarefas positivas para ele em um verdadeiro ("pensamento de competências orientado aos direitos fundamentais").[149]

Assim se vê que não há incompatibilidade entre a proibição de insuficiência e a doutrina dos objetivos estatais,[150] como segue:

Ao contrário da determinação de objetivos estatais em sentido tradicional, esse aspecto dos direitos fundamentais constitui, no entanto, apenas um elemento dos direitos fundamentais, enquanto às determinações de objetivos estatais puramente jurídico objetivas corresponde um caráter unidimensional.[151]

É de registrar, com isso, que os direitos fundamentais também são entendidos como determinações de objetivos estatais, cujo conteúdo como objetivo estatal entra ao lado de sua dimensão subjetiva de defesa jurídica, diferenciando-se, desse modo, das determinações de objetivos estatais na compreensão tradicional.[152]

Com isso, os direitos fundamentais passam a ostentar uma função complementar, de assegurar a proteção dos bens jurídicos de direito fundamental contra agressões de terceiros[153] não estatais,[154] por meio da tomada de medidas legislativas e operacionais,[155] em casos nos quais a omissão

---

deveres de comportamento impostos aos cidadãos pela Constituição (MERTEN, Detlef. Grundpflichten im Verfassungssystem der Bundesrepublik Deutschland, S. 555).

[149] HÄBERLE, Peter. Verfassungstaatliche Staatsaufgabenlehre, S. 603.

[150] Não devem ser confundidas as finalidades do Estado (*Staatszwecke*); as determinações de objetivos estatais (*Staatszielbestimmungen*) e as tarefas do Estado (*Staatsaufgaben*). O primeiro é objeto da discussão teórica sobre a finalidade do Estado em si, enquanto os demais estão positivados na Constituição, em grau maior de concreção para o último. Para mais, ver: BULL, Hans Peter. Staatszwecke im Verfassungsstaat, S. 802.

[151] MICHEL, Lutz H. *Staatszwecke, Staatsziele und Grundrechtsinterpretation*, S. 264.

[152] MICHEL, Lutz H. *Staatszwecke, Staatsziele und Grundrechtsinterpretation*, S. 264.

[153] O que relaciona o tema ao dos efeitos dos direitos fundamentais contra terceiros (CANARIS, Claus Wilhelm. Grundrechte und Privatrecht, S. 226; DOLDERER, Michael, *Objektive Grundrechtsgehalte*, S. 201-217). Em sentido contrário, negando a relação dos deveres de proteção com o tema do *Drittwirkung*, ao argumento de que neste caso há um efeito imeiato ou mediato dos direitos fundamentais na relação entre particulares, tão somente, enquanto o dever de proteção é dirigido ao Estado: ISENSEE, Josef. *Das Grundrecht auf Sicherheit*, S. 35-36. Na mesma linha, destacando que a construção ora exposta não torna obsoleta a teoria do efeito contra terceiros: ROBBERS, Gerhard. *Sicherheit als Grundrecht*, S. 201-204.

[154] CANARIS, Claus Wilhelm. Grundrechtswirkung und Verhältnismäßigkeitsprinzip in der richterlichen Anwendung und Fortbildung des Privatrechts, S. 163; MÖSTL, Markus. Probleme der verfassungsprozessualen Geltendmachung gesetzgeberischer Schutzpflichten, S. 1029. O essencial aqui é que a violação não parta dos poderes públicos, que são diretamente obrigados a respeitar os direitos fundamentais (HERMES, Georg. *Das Grundrecht auf Schutz von Leben und Gesundheit*, S. 37).

[155] A tomada de medidas positivas é traço essencial e característico do dever de proteção, que o diferencia dos direitos fundamentais como direitos de defesa, que demandam mera omissão estatal (HERMES, Georg. *Das Grundrecht auf Schutz von Leben und Gesundheit*, S. 39).

Crime Organizado e Proibição de Insuficiência

do legislador tem praticamente a mesma qualidade de uma intervenção indevida.[156] Na dicção de Stern: "Por meio dessa figura dogmática é dito que os dispositivos jurídico-fundamentais exigem uma ação positiva do Estado para proteção de bens jurídico-fundamentais".[157] Já Hain assim define o papel pretendido pela proibição de insuficiência:

> Com a ajuda da proibição de insuficiência deveria ser dada uma resposta à pergunta sobre qual é o padrão mínimo de medidas estatais com vista aos deveres de proteção existentes, que poderão ser exigidos do legislador pelo Tribunal Constitucional, conforme o caso e, nesse sentido, poderia determinar um limite mínimo ao âmbito de conformação do legislador.[158]

Até mesmo em decorrência do seu *status* de direitos fundamentais, não há dúvida sobre o efeito vinculante dos direitos de proteção, o que, no caso da Alemanha, é objeto de disposição constitucional expressa (LF, art. 1º, 3). Se assim não fosse, o legislador poderia, por exemplo, revogar o dispositivo que incrimina o homicídio, sem que a questão pudesse ser objeto de controle de constitucionalidade.[159] Como referido por Hain: "Não se discute que existem deveres de proteção estatais ao nível dos direitos fundamentais. Discute-se, porém, sobre suas derivações, o que é decisivo também para a questão sobre possíveis direitos de ação, bem como sobre a abrangência desses deveres".[160]

3.3. PROIBIÇÃO DE INSUFICIÊNCIA NA LEI FUNDAMENTAL ALEMÃ

A Lei Fundamental alemã não impõe, textualmente, em seu art. 1,1, um *dever geral* de proteção, mas tão somente um dever de proteção relativo à dignidade da pessoa humana nos seguintes termos, com destaque por minha conta: "A dignidade da pessoa humana é inviolável. Respeitá-la e *protegê-la* é obrigação de todos os poderes estatais". Como o texto deixa claro, a obrigação do Estado não está limitada ao respeito à dignidade da pessoa humana no sentido negativo, estendendo-se ao dever de protegê-la contra agressões de terceiros, ou seja, particulares, empresas, grupos sociais ou Estados estrangeiros, ou seja, no sentido positivo.[161]

---

[156] DI FABIO, Udo. Rechtsfragen zu unerkannten Gesundheitsrisiken elektromagnetischer Felder, S. 6. Sobre o tema, no Brasil: STRECK, Lenio. Bem Jurídico e Constituição, p. 8.

[157] STERN, Klaus. *Das Staatsrecht der Bundesrepublik Deutschland*, Bd. III/1, S. 931. No mesmo sentido: DIETLEIN, Johannes. *Die Lehre von den grundrechtlichen Schutzpflichten*, S. 34.

[158] HAIN, Karl-Eberhard. Der Gesetzgeber in der Klemme zwischen Übermaß und Untermaßverbot, S. 982.

[159] BOROWSKI, Martin. *Grundrechte als Prinzipien*, S. 297.

[160] HAIN, Karl-Eberhard. Der Gesetzgeber in der Klemme zwischen Übermaß und Untermaßverbot, S. 982. No mesmo sentido: CLASSEN, Claus Dieter. Die Ableitung von Schutzpflichten des Gesetzgebers aus Freiheitsrechten, S. 42.

[161] CANARIS, Claus Wilhelm. Grundrechte und Privatrecht, S. 226; DÜRIG, Günter. Der Grundrechtssatz der Menschenwürde, S. 10; HUBER, Peter M. Das Menschenbild im Grundgesetz, S. 508-509; UNRUH, Peter. *Zur Dogmatik der grundrechtlichen Schutzpflichten*, S. 27.

Ao lado de tal fundamento, o Tribunal Constitucional Federal da Alemanha desenvolveu a teoria da proibição de insuficiência com base no direito à vida e à integridade corporal, assim referido na frase 1 da parte 2 do art. 2º da Lei Fundamental: "Cada um tem direito à vida e à integridade corporal".

Além dessa cláusula geral, há previsão de deveres de proteção de outros direitos fundamentais específicos, como é o caso da proteção da juventude (arts. 5, 2; 11, 2 e 13, 3); da honra (art. 5, 2); da segurança interna (arts. 8º, 1; 18 e 21, 2; 9, 2; 11, 2 e 13, 3); do casamento e da família (art. 6, 1); de educação das crianças (art. 6, 2) e de proteção da maternidade (art. 6, 4).

Isso não impediu, porém, que a doutrina[162] e a jurisprudência do Tribunal Constitucional Federal da Alemanha fizessem derivar da Lei Fundamental a existência de um dever geral de proteção dos direitos fundamentais,[163] como será examinado no item seguinte.

3.4. PROIBIÇÃO DE INSUFICIÊNCIA NA JURISPRUDÊNCIA DO TRIBUNAL CONSTITUCIONAL FEDERAL DA ALEMANHA

A construção referida veio a ser adotada pelo Tribunal Constitucional Federal da Alemanha,[164] pioneiramente, de forma explícita, na primeira decisão sobre o aborto (BVerfGE, 39, 1 ff. - *Schwangerschaftsabbruch*), de 25 de fevereiro de 1975, que serviu como ponto de partida para a construção dogmática do conceito, dando aplicação ao disposto no art. 6º, partes 1, 2 e 4, da LF,[165] bem como na inviolabilidade da dignidade da pessoa humana (LF, art. 1º, 1, 2) e da proteção da vida e da integridade corporal (LF, art. 2º, 2, 1) e do direito ao livre desenvolvimento da personalidade ou cláusula geral de liberdade (LF, Art. 2, 1). O ponto central da referida decisão é de que o direito à vida, garantido também ao nascituro, impõe ao Estado um dever de proteção e estímulo que determina a proteção contra agressões indevidas de quaisquer terceiros, incluída aí a própria mãe.[166] Na referida decisão, lê-se:

---

[162] Nesse sentido: ERICHSEN, Hans-Uwe. *Grundrechtliche Schutzpflichten in der Rechtsprechung des Bundesverfassungsgerichts*, S. 86-87; UNRUH, Peter. *Zur Dogmatik der grundrechtlichen Schutzpflichten*, S. 75.

[163] UNRUH, Peter. *Zur Dogmatik der grundrechtlichen Schutzpflichten*, S. 26-28 e 40.

[164] Considerado o motor da teoria dos deveres de proteção. Para Unruh, traços dos deveres de proteção já podem, porém, ser encontrados em decisões anteriores do Tribunal Constitucional Federal, que foram, porém, aprofundados na decisão sobre o aborto. Tais antecedentes seriam: BVerfGE 1, 97 (104) - *Fürsorge*; BVerfGE 9, 338 (347) - *Hebammen-Beschluß*; BVerfGE 35, 79 (114) - *Hochschul-Urteil* (UNRUH, Peter. *Zur Dogmatik der grundrechtlichen Schutzpflichten*, S. 29-30).

[165] (1) O casamento e a família encontram-se sob especial proteção da ordem estatal. (2) O cuidado e a criação dos filhos são direito natural dos pais e, antes de mais nada, seu dever e incumbência. Sobre o seu cumprimento vela a comunidade estatal. (...) (4) Toda mãe tem direito à proteção e cuidado por parte da sociedade.

[166] ISENSEE, Josef. *Das Grundrecht auf Sicherheit*, S. 27.

O dever de proteção do Estado é abrangente. Ele proíbe não apenas - por certo - agressões imediatas por parte do Estado à vida em desenvolvimento, mas requer também que o Estado proteja e estimule a vida, o que quer dizer, sobretudo, protegê-la contra agressões antijurídicas por parte de terceiros.

O mesmo Tribunal retomou o tema na segunda decisão sobre o aborto (BVerfGE 88, 203 - *Schwangerschaftsabbruch II*), de 28 de maio de 1993, onde se lê:

O Estado deve adotar medidas normativas e de ordem fática suficientes para o cumprimento do seu dever de proteção, que conduzam a uma proteção adequada e efetiva (proibição de insuficiência), com a consideração dos bens jurídicos em colisão. Para isso é necessário um conceito de proteção que combine medidas preventivas e repressivas.

A existência do dever estatal de proteção foi reafirmada pelo Tribunal Constitucional Federal da Alemanha em outras decisões, em especial nos campos da defesa contra o terrorismo (BVerfGE 46, 160 (164 ff.) - *Schleyer*, 1977; BVerfGE 46, 214 (222-224) e BVerfGE 49, 24 (53-69), 1978) e no âmbito da proteção ambiental relativa a centrais nucleares e ao ruído provocado por aeronaves, nomeadamente nas seguintes decisões: a) BVerfGE 49, 89 (142) - *Kalkar*, 1978; b) BVerfGE 53, 30 (57) - *Atomkraftwerk Mühlheim-Kärlich*, 1979; c) BVerfGE 56, 54 (73) - *Fluglärm*, 1981.

Com isso, firmou-se a posição da existência de um dever geral de proteção na jurisprudência do Tribunal Constitucional Federal da Alemanha,[167] a tal ponto que: "Um dever geral de proteção do Estado aparece como verdadeira obviedade jurídico-constitucional".[168] Quer dizer, os casos acima mencionados são meros exemplos de campos nos quais o dever de proteção se acentua, sem excluir a existência de um dever geral de proteção, aplicável a todos os direitos fundamentais.[169]

3.5. CRÍTICAS À TEORIA DA PROIBIÇÃO DE INSUFICIÊNCIA

3.5.1. Autonomia da proibição de insuficiência frente à proibição de excesso

A chamada *tese da congruência*,[170] também chamada *tese da convergência*[171] ou solução pelo direito de defesa, nega a autonomia da proibição de insuficiência, que seria mero reflexo da proibição de excesso, de modo que a teoria do dever de proteção nada aportaria à teoria dos direitos de

---

[167] STERN, Klaus. *Das Staatsrecht der Bundesrepublik Deutschland*, Bd. III/1, S. 943.

[168] ROBBERS, Gerhard. *Sicherheit als Menschenrecht*, S. 130.

[169] ROBBERS, Gerhard. *Sicherheit als Menschenrecht*, S. 131.

[170] BOROWSKI, Martin. *Grundrechte als Prinzipien*, S. 191.

[171] MÖSTL, Markus. *Probleme der verfassungsprozessualen Geltendmachung gesetzgeberischer Schutzpflichten*, S. 1035.

defesa. Para essa corrente, a aplicação do princípio da proporcionalidade em sentido amplo conduziria aos mesmos resultados pretendidos com a proibição de insuficiência.[172]

Assim, na argumentação de Hain, o máximo aceitável pelo princípio da proibição de excesso corresponderia ao mínimo exigido pela intervenção mínima, de modo que ocorreria, ao fim, uma sobreposição dos dois critérios.[173]

Dietlein nota, no entanto, que não ocorre referida adequação, uma vez que a verificação da proibição de excesso se dá em relação a um ato legislativo concreto, e em relação ao seu conteúdo, ou seja, de modo *interno*, enquanto na proibição de insuficiência o problema é anterior ou *externo* ao da lei em concreto, ou seja, o que está em questão é a imprescindibilidade da lei[174] ou de seu aprimoramento[175] para o objetivo traçado pela Constituição, e não a sua adequação aos fins pretendidos pelo legislador ordinário, de modo que os dois critérios estão colocados em níveis normativos diversos.[176] Quer dizer, a proibição de insuficiência determina a adoção de certas medidas enquanto a proibição de excesso serve como critério para verificação da correção de medidas que já foram adotadas ou determina a omissão dos poderes públicos.[177] Em outras palavras, a proibição de insuficiência está direcionada à omissão indevida do legislador e à proibição de excesso à sua atuação concreta ou positiva.[178]

Mais que isso, ao contrário do que se dá na proibição de excesso, na proteção deficiente, a relação não é bipolar, entre Estado e cidadão. Entram em cena aqui particulares que atentam contra o direito fundamental de outro particular,[179] em uma relação triangular (*Rechts-Dreieck* ou *Dreiecksverhältnis*[180] ou *Dreiecksbeziehung*),[181] na qual o Estado, é visto

---

[172] HAIN, Karl-Eberhard. Der Gesetzgeber in der Klemme zwischen Übermaß und Untermaßverbot, S. 983; STARCK, Christian. Der verfassungsrechtliche Schutz des ungeborenen menschlichen Lebens, S. 817.

[173] DIETLEIN, Johannes. Das Untermaßverbot, S. 132.

[174] Com efeito, o dever de proteção requer a intermediação legal (*Gesetzmediatisierung*) para que possa ser concretizado enquanto o direito fundamental como direito de proteção tem eficácia desde logo e somente pode ser limitado por força de lei. Isso tem efeitos também sobre a controvertida possibilidade de questionamento judicial da omissão do legislador quanto a dever de proteção, que escapa, porém, aos limites deste trabalho. Para mais, sobre o tema, ver: KREBS, Walter. Freiheitsschutz durch Grundrechte, S. 623; MÖSTL, Markus. Probleme der verfassungsprozessualen Geltendmachung gesetzgeberischer Schutzpflichten, S. 1029-1039.

[175] HERMES, Georg. *Das Grundrecht auf Schutz von Leben und Gesundheit*, S. 39.

[176] DIETLEIN, Johannes. *Das Untermaßverbot*, S. 136.

[177] BADURA, Peter. Kodifikatorische und rechtsgestaltende Wirkung von Grundrechten, S. 180.

[178] BADURA, Peter. Kodifikatorische und rechtsgestaltende Wirkung von Grundrechten, S. 180; CANARIS, Claus Wilhelm. Grundrechtswirkung und Verhältnismäßigkeitsprinzip in der richterlichen Anwendung und Fortbildung des Privatrechts, S. 163; GRIMM, Dieter. *Die Zukunft der Verfassung*, S. 235.

[179] KLEIN, Hans H. Die Grundrechtliche Schutzpflicht, S. 490.

[180] HERMES, Georg. *Das Grundrecht auf Schutz von Leben und Gesundheit*, S. 204-205; JARASS, Hans D. Bausteine einer Grundrechtsdogmatik, S. 351.

[181] ISENSEE, Josef. *Das Grundrecht auf Sicherheit*, S. 35.

como o garante do direito,[182] e não como o seu inimigo, o titular do direito fundamental (*Grundrechtsträger*) ou vítima e o perturbador em potencial (*der potentielle Störer*).[183]

Poder-se-ia argumentar que, mesmo diante da referida relação triangular, seria suficiente a probição de excesso, no sentido de que o Estado não poderia agir de modo excessivo em relação aos direitos do pretenso perturbador. Com efeito, quando o pretenso perturbador age no exercício legítimo de seu direito de liberdade, caso em que haveria, para os demais, um mandamento de tolerância (*Toleranzgebot*)[184] ou dever de tolerância (*Duldungspflicht*).[185]

Esse argumento pode ser refutado, em primeiro lugar, porque o reconhecimento de direitos do perturbador não afasta o direito do lesado à ação estatal.

Além disso, esse modelo é simplificado e não atende a todos os casos, notadamente aqueles em que há vários direitos fundamentais de defesa aplicáveis ou vários titulares de direitos fundamentais. O modelo também se revela insuficiente na proteção de bem coletivo[186] como no caso dos direitos sociais,[187] bem como para situações nas quais o perigo não provém de um outro particular, mas de poderes estrangeiros, força da natureza,[188] como nos casos de catástrofes naturais ou epidemias, e ainda do próprio titular da proteção, como nos casos de autolesão ou proibição de atividades perigosas.[189]

Na constelação de vários perturbadores será extremamente difícil a identificação dos direitos dos perturbadores e nos demais sequer existirá tal sujeito, de modo a que possa resumir tudo à proibição de excesso, como pretende a tese da congruência. Tais casos demonstram a insuficiência da tese da congruência e a autonomia dogmática da figura da proibição de insuficiência.

---

[182] DIETLEIN, Johannes. *Die Lehre von den grundrechtlichen Schutzpflichten*, S. 18; LORENZ, Dieter. Der grundrechtliche Anspruch auf effektiven Rechtsschutz, S. 626; STERN, Klaus. *Das Staatsrecht der Bundesrepublik Deutschland*, Bd. III/1, S. 946.

[183] ERICHSEN, Hans-Uwe. Grundrechtliche Schutzpflichten in der Rechtsprechung des Bundesverfassungsgerichts, S. 85-86; STERN, Klaus. *Das Staatsrecht der Bundesrepublik Deutschland*, Bd. III/1, S. 946.

[184] DIETLEIN, Johannes. *Die Lehre von den grundrechtlichen Schutzpflichten*, S. 39.

[185] HENKE, Wilhelm. Juristische Systematik der Grundrechte, S. 3-4.

[186] BOROWSKI, Martin. *Grundrechte als Prinzipien*, S. 308.

[187] BOROWSKI, Martin. *Grundrechte als Prinzipien*, S. 192.

[188] Há controvérsia, porém, sobre a aplicação dos deveres de proteção também a perigos derivados de forças da natureza e sua limitação aos perigos causados por particulares (UNRUH, Peter. *Zur Dogmatik der grundrechtlichen Schutzpflichten*, S. 21). Para o autor, porém: "A teoria do triângulo jurídico-fundamental não é refutada, mas apenas completada, em cada um dos casos, nos quais perigos de outra ordem determinam deveres de proteção jurídico-fundamentais" (UNRUH, Peter. *Zur Dogmatik der grundrechtlichen Schutzpflichten*, S. 23).

[189] ROBBERS, Gerhard, *Sicherheit als Menschenrechte*, S. 124.

Também refuta a tese da congruência Isensee, para quem a diferença é de perspectiva, já que o direito fundamental é vislumbrado a partir da perspectiva do cidadão que precisa da proteção, enquanto na proibição de insuficiência vislumbra-se principalmente o dever de proteção parte do Estado.[190]

Os defensores da tese da congruência alegam, ainda, que o critério da necessidade da intervenção, apontado como critério da proibição de insuficiência, está presente também na proibição de excesso, como segunda etapa da verificação da proporcionalidade, por meio do chamado mandamento da intervenção mínima (*Gebot des Interventionsminimums*).[191]

A crítica é respondida por Michael, para quem há, na proibição de insuficiência, uma substituição do critério de necessidade utilizado na proibição de excesso pelo mandamento de efetividade (*Efektivitätsgebot*) no campo da proibição de insuficiência, como segue:

> A formulação das alternativas aqui é oposta à da proibição de excesso: Existe um meio de proteção mais efetivo, que intervenha sobre os direitos fundamentais de terceiros ou, respectivamente outros fins (imanentes) à Constituição? Enquanto a necessidade no sentido da proibição de excesso requer alternativas mais suaves e igualmente efetivas, na prova da efetividade devem ser considerados meios efetivos, mas de igual intensidade. Proibição de excesso e proibição de insuficiência diferenciam-se, nesse ponto. Complementam-se e não limitam o legislador e o Poder Executivo de forma exagerada, sobretudo porque meios igualmente efetivos e de igual intensidade na diminuição do grau de intervenção e respectivamente no aumento da qualidade da proteção são raros. A proibição de insuficiência não exige tampouco uma otimização de todos os meios e fins. O aumento da proteção relaciona-se com o fim de proteção, enquanto a pergunta do mesmo grau de intervenção sobre os outros fins colidentes.[192]

Como se não bastassem tais argumentos, é de acrescentar que a tese da congruência ignora o campo de liberdade deixado ao legislador para concretização do dever de proteção, de modo que o dever de proteção definitivo não começa onde termina o direito de defesa, pois ali começa apenas o espaço de conformação do legislador ordinário.[193] Ou seja:

> Para a relação entre proibição de excesso e proibição de insuficiência vale em princípio o seguinte: a proibição de insuficiência diz somente se o legislador persegue o objetivo a ele colocado com meios proporcionais, mas não diz se e em que medida a perseguição desse objetivo ou a utilização dos meios escolhidos é determinada ou mesmo exigida. Da proibição de insuficiência não resulta, em consequência, nenhum prejuízo para a prova da proibição de excesso.[194]

---

[190] ISENSEE, Josef. *Das Grundrecht auf Sicherheit*, S. 34. Também pela autonomia dos direitos de proteção frente aos direitos de defesa: ALEXY, Robert. *Theorie der Grundrechte*, S. 415-416.

[191] STARCK, Christian. *Kommentar zum Grundgesetz*, S. 144.

[192] MICHAEL, Lothar. Die drei Argumentationsstrukturen des Grundsatzes der Verhältnismäßigkeit – Zur Dogmatik des Über und Untermaßverbotes und der Gleichheitssätze, S. 151.

[193] BOROWSKI, Martin. *Grundrechte als Prinzipien*, S. 192.

[194] DIETLEIN, Johannes. Das Untermaßverbot, S. 138. Também afirmando a função complementar dos direitos fundamentais como direitos de defesa e do dever de proteção: MÖSTL, Markus. Probleme der verfassungsprozessualen Geltendmachung gesetzgeberischer Schutzpflichten, S. 1029 e 1038.

3.5.2. A compatibilidade entre proibição de insuficiência e proibição de excesso

Afirmada a autonomia da proibição de insuficiência, é apropriado o momento para verificar sua compatibilidade com a proibição de excesso.

As medidas concretizadoras do dever de proteção implicarão restrição dos direitos fundamentais do possível autor da agressão, ou seja, cuida-se de uma proteção mediante intervenção.[195] Sendo assim, as medidas de proteção estarão limitadas por direitos do potencial perturbador ou outros cidadãos, de modo que estarão sujeitas aos limites da proibição de excesso.[196] Em outras palavras, pode-se afirmar o seguinte: "A proibição de insuficiência se correlaciona com a proibição de excesso do direito de defesa. A primeira determina o nível mínimo de proteção determinada, enquanto a última determina o limite máximo da intervenção para o fim de proteção".[197] Ou ainda, como refere Unruh: "O legislador deve, então, de um lado se esforçar para não ficar aquém do mínimo de proteção e, de outro lado, atentar ao princípio da proporcionalidade, se ele não quiser se expor à crítica do Tribunal Constitucional".[198]

Bem por isso, a concepção objetiva dos direitos fundamentais, no particular ponto de vista da proibição de excesso, não está em conflito com a proibição de excesso ou com os direitos fundamentais como direitos de defesa,[199] tendo, ao contrário, efeito de confirmação destes últimos, cuja existência não elimina a necessidade dos direitos e deveres de proteção.[200] Os direitos de defesa são, então, protegidos por meio dos deveres de proteção, que servem para uma "intensificação de sua força de

---

[195] WAHL, Rainer; MASING, Johannes. Schutz durch Eingriff, S. 553.

[196] "Mais ou menos assim: quanto menos a liberdade for limitada, ou seja, quanto mais intensamente for adotada a proibição de excesso, tanto menos corre o legislador o risco de não proteger de forma suficiente, vulnerando a proibição de insuficiência. E quanto mais ele protege, porque ele não quer vulnerar a proibição de insuficiência, mais risco ele corre de limitar a liberdade de modo muito intenso, vulnerando a proibição de excesso" (STARCK, Christian. Der verfassungsrechtliche Schutz des ungeborenen menschlichen Lebens, S. 817). No mesmo sentido: CLASSEN, Claus Dieter. Die Ableitung von Schutzpflichten des Gesetzgebers aus Freiheitsrechten, S. 41; FERRAJOLI, Luigi. *Derecho y Razon*, p. 332; HERMES, Georg. *Das Grundrecht auf Schutz von Leben und Gesundheit*, S. 248; ISENSEE, Josef. *Das Grundrecht auf Sicherheit*, S. 41; MÖSTL, Markus. Probleme der verfassungsprozessualen Geltendmachung gesetzgeberischer Schutzpflichten, S. 1036, SCHLINK, Bernhard. Freiheit durch Eingriffsabwehr – Rekonstruktion der klassischen Grundrechtsfunktion, S. 464.

[197] MÖSTL, Markus. Probleme der verfassungsprozessualen Geltendmachung gesetzgeberischer Schutzpflichten, S. 1038.

[198] UNRUH, Peter. *Zur Dogmatik der grundrechtlichen Schutzpflichten*, S. 84.

[199] LÜBBE-WOLFF, Gertrude. *Die Grundrechte als Eingriffsabwehrrechte*, S. 38.

[200] DIETLEIN, Johannes. *Die Lehre von den grundrechtlichen Schutzpflichten*, S. 27; RUPP, Hans Heinrich. Vom Wandel der Grundrechte, S. 166-167; UNRUH, Peter. *Zur Dogmatik der grundrechtlichen Schutzpflichten*, S. 56-57.

validez" (*Verstärkung ihrer Geltungskraft*) na dicção do Tribunal Constitucional Federal da Aleamanha.[201]

Quer dizer, ambos funcionam como garantias estatais da liberdade, em dois diferentes níveis[202] ou momentos diversos, mas, de certa forma, complementares.[203] Nessa linha, para Randelzhofer: "a relação entre direitos fundamentais e deveres fundamentais em uma Constituição baseada em liberdade e comunidade não é de luta, mas de simbiose".[204] Assim é até mesmo em virtude do fato de que são protegidos os mesmos bens jurídicos, apenas contra ameaças diferentes,[205] em uma visão ambivalente[206] ou multifuncional[207] dos direitos fundamentais.

A colisão entre direitos de defesa e direitos de proteção poderá ocorrer, no entanto, no momento de sua aplicação a casos concretos,[208] sem que daí decorra uma incompatibilidade entre os dois conceitos. Impõe-se, em tais casos, que representam uma colisão de direitos fundamentais, a ponderação, na busca da concordância prática.[209] Daí afirmar Enders, na mesma linha, que o direito fundamental isolado somente determina, em razão de sua força objetiva e da possibilidade de perigo, um mandamento de estimação, valoração e ponderação (*Einschätzungs-, Bewertungs- und Abwägungsgebot*), que requer, em regra, interposição legislativa.[210] Nas palavras de Hermes: "Com isso fica demonstrado que o dever de proteção aqui discutido somente é realizável por meio da limitada, ponderável ou apropriada solução de colisões".[211]

---

[201] BVerfGE 7, 198 (205) - *Lüth*; BVerfGE 35, 79 (114) - *Hochschulurteil*; 50, 290 (337) - *Mitbestimung.*

[202] BETHGE, Herbert. Die verfassungsrechtliche Problematik der Grundpflichten, S. 250.

[203] "Proteção e intervenção são apenas dois lados da mesma moeda" (DIRNBERGER, Franz. Grundrechtliche Schutzpflicht und Gestaltungsspielraum, S. 881). Em outra formulação: "Aquilo que é proteção na perspectiva da vítima, apresenta-se como limitação na perspectiva de quem atua" (GRIMM, Dieter. *Die Zukunft der Verfassung*, S. 213). No mesmo sentido, referindo que o dever de proteção e o dever de acesso formam um cinto de proteção em torno do direito fundamental: DIETLEIN, Johannes. *Die Lehre von den grundrechtlichen Schutzpflichten*, S. 35. Ver, ainda: ISENSEE, Josef. *Das Grundrecht auf Sicherheit*, S. 21.

[204] RANDELZHOFER, Albrecht. *Die Pflichtenlehre bei Samuel von Pufendorf*, S. 28.

[205] BOROWSKI, Martin. *Grundrechte als Prinzipien*, S. 192.

[206] ISENSEE, Josef. *Das Grundrecht auf Sicherheit*, S. 34.

[207] BETHGE, Herbert. *Zur Problematik von Grundrechtskollisionen*, S. 217.

[208] ISENSEE, Josef. *Das Grundrecht auf Sicherheit*, S. 21.

[209] ISENSEE, Josef. *Das Grundrecht auf Sicherheit*, S. 46-47; LEPA, Manfred. *Grundrechtskonflite*, S. 167. Assim também se dá no processo penal, em que se busca a concordância prática entre a busca da eficiência e o respeito aos direitos fundamentais (FIGUEIREDO DIAS, Jorge de. *Os Princípios Estruturantes do Processo e a Revisão de 1998 do Código de Processo Penal*, p. 201). Para mais sobre a concordância prática e unidade da Constituição: HESSE, Konrad, *Grundzüge des Verfassungsrechts der Bundesrepublik Deutschland*, S. 28, RN 72. Na tradução brasileira: p. 66-67, NM 72.

[210] HERMES, Cristoph. *Nachbarschutz aus grundrechtlicher Schutzpflicht?* S. 628-629.

[211] HERMES, Georg. *Das Grundrecht auf Schutz von Leben und Gesundheit*, S. 40. No mesmo sentido: ROBBERS, Gerhard. *Sicherheit als Grundrecht*, S. 200.

3.5.3. Outras críticas à teoria da proibição de insuficiência

Afora a tese da congruência, analisada acima, no item 3.5.1., as críticas à teoria da proibição de insuficiência e dos deveres de proteção se dão em três pontos centrais, a saber: a) não há uma ordem de valores na Constituição; b) o Tribunal Constitucional Federal não teria deixado claro como poderiam direitos de proteção subjetivos derivar do conteúdo objetivo dos direitos fundamentais, o que representaria uma mutação; c) o recurso ao caráter objetivo de proteção e à proteção da dignidade da pessoa humana é inconsistente, pois o Tribunal Constitucional Federal não esclareceu a relação entre ambos os fundamentos.[212]

Sobre a existência de uma escala de valores na Constituição, criticada por lhe faltar consistência dogmática e determinação de conteúdo, a superação das críticas se dá quando compreendida a referência a uma suposta escala de valores em combinação com a teoria dos princípios, sendo a expressão valores fruto de uma imprecisão terminológica, uma vez que os valores são normas axiológicas e dizem respeito ao que *é* melhor enquanto os princípios estão entre as normas deontológicas, indicando o que *deve ser*, o que é próprio do direito, além de dar menor campo a erros.[213] Bem por isso, a menção a valores deve ser substituída, em verdade, pela teoria dos princípios, objeto do item 1 da parte I, e, a seu turno, com a ponderação. De acordo com Unruh:

> No que diz respeito à dogmática dos direitos fundamentais se pode, além disso, afirmar de forma convincente, que o conceito da teoria dos valores do Tribunal Constitucional pode superar substancialmente essas objeções, se ela é formulada como uma teoria dos princípios. Em conseqüência os direitos fundamentais valem sobretudo como mandamentos de otimização.[214]

Não procede, igualmente, a alegação de que do conteúdo objetivo dos direitos fundamentais não poderia resultar um direito subjetivo à proteção. A objeção remete à questão da derivação do dever-ser a partir de um ser, mas não resiste à geral aceitação da derivação de direitos subjetivos a partir da atribuição de um conteúdo objetivo dos direitos fundamentais. São os dois lados da mesma moeda, sendo que atribuir conteúdo objetivo aos direitos fundamentais não significa privá-los de sua carga originária de direitos subjetivos, mas sim emprestar-lhes novos efeitos, de caráter objetivo.

Por fim, é fácil ver que a dignidade da pessoa humana não é incompatível com o conteúdo objetivo dos direitos fundamentais, mas, ao con-

---

[212] UNRUH, Peter. *Zur Dogmatik der grundrechtlichen Schutzpflichten*, S. 33-34.

[213] ALEXY, Robert. *Theorie der Grundrechte*, S. 133-134.

[214] UNRUH, Peter. *Zur Dogmatik der grundrechtlichen Schutzpflichten*, S. 52.

trário, ambas as teses são complementares, ocupando a dignidade papel central na escala de direitos fornecida pela Constituição.[215]

3.6. A CONCRETIZAÇÃO DO DEVER DE PROTEÇÃO

Como visto acima, no item 3.5.1., sobre a autonomia do dever de proteção, ficou evidente que uma distinção relevante entre proibição de insuficiência-dever de proteção e proibição de excesso reside no fato de que esta tem por objeto uma medida concreta já adotada, enquanto naqueles há uma ampla gama de medidas possíveis, a serem objeto de consideração pelo legislador, o que torna dificultada a tarefa de formulação de um teste aplicável que possa aferir o acerto das medidas tomadas ou determinar aquelas que seriam exigíveis. Ao exame desse problema está dedicado o item 3.7.

3.6.1. Destinatários do dever de proteção

O destinatário do dever de proteção é o Estado, no conjunto de suas funções ou poderes,[216] sendo o legislador o destinatário principal,[217] incumbindo-lhe a tarefa de fornecer ao Poder Executivo e ao Judiciário o instrumental legislativo para a atuação contra os atentados ou exposições a perigo de direitos fundamentais,[218] reduzindo e concretizando o alto grau de abstração de proteção por meio da lei, de modo que a administração e o judiciário possam saber a que ponto estão concretamente jungidos ao dever de proteção.[219]

Assim é, aliás, até mesmo em decorrência da reserva de lei, uma vez que a medida de proteção, que requer interposição legislativa,[220] representa, também, intervenção nos direitos de outros cidadãos que não aqueles destinatários do dever de proteção.[221] Na mesma linha, segundo Unruh:

> Há um amplo consenso sobre o fato de que o cumprimento dos deveres de proteção deve dar-se primordialmente por meio das leis respectivas. Isso decorre da base da teoria do triângulo jurídico-fundamental já dá idéia de que a proteção jurídico-fundamental de um sujeito

---

[215] UNRUH, Peter. *Zur Dogmatik der grundrechtlichen Schutzpflichten*, S. 36.

[216] HERMES, Georg. *Das Grundrecht auf Schutz von Leben und Gesundheit*, S. 39.

[217] ERICHSEN, Hans-Uwe. Grundrechtliche Schutzpflichten in der Rechtsprechung des Bundesverfassungsgerichts, S. 88; UNRUH, Peter. *Zur Dogmatik der grundrechtlichen Schutzpflichten*, S. 20.

[218] DIETLEIN, Johannes. *Die Lehre von den grundrechtlichen Schutzpflichten*, S. 113.

[219] UNRUH, Peter. *Zur Dogmatik der grundrechtlichen Schutzpflichten*, S. 24.

[220] MORO, Sergio Fernando. *Desenvolvimento e Efetivação Judicial das Normas Constitucionais*, p. 106.

[221] ISENSEE, Josef. *Das Grundrecht auf Sicherheit*, S. 42 e 44. Sobre o tema, ver, no Brasil: GIACOMOLLI, Nereu José. O princípio da legalidade como limite do *ius puniendi* e proteção dos direitos fundamentais, p. 161 e 167-176.

de direito está ligada necessariamente com a restrição na posição jurídico-fundamental de no mínimo um outro sujeito de direito. Esse tipo de restrição em posições jurídico-fundamentais somente são permitidas de acordo com os padrões do Estado de Direito, quando elas puderem estar fundadas em uma lei.[222]

O legislador não é, no entanto, o único destinatário do dever de proteção[223] do qual também devem se desincumbir a administração[224] e o Poder Judiciário.[225]

Isso decorre, em primeiro lugar, da fundamentação jurídico-fundamental da proibição de insuficiência, com o que vincula à sua execução todos os poderes públicos, o que é expresso na Lei Fundamental alemã (LF, arts. 1°, 3, e 20, 3)[226] e pressuposto no Brasil.

Em segundo lugar, o dever de proteção não se esgota na publicação da lei, mas abrange a sua aplicação,[227] âmbito no qual o Judiciário e o Executivo têm decisivo espaço para a concretização do dever de proteção.[228] Nessa linha, para Robbers: "Ademais, a proteção não é garantida apenas mediante meras normas vigentes. Os regramentos necessários devem ser impostos, e, quando falharem, a administração e os tribunais devem deter, pelo menos, uma competência residual".[229]

Em terceiro lugar, viola o dever de proteção não apenas o legislador omisso, mas também o juiz que dá à legislação interpretação que não assegure a proteção, como aquela que leva a um completo esvaziamento ou impossibilidade de aplicação de normas penais ou processuais penais,[230] até mesmo no exercício judicial dos poderes de direção do processo,[231] como, por exemplo, na proteção de testemunhas ameaçadas, no exercício dos deveres de velar pela rápida solução do litígio (CPC, art. 125) e de coibir a fraude processual (CPP, art. 251). Como refere Häberle: "A diretiva do Estado Social de Direito obriga o juiz, no contexto dos direitos

---

[222] UNRUH, Peter. *Zur Dogmatik der grundrechtlichen Schutzpflichten*, S. 23. No mesmo sentido: HERMES, Cristoph. Nachbarschutz aus grundrechtlicher Schtuzpflicht? S. 628-632.

[223] STERN, Klaus. *Das Staatsrecht der Bundesrepublik Deutschland*, Bd. III/1, S. 950.

[224] DIRNBERGER, Franz. Grundrechtliche Schutzpflicht und Gestaltungsspielraum, S. 882.

[225] MÖSTL, Markus. Probleme der verfassungsprozessualen Geltendmachung gesetzgeberischer Schutzpflichten, S. 1036.

[226] DIETLEIN, Johannes. *Die Lehre von den grundrechtlichen Schutzpflichten*, S. 70.

[227] ISENSEE, Josef. *Das Grundrecht auf Sicherheit*, S. 40, 53. Sobre o tema, ver, na III Parte, o item 4.2.2. Eficiência e Devido Processo.

[228] BVerfGE 46, 160 (165); BVerfGE 53, 50 (65). Nesse sentido: KLEIN, Hans H. Die Grundrechtliche Schutzpflicht, S. 1633; HERMES, Georg. *Das Grundrecht auf Schutz von Leben und Gesundheit*, S. 39.

[229] ROBBERS, Gerhard. *Sicherheit als Menschenrecht*, S. 125.

[230] Sobre o tema, v., infra, item 4.6 da Parte II.

[231] DIETLEIN, Johannes. *Die Lehre von den grundrechtlichen Schutzpflichten*, S. 215; SARLET, Ingo. Constituição e Proporcionalidade, p. 106-120.

fundamentais a procedimentos de interpretação voltados ao bem da coletividade no âmbito do direito a prestações".[232]

3.6.2. O espaço de conformação do legislador

Predomina o entendimento de que o legislador, como titular principal do dever de proteção, é dotado de um amplo espaço para conformação e complementação dos deveres de proteção.[233] Isso ocorre em decorrência dos seguintes motivos: a) geralmente, a concretização do dever de proteção constitui uma questão de alta complexidade,[234] que admite várias soluções efetivas;[235] b) deve ser respeitado o princípio da divisão dos poderes que confere primordialmente ao parlamento, democraticamente eleito a prioridade para dar solução a questões dessa ordem[236] que contém um inegável componente político;[237] c) deve ser deixado espaço para a devida atenção e debate dos interesses públicos e privados[238] em colisão;[239] d) ao legislador é dado o campo para os elementos de experiência[240] e a adequação no controle de perigos;[241] e) a Constituição determinou aqui apenas um objetivo a ser alcançado, mas não os meios para fazê-lo, de modo que a determinação da adequação meio-fim é tarefa do legislador ordinário.[242] Nessa linha, assim decidiu o Tribunal Constitucional Federal da Alemanha:

---

[232] HÄBERLE, Peter. Grundrechte im Leistungstaat, S. 455. Na mesma linha, para Moro, é dado ao Judiciário: "coibir, mesmo preventivamente, agressões concretas de terceiros contra bens juridicamente protegidos, através, por exemplo, da expedição de ordens judiciais" (MORO, Sergio Fernando. *Desenvolvimento e Efetivação Judicial das Normas Constitucionais*, p. 107).

[233] ISENSEE, Josef. *Das Grundrecht auf Sicherheit*, S. 37; KOPP, Ferdinand. Grundrechtliche Schutz- und Förderungspflichten der öffentlichen Hand, S. 1757. Alexy chama esse espaço de estrutural (*struktureller Spielraum*), por derivar da própria estrutura de direito positivo, ou seja, que exige uma atuação positiva e não uma mera omissão por parte do Estado (ALEXY, Robert. Grundrechte als Subkektive Rechte und als objektive Normen, S. 62).

[234] DEGENHART, Cristoph. Technischer Fortschrit und Grundgesetz: Friedliche Nutzung de Kernenergie, S. 935; ERICHSEN, Hans-Uwe. Grundrechtliche Schutzpflichten in der Rechtsprechung des Bundesverfassungsgerichts, S. 88.

[235] GRIMM, Dieter. *Die Zukunft der Verfassung*, S. 238; ISENSEE, Josef. *Das Grundrecht auf Sicherheit*, S. 38; KLEIN, Eckart. Grundrechtliche Schutzpflicht des Staates, S. 1637.

[236] BENDA, Ernst. Frieden und Verfassung, S. 5; DIRNBERGER, Franz. Grundrechtliche Schutzpflicht und Gestaltungsspielraum, S. 881.

[237] STERN, Klaus. *Das Staatsrecht der Bundesrepublik Deutschland*, Bd. III/1, S. 953.

[238] SCHERZBERG, Arno. "Objektiver" Grundrechtschutz und subjektives Grundrecht, S. 1132; SCHÜNEMANN, Bernd. Wohin treibt der deutsche Strafprozess, S. 12.

[239] DIETLEIN, Johannes. *Die Lehre von den grundrechtlichen Schutzpflichten*, S. 111.

[240] STARCK, Christian. *Kommentar zum Grundgesetz*, S. 145.

[241] MÖSTL, Markus. Probleme der verfassungsprozessualen Geltendmachung gesetzgeberischer Schutzpflichten, S. 1037. Nesse sentido: BVerfGE 77, 381; BVerfGE 56, 54.

[242] Ou seja, aqui há um programa final (*Finalprogramm*), enquanto os direitos fundamentais como proibição de intervenção representam uma programação condicional (*Konditionalprogrammierung*) (SCHERZBERG, Arno. "Objektiver" Grundrechtschutz und subjektives Grundrecht, S. 1134).

2.a) Ao legislador e ao poder executivo correspondem, no cumprimento dos deveres de proteção do art. 2º, 2ª parte, frase 1 da Lei Fundamental, um amplo poder de avaliação, valoração e conformação, que deixe espaço para a consideração de eventuais colisões de interesses públicos e privados.

b) Esse amplo poder de conformação somente pode ser verificado pelos tribunais de forma limitada, de acordo com o próprio tipo de objeto em debate, as possibilidades de alcançar uma decisão suficientemente segura e o significado dos bens jurídicos em jogo (Comparar BVerfGE 50, 290 [332 f.]).

c) Para atender aos requisitos de admissibilidade de uma reclamação constitucional, baseada na vulneração do dever de proteção decorrente do art. 2º, frase 2, 1 da Lei Fundamental, o autor da queixa deve explicar de forma conclusiva que os poderes públicos não tomaram nenhuma medida de proteção ou que as medidas ou regras tomadas são de forma clara totalmente inadequadas para alcançar o fim de proteção.[243]

Como consequência da existência desse amplo espaço de conformação para o legislador, não existe uma única solução correta para tais situações de colisão, como adverte Canaris:

De outro lado, deve ser evitado o mal-entendido de que para cada caso existe somente uma solução conforme à Constituição, que seria, de certo modo, o resultado obrigatório do efeito conjunto do mandamento de proteção e da proibição de excesso.[244]

No campo da proibição de insuficiência, o grau de indeterminação é alto não apenas em relação ao direito *prima facie*, mas também em relação ao direito definitivo.[245] Desse modo, todas as ações estatais que sirvam a proteção de bens jurídicos e não tenham sido adotadas são *prima facie* devidas.[246] Mais uma vez, relembra-se o caráter de princípio dos deveres de proteção jurídico fundamentais, para destacar que:

A classificação metodológica como princípios habilita também a afastar aquelas objeções que apontam para as dificuldades em desenvolver uma medida concreta para o cumprimento das medidas de proteção. A melhor proteção possível em relação às possibilidades jurídicas e fáticas fornece para cada caso concreto no mínimo um ponto de apoio operacionalizável. A concepção dos deveres de proteção não admite mais em termos de concretização.[247]

No âmbito de proteção dos direitos de proteção estão todas as ações estatais que teriam efeito na proteção dos bens jurídicos contra perigos

---

[243] BVerfGE 77, 170 - *Lagerung chemischer Waffen*. No mesmo sentido: BVerfGE 56, 54 - *Fluglärm*.

[244] CANARIS, Claus Wilhelm. Grundrechtswirkung und Verhältnismäßigkeitsprinzip in der richterlichen Anwendung und Fortbildung des Privatrechts, S. 163. No mesmo sentido, destacando que ao legislador é deixado o campo do *como* concretizar o dever de proteção, uma vez ultrapassado o problema do *se* existe, no caso concreto, tal dever: DIETLEIN, Johannes. *Die Lehre von den grundrechtlichen Schutzpflichten*, S. 111.

[245] BOROWSKI, Martin. *Grundrechte als Prinzipien*, S. 184.

[246] BOROWSKI, Martin. *Grundrechte als Prinzipien*, S. 315; ALEXY, Robert. Direito Constitucional e Direito ordinário – jurisdição constitucional e jurisdição especializada. In: *Constitucionalismo Discursivo*, p. 80.

[247] UNRUH, Peter. *Zur Dogmatik der grundrechtlichen Schutzpflichten*, S. 74.

derivados de particulares ou governos estrangeiros. São admitidas, então, medidas preventivas ou repressivas, de ordem administrativa ou legal, nos campos penal, administrativo,[248] processual ou civil[249] como foi o caso, na Alemanha, do procedimento administrativo para a autorização de instalação de centrais nucleares.

3.6.3. Os deveres do Estado

3.6.3.1. O dever de informar-se

É certo que a adoção de medidas de proteção supõe a investigação prévia dos fatos que evidenciem a existência do perigo. Efetivamente, é condição para a afirmação de uma situação de insuficiência da proteção que um bem jurídico fundamental seja, no momento, objeto de agressão ou ameaça por parte de terceiro,[250] ou seja, quando "quando for esperado um prejuízo para o bem jurídico"[251] na sequência do desenrolar do acontecimento perigoso.

Mais que isso, não é possível legislar sem um conhecimento prévio das relações sociais em questão, bem como da legitimidade empírica das medidas,[252] dos conhecimentos sociológicos e da experiência.[253] Como refere Isensee:

> A ponderação jurídico-fundamental, necessária para determinar o fundamento, modo e abrangência da proteção estatal, não pode ser concluída em abstrato no nível constitucional. Ela não é resolvida sem atenção aos casos concretos e individuais. Ela tem lugar essencialmente, então na legislação e na aplicação da lei.[254]

Especialmente em caso de regramentos de fatos complexos, somente quando o legislador se orientou de modo apropriado e justificável sobre a matéria e esgotou as fontes de conhecimento acessíveis terá atendido ao critério do controle da sustentabilidade da medida adotada ou *Vertretbarkeitskontrolle* (BVerfGE 50, 290 (333) ff.; BVerfGE, 57, 139 (160). Ao Estado é imposto, então, um dever de informar-se, como refere Starck:

---

[248] ISENSEE, Josef. *Das Grundrecht auf Sicherheit*, S. 38-39.

[249] HERMES, Georg. *Das Grundrecht auf Schutz von Leben und Gesundheit*, S. 38-39.

[250] MÖSTL, Markus. Probleme der verfassungsprozessualen Geltendmachung gesetzgeberischer Schutzpflichten, S. 1035.

[251] ERICHSEN, Hans-Uwe. Grundrechtliche Schutzpflichten in der Rechtsprechung des Bundesverfassungsgerichts, S. 87.

[252] SCHÜNEMANN, Bernd. Wohin treibt der deutsche Strafprozess, S. 12.

[253] BETHGE, Herbert. *Zur Problematik von Grundrechtskollisionen*, S. 97 ff; SCHNEIDER, Ludwig. *Der Schutz des Wesensgehalts von Grundrechten nach Art. 19, Abs. 2 LF*, S. 123.

[254] ISENSEE, Josef. *Das Grundrecht auf Sicherheit*, S. 49.

Crime Organizado e Proibição de Insuficiência

O dever do Estado de proteger algo não é cumprido somente com regras legais e medidas administrativas. O dever de proteção exige, além disso, que o Estado se informe, se as regras vigentes garantem uma proteção efetiva.

(...)

O legislador não pode simplesmente alegar que as estatísticas não são confiáveis. Está nas suas mãos a elaboração de regras que assegurem uma estatística confiável, da qual possam ser extraídos dados confiáveis sobre os efeitos das novas regras.[255]

O dever de informar-se e esclarecer a população também terá lugar em caso de perigos exagerados ou imaginários, que podem afetar a confiança da população e, em consequência, o seu direito à segurança, no sentido da ausência de medo. Nesse caso, tem o Estado um dever diverso, que não poderá ser o de afastar o perigo inexistente, mas de informar e esclarecer sobre a situação fática real,[256] o que se aplica também a eventuais exageros da mídia em relação aos níveis de criminalidade. Afinal, a Constituição não é uma realidade dada, mas uma tentativa, que permite erros, os quais devem, porém, tanto quanto possível, ser eliminados.[257]

3.6.3.2. Os deveres de observação e melhora

O dever de informar-se imposto ao Estado não é cumprido de forma ocasional ou apenas por ocasião de uma determinada reforma legislativa, constituindo-se em tarefa permanente. Quer dizer, a pergunta sobre a suficiência das medidas tomadas para o cumprimento do dever de proteção[258] deverá levar em conta eventuais fatos novos ou mesmo o levantamento de novas informações.

Em caso de modificação na situação fática, avanço da técnica ou de erro na prognose[259] efetuada pelo legislador, deverão ser tomadas medidas complementares, dentro do dever de melhora (*Nachbesserungspflicht*)[260] ou de teste (*Erprobungspflicht*) imposto ao legislador, consistente na constante observação e desenvolvimento da legislação para adaptá-la aos

---

[255] STARCK, Christian. Der verfassungsrechtliche Schutz des ungeborenen menschlichen Lebens, S. 821.

[256] ROBBERS, Gerhard. *Sicherheit als Menschenrecht*, S. 226.

[257] HÄBERLE, Peter. Effizienz und Verfassung, S. 631.

[258] MÖSTL, Markus. ·Probleme der verfassungsprozessualen Geltendmachung gesetzgeberischer Schutzpflichten, S. 1035.

[259] BERND, Werner. *Legislative Prognosen und Nachbesserungspflichten*, S. 170-171; STARCK, Christian. *Kommentar zum Grundgesetz*, S. 146. Também na atividade legislativa processual penal é feita uma prognose a partir da orientação político criminal (FERNANDES, Fernando. O Processo Penal como Instrumento de Política Criminal, p. 67-73).

[260] BVerfGE, 56, 54 (73, 80); 39, 1, 41; 46, 160 (164); 49, 89 (141); 53, 30 (57).

novos tempos[261] e assegurar a adequada proteção dos direitos fundamentais.[262]

Desse modo, o dever do Estado de garantir a segurança dos cidadãos caracteriza uma responsabilidade duradoura, da qual o legislador não se desincumbe com o regramento em uma única oportunidade.[263]

3.6.4. O problema da incerteza do quadro fático

Interessante questão se coloca quando, apesar das tentativas de obtenção das informações fáticas ou científicas, não existe certeza sobre as condições fáticas que embasariam a adoção das medidas constitutivas da concretização do dever de proteção, ou concretamente, quando não se sabe qual é o grau e a extensão da ameaça ao direito fundamental, colocando-se o dano no campo da probabilidade, e não da certeza. A situação se coloca de modo particularmente visível quando as premissas que apoiam a intervenção são "muito duvidosas ou, pelo menos, discutíveis".[264]

Duas soluções são apontadas para tal quadro de fato.

Para a primeira, a chamada *tese do nível mínimo de perigo*, o dever de proteção somente surge a partir de um certo umbral de importância, do umbral da reação (*Reaktionsschwelle*) ou do perigo (*Erheblichkeitsschwelle, Gefahrenschwelle*), que determinaria a reação estatal,[265] impondo verificar-se a sua ultrapassagem para que seja exigida a atuação estatal.

Nessa linha, Di Fabio assim se manifesta, ao tratar dos riscos decorrentes de centrais nucleares, mas cujo raciocínio pode ser aqui utilizado:

> Se a adequação e necessidade de medidas de proteção são ainda absolutamente inestimáveis, porque um perfil de causalidade e prejuízo ainda está no escuro tanto do ponto de vista teórico quanto prático, não há lugar para o recurso à proibição de insuficiência. Sem conhecimentos das ciências naturais dos agravos supostamente ameaçadores ao bem jurídico não pode o judiciário exigir do legislativo e do executivo (ainda que com a aplicação da proibição de excesso) nada mais do que uma observação qualificada. Em situações de riscos desconhecidos o dever de proteção transforma-se, assim – desde que seja ele tomado por existente – em dever de observação ou, respectivamente, de investigação.[266]

---

[261] ISENSEE, Josef. *Das Grundrecht auf Sicherheit*, S. 40; STETTNER, Rupert. Die Verpflichtung des Gesetzgebers zu erneutem Tätigwerden bei fehlerhafter Prognose, S. 1124; UNRUH, Peter. *Zur Dogmatik der grundrechtlichen Schutzpflichten*, S. 24-25. Interessante, à propósito, a possibilidade, prevista no CP da Suíça, de disposições experimentais, não previstas em lei, por parte da autoridade administrativa, em matéria de pena: BOLLE, Pierre-Henri. Leis Experimentais e Direito Penal, S. 19.

[262] BERND, Werner. *Legislative Prognosen und Nachbesserungspflichten*, S. 125.

[263] ISENSEE, Josef. *Das Grundrecht auf Sicherheit*, S. 40.

[264] WAHL, Rainer; MASING, Johannes. Schutz durch Eingriff, S. 553.

[265] PIETRZAK, Alexandra. Die Schutzpflicht im verfassungsrechtlichen Kontext, S. 750.

[266] DI FABIO, Udo. Rechtsfragen zu unerkannten Gesundheitsrisiken elektromagnetischer Felder, S. 9. De modo aproximado, Grabitz, ao afirmar que: "Se é duvidosa a preponderância dos interesses públi-

A dificuldade reside em determinar esse ponto, o que não pode ser matematicamente determinado nem está sujeito a uma medida clara,[267] sendo, ao contrário, diferenciado conforme a situação concreta.[268]

De acordo com Isensee, os aspectos jurídicos e fáticos a serem levados em conta na determinação do umbral de perigo (*Gefahrenschwelle*), são: intensidade do perigo, meios possíveis para defesa em relação ao perigo e prejuízos jurídicos decorrentes da intervenção estatal para o perturbador ou para terceiros, devendo ser adotadas somente as medidas que visem à proteção de um perigo atual, considerável e iminente ou um perigo para a vida ou a integridade física.[269]

Mas a solução proposta por Isensee não fornece um critério claro, ou, se o faz, deixa de fora um grande número de riscos que não podem ser ignorados. Bem por isso não é satisfatória a utilização dos critérios de risco do direito policial,[270] pois há diferenças substanciais entre a ação policial e a legislativa, como refere Unruh:

> De fato em atos legislativos trata-se de decisões com maior amplitude temporal e efeito abstrato-geral.
>
> (...) Uma limitação dos deveres de proteção inspirada no direito policial no aspecto do nível de perigo relevante é, em conclusão, rejeitada do ponto de vista da concepção aqui defendida sobre a derivação dogmática dos deveres de proteção. Em deveres de proteção jurídico-fundamentais cuida-se de princípios, que são concebidos em sua aplicação como mandamentos de otimização. Daí decorre a exigência pela máxima proteção dos bens protegidos jurídico-constitucionalmente. Essa proteção somente pode ser limitada pelos critérios das possibilidades fáticas e jurídicas, mas não pelos limites do tipo abstrato do direito policial.[271]

É justamente a falta de clareza do critério que leva à rejeição da teoria do grau mínimo de afetação e à conclusão de que toda exposição a perigo ou agressão legitima a ação estatal,[272] a partir, porém, de um ponto

---

cos que se faz valer, não são justificadas as medidas de limitação da liberdade" (GRABITZ, Eberhard. Der Grundsatz der Verältnismäßigkeit, S. 606).

[267] SCHMIDT-ASSMANN, Eberhard. Anwendungsprobleme des Art. 2 Abs. 2 LF im Imissionsschutzrecht, S. 211.

[268] ISENSEE, Josef. *Das Grundrecht auf Sicherheit*, S. 37.

[269] ISENSEE, Josef. *Das Grundrecht auf Sicherheit*, S. 37.

[270] Na Alemanha, ao contrário do Brasil, há um direito policial claramente distinto do direito processual penal. Tomado o conceito de polícia em sentido amplo, o direito policial abrange toda a regulamentação que tem por objeto a defesa de perigos e a eliminação de perturbações da segurança e da ordem pública. Além da atividade policial em sentido estrito, pertencem ao direito policial a legislação sobre estrangeiros, restaurantes, indústrias, oficinas, proteção contra emissões, lixo e direito de reunião (WEBER, Claus. *Rechtswörterbuch*, S. 1013). Sobre o direito policial, ver, também, o Item 4.2.3. da Parte III.

[271] UNRUH, Peter. *Zur Dogmatik der grundrechtlichen Schutzpflichten*, S. 78.

[272] PIETRZAK, Alexandra. Die Schutzpflicht im verfassungsrechtlichen Kontext, S. 751. Nesse sentido, para o caso de emissões atômicas, em atenção à intensidade do risco: ISENSEE, Josef. *Das Grundrecht auf Sicherheit*, S. 37-38.

a ser determinado concretamente, e não de modo genérico, para todos os casos.[273]

Parece acertada, então, a posição no sentido de que há justificativa para a intervenção ainda que não haja comprovação estatística da existência de perigo, desde que ele não possa, de logo, ser descartado, o que representaria uma acentuada restrição do âmbito de proteção dos direitos fundamentais a ser protegidos e iria de encontro ao caráter preventivo do dever de proteção.[274] O Tribunal Constitucional Federal da Alemanha enfrentou o tema na decisão *Kalkar* (BVerfGE 49, 89), em relação a centrais nucleares, quando afirmou que mesmo uma longínqua probabilidade de ocorrência de dano era suficiente para determinar, naquele caso, o dever de proteção por parte do legislador, considerada a intensidade do risco.

Com efeito, a possibilidade de experimentação por parte do legislador diminui à medida que os bens jurídicos objeto de proteção são menos passíveis de recuperação. Assim, em um extremo, a vida não pode ser objeto de restauração e reclama uma proteção preventiva, enquanto, no outro, bens patrimoniais, que podem ser, em regra, reparados, admitem a adoção de maiores riscos.[275]

Alexy, apoiado na decisão da codeterminação (BVerfGE 50, 290 (332-333), refere que, em relação a prognoses empíricas, não deve ser exigida do legislador sempre uma certeza, nem deve a incerteza ser admitida arbitrariamente, aplicando-se aqui a lei da ponderação epistêmica, segundo a qual: "Quanto mais grave uma intervenção em um direito fundamental pesa, tanto maior deve ser a certeza das premissas apoiadoras da intervenção".[276]

3.6.5. O risco residual como limite à proibição de insuficiência

É geralmente reconhecida a inviabilidade de uma proteção absoluta ou livre de lacunas, até mesmo em função da já mencionada contraposição dos direitos de defesa de terceiros.[277] Na ponderação, não se pode exigir do legislador uma atuação no âmbito da proibição de insuficiência

---

[273] DIETLEIN, Johannes. *Die Lehre von den grundrechtlichen Schutzpflichten*, S. 109-114; ISENSEE, Josef. Das Grundrecht auf Sicherheit, S. 37.

[274] HERMES, Georg. *Das Grundrecht auf Schutz von Leben und Gesundheit*, 236; PIETRZAK, Alexandra. Die Schutzpflicht im verfassungsrechtlichen Kontext, S. 750. No mesmo sentido: BVerfGE 56, 54 - Fluglärm.

[275] KLEIN, Eckart. Grundrechtliche Schutzpflicht des Staates, S. 1638.

[276] ALEXY, Robert. A Fórmula Peso. In: *Constitucionalismo Discursivo*, p. 150. Sobre a lei da ponderação epistêmica, v., acima, o item 1.1.3. Colisões de Princípios e Conflito de Regras.

[277] HERMES, Georg. *Das Grundrecht auf Schutz von Leben und Gesundheit*; STERN, Klaus. *Das Staatsrecht der Bundesrepublik Deutschland*, Bd. III/1, S. 953.

que leve a uma proteção absoluta de alguns bens jurídicos ou à eliminação total de certos riscos.

Há uma tendência, então, à admissão de um risco residual (*Restrisiko*), já que não é possível chegar a uma situação de inexistência de risco ou *risco zero*. Por exemplo, no âmbito do direito ambiental e atômico não há como deixar de admitir o risco resultante de fatos ainda desconhecidos pela ciência,[278] ou ainda, de modo geral, o risco socialmente adequado, ou seja, aquele de escassa probabilidade e aceito pela maioria da sociedade, sendo considerado indispensável frente aos proveitos oferecidos pela tecnologia, a não ser que dela se abra mão.[279]

Efetivamente, apesar dos riscos envolvidos, não se poderia, seriamente, defender a abolição completa do uso de automóveis, aeronaves, energia elétrica ou mesmo armas de fogo. São casos em que há riscos, socialmente aceitáveis, considerado o proveito que advém para o conjunto da sociedade da utilização de tais meios tecnológicos.

Assim também em relação aos riscos decorrentes do crime, em que não se pode pretender uma vigilância total de todos os cidadãos, com fins a uma hipotética anulação do risco, pois com isso haveria também uma inaceitável anulação da liberdade. Quer dizer, um certo risco da ocorrência de crime acaba por ser socialmente aceitável, como se verá, adiante, no exame da relação entre segurança e liberdade, objeto do item 2.1. da Parte II.

3.6.6. A determinação do Direito Fundamental em jogo

No processo de concretização do dever de proteção alia-se à determinação das circunstâncias de fato a identificação do direito fundamental em jogo, o que terá importância na medida em que, muitas vezes, as medidas de proteção afetarão interesses ou direitos de terceiros, que deverão ser levadas em conta na ponderação.

Não há, no entanto, necessidade efetiva de demonstração de que o direito fundamental respectivo contenha uma dimensão de dever de proteção,[280] o que seria necessário apenas caso não se admitisse que todo

---

[278] BENDER, Bernd. Gefahrenabwehr und Risikovorsorge als Gegenstand nukleartechnischen Sicherheitsrecht, S. 1429-1430.

[279] BVerfGE 49, 89 (143); DEGENHART, Cristoph. Technischer Fortschrit und Grundgesetz: Friedliche Nutzung de Kernenergie, S. 936; ISENSEE, Josef. *Das Grundrecht auf Sicherheit*, S. 42; SCHMIDT-ASSMANN, Eberhard. Anwendungsprobleme des Art. 2 Abs. 2 LF im Imissionsschutzrecht, S. 212. Crítico a respeito da teoria do risco residual: HERMES, Georg. *Das Grundrecht auf Schutz von Leben und Gesundheit*, S. 236-244.

[280] Em sentido contrário, afirmando tal necessidade: MÖSTL, Markus. Probleme der verfassungsprozessualen Geltendmachung gesetzgeberischer Schutzpflichten, S. 1035.

direito fundamental impõe, em princípio, um dever de proteção.[281] Com efeito, o entendimento majoritário é no sentido da existência de um dever geral de proteção de todos os direitos fundamentais, ainda que a Constituição não o imponha, de modo expresso e determinado em relação a cada direito fundamental.[282]

3.6.7. A insuficiência dos critérios da proibição de excesso

A dogmática da proibição de insuficiência, desenvolvida casuisticamente e, portanto, de certa forma, intuitivamente,[283] ainda não alcançou o mesmo grau de desenvolvimento e precisão da proibição de excesso.[284] Efetivamente não há, no campo da proibição de insuficiência, uma construção clara e comprovada sobre os testes a ser aplicados na sua verificação,[285] como se dá em relação à proibição de excesso, com a aplicação dos subprincípios da proporcionalidade.[286]

Isso decorre também do fato de que, enquanto na proibição de excesso há um ponto de referência claro para o exame da proporcionalidade, fornecido pelo ato em concreto, na proibição de insuficiência não há um único comportamento possível, que possa desde o início ser submetido à prova.[287] Quer dizer, ainda que a omissão de uma determinada ação estatal seja submetida à prova da proporcionalidade, isso pouco dirá em relação a outras medidas de estímulo por parte do Estado.[288] É de considerar aqui, então, a diferença básica entre o questionamento de uma ação estatal que atenta contra os direitos fundamentais e uma omissão que atenta contra direitos fundamentais. Como esclarece Lübbe-Wolff:

> Cada ação é em si determinada e tem, portanto, um contrário determinado, que é exatamente a omissão desse comportamento. A omissão é, ao contrário, em si indeterminada e colocada então não contra uma ação determinada, mas contra todas as ações possíveis.[289]

---

[281] ERICHSEN, Hans-Uwe. Grundrechtliche Schutzpflichten in der Rechtsprechung des Bundesverfassungsgerichts, S. 86; ZUCK, Rüdiger. Blick in die Zeit, S. 989.

[282] ROBBERS, Gerhard. *Sicherheit als Menschenrecht*, S. 130-131; STERN, Klaus. *Das Staatsrecht der Bundesrepublik Deutschland*, Bd. III/1, S. 943; UNRUH, Peter. Zur Dogmatik der grundrechtlichen Schutzpflichten, S. 26-28 e 40. Para mais, ver, acima, item 3.4.2, ao final.

[283] DIETLEIN, Johannes. *Die Lehre von den grundrechtlichen Schutzpflichten*, S. 105.

[284] CANARIS, Claus Wilhelm. *Grundrechtswirkung und Verhältnismäßigkeitsprinzip in der richterlichen Anwendung und Fortbildung des Privatrechts*, S. 163; DIETLEIN, Johannes. *Das Untermaßverbot*, S. 132; DOLDERER, Michael. *Objektive Grundrechtsgehalte*, S. 409.

[285] MÖSTL, Markus. *Probleme der verfassungsprozessualen Geltendmachung gesetzgeberischer Schutzpflichten*, S. 1035.

[286] DIETLEIN, Johannes. *Das Untermaßverbot*, S. 139.

[287] BOROWSKI, Martin. *Grundrechte als Prinzipien*, S. 195; JARASS, Hans D. *Grundrechte als Wertentscheidungen*, S. 395-397.

[288] PIETRZAK, Alexandra. *Die Schutzpflicht im verfassungsrechtlichen Kontext*, S. 749-750.

[289] LÜBBE-WOLFF, Gertrude. *Die Grundrechte als Eingriffsabwehrrechte*, S. 40.

Em razão de tais diferenças estruturais, pertinentes à conduta esperada do Estado - omissão e ação - e ao objeto a ser considerado - ato concreto e multiplicidade de atos - não se pode, aqui, sem mais, utilizar os critérios da proibição de excesso.[290]

3.6.8. Proposta para a estrutura da proibição de insuficiência

Considerada a insuficiência da estrutura da proibição de excesso, é de ver o que é possível afirmar sobre a estrutura e os requisitos da proibição de insuficiência.

A orientação tradicional é de que a escolha da medida ou medidas a serem adotadas estaria coberta por um amplo campo deliberdade do legislador,[291] a não ser que fique evidente (*Evidenzkriterium*)[292] a irrazoabilidade da medida adotada ou a possibilidade de adoção de outra mais adequada, efetiva e adaptada ao caso concreto.[293] Segundo Borowski, o critério da evidência caracteriza a adoção de uma teoria restritiva do tipo abstrato do direito fundamental de defesa,[294] quando a mais acertada é a teoria ampla, como exposto, acima, no item 2.5.

Secundariamente, são adotados pelo Tribunal Constitucional Federal da Alemanha dois outros *standards* sobre o conhecimento da situação de fato e os efeitos da intervenção, ao lado do *Evidenzkontrolle*, a saber, o controle de sustentabilidade (*Vertretbarkeitskontrolle*) (BVerfGE 50, 290 (333); BVerfGE 57, 139 (160) e o controle quanto ao conteúdo mais intensificado (*intensivierte inhaltliche Kontrolle* – BVerfGE 50, 290 (333).[295] Aquele é aplicável para a decisão sobre regramentos e fatos complexos, exigindo-se que o legislador se oriente de modo apropriado e justificável sobre a matéria, bem como que esgote as fontes de conhecimento acessíveis. Já o último, exigível somente para restrições nas quais estejam em jogo a vida

---

[290] BOROWSKI, Martin. *Grundrechte als Prinzipien*, S. 196; CANARIS, Claus Wilhelm. *Grundrechtswirkung und Verhältnismäßigkeitsprinzip in der richterlichen Anwendung und Fortbildung des Privatrechts*, S. 163.

[291] DIETLEIN, Johannes. Das Untermaßverbot, S. 140, BVerfGE 39, 1 (44). Assim também no campo da proibição de excesso (GRABITZ, Eberhard. Der Grundsatz der Verältnismäßigkeit, S. 615-616).

[292] BVerfGE, 56, 54 (80-81) - Fluglärm; BVerfGE 77, 170 (215); 79, 174 (202); DI FABIO, Udo. Rechtsfragen zu unerkannten Gesundheitsrisiken elektromagnetischer Felder, S. 9; AFONSO DA SILVA, Virgílio. *Grundrechte und Gesetzgeberische Spielräume*, S. 188. Crítico em relação a tal conceito, apontado como meramente retórico: DIETLEIN, Johannes. *Die Lehre von den grundrechtlichen Schutzpflichten*, S. 112.

[293] BVerfGE 79, 174; 77, 381; 77, 170; 56, 54; MICHAEL, Lothar. Die drei Argumentationsstrukturen des Grundsatzes der Verhältnismäßigkeit, S. 151; MÖSTL, Markus. *Probleme der verfassungsprozessualen Geltendmachung gesetzgeberischer Schutzpflichten*, S. 1035.

[294] BORCWSKI, Martin. *Grundrechte als Prinzipien*, S. 316.

[295] AFONSO DA SILVA, Virgílio. *Grundrechte und Gesetzgeberische Spielräume*, S. 190-191.

ou a liberdade, requer "que os efeitos da lei sejam acessíveis com probabilidade ou até mesmo segurança suficiente" (BVerfGE 50, 290 (233).

Na proposta de Borowski, que parece bastante satisfatória, deve ser verificado, inicialmente, quais são as medidas existentes à disposição do legislador, o que, embora possa parecer, à primeira vista, impossível, não o é, podendo ser buscada, de forma intuitiva na discussão pública as soluções possíveis[296] com maior perspectiva de sucesso e que, não sejam, de antemão, excluídas por atentarem de modo claro contra outros direitos fundamentais. Assim, reduzidas as possibilidades, é de concluir que as medidas possíveis devem, em princípio, ser aplicadas, a não ser que seja justificada sua não adoção.

A seguir, aplica-se o teste da proporcionalidade em relação a todas as medidas possíveis.[297] Ao final, três resultados serão possíveis. No primeiro, uma das medidas oferece o maior grau de estímulo ao objetivo e o menor grau de diminuição dos direitos em colisão, caso em que deverá ser esta a medida eleita.[298] No segundo, há medidas com resultados aproximados quanto aos requisitos acima, caso em que o legislador tem a faculdade de escolher uma ou outra das medidas. Por fim, nenhuma das medidas atende satisfatoriamente ao requisito de estímulo, ou todas apresentam uma diminuição acentuada do direito em colisão, com o que não há obrigação de adoção de uma medida por parte do legislador.[299]

---

[296] BOROWSKI, Martin. *Grundrechte als Prinzipien*, S. 197.

[297] BOROWSKI, Martin. *Grundrechte als Prinzipien*, S. 198.

[298] No mesmo sentido, afirmando que, sob determinadas condições pode reduzir-se o espaço de escolha do legislador a uma única medida eficaz na prática e, com isso, determinada pela Constituição: ISENSEE, Josef. *Das Grundrecht auf Sicherheit*, S. 40.

[299] BOROWSKI, Martin. *Grundrechte als Prinzipien*, S. 207-208.

Crime Organizado e Proibição de Insuficiência

Parte II

O crime organizado

1. Estado da discussão

1.1. A POLARIZAÇÃO NO DEBATE CRIMINOLÓGICO

Na discussão sobre o tema do crime organizado é percebida uma acentuada polarização entre duas grandes correntes,[1] em um debate de certa forma ideologizado[2] e que assume ares de verdadeira disputa entre crenças diversas,[3] malgrado existam, ainda, outras hipóteses para a explicação do fenômeno[4] e seu controle.

Nos itens que seguem, sem pretensão de exaustão, são examinados os dois grandes discursos criminológicos acerca do crime organizado.[5]

1.1.1. O discurso do mito

Para o *discurso do mito* não existem organizações criminosas, sendo o conceito uma criação ou categoria forjada a partir da história[6] e dos casos norte-americano e italiano e exportada para os países periféricos, de modo imperialista, por meio de acordos ou da pressão internacional, a impor aos demais países soluções inadequadas e alheias à sua tradição jurídica.

---

[1] ALBRECHT, Hans-Jörg. Organisierte Kriminalität - Theoretische Erklärungen und empirische Befunde, S. 4.

[2] WOLTER, Jürgen. 35 Jahre Verfahrensrechtskultur und Strafprozeßverfassungsrecht in Ansehung von Freiheitsentziehung, S. 163.

[3] OSTENDORF, Heribert. Organisierte Kriminalität - eine Herausforderung für die Justiz, S. 63.

[4] Para uma exposição abrangente sobre as várias teorias criminológicas aplicáveis ao crime organizado: ANARTE BORRALO, Enrique. Conjeturas sobre la Criminalidad Organizada, p. 37-44.

[5] Retornarei a fontes da criminologia, adiante, nos itens: 2.2. Paradigmas de Organizações Criminosas; 2.4. Características das Organizações Criminosas, ambos da Parte II, bem como no item 3.2. da Parte III.

[6] ZAFFARONI, Eugenio Raúl. "Crime Organizado": Uma categorização frustrada, p. 46.

Crime Organizado e Proibição de Insuficiência **77**

No conteúdo, a ideia do crime organizado estaria destinada a sustentar um aparelhamento funcionalista do direito e do processo penal, aos quais se procura impor indevidas exigências de eficiência, o que termina por atentar contra instituições da teoria do crime, bem como suprimir ou diminuir garantias processuais e alargar os poderes da polícia. Desse modo, de forma insidiosa, adotar-se-iam novas e invasivas medidas de investigação,[7] a aplicar-se mesmo sobre a criminalidade tradicional.[7] A ideia serviria, então, a um direito penal e a um processual penal autoritários, informados por movimentos como o direito penal da lei e da ordem[8] ou da nova defesa social que pretendem resolver ou mitigar o problema da criminalidade com o mero endurecimento da legislação penal, quando é sabido que tal relação não é direta ou simples.[9]

O crime organizado serviria, ainda, como um *novo inimigo*, para satisfazer a necessidade política e dos meios de comunicação, depois do fim do comunismo e da guerra fria.[10] Para os políticos, então, o argumento da aprovação ou da necessidade de endurecimento da legislação penal e de novas técnicas de investigação teria fácil apelo e serviria para granjear votos em uma população acossada por uma sensação de temor e insegurança,[11] de resto alimentada pelos meios de comunicação, que dão grande destaque a toda forma de criminalidade, no afã de venda de seu produto.[12]

Vislumbra-se também um componente de controle e segregação de excluídos.[13] Quer dizer, pretende-se explicar o fenômeno do crime apenas com base na desigualdade da distribuição de renda, de modo que a sociedade forjaria o criminoso, pela falta de oportunidades lícitas.

Alega-se, ainda, que o crime organizado serviria de base à discriminação contra estrangeiros. Já na origem da máfia, haveria um acentuado

---

[7] DENCKER, Friedrich. *Organisierte Kriminalität und Strafprozeß*, S. 41.

[8] Crítico, a respeito, pergunta Tipke: "Que cidadão íntegro iria preferir injustiça e uma caótica desordem?" (TIPKE, Klaus. *Innere Sicherheit, Gewalt und Kriminalität*, S. 39). Silva Sánchez, a seu turno, distingue o movimento da lei e ordem, que pretendia tornar mais dura a resposta penal à criminalidade do dia-a-dia e os atuais movimentos de expansão, que levam em conta novas realidades sociais (SILVA SÁNCHEZ, Jesús María. *La expansión del Derecho Penal*, p. 8-9).

[9] KUNZ, Karl-Ludwig. *Innere Sicherheit und Kriminalitätsvorsorge im Liberalen Rechtsstaat*, S. 22-23; PRITTWITZ, Cornelius. *O Direito Penal entre Direito Penal do Risco e Direito Penal do Inimigo: tendências atuais em Direito Penal e Política Criminal*, p. 32-33.

[10] PAOLI, Letizia; FIJNAUT, Cyrille. *Organised Crime in Europe*, p. 5-7; SCHNEIDER, Hendrik. Bellum Justum gegen den Feind im Inneren, S. 499.

[11] KUNZ, Karl-Ludwig. *Innere Sicherheit und Kriminalitätsvorsorge im Liberalen Rechtsstaat*, S. 13-14.

[12] MACHADO, Carla; AGRA, Cândido de. Insegurança e Medo do Crime, p. 98-99; PRITTWITZ, Cornelius. O Direito Penal entre Direito Penal do Risco e Direito Penal do Inimigo: tendências atuais em Direito Penal e Política Criminal, p. 32-33. Sobre a imprensa, v. item 3.6.3.2 da Parte I e item 1 da Parte III.

[13] TELLES, Vera da Silva; HIRATA, Daniel Veloso. *Cidade e Práticas urbanas: nas fronteiras incertas entre o ilegal, o informal e o ilícito*, p. 186.

caráter xenofóbico[14] em relação aos ítalo-americanos ou os sicilianos, respectivamente nos Estados Unidos[15] e Itália. Atualmente, a xenofobia seria difusa, estando dirigida contra os imigrantes ilegais[16] de vários países que se dirigem à Europa e aos Estados Unidos, daí surgindo as referências à máfia russa, turca, albanesa, chinesa, nigeriana, jamaicana, etc.

Para essa corrente, as evidências empíricas sobre a existência do fenômeno são qualificadas como pouco sérias ou suspeitas, sejam elas pesquisas de campo efetuadas por criminólogos, antropólogos e sociólogos, sejam investigações policiais, processos judiciais ou relatórios de comissões parlamentares, sejam relatos da imprensa. Em suma, desqualificam-se todos os estudos que conduzem a resultados diversos daquele que se pretende.

No Brasil também encontra eco a referida posição, como demonstra a referência seguinte de Juarez Cirino dos Santos, para quem: "O conceito americano de crime organizado é, do ponto de vista da realidade, um mito; do ponto de vista da ciência, uma categoria sem conteúdo; e do ponto de vista prático, um rótulo desnecessário".[17]

1.1.2. A teoria da conspiração

Já para a *teoria, doutrina,*[18] ou *hipótese da conspiração,*[19] o crime organizado, geralmente cometido por estrangeiros, é uma verdadeira hidra, complexamente organizada e com amplo campo de atuação por várias atividades criminosas de alta lucratividade, tais como o tráfico de drogas, armas, pessoas e animais, o contrabando e a falsificação.

Os fantásticos lucros obtidos com tais atividades seriam objeto de lavagem de dinheiro em sofisticadas operações financeiras internacionais, com assessoria de pessoal técnico especializado, e reinvestidos em atividades lícitas ou ilícitas. Os valores acumulados serviriam também para a

---

[14] Sobre esse ponto, difícil saber o que vem antes, pois a necessidade da confiança em negócios ilegais faz com que, efetivamente, vínculos de parentesco ou étnicos sejam decisivos para a formação dos grupos, vivendo segregados e com dificuldades de ascensão social em países estranhos. No Brasil, é de relevo o caso dos nigerianos na rota do tráfico paulista, que representavam o maior contingente de estrangeiros presos no Brasil em 1994 (MINGARDI, Guaracy. *O Estado e o Crime Organizado,* p. 172).

[15] Sobre a teoria da conspiração alienígena nos Estados Unidos, ver, abaixo, no item 2.1, a História do Conceito.

[16] WOODIWISS, Michael. Transnational Organised Crime, p. 17; ZAFFARONI, Eugenio Raúl. *"Crime Organizado": uma categorização frustrada,* p. 50.

[17] CIRINO DOS SANTOS, Juarez. Crime Organizado, p. 216.

[18] "Nos primeiros estudos sobre o tema dominou a doutrina da conspiração estrangeira (Blakey, 1967; Kefauver, 1968; Cressey, 1969), moldada da máfia siciliana" (ROCHA, João Luís Moraes. *Crime Transnacional,* p. 88).

[19] ALBRECHT, Hans-Jörg. *Organisierte Kriminalität - Theoretische Erklärungen und empirische Befunde,* S. 11.

cooptação de agentes públicos mediante corrupção ou cooptação cliente-
lista, como, por exemplo, no financiamento de campanhas políticas e até
mesmo no financiamento da formação de futuros profissionais que viriam
a colaborar com as organizações. Com isso, as organizações criminosas
estendem seus tentáculos não apenas sobre os órgãos da persecução criminal, como a polícia, o Ministério Público e o Poder Judiciário, mas também
sobre os parlamentos. Haveria, então, um projeto de alcançar o poder político e comprometer o próprio funcionamento do Estado Democrático.

Diante disso, as organizações criminosas deveriam, para essa corrente, ser *combatidas* com rigor, cuidando-se de uma verdadeira *guerra*
ou *cruzada*, na qual se admitem a modificação de regras tradicionais de
imputação penal, a diminuição de garantias processuais e a adoção de
medidas específicas[20] de investigação de longo prazo e larga amplitude
objetiva e subjetiva.

1.1.3. Crítica e tomada de posição

O discurso do mito, além de estar presente em estudos acadêmicos,[21]
consiste em uma antiga estratégia de defesa, adotada tanto na Itália, pelos
defensores dos líderes mafiosos nos megaprocessos,[22] e nos Estados Unidos[23] quanto no Brasil. Na Itália, é antiga e ainda presente a resistência ao
paradigma associativo, representada pela afirmação de que a máfia não
seria uma organização, mas um modo de vida ou atitude, caracterizado
pela resistência siciliana ao poder central[24] ou uma exagerada autoestima.
Após os grandes processos ocorridos na Itália, porém, essa é uma assertiva difícil de sustentar, diante da existência de farta comprovação do
caráter associativo da máfia.[25] Como refere Mingardi:

---

[20] Adoto a expressão medidas *específicas*, mais adequada do que medidas *de emergência* ou processo penal de emergência, que designam uma situação inesperada e transitória, inadequada ao caso, provocada por modificações estruturais na técnica e no fenômeno criminal. A designação pode ser adequada,
porém, para os casos de países acossados por organizações terroristas, caso em que certas medidas
podem ser consideradas constitucionais enquanto persiste a situação singular que determinou sua
publicação (PALAZZO, Francesco. Direito Penal e Constituição na experiência italiana, p. 40).

[21] "Existem alguns estudos cuja finalidade parece ser a de negar a existência de alguma organização
criminosa" (MINGARDI, Guaracy. *O Estado e o Crime Organizado*, p. 28).

[22] MINGARDI, Guaracy. *O Estado e o Crime Organizado*, p. 28.

[23] "O silêncio sobre um crime específico praticado por membros da organização é necessário, mas silen-
ciar sobre a própria organização também o é. (...) Um ditado a respeito do Diabo diz que um de seus tru-
ques favoritos é fingir que não existe" (MINGARDI, Guaracy. *O Estado e o Crime Organizado*, p. 44-45).

[24] Mesmo na Ópera *Cavalleria Rusticana*, de Pietro Mascagni, é difundida essa noção e: "Se acreditava
que a Máfia não era uma organização, mas um desafiante sentimento de orgulho e honra, profun-
damente arraigado na identidade de todo siciliano" (DICKIE, John. *Cosa Nostra*, p. 20). Esse traço
distingue, aliás, os grupos criminosos organizados dos terroristas (Parte II, 2.3.5).

[25] FULVETTI, Gianluca. The Mafia and the 'Problem of the Mafia': Organised Crime in Italy, 1820-
1970, p. 51-55; PAOLI, Letizia. Die italienische Mafia, S. 425-426.

O número de *pentiti* chegou a centenas, quase todos reafirmando o que disse Busceta. O General Dalla Chiesa, comandante dos Carabinieri na Sicília e que chefiava uma campanha contra a Máfia foi assassinado. Dois juízes Anti-Máfia, Falcone e Borselino, foram mortos apesar de estarem protegidos por dezenas de guarda-costas. Nos dois últimos casos foi usado perto de uma tonelada de explosivos, talvez colocados na estrada "por um modo de vida ou uma atitude".[26]

Assim também a superexposição do tema na mídia e sua utilização em campanhas e discursos políticos e dos argumentos no discurso político não cria os delitos cometidos pelas organizações criminosas, podendo ter o efeito de aumentá-los ou conferir-lhes uma dimensão exagerada.[27] Mas ainda que o perigo seja imaginário ou menor do que descrito, cabe ainda assim ao Estado o dever de informar-se e esclarecer a população sobre suas reais dimensões.[28] No caso brasileiro, de todo modo, não há como negar a organização nos casos do jogo do bicho, do tráfico de drogas, armas, animais, pessoas e madeira, ou ainda no roubo de cargas, como adiante se verá.[29]

A relação entre pobreza e crime, apontada em certo discurso sociológico como determinante,[30] e referida no discurso do mito (item 1.1.1) não pode ser negada, nem superdimensionada, pois a relação entre tais fatores está longe de ser direta ou absoluta, ou mesmo determinante.[31] Se assim fosse, em países com alto nível de bem-estar econômico inexistiria criminalidade e jamais haveria criminosos privilegiados economicamente. Não se pode, pura e simplesmente, imputar à organização social a causação da criminalidade, retirando do indivíduo a sua possibilidade autônoma de escolher a transgressão, ou não, que é base da própria noção de culpabilidade. Bem por isso, as tarefas que se apresentam, embora reconhecendo a dificuldade de encontrar o ponto de equilíquio são de reprimir o crime e, simultaneamente, atacar suas causas.[32]

---

[26] MINGARDI, Guaracy. *O Estado e o Crime Organizado*, p. 30. Sobre o fato, v., abaixo, item 2.3.5.

[27] KUNZ, Karl-Ludwig. Innere Sicherheit und Kriminalitätsvorsorge im Liberalen Rechtsstaat, S. 32; PIRES LEAL, José Manuel. O sentimento de insegurança na discursividade sobre o crime, p. 501-502.

[28] ROBBERS, Gerhard. *Sicherheit als Menschenrecht*, S. 226. Sobre o dever de informar-se, v., supra, o item 3.6.3 da Parte I. Sobre segurança e medo, v., supra, o item 3.6.3 da Parte I, e, infra, o item 1 da Parte III.

[29] V. item 3.2 da Parte III: A Questão Empírica da Existência de Organizações Criminosas no Brasil.

[30] GUIMARÃES, Alberto Passos. *As Classes Perigosas*, p. 188.

[31] TIPKE, Klaus. Innere Sicherheit, Gewalt und Kriminalität, S. 14-15. Para uma crítica da visão simplificadora da relação entre pobreza e crime, ver: COELHO, Edmundo Campos. *A Oficina do Diabo*, p. 289-302; MISSE, Michel. *Crime e Violência no Brasil Contemporâneo*, p. 3-18; SOARES, Luiz Eduardo. *Segurança tem saída*, p. 112.

[32] SILVA SÁNCHEZ, Jesús María. *La expansión del Derecho Penal*, p. 55 e 69. Nessa linha, afirmando a consciência de que: "3 (...) o fator de diminuição das taxas de crime no mundo está relacionado, entre outros fatores, à melhoria das condições sociais da população" (Declaração de princípios e programas de ação do programa das Nações Unidas de prevenção ao crime e a justiça criminal, p. 204).

Sobre a xenofobia, também referida no exame do discurso do mito (item 1.1.1), embora possa ter algum relevo, em especial nos mecanismos de seleção da polícia no momento de efetuar a persecução penal, também é certo que "a existência de redes étnicas internacionais criadas pela migração e as diásporas"[33] facilita os contatos com agentes localizados em outros países. A segregação e a marginalização a que ficam submetidos os migrantes, comumente vivendo em bairros determinados ou guetos com predomínio de estrangeiros e com integração limitada pela falta de conhecimento da língua local também contribuem no sentido do encaminhamento para a criminalidade, em especial no caso de emigrantes ilegais, que se contam aos milhares, para muitos dos quais o crime é o único meio de vida possível.[34] Como a atividade ilegal depende de confiança, é natural que os agentes busquem comparsas entre seus parentes e compatriotas, aos quais se sentem unidos por uma língua, tradição e origem comum, ainda mais em terra estrangeira, o que serve, ademais, para uma impermeabilização do grupo e redução do risco de infiltração.[35] Enfim, é a globalização dos excluídos.[36] Registre-se, ainda, que os laços étnicos não são novidade em matéria de grupos de criminosos, havendo referência a bandos de ladrões formados exclusivamente por ciganos ou judeus na Europa dos séculos XVII e XVIII.[37]

Não se olvide, porém, que os países ricos são parte do problema, como mercados para o tráfico de pessoas, drogas e animais e também como produtores de lixo tóxico, por exemplo, de modo que o controle não pode ser limitado aos mercados fornecedores, mas também precisa atingir os mercados consumidores.[38]

Já em relação à tese da *guerra* ao crime, a ver nos agentes do delito um *inimigo* a ser combatido e aniquilado, irretocável a referência de Anarte Borrallo:

> Tomando como ponto de referência os valores e instituições do Estado de Direito, a dupla peculiaridade radicaria, em síntese, em que tanto a criminalidade organizada como o controle que dela se pretende representam graves perigos para ditos valores e instituições.[39]

---

[33] ROCHA, João Luís Moraes. Crime Transnacional, p. 94.

[34] GUILLÉN, Francesc; VALLÈS, Lola. Inmigrante e Inseguridad: un problema de delincuencia o de victimización?, p. 323; SILVA SÁNCHEZ, Jesús María. *La expansión del Derecho Penal*, p. 115-119.

[35] SÁNCHEZ GARCIA DE PAZ, Isabel. Perfil Criminológico de la Delincuencia Transnacional Organizada, p. 651-652.

[36] Sobre o tema, ver, também: ANTON PRIETO, José Ignacio. Inmigración y Delito en el Imaginario Coletivo. Alternativas a una Relación Perversa, p. 264-265.

[37] EGMOND, Florike. Multiple Underworlds in the Dutch Republic of the Seventeenth and Eighteenth Centuries, p. 99-101; LANGE, Katrin. 'Many a Lord is Guilty, Indeed for Many a Poor Man's Dishonest Deed: Gangs of Robbers in Early Modern Germany, p. 118-119.

[38] GLENNY, Misha. *McMáfia*, p. 250.

[39] ANARTE BORRALLO, Enrique. Conjeturas sobre la Criminalidad Organizada, p. 13

Na mesma linha, para Kunz: "Em lugar de uma guerra ao crime o que se requer é uma negociação civil com a criminalidade".[40]

Observa-se, ainda, um certo exagero[41] quanto ao grau de ameaça que representa o crime organizado, em especial sobre a participação maciça de agentes públicos e o risco para a democracia, alimentado, também, pela imprópria confusão entre crime organizado e terrorismo.[42] A distinção entre grupos terroristas e grupos criminosos organizados tem como ponto central justamente o objetivo final, que é de obtenção de lucro para aqueles e de poder político para os últimos, muito embora possa haver uma certa justaposição entre esses objetivos. Opõe-se, ainda, à tese da tentativa de criar um poder paralelo ao Estado, o fato de que o objetivo das organizações criminosas consiste principalmente em não ser molestado pelos órgãos estatais, nomeadamente os órgãos da Polícia e da Justiça, o que é buscado mediante práticas de corrupção e clientelismo,[43] bem como pela violência.

Não há como negar, porém, que a globalização econômica,[44] a criação de zonas de livre comércio e livre circulação de bens e pessoas, com a supressão ou diminuição de controles fronteiriços e alfandegários, o liberalismo econômico e a consequente desregulamentação de vários mercados, a queda da cortina de ferro,[45] o avanço tecnológico e a queda nos custos das telecomunicações e transportes, a popularização da informática e da Internet, as redes bancárias mundiais e as diferenças de bem-estar entre países ricos e pobres criaram uma nova realidade para a sociedade e, como parte dela, para as práticas delituosas[46] organizadas[47] transnacio-

---

[40] KUNZ, Karl-Ludwig. Innere Sicherheit und Kriminalitätsvorsorge im Liberalen Rechtsstaat, S. 22.

[41] KLERKS, Peter. The network paradigm, p. 111.

[42] FERNANDES, Luís Fiães. Criminalidade Transnacional Organizada: Organização, Poder e Coacção, p. 464. Sobre a distinção entre crime organizado e terrorismo, v. abaixo, item 2.3.5 da Parte II.

[43] Sobre a conexão com o Estado mediante práticas de corrupção e clientelismo como característica das organizações criminosas, v., abaixo, o item. 2.4.2.3 da Parte II.

[44] ANARTE BORRALO, Enrique. Conjeturas sobre la Criminalidad Organizada, p. 17-19; PACHECO, Rafael. *Crime Organizado*, p. 27-32. Como refere Silva Sánchez: "Criminalidade Organizada, criminalidade internacional e criminalidade dos poderosos são, provavelmente, as expressões que melhor definem os traços gerais da delinquência da globalização" (SILVA SÁNCHEZ, Jesús María. *La expansión del Derecho Penal*, p. 90).

[45] PAOLI, Letizia; FIJNAUT, Cyrille. *Organised Crime in Europe*, p. 3.

[46] "De um lado, não se pode deixar de reconhecer que o modelo globalizador produziu novas formas de criminalidade que se caracterizam, fundamentalmente, por ser uma criminalidade transnacional, sem fronteiras limitadoras, por ser uma criminalidade organizada no sentido de que possui uma estrutura hierarquizada, quer em forma de empresas lícitas, quer em forma de organização criminosa e por ser uma criminalidade que permite a separação tempo-espaço entre a ação das pessoas que atuam no plano criminoso e a danosidade social provocada" (SILVA FRANCO, Alberto. Globalização e Criminalidade dos Poderosos, p. 206).

[47] "Ninguém discute a existência de grupos de *gangsters* em todo o mundo. Pesquisas sérias suficientes foram realizadas nos Estados Unidos e em outros países para revelar de que modo pelo menos algumas das várias Tríades e grupos mafiosos, camorristas e de outros tipos sobreviveram e se adap-

nais,[48] que encontraram nessa nova realidade social o caldo ideal para a sua expansão.

Não há dúvida, aliás, de que a "tecnologia a alcance do bem serve também ao mal".[49] A criminalidade, então, como fenômeno inerente à sociedade, acompanha o desenvolvimento populacional e tecnológico da sociedade na qual está inserido, modernizando-se, também. Nessa linha, para Anarte Borrallo: "a criminalidade organizada não é uma irregularidade da evolução do crime, nem uma súbita catástrofe natural, senão um fenômeno de longo prazo, provavelmente, com efeitos sumamente negativos, mas, em todo caso, normal".[50]

Parece inegável admitir, então, que tanto o conceito de crime organizado ganhou legitimidade, quanto o tema passou a ser um objeto de debate político[51] e científico na agenda internacional e interna da grande maioria dos países,[52] de tal forma que, embora ainda reste muito a fazer até a consolidação do conceito, da extensão, dos problemas e das soluções, a problemática não pode ser simplesmente ignorada ou relegada, sem mais, à categoria de mito. Como refere Klerks:

> De outro lado, se falharmos em tomar o crime organizado pelo que ele é, um fenômeno social intimamente imbricado na estrutura social que se aproveita de sua própria fraqueza e ignorância, pode resultar em sérios problemas a longo prazo.
>
> Ao fim, é provável que a aplicação da lei penal no próximo século somente tenha esperança de sucesso no controle do crime organizado se for capaz de flexibilizar seus modos de operação e organização. Provavelmente vamos precisar de mais interligação para poder lidar com as redes criminosas.[53]

Em suma, as modificações da sociedade levam a uma modificação na forma de cometer crimes, pois também os criminosos se valem das tecnologias e estão inseridos no mesmo meio social, em uma realidade que não pode ser ignorada.

---

taram aos intermitentes esforços de aplicação da lei e aos mais freqüentes banhos de sangue internos" (WOODIWISS, Michael. Transnational Organised Crime, p. 23).

[48] SÁNCHEZ GARCIA DE PAZ, Isabel. *Perfil Criminológico de la Delincuencia Transnacional Organizada*, p. 662-669.

[49] VALLE FILHO, Oswaldo Trigueiro do. *Sobre o Crime Organizado*, p. 759.

[50] ANARTE BORRALO, Enrique. Conjeturas sobre la Criminalidad Organizada, p. 33; WELP, Jürgen. Der SPD-Entwurf eines Zweiten Gesetzes zur Bekämpfung der organisierten Kriminalität, S. 161.

[51] Há referência no sentido de que o debate sobre o tema teria sido quase totalmente ocupado pela política, conduzindo a uma simplificação e alijando a contribuição da comunidade científica (KUNZ, Karl-Ludwig. *Innere Sicherheit und Kriminalitätsvorsorge im Liberalen Rechtsstaat*, S. 13).

[52] PAOLI, Letizia; FIJNAUT, Cyrille. *Organised Crime in Europe*, p. 21.

[53] KLERKS, Peter. The network paradigm, p. 111. Na mesma linha se manifesta Misha Glenny, referindo que o crime organizado: "(...) não é um conjunto de corporações sinistras que planeja dominar o mundo. É uma interação complexa entre as porções regulamentadas e desregulamentadas da economia global, que desafia as soluções simplórias, mas não pode ser ignorado até infeccionar (...) (*Mc Mafia*, p. 250-251).

1.2. CRIME ORGANIZADO E POLÍTICA CRIMINAL

A polarização observada na ciência criminológica tem inegáveis reflexos na discussão sobre o papel político-criminal do direito e do processo penal.[54] Com efeito, não se pode ignorar que os argumentos de ordem criminológica influenciam, como ponto de partida, as conclusões a que se chegará sobre o conteúdo definitivo da Constituição e dos direitos fundamentais, sendo certo que também esses são influenciados pela posição filosófica[55] e política do intérprete.[56] Quer dizer, a resposta a ser dada aos desafios da criminalidade contemporânea - admitido que tem ela algo de diferente - passa, necessariamente, por uma opção de política criminal, uma vez que o ponto de equilíbrio entre as necessidades de uma persecução penal minimamente eficiente e o respeito aos direitos fundamentais não pode ser extraída, sem mais, do texto constitucional, cabendo a tarefa de dar a resposta adequada em primeira linha, ao legislador,[57] e, posteriormente, também, ao Poder Judiciário,[58] que também é destinatário do dever de proteção dos direitos fundamentais, como visto no item 3.6.1. da Parte I.

A interpretação dada aos novos rumos da ciência penal varia conforme quatro grandes tendências, ainda que de modo um pouco simplificador, como necessário para fins de exposição, já que seria impossível aqui expor todas as nuanças do pensamento de cada um dos participantes do debate na comunidade científica, individualmente considerados.[59]

---

[54] Também o processo penal está sujeito a uma orientação político-criminal (FERNANDES, Fernando. *O Processo Penal como Instrumento de Política Criminal*, p. 46, 53-67; FIGUEIREDO DIAS, Jorge de. Os Princípios Estruturantes do Processo e a Revisão de 1998 do Código de Processo Penal, p. 201-202). Nesse sentido, é possível falar até mesmo de uma política criminal judicial constitucional levando em conta, em especial, o papel do Tribunal Constitucional Federal (TIEDEMANN, Klaus. Verfassungsrecht und Strafrecht, S. 56).

[55] Como esclarece Alexy: "Um consenso sobre a sua ordem correta pressupõe concórdia sobre aquilo que é justo. A ponderação de direitos individuais e bens coletivos permanecerá, por conseguinte, em litígio enquanto existe dissenso na teoria da justiça" (ALEXY, Robert. Individuelle Rechte und kollektive Güter. In: *Recht, Vernunft, Diskurs*, S. 232; na tradução brasileira, p. 176). Sobre as relações entre Direito Penal, política criminal e constituição, v., em língua portuguesa: BRANDÃO, Cláudio. Significado Político-Constitucional do Direito Penal, p. 78-79; PALAZZO, Francesco. *Valores Constitucionais e Direito Penal*, p. 16-22; PENNA MARINHO Jr., Inezil. Concebendo o Direito com a Razão, p. 160-171.

[56] SCHLINK, Bernhard. Freiheit durch Eingriffsabwehr - Rekonstruktion der klassischen Grundrechtsfunktion, S. 463; WÜRTENBERGER, Thomas. Freiheit und Sicherheit, S. 26. Nesse sentido: "Contanto que se consiga fazer clara a relação com as pretensões de liberdade, a discussão sobre a segurança se torna, no bom sentido, *política*" (KUNZ, Karl-Ludwig. Innere Sicherheit und Kriminalitätsvorsorge im Liberalen Rechtsstaat, S. 35).

[57] SCHÜNEMANN, Bernd. Wohin treibt der deutsche Strafprozess, S. 12.

[58] Sobre o papel do Judiciário, v., abaixo, o item 4.6. Sobre o caráter político da jurisdição constitucional: BENDA, Ernst. Frieden und Verfassung, S. 3-5; HECK, Luís Afonso. *Jurisdição Constitucional*, p. 11-31. Para uma análise da jurisdição constitucional, seus limites e legitimação: MORO, Sergio Fernando. *Jurisdição Constitucional como Democracia*, p. 236-261.

[59] Para uma exposição da discussão, com classificação análoga àquela aqui procedida: SCHMIDT, Andrei Zenkner. Considerações sobre um modelo teleológico-garantista a partir do viés funcional-normativista, p. 87-89.

1.2.1. A política criminal liberal

Por política criminal liberal é entendida a tendência de afirmar que o direito penal e o processo penal têm, essencialmente, função de garantia do cidadão e limitação do poder do Estado, não lhes cabendo a tarefa e nem tendo eficácia no controle da criminalidade, que teria outras causas e soluções.[60] A tarefa da dogmática penal seria, então, estanque, de explicar o seu funcionamento, sem atentar para o sistema penal desejável, considerada a realidade concreta.[61]

Para essa linha de pensamento, adotada pela chamada *Escola de Frankfurt* (*Frankfurter Schule*), que defende o minimalismo penal,[62] as últimas reformas penais, caracterizadas pela antecipação da incriminação, pelo aumento dos crimes de perigo[63] e pela criminalização novos bens jurídicos, aliados ao aparelhamento do processo penal para fins pragmáticos representam um inaceitável abandono dos princípios do direito e do processo penal liberal.[64] Defendem, então, a manutenção ou o retorno a tal tradição, com um processo penal de defesa do indivíduo contra o arbítrio do Estado, refutando qualquer medida investigatória baseada no segredo.

Hassemer, nessa linha, critica a tendência das últimas reformas processuais penais efetuadas na Alemanha,[65] ao argumento de que se pretende solucionar todo e qualquer problema apenas com o recurso ao direito e ao processo penal, sem um conhecimento adequado acerca da dimensão do fenômeno que se pretende enfrentar, nem acompanhamento cuidadoso dos efeitos da aplicação das novas regras, resumindo-se a política criminal à ex-

---

[60] No Brasil, os escritos nesse sentido, de política criminal unicamente individualista, são legião, entre os quais: BALUTA, Jairo José; CUNHA, J.S. Fagundes. *O Processo Penal à luz do Pacto de São José da Costa Rica*, p. 129-134; CALLEGARI, André Luís. Legitimidade Constitucional do Direito Penal Econômico, p. 442-443; CARVALHO, Salo de. Política Criminal e Descriminalização, p. 338-339; LOPES JR., Aury. *Direito Processual Penal*, p. 11-15; PRADO, Fabiana Lemes Zamalloa do; *A Ponderação de Interesses em Matéria de Prova no Processo Penal*, p. 229-232; SUANNES, Adauto. *Os Fundamentos Éticos do Devido Processo Penal*, p. 146-176.

[61] Com isso é negado ao direito penal e ao processo penal um papel na tarefa de garantir a segurança, sem negar, porém, que essa seja uma tarefa do Estado, a ser cumprida com outros meios. Sobre o dever estatal de segurança, ver, abaixo, o item 1 da Parte III.

[62] SILVA SÁNCHEZ, Jesús María. *La expansión del Derecho Penal*, p. 4.

[63] Sobre crimes de perigo abstrato e sua estrutura: SILVA, Ângelo Roberto Ilha da. *Dos Crimes de Perigo Abstrato em face da Constituição*.

[64] Nesse sentido: FARIA COSTA, José de. *A Globalização e o Direito Penal*, p. 34; KRAUβ, Detlef. Strafprozeβ zwischen Kriminalpolitik und Medienereignis, S. 38; PRITTWITZ, Cornelius. *"Feinde Ringsum" Zur begrenzten Krompatibilität von Sicherheit und Freiheit*, S. 225-231; SCHEFFER, Uwe. *Strafprozeβrecht, quo vadis?* S. 465-467.

[65] Wolter refere o conjunto de tais mudanças, como representativas de uma "mutação do processo penal do Estado de Direito liberal para o processo penal do Estado Social", em uma verdadeira revolução operada ao longo de apenas 35 anos (WOLTER, Jürgen. *35 Jahre Verfahrensrechtskultur und Strafprozeβverfassungsrecht*, S. 158).

pansão, ao endurecimento das sanções e ao barateamento do direito penal, quando um verdadeiro direito penal orientado às consequências deveria ser objeto de reformas cuidadosas e embasadas em fatos, submetidas a constantes provas sobre sua eficácia[66] e, se for o caso, novas reformas, ainda que para a diminuição de sanções e imposição de limites, que não significam, sempre, retrocesso.[67] Alega-se, ainda, que o novo direito penal, também qualificado de *direito penal do risco*, por tentar fazer frente a novas realidades decorrentes das novas tecnologias e da globalização, com as consequentes ameaças nos campos ambiental, econômico e do crime organizado, acabariam por se reverter, de todo modo, em punitivismo em relação à criminalidade tradicional e à clientela costumeira do sistema penal.[68]

Admitida a existência de crime organizado, sobre o que não haveria certeza, deveria ser combatido com medidas técnicas e de organização, tais como equipamentos de segurança para veículos, rodízio de servidores para evitar corrupção, controles administrativos em matéria de drogas,[69] além de uma política do direito que regule as relações sociais de modo a evitar o déficit de segurança.[70]

Hassemer propõe, para o enfrentamento dos novos desafios da moderna criminalidade, empresarial, ambiental e econômica, um direito de intervenção (*Interventionsrecht*), que poderia ter um caráter mais preventivo, de modo que o direito e o processo penal pudessem manter-se em suas posições tradicionais.[71]

A criação de um direito penal de intervenção para a criminalidade dos poderosos, como pretende Hassemer, é solução que sofre, porém, a crítica de consagrar formalmente a imunidade do cidadão privilegiado ao

---

[66] Ostendorf sugere que tais medidas sejam adotadas com prazo determinado e sujeitas à posterior verificação de sua eficácia por uma instância independente (OSTENDORF, Heribert. *Organisierte Kriminalität – eine Herausforderung für die Justiz*, S. 69). A sugestão, embora interessante no plano ideal, me parece de difícil realização prática. Sobre o tema, ver: BOLLE, Pierre-Henri. *Leis Experimentais e Direito Penal*, p. 7-21. V., também, o item 3.6.3.2 da Parte I.

[67] HASSEMER, Winfried. *Perspektiven einer neuen Kriminalpolitik*, S. 485. Do mesmo autor, ver, também: *Aktuelle Perspektiven der Kriminalpolitik*, S. 333-337. Também crítico em relação à utilização das reformas legislativas como recurso único, fácil e barato, sem verificação da eficácia da legislação atual e outras medidas administrativas, como melhor equipamento e treinamento das instituições policiais: BULL, Hans Peter. *Die "Sicherheitsgesetze" im Kontext von Polizei und Sicherheitspolitik*, S. 22.

[68] PRITTWITZ, Cornelius. *O Direito Penal entre Direito Penal do Risco e Direito Penal do Inimigo: tendências atuais em Direito Penal e Política Criminal*, p. 32-33.

[69] SCHNEIDER, Hendrik. *Bellum Justum gegen den Feind im Inneren*, S. 503.

[70] KRAUβ, Detlef. *Strafprozeß zwischen Kriminalpolitik und Medienereignis*, S. 47. Nessa linha, destacando a insuficiência de medidas puramente penais no controle da criminalidade organizada: BECK, Francis. *Perspectivas de controle ao crime organizado e crítica à flexibilização das garantias*, p. 156-159.

[71] HASSEMER, Winfried. *Perspektiven einer neuen Kriminalpolitik*, S. 485. No mesmo sentido: GARCIA, Rogério Maia. *A Sociedade do Risco e a (In)eficiência do Direito Penal na era da globalização*, S. 92-102. Para uma exposição dessa linha de pensamento, no Brasil, ver: EL HIRECHE, Gamil Föppel. *Análise Criminológica das Organizações Criminosas*, p. 145-152.

sistema penal, o que, aliás, já existe de fato. Assiste razão à Schünemann ao afirmar, então, que essa proposta teria "decolado muito à esquerda e pousado muito à direita".[72]

1.2.2. O funcionalismo penal

O funcionalismo é expressão que tem várias acepções. No que aqui interessa, pode ser definida como a tendência de sublinhar a importância da noção de função, ou seja, atividade, operação ou finalidade, explicando as coisas em razão da sua função e não de sua substância, o que corresponderia a uma tendência ontologista ou substancialista.[73]

De acordo com Luiz Felipe Greco:

> Entende-se por funcionalismo penal a concepção metodológica segundo a qual os conceitos e os sistemas do Direito Penal devem ser construídos com base em considerações normativas, referentes aos fins do direito penal e seus pressupostos de legitimidade. (...)
>
> O funcionalismo é uma metodologia, isto é, uma teoria a respeito de como se deve proceder no trabalho dogmático: não recorrendo a categorias ontológicas, oriundas do ser, mas levando em conta o normativo, o fundamento, a função que cada conceito tem de cumprir no sistema da teoria do delito.[74]

Quer dizer, as correntes funcionalistas destacam a função ou finalidade, em oposição a uma interpretação ontológica ou substancialista dos fenômenos. No âmbito penal, o funcionalismo pode ser dividido em duas grandes correntes.

A primeira é a do funcionalismo sistêmico-teórico, de Jakobs, no qual não há lugar para qualquer referência empírica, nem permeabilidade ao texto constitucional.[75] O funcionalismo de Jakobs pretende, então, a rigor, explicar o sistema penal de modo puramente dogmático, sem indagar qual seria o sistema penal desejável.[76] Quer dizer, considerações de política criminal seriam, aqui, irrelevantes.

É preciso diferenciá-lo, porém, de um funcionalismo racional-final, como na concepção de Roxin (*zweckrationalen*), o sistema penal não é determinado onticamente por objetos dados previamente (ação, causalidade, estruturas lógicas), mas sim pelos fins perseguidos.[77] Quer dizer, o direito e o processo penal deveriam fazer frente a essa nova e inegável

---

[72] SCHÜNEMANN, Bernd. Die deutsche Strafrechtwissenschaft nach der Jahrtausendwende, S. 208.

[73] FERRATER MORA. J. *Dicionário de Filosofia*, p. 1155-1156; 1158-1160.

[74] GRECO, Luiz Felipe. *Dicionário de Filosofia do Direito*, p. 369.

[75] Contra tal concepção tem pertinência a crítica a um funcionalismo que não aceita qualquer direcionamento de conteúdo (HASSEMER, Winfried. Unverfügbares im Strafprozeß, S. 191).

[76] CANCIO MELIÁ, Manuel. O estado atual da política criminal e a ciência do direito penal, p. 89.

[77] ROXIN, Claus. *Strafrecht*, S. 204.

realidade social de crimes cometidos utilizando-se dos meios tecnológicos que a sociedade contemporânea oferece, por um conjunto de agentes e fazendo predominar a proteção do cidadão por meio do Estado na luta contra a criminalidade e não na proteção do cidadão contra o Estado como era da tradição dos princípios liberais do processo.[78]

Para Roxin, a política criminal e a dogmática penal não estão em uma relação de tensão, mas de síntese.[79] Quer dizer, não serve a solução que, embora dogmaticamente adequada, conduza a consequências indesejadas no caso concreto. Tampouco se pode abrir mão da dogmática, que tem o mérito de servir à crítica e evita a aplicação arbitrária.[80]

Com efeito, o direito e o processo penal devem ser vistos com finalidade e não como um sistema fechado e independente. Essa concepção é mais consentânea com um direito e um processo final fundados na Constituição e nos direitos fundamentais, ou seja, uma *normatividade penal constitucionalmente orientada*.[81] Busca-se, então, um funcionalismo, no sentido de uma política criminal voltada às consequências e que leve em conta a realidade fática, mas que seja limitado pelos direitos fundamentais. O que deve ser criticado, então, é o positivismo, ou o dogmatismo, que pretende manter intactas as bases teóricas da ciência do direito penal, sem permeabilidade a novas realidades.

1.2.3. O Direito Penal de duas velocidades

Na obra intitulada justamente *A Expansão do Direito Penal*, Silva Sánchez nota a tendência expansionista da política criminal contemporânea. Por expansão do direito penal, se entende o avanço para além do seu âmbito tradicional em virtude da superveniência de novos bens jurídicos, antes inexistentes, como o meio ambiente e a ordem econômica.[82] A expansão do direito penal não deve ser confundida, na visão do autor, com uma tendência de punitivismo, como propugnado pelo movimento da lei da ordem, no sentido de uma maior intensidade da resposta penal para a criminalidade tradicional,[83] que não é aqui defendido.

Feita a análise acima descrita, Silva Sánchez sugere um direito penal de duas velocidades, de modo a conseguir dar resposta à nova realidade da criminalidade transnacional organizada, sem renunciar às bases do

---

[78] Essa é a tendência apontada pelas últimas alterações legislativas na Alemanha, que Schneider chama de *belicista* (SCHNEIDER, Hendrik. Bellum Justum gegen den Feind im Inneren, S. 501).

[79] ROXIN, Claus. Política Criminal e Sistema Jurídico-Penal, p. 20.

[80] Nesse sentido: PUPPE, Ingeborg. Ciência do direito penal e jurisprudência, p. 113.

[81] D'ÁVILA, Fábio. Ofensividade em Direito Penal, p. 39.

[82] Sobre o tema, v., por todos: SILVA SÁNCHEZ, Jesús María. *La expansión del derecho penal*, p. 11-15.

[83] SILVA SÁNCHEZ, Jesús María. *La expansión del Derecho Penal*, p. 8-9.

direito penal tradicional para a criminalidade cotidiana, pois do contrário toda a estrutura seria dominada pelo novo modelo.

Como características desse novo direito penal, de maior velocidade que o tradicional, podem ser apontadas a modificação das regras de imputação, com a ampliação dos delitos culposos e mesmo da possibilidade de responsabilização penal objetiva, como adotado, em alguns casos, no direito anglo-saxão, inexistência de distinção entre autoria e participação, relativização da legalidade estrita. No âmbito processual, são destacadas a possibilidade de avaliação de prova por critérios de probabilidade e a inversão do ônus da prova.[84]

1.2.4. O Direito Penal do inimigo

Essa é a orientação punitivista mais radical como resposta à nova realidade da criminalidade, defendendo não só a legitimidade das medidas que vem sendo adotadas, mas até mesmo seu aprofundamento. Seu mais célebre representante é Günther Jakobs, que cunhou a expressão *direito penal do inimigo (Feindstrafrecht)*, pela primeira vez em 1985, nas tradicionais Jornadas de Professores de Direito Penal. Naquela oportunidade, Jakobs utilizava o conceito para uma descrição ou uma análise do estado de coisas então vigente no direito penal alemão.[85] Descrevia então Jakobs uma situação na qual o autor do fato era visto como uma mera fonte de perigo, que tinha sua vida privada invadida, vindo a ser visto como um inimigo, que perde o *status* de cidadão. Como resume Ambos: "o direito penal do cidadão se impõe com regulações de direito penal do inimigo e em esta contaminação do 'puro' direito penal do cidadão é onde radica o verdadeiro perigo do direito penal do inimigo".[86]

Posteriormente, a partir de 1999, Jakobs abandona essa perspectiva analítica ou descritiva para passar a defender as leis de luta contra a criminalidade econômica, o terrorismo e o crime organizado, com as quais se combatem indivíduos que, em sua atitude, se afastaram de modo duradouro e decidido do direito, como é o caso daqueles que cometem crimes econômicos, dos terroristas e dos membros de organizações criminosas, que não podem ser considerados e tratados como cidadãos, mas sim combatidos como inimigos ou como não pessoa (*Unperson*).[87] Ao direito penal do inimigo (*Feindstrafrecht*) contrapor-se-ia o direito penal do cidadão (*Bürgerstrafrecht*).[88]

---

[84] SILVA SÁNCHEZ, Jesús María. *La expansión del Derecho Penal*, p. 95-109.

[85] JAKOBS, Günther. Kriminalisierung im Vorfeld einer Rechtsgutsverletzung, S. 783-784. Comparar, também: TIPKE, Klaus. *Innere Sicherheit, Gewalt und Kriminalität*, S. 1-18.

[86] AMBOS, Kai. *El Derecho Penal frente a amenazas extremas*, p. 97.

[87] JAKOBS, Günther. *Derecho Penal del Enemigo*, p. 56.

[88] Ao direito penal do inimigo poderia corresponder um direito processual penal do inimigo, informado por um excessivo punitivismo, como refere, embora qualificando, com certo exagero, como manifestação dessa orientação, a Lei 9.034/95: MALAN, Diogo Rudge. *Processo Penal do Inimigo*, p. 235.

1.2.5. Crítica e tomada de posição

Como visto, a decisão a ser tomada em termos de política criminal pode seguir por três vertentes. Uma é a do apego ao direito penal tradicional e à política criminal liberal; outra é a do expansionismo e do punitivismo exacerbado; uma terceira é a da adaptação às novas realidades criminais, dentro do marco constitucional.

Para a primeira orientação, a justiça penal não tem qualquer papel de controle da criminalidade, servindo apenas como instrumento de garantia do acusado, uma vez que não há evidência empírica de que o endurecimento ou a expansão do direito penal sirvam ao controle da criminalidade, sendo que a alegação da existência de crime organizado, de difícil apreensão, serviria apenas aos objetivos de justificar a expansão punitivista e o endurecimento da legislação.

No entanto, como já dito, não se pode negar a existência de uma nova realidade criminal, nascida das facilidades tecnológicas contemporâneas e também da expansão das estratégias empresariais do campo do lícito para o ilícito, de modo exclusivo ou paralelo. Como reconhece o próprio Hassemer, embora alinhado com as teses liberais, da Escola de Frankfurt, da qual é um dos principais representantes: "A discussão não se dá sobre a existência de ameaças ou a necessidade de tratá-la, mas sobre a forma de nossa resposta".[89]

O instrumental penal e processual penal foi, todavia pensado para outra realidade criminal, em que os delitos eram cometidos de forma artesanal e não profissional. Tanto o direito quanto o processo penal foram pensados para crimes unipessoais, de um agente contra o outro, enquanto o modelo atual é de uma pluralidade de agentes albergados por trás de estruturas organizacionais ou de aparatos organizado de poder.[90]

Nesse novo quadro fático, o argumento da perda de conquistas seculares e da tradição da dogmática penal e processual penal não pode ser erigido a uma verdade absoluta, a menos que se confunda dogmática com dogmatismo, como esclarece Volkmann:

> Com o entendimento de que a dogmática é factível entende-se que também a dogmática pode ser modificada. (...)
>
> O problema se concentra exatamente sobre a pergunta, de difícil resposta, sobre a possibilidade de que modificações no campo exterior podem conduzir a uma modificação dogmática e, ao mesmo tempo, do programa da norma nela refletido. Do ponto de vista de um normativismo puro essa pergunta deveria ser respondida de forma negativa. Afinal o direito deveria regular a realidade, mas não deveria, ao contrário, ser por ela influenciado. Essa exigência

---

[89] HASSEMER, Winfried. Perspektiven einer neuen Kriminalpolitik, S. 489.

[90] MIRANDA, Gustavo Senna. Obstáculos contemporâneos ao combate às organizações criminosas, p. 465-474; RENNER, Mauro Henrique. Diagnóstico e Perspectivas do Crime Organizado, p. 129; SILVA SÁNCHEZ, Jesús María. *La expansión del Derecho Penal*, p. 85-86, 95, 106.

não se sustenta, porém, na prática da aplicação do direito. O direito é, de modo típico, feito para o domínio de determinados contextos de problemas. Modificado ou suprimido o contexto, são possíveis duas reações opostas: ou o direito se confronta com essa situação ou faz ouvidos moucos. Neste caso ele permanece intacto como programa normativo, mas se torna irrelevante. Ou o direito se adapta ao desenvolvimento e se auto-modifica. Ele permanece, então, relevante, mas perde em normatividade.[91]

Também o argumento de que o direito e o processo penal têm por função única a garantia do réu peca pelo excessivo individualismo,[92] esquecendo da existência de bens jurídicos coletivos, do conteúdo objetivo-material dos direitos fundamentais e também dos interesses sociais, temas aos quais se retornará ao longo da segunda e terceira partes desse trabalho. Como refere Roxin, com razão, não pode ser discutido seriamente o pressuposto de que o direito penal deve garantir uma vida em conjunto livre e segura na sociedade.[93] Também nessa linha, para Kaufmann, não se discute que a tarefa do direito penal é a proteção de bens jurídicos, como parte do asseguramento da paz que é tarefa geral do Estado.[94]

É certo que a criminalidade tem causas complexas e soluções difíceis, que passam por maior justiça social.[95] Mas, ainda que o crime fosse mera consequência de condicionantes sociais, não poderia ser simplesmente ignorado, nem se pode aguardar passivamente até que se alcance um estágio de maior desenvolvimento econômico que leve a uma diminuição da criminalidade.[96]

Tudo isso a conduzir à necessidade de transformações no direito e no processo penal, sem que se negue, com isso, a necessidade de outras medidas, de ordem administrativa, por exemplo, paralelas aquelas penais ou processuais penais. Como refere Roxin, com acerto, no particular:

> As teses de Frankfurt encontraram vivas críticas, que devem ganhar, aparentemente, a predominância no debate científico. Deve ser dada razão à crítica no ponto central de que o direito penal não deve, a princípio, retirar-se da tarefa de lutar contra perigos que são mais ameaçadores para a sociedade e os indivíduos que as formas de manifestação da criminalidade "clássica".[97]

---

[91] O autor oferece como exemplo de adaptação dogmática justamente a alteração da visão dos direitos fundamentais como meros direitos de defesa para a sua visão também como direitos dotados de um conteúdo jurídico objetivo, como resultado da modificação do papel do Estado na sociedade contemporânea (VOLKMANN, Uwe. Veränderungen der Grundrechtsdogmatik, S. 262-263).

[92] Para Schünemann, cuida-se de uma concepção de direito penal e processual penal puramente *individualista*, quer dizer, que não leva em conta a proteção da sociedade (SCHÜNEMANN, Bernd. Kritische Anmerkungen zur geistigen Situation der Deutsche Strafrechtwissenschaft, S. 202-203).

[93] ROXIN, Claus. Kriminalpolitik und Strafrechtsdogmatik heute, S. 22.

[94] KAUFMANN, Armin. *Die Aufgabe des Strafrechts*, S. 5.

[95] HASSEMER, Winfried. *Perspektiven einer neuen Kriminalpolitik*, S. 488.

[96] SOARES, Luiz Eduardo. *Segurança tem saída*, p. 112.

[97] ROXIN, Claus. Kriminalpolitik und Strafrechtsdogmatik heute, S. 47.

Por isso é que não se pode abdicar do direito penal e da tentativa de adequá-lo à nova realidade social, funcionando ele, ao lado de outros fatores econômicos, sociais, educacionais, etc. como um fator no aumento ou diminuição da criminalidade,[98] embora o grau em que isso se dê seja de difícil avaliação, justamente pela complexidade das relações sociais e pela multiplicidade dos fatores envolvidos,[99] bem como pelo fenômeno do *deslocamento*, i.e., a modificação geográfica ou na forma de atuação dos criminosos decorrente da atuação repressiva em certas áreas ou delitos.[100] O que é certo, porém, é que nada acontece se nada for feito[101] e que a impunidade é um fator negativo, de modo que se pode agir contra o crime e, simultaneamente, contra suas causas.[102] Nessa linha, para Freund:

> Direito Penal somente pode reivindicar validade *como direito*, se ele é hábil a cumprir uma função adequada à sua legitimação. Algo que, por assim dizer, fica somente no papel e não possui nenhuma utilidade apresentável para uma próspera vida em conjunto dos seres humanos, não merece o nome de direito.[103]

Ora, se o direito e o processo penais não servissem para nada, do ponto de vista da proteção de bens jurídicos, mas tivessem apenas a finalidade de garantir o direito dos acusados, a melhor solução - que não pode ser defendida seriamente - seria sua abolição, caso em que teríamos o grau máximo de proteção do acusado. Mais que isso, o direito e o processo penal perderiam sua legitimidade, que decorre justamente de pretender ser o resultado de uma ponderação, que demonstre sua adequação, necessidade e proporcionalidade para uma situação de colisão representada pela quebra da norma penal que pretendia manter a paz jurídica.[104]

---

[98] KUNZ, Karl-Ludwig. Innere Sicherheit und Kriminalitätsvorsorge im Liberalen Rechtsstaat, S. 32-33; WÜRTENBERGER, Thomas. Über Freiheit und Sicherheit, S. 28. É reconhecida, então, uma "modesta, relativa, mas inegável capacidade preventiva do sistema" (SILVA SÁNCHEZ, Jesús María. *La expansión del Derecho Penal*, p. 78-79).

[99] Sobre a dificuldade de avaliação de políticas de segurança pública e performance policial, ver: SOARES, Luiz Eduardo. A Política Nacional de Segurança Pública: histórico, dilemas e perspectivas, p. 78-83.

[100] ROTMAN, Edgardo. O Conceito de Prevenção do Crime, p. 368-370.

[101] "Quando, por alguma razão, as condições tornam impossível mudá-las e substituí-las [as instituições], temos de mudar essas condições. Seria um absurdo nos resignarmos, como nação, à impotência. É o que acontece, hoje, com as polícias e as penitenciárias, as entidades socioeducativas, a política criminal e a política de drogas. Não funcionam. Temos de mudá-las. Temos de substituí-las por outras". (SOARES, Luiz Eduardo. *Segurança tem Saída*, p. 18).

[102] "Assim, aprimoramento do aparelho policial e aperfeiçoamento da educação pública não devem constituir objetos alternativos e excludentes de investimento estatal. Não se edifica uma sociedade verdadeiramente democrática sem igualdade no acesso à Justiça, a qual depende da qualidade e da orientação das polícias (e das demais instituições da Justiça criminal) e da eqüidade no acesso à educação" (SOARES, Luiz Eduardo. A Política Nacional de Segurança Pública: histórico, dilemas e perspectivas, p. 92). De modo análogo: SUDBRACK, Umberto. Política Criminal e Interdisciplinariedade, p. 85.

[103] FREUND, Georg. Der Zweckgedanke im Strafrecht, S. 11.

[104] FREUND, Georg. Der Zweckgedanke im Strafrecht, S. 12.

Crime Organizado e Proibição de Insuficiência

Além disso, é simplista separar medidas investigativas entre efetivas e não efetivas, sendo mais certo falar em graus maiores ou menores de efetividade.[105] Também no campo especificamente penal, o efeito preventivo geral da pena é de difícil mensuração.[106] A decisão sobre que medidas devem ser tomadas ou não é um problema de ponderação, enquanto o problema da efetividade é um problema empírico, de modo que ao legislador impõe-se a tarefa de fazer uma prognose,[107] propondo hoje medidas que terão efeito futuro. Nesse campo, embora o legislador tenha um amplo campo de liberdade, não poderá fazer prognoses que ignorem ou relativizem a realidade.[108] Assim também para Schünemann, ao afirmar que a decisão legislativa somente poderá ser tomada com um nível de informação ótimo, o que, no campo do processo, requer o conhecimento das relações empíricas da prática processual em relação com a sua legitimidade.[109]

Já para a linha punitivista representada pelo Direito Penal do Inimigo, a prevenção e repressão do crime devem ser alcançadas a qualquer preço. Assim, se à Escola de Frankfurt se critica por seu excessivo individualismo, ao funcionalismo de Jakobs se diz, acertadamente, ser uma "abordagem que enfatiza unilateralmente o interesse na estabilização social, e direitos de liberdade, que se voltam contra o 'poder', devem ser sentidos simplesmente como fatores de perturbação".[110] Isso não pode ser aceito, por incompatível com postulados básicos do Estado de direito democrático, a começar pela presunção de inocência e seguindo pela dificuldade em determinar quem é o inimigo,[111] bem como por ferir a dignidade da pessoa humana ao qualificar o inimigo como não pessoa.[112] Essa

---

[105] ALEXY, *Theorie der Grundrechte*, S. 422.

[106] SCHMIDT-SEMISCH, Henning. *Kriminalität als Risiko*, S. 189.

[107] ALEXY, *Theorie der Grundrechte*, S. 423.

[108] ALEXY, *Theorie der Grundrechte*, S. 426. No campo da segurança pública, no Brasil, não podemos, então, conformar-nos com a: "...simples inércia conservadora e absolutamente insensível para as demandas de nosso tempo e as mudanças em curso no mundo social contemporâneo e no universo da criminalidade" (SOARES, Luiz Eduardo. *Segurança tem Saída*, p. 142). Sobre o espaço de conformação do legislador, v., supra, item 3.6.2 da Parte I.

[109] SCHÜNEMANN, Bernd. *Wohin treibt der deutsche Strafprozess*, S. 12. No mesmo sentido: ROXIN, Claus. *Kriminalpolitik und Strafrechtsdogmatik heute*, S. 38. Como refere, textualmente, Roxin: "Pois uma política criminal é dependente dos efeitos reais das medidas de controle social". ROXIN, Claus. *Kriminalpolitik und Strafrechtsdogmatik heute*, S. 44. Do mesmo autor, ver, também, sobre o tema: *Normativismus, Kriminalpolitik und Empirie in der Strafrechtdogmatik*, S. 423. Em relação ao dever de informar-se, v., supra, item 3.6.3.1 da Parte I.

[110] ROXIN, Claus. *Kriminalpolitik und Strafrechtsdogmatik heute*, S. 34.

[111] AMBOS, Kai. *El Derecho Penal frente a amenazas extremas*, p. 101-106; SCHÜNEMANN, Bernd. *Die deutsche Strafrechtswissenschaft nach der Jahrtausendwende*, S. 211-212.

[112] PRITTWITZ, Cornelius. *O Direito Penal entre Direito Penal do Risco e Direito Penal do Inimigo: tendências atuais em Direito Penal e Política Criminal*, p. 43. Para uma crítica do direito penal do inimigo, v. também: CANCIO MELIÁ, Manuel; GÓMEZ-JARA DÍEZ, Carlos. *Derecho Penal Del Enemigo*; CARVALHO, Thiago Fabres. O "Direito Penal do Inimigo" e o "Direito Penal do *homo sacer* da baixada:

concepção é incompatível com um direito penal que respeite os direitos fundamentais, apresentando, portanto, sérios riscos, de modo que não seria sequer direito, mas uma mera justificativa para o uso da força.[113] Do ponto de vista dogmático, trata-se de um direito penal do autor, incompatível com o direito penal do fato e, portanto, violador do princípio da culpabilidade e do próprio direito de igualdade.[114]

Ora, se não existissem limites, tudo sendo justificado em nome da eficiência, até mesmo a tortura poderia ser admitida como meio para obtenção de informação em casos excepcionais, de modo a evitar várias mortes de inocentes.[115] Como refere Roxin, com acerto, no particular: "Política criminal não tem por fim, de acordo com a atual situação jurídica e constitucional, uma luta contra o crime a qualquer preço, mas uma luta contra o crime de acordo com o Estado de direito".[116] Quer dizer, não se pode admitir um punitivismo ou um exacerbado eficientismo, que ignore as garantias processuais,[117] que não podem ser vistas, banalmente, como mero obstáculo a uma aplicação eficiente da resposta penal.[118]

Critica-se, ainda, em tais campos, um uso *meramente* simbólico do direito penal, desprovido de qualquer efetividade.[119] É necessário frisar que a crítica se dirige ao uso apenas simbólico do direito penal, com fins únicos de declaração de princípios para tranquilização da opinião pública,[120] uma vez que uma certa carga simbólica é própria do direito penal, que não é dotado, nem seria possível que fosse, de uma efetividade total, que evitasse ou punisse todas as infrações.[121]

Por isso que é que não são seguidos, nesse trabalho, nenhum desses polos ou tendências extremas, mas uma via intermediária,[122] que vê as

---

exclusão e vitimação no campo penal brasileiro, p. 85; D'AVILA, Fábio. *Ofensividade em Direito Penal*, p. 41-45; ZAFFARONI, Eugenio Raúl. *El Enemigo en Derecho Penal*, p. 187-190.

[113] AMBOS, Kai. *El Derecho Penal frente a amenazas extremas*, p. 112, 120-123.

[114] CANCIO MELIÁ, Manoel. De nuevo: ¿"derecho penal del enemigo"?, p. 40.

[115] BRULFER, Winfried. Vom unbedingten Verbot der Folter zum bedingten Recht auf Folter? S. 165-173.

[116] ROXIN, Claus. Kriminalpolitik und Strafrechtsdogmatik heute, S. 31. No mesmo sentido: GUSY, Cristoph. Organisierte Kriminalität zwischen Polizei und Verfassungschutz, S. 330-331; LANDAU, Herbert. Die Pflicht des Staates zum Erhalt einer funktionstüchtigen Strafrechtspflege, S. 128; RIEβ, Peter. Sicherung einer effektiven Strafrechtspflege – ein Verfassungsgebot? S. 369.

[117] FERNANDES, Fernando. *O Processo Penal como Instrumento de Política Criminal*, p. 51; SCARANCE FERNANDES, Antonio. O equilíbrio na repressão ao crime organizado, p. 10.

[118] SILVA SÁNCHEZ, Jesús María. *La expansión del Derecho Penal*, p. 74-75.

[119] CHOUKR, Fauzi Hassan. *Processo Penal de Emergência*, p. 46-49; SANGUINÉ, Odone. Função Simbólica da Pena, p. 88-89.

[120] SILVA SÁNCHEZ, Jesús María. *La expansión del Derecho Penal*, p. 6-7.

[121] CANCIO MELIÁ. Manoel. O Estado atual da política criminal e a ciência do Direito penal, p. 93-95.

[122] "Essa transição da cultura jurídico-processual e processual-penal constitucional não é, por certo, de ser vista apenas criticamente" (WOLTER, Jürgen. 35 Jahre Verfahrensrechtskultur und Strafprozeβverfassungsrecht in Ansehung von Freiheitsentziehung, S. 160, 162). Também nesse sentido: "No

medidas em estudo ou adoção como algo necessário[123] ou adotado para evitar maiores prejuízos,[124] dentro de uma necessária adaptação do direito e do processo penal às modificações da sociedade, em um cuidadoso processo de ponderação.[125] Como já dito, não se pode ignorar as modificações operadas na realidade social, em que os meios tecnológicos foram alcançados a todos, valendo-se as práticas criminosas de modalidades empresariais. Se a realidade mudou, é necessário adaptar também o direito e o processo penal. Admitem-se mudanças no âmbito do direito civil, do direito empresarial, do direito processual civil, do direito do trabalho, por conta da modificação das realidades sociais. Por que razão apenas o direito penal e o processo penal ficariam alijados desse processo de adaptação ao novo quadro social?

Em suma, como não se pode negar a efetiva existência de criminalidade organizada, o que se impõe é tentar conceituá-la com a maior precisão possível e, caso a multiplicidade de suas manifestações ou o desconhecimento sobre sua extensão não permitam ou tornem inconveniente a tipificação, que sejam reguladas, de forma individualizada, as medidas processuais que se revelarem pertinentes, o que pode, ser feito dentro do marco constitucional, sem que isso signifique retrocesso a um direito penal autoritário.[126]

Estado-de-direito social, a relação comunidade-pessoa individual não é aqui nem a do absolutismo nem a do liberalismo; onde no processo penal desempenhar-se-á, antes de tudo, uma função comunitária, será ele próprio uma parte da ordenação comunitária. No processo penal se trata primariamente de um assunto da comunidade jurídica, em nome e no interesse do qual se tem de esclarecer, perseguir e punir o crime e o criminoso" (SCARANCE FERNANDES. Antonio. *Processo Penal Constitucional*, p. 15).

[123] WOLTER, Jürgen. *Freiheitliche Strafprozeß, vorbeugende Straftatenbekämpfung und Verfassungsschutz*, S. 371.

[124] Nessa linha, apontando, porém, a teoria de Tomás de Aquino do *bellum justum*, como justificativa: SCHNEIDER, Hendrik. Bellum Justum gegen den Feind im Inneren, S. 508 ff. Outra fundamentação poderia ser o *utilitarismo* de Bentham, para quem: "II. Mas toda punição é dano: toda punição é mal em si. De acordo com o princípio da utilidade, se ela tem que ser admitida, ela somente deve ser admitida na medida em que ela promete excluir um prejuízo maior". BENTHAM, Jeremy. *An Introduction to the Principles of Morals and Legislation*, cap. XIII, § 1, II. Para uma visão contemporânea do utilitarismo como teoria da justiça, ver: LASARS, Wolfgang. *Die klassisch-utilitarische Begründung der Gerechtigkeit*, S. 157-160.

[125] SCHÜNEMANN, Bernd. *Kritische Anmerkungen zur geistigen Situation der Deutsche Strafrechtwissenschaft*, S. 215; SCHÜNEMANN, Bernd. *Die deutsche Strafrechtwissenschaft nach der Jahrtausendwende*, S. 211-212.

[126] Visão assemelhada, mas voltada à dogmática penal é sustentada por Figueiredo Dias, em ensaio assim concluído: "Deste modo, há o direito de esperar que os novos e grandes perigos da sociedade pós-industrial possam ser contidos dentro de limites ainda comunitariamente suportáveis, num quadro axiológico regido pelos valores da vida, da dignidade humana e da solidariedade; e comunitariamente suportáveis tanto por nós próprios, como pelas gerações futuras que temos todos o dever indeclinável de, dentro das nossas forças e da nossa previsão, proteger". O Direito Penal entre a "Sociedade Industrial e a Sociedade do Risco, p. 65. Também nesse sentido: FIGUEIREDO DIAS, Jorge de. *A criminalidade organizada*, p. 29-30; MARQUES DA SILVA, Germano. *A Criminalidade Organizada e a Investigação Criminal*, p. 413-414; SCARANCE FERNANDES, Antonio. *O equilíbrio entre a eficiência e o garantismo e o crime organizado*, p. 233; SUDBRACK, Umberto. *Política Criminal e Interdisciplinarie-*

A CRFB estabelece diversas garantias de ordem penal e processual penal, mas também garante a segurança, em seus arts. 5º e 144, além de vários outros bens e direitos fundamentais, que são objeto de proteção penal. Um direito penal claramente insuficiente para a proteção dos bens jurídicos e um processo penal que não seja suficiente para a proteção minimamente eficiente de tais direitos, frente a uma mudança das condições sociais, deve ser adaptado para fazer frente a essa nova realidade, sob pena de um engessamento da proteção oferecida pela Constituição aos acusados, ou seja, do ponto de vista individual, em prejuízo dos bens prejudicados pelas práticas criminosas, o que é próprio do caráter de princípios que marca os direitos fundamentais e da reconhecida possibilidade de *interpretação evolutiva* da Constituição.[127] O legislador, na formulação da política criminal, e o julgador, na sua aplicação, não podem restar paralisados no século XVIII, mas devem estar atentos à realidade contemporânea e às necessárias adaptações do texto constitucional e da interpretação da legislação infraconstitucional.

Desde logo é rechaçada a crítica de que não há diferença essencial entre o funcionalismo monista e o funcionalismo orientado às consequências, aqui reconhecido como a orientação político-criminal mais acertada, pois compatível com um direito e um processo penal baseados na Constituição, a serem entendidos no contexto da teoria dos princípios e da teoria da argumentação, limitadaos pela dignidade da pessoa humana e pelo procedimento do processo legislativo, com o que se evita a pecha do totalitarismo e da tirania dos valores.[128]

2. O problema do conceito

Embora reconhecida a sua necessidade,[129] é grande a dificuldade na elaboração de um conceito doutrinário de crime organizado ou organização criminosa, afirmando parcela da doutrina que essa tarefa é inviável, ao argumento de que se pretende, com tal conceituação, apreender rea-

---

dade, p. 93. Ainda na mesma linha, no campo da execução penal: FONSECA, Jorge Carlos. *O sistema prisional face às organizações criminosas*, p. 45.

[127] MORO, Sergio Fernando. Neoconstitucionalismo e Jurisdição Constitucional, p. 251.

[128] UNRUH, Peter. *Zur Dogmatik der grundrechtlichen Schutzpflichten*, S. 55.

[129] Assim: "(...) se considera necessária a tarefa conceitual, em especial porque dela dependeria a eficácia do controle" (ANARTE BORRALO, Enrique. Conjeturas sobre la Criminalidad Organizada, p. 20). No mesmo sentido: *Normas e Princípios das Nações Unidas em Matéria de Prevenção ao Crime e Justiça Criminal*, p. 216.

lidades muito díspares, que não comportariam reunião sob uma única formulação.[130]

Considerado o quadro de polarização do debate criminológico e político criminal, acima descrito, marcado por pontos de partida radicalmente diversos, em um debate com forte carga ideológica e política, que também dificultam um consenso, há, efetivamente, dificuldades na elaboração de um conceito doutrinário de organização criminosa ou de crime organizado, ao menos sem uma intervenção legislativa que fixe os seus contornos. Parece que o caminho está, então, na conceituação legal, pois o parlamento é o foro adequado para a superação das dificuldades ideológicas no rumo de uma formulação satisfatória, que preencha também os requisitos de legalidade.[131]

2.1. A HISTÓRIA DO CONCEITO

É certo que, desde há muito, delitos são perpetrados por vários agentes em conjunto, pela singela razão de que o homem há muito aprendeu que é mais fácil alcançar um resultado quando há união de esforços,[132] planejamento e organização, e o crime, como atividade humana, não é exceção a essa tendência.[133] O crime organizado assumiu, porém, nas últimas décadas do século passado e no atual, contornos peculiares, a tal que ponto que há quem afirme a inutilidade de buscar raízes históricas anteriores ao início do século XX.[134]

Não há impedimento, porém, a que se busquem fenômenos precursores daquilo que hoje se chama *organização criminosa*.[135] Por precursores são entendidos grupos que, embora não ostentem todas as características das organizações contemporâneas, apresentavam já alguns traços que continuam, até hoje, a ser considerados para o seu reconhecimento.

---

[130] Nesse sentido, por todos: "Em princípio, trata-se de uma categorização frustrada, ou seja, de uma tentativa de categorização que acaba em uma noção difusa. Quando este é o marco de intervenção punitiva, à arbitrariedade seletiva de qualquer destas intervenções se agrega uma cota suplementar" (ZAFFARONI, Eugenio Raúl. "Crime Organizado": Uma categorização frustrada. p. 45).

[131] Sobre o papel preponderante do legislativo na concretização dos deveres de proteção de direitos fundamentais, calcado, entre outros motivos, no fato de possibilitar o debate entre os vários interesses em jogo, v., supra, item 3.6.2 da Parte I.

[132] Tanto é assim que há referência no sentido de que a expressão crime organizado não seria nada mais que um novo rótulo para um fenômeno antigo (HOBBS, Dick. *Criminal Collaboration*, p. 824).

[133] ALEO, Salvatore. *The Definition and Repression of Organized Crime*, p. 61.

[134] Nesse sentido, por inexistir, à época, estrutura comercial e mercado ilícito, considerados pelo autor traços essenciais para o crime organizado: ZAFFARONI, Eugenio Raúl. *"Crime Organizado": uma categorização frustrada*, p. 46.

[135] Gusy levanta a hipótese de que o conceito de crime organizado nada mais seria do que uma mudança de perspectiva, que deixa de recair sobre o autor individual para focar atenção sobre o grupo no qual está inserido (GUSY, Cristoph. Beobachtung Organisierter Kriminalität durch den Verfassungschutz? S. 322).

Mapelli Cafarena refere que:

Também apresentam estruturas organizadas as Cruzadas e os chamados cavaleiros assaltantes, que, sob a cobertura da "cavalaria" se dedicavam a explorar os camponeses, impondo-lhes cargas como o direito de passo e portagem. Uns e outros grupos procuravam granjear-se o favor de outros delinqüentes repartindo entre eles parte do botim para obstaculizar o funcionamento da Justiça.[136]

Como precursores das atuais organizações criminosas podem ser vistos, também, os contrabandistas[137] e os piratas que atuavam durante os séculos XVII e XVIII, os quais: "Contavam com apoio de algumas nações, além de um esquema de trabalho que incluía receptadores para as mercadorias roubadas e portos seguros como a ilha nominalmente francesa de Tortuga, que piratas ingleses e franceses controlaram de 1630 a 1660".[138] Na mesma linha, após acentuar que relações ambíguas do Estado com o crime organizado não são novidade, Hobbs esclarece que:

O estabelecimento e manutenção das colônias britânicas foi, nos tempos de Elizabeth, predominantemente a prerrogativa de piratas patrocinados pelo Estado, cujas licenças para saquear eram exploradas ao máximo e, como no mundo moderno, o sucesso era recompensado com a legitimação para o ingresso na alta sociedade (Sherry, 1986).[139]

O mesmo vale para os bandos, em feição urbana e rural, como no caso do cangaço brasileiro[140] e do *bandolerismo*[141] espanhol, fenômeno, aliás, comum na Europa[142] dos séculos XVII e XVIII.[143] Nessa linha, segundo Göppinger:

A criminalidade organizada não é uma especificidade dos novos tempos, senão histórica (e geograficamente) bastante comum. Na criminologia histórica (bem como em romances e dramas) são referidos, nesse sentido, sobretudo os bandos de ladrões, que até em torno do ano 1800 eram bastante comuns (comparar Radbruch/Gwinner 51, Küther 76; Seelig/Bellavic 63/70). Outros exemplos clássicos são o (tardio) Rei David com seus seguidores (comparar Bock, M. 84d), os agrupamentos de bandidos, chamados "povos da floresta" (*Waldmen-*

---

[136] MAPELLI CAFARENA, Borja. Problemas de la Ejecución Penal frente a la Criminalidad Organizada, p. 54; TIPKE, Klaus. *Innere Sicherheit, Gewalt und Kriminalität*, S. 33.

[137] WOODIWISS, Michael. *Transnational Organised Crime*, p. 13.

[138] MINGARDI, Guaracy. *O Estado e o Crime Organizado*, p. 47.

[139] HOBBS, Dick. *Criminal Collaboration*, p. 823.

[140] SILVA, Eduardo Araújo da. *Crime Organizado. Procedimento Probatório*, p. 25. Sobre o tema, v.: CHAVES DE GUSMÃO, Chrysolito. *O Banditismo e Associações para Delinqüir*.

[141] QUINTERO OLIVARES, Gonzalo. *La Criminalidad Organizada y la Función del Delito de Asociación Ilícita*, p. 177.

[142] Sobre o banditismo urbano e rural na Holanda: EGMOND, Florike. *Multiple Underworlds in the Dutch Republic of the Seventeenth and Eighteenth Centuries*, p. 77-107.

[143] ALBRECHT, Hans-Jörg. *Organisierte Kriminalität – Theoretische Erklärungen und empirische Befunde*, S. 13. Para uma visão detalhada sobre os bandos de ladrões na Alemanha: LANGE, Katrin. 'Many a Lord is Guilty, Indeed for Many a Poor Man's Dishonest Deed: Gangs of Robbers in Early Modern Germany, p. 109-149.

schen) de acordo com a saga da Ilha (Heusler 11) ou os "Desperados" (comparar Asbury 28, von Henting 56, 596) da geração *western* nos Estados Unidos. No território alemão os bandos de ladrões desaparecem com a efetivação da persecução penal e a imposição de penas privativas de liberdade ao longo do século 19.[144]

Há corrente que denomina esse fenômeno como *banditismo social*, em atenção ao fato de que seus integrantes eram oriundos, em regra, das classes populares, ou de que seriam levados às práticas criminosas em razão da miséria e da falta de ocupação lícita, bem como porque constituiriam uma espécie de protesto social ou contra-sociedade, incluindo uma solidariedade com os pobres.[145] Tal visão idealizada foi transposta para a literatura, em inúmeros romances que viam na vida desregrada dos bandidos algo de interessante, o que, aliás, se perpetua até hoje.[146] Outro modo de conceber tais fenômenos é de criminalidade profissional, de certo modo organizada e voltada ao lucro, como antecedente das atuais redes criminosas.[147]

Ao tempo desses fenômenos precursores ainda não existia o conceito, ou sequer a expressão *crime organizado*, mas já se podiam vislumbrar algumas características hoje encontradas na criminalidade organizada, tais como hierarquia, estabilidade, busca de proveito econômico, uso de violência e intimidação, bem como conluio ou pressão sobre agentes estatais.

É na Itália e nos Estados Unidos, contudo, que se desenvolve o fenômeno específico da máfia, cuja estrutura viria a influenciar a abordagem da moderna criminalidade organizada em todo o mundo, como se verá, adiante, no item 2.2., na análise dos paradigmas da criminalidade organizada.

Na Itália, onde o fenômeno apresenta, como dito, características específicas, a primeira referência à máfia em um documento oficial é de 1865,[148] "quando o servidor policial encarregado da segurança pública em Carini, uma vila próxima a Palermo, explica uma prisão referindo-se ao

---

[144] GÖPPINGER, Hans. *Kriminologie*, S. 549. O mesmo autor refere ainda as Sociedades do Anel (*Ringvereine*), dedicadas à exploração de prostituição e as sociedades de ex-condenados (Vorbestraftenvereine) existentes na Alemanha entre 1918 a 1933 e de 1945 a meados da década de 50 como antecedentes das atuais organizações criminosas (S. 550-551).

[145] LANGE, Katrin. 'Many a Lord is Guilty, Indeed for Many a Poor Man's Dishonest Deed: Gangs of Robbers in Early Modern Germany, p. 141.

[146] Muito embora: "Os que ainda insistem em apresentar os traficantes e assaltantes como heróis do seu povo e símbolo da resistência à ordem neste país, nunca se indagaram como são montadas essas quadrilhas, como são repartidos os bens e os lucros nessas empresas, como é usada a mão-de-obra local. Não querem ver a ordem capitalista mais selvagem e perversa nessa 'desordem' romantizada em resistência social" (ZALUAR, Alba. *Condomínio do Diabo*, p. 55).

[147] WESSEL, Jan. *Organisierte Kriminalität und soziale Kontrolle*, S. 35.

[148] FULVETTI, Gianluca. *The Mafia and the 'Problem of the Mafia'*, p. 51.

fato como um 'crime da máfia'".[149] O século XIX oferecia um caldo de cultura ideal para o surgimento da máfia na Sicília, a partir da abolição do feudalismo na ilha, em 1812, e do estabelecimento de um sistema de voto censitário, o que viria a gerar fortes conflitos entre a nobreza, a burguesia emergente e indivíduos das classes populares em busca de ascensão social, muitos dos quais oriundos dos antigos grupos armados dos proprietários de terras. Tais grupos, unidos a agentes públicos, praticavam delitos como abigeato, homicídios e venda de proteção, protegidos por magistrados e prefeitos integrantes das *coscas*, como eram chamadas as famílias. A unificação da Itália, ao contrário de representar a integração da Sicília, de certa forma reforça o fenômeno, que passa a valer-se da resistência ao poder central como escusa para o controle das atividades econômicas da ilha, em especial a venda de proteção à lucrativa produção de cítricos.[150]

Nos anos vinte do século passado, com a ascensão de Mussolini, houve violenta repressão às organizações mafiosas, que voltaram a fortalecer-se no pós-guerra, em razão da fraqueza do Estado e do sistema político, além de representar uma contraposição aos movimentos comunistas. Na década de 50 do século passado é criada uma comissão para gerir os negócios, que é liderada por Salvatore Greco.[151] A esse tempo, inicia-se a negociação com ítalo-americanos já residentes nos Estados Unidos, que exploravam negócios como cassinos.

Os fatos não foram ignorados pelo legislador italiano, pois já em 1979 o art. 14 do DL 15.12.1979, n. 625, convertido na lei 6.2.1980, n. 15, qual alterava o art. 340 do CPP de 1930 para prever a possibilidade de sequestro para a investigação de delitos de terrorismo, destruição da ordem democrática e crime organizado.[152]

A expressão *crime organizado* veio a ser cunhada, porém, nos Estados Unidos,[153] onde o seu significado não se manteve, porém, sempre inalterado. Com efeito, nas décadas de vinte e trinta do século passado, a expressão crime organizado era entendida como atividade criminal sistemática ou *racketeering*, sem uma alusão a grupos determinados, sendo traços marcantes, ainda, a conexão com agentes públicos corruptos, a explora-

---

[149] FULVETTI, Gianluca. *The Mafia and the 'Problem of the Mafia'*, p. 51.

[150] FULVETTI, Gianluca. *The Mafia and the 'Problem of the Mafia'*, p. 55-66.

[151] FULVETTI, Gianluca. *The Mafia and the 'Problem of the Mafia'*, p. 66-67.

[152] Como já dito na Introdução, não há aqui a pretensão de historiar o crime organizado ou seu controle na Itália, objeto de mais de cem atos legislativos (PALAZZO, Francesco. *La Máfia hoy*, p. 172), de forma exaustiva.

[153] "A expressão exata 'crime organizado' foi provavelmente utilizada pela primeira vez em 1896, no Relatório Anual da Sociedade Nova-Iorquina de Prevenção ao Crime, que recorreu a ela para referir-se ao jogo e atividades de prostituição que eram protegidas por autoridades públicas" (PAOLI, Letizia; FIJNAUT, Cyrille. *Organised Crime in Europe*, p. 22).

ção de mercados ilícitos de bebidas e drogas, e a inclusão no conceito de atividades ilegais nos parcamente regulados mercados financeiros,[154] como é próprio do capitalismo desenfreado, o que acabou culminando na grande depressão.

Nos Estados Unidos a chamada *teoria da conspiração alienígena*, pela qual o crime organizado seria identificado com a máfia nova-iorquina, surge após o término da segunda guerra mundial. Abandona-se o modelo que tinha seu foco sobre as atividades exploradas pelas organizações criminosas, que é substituído pelo foco em grupos determinados, integrado por estrangeiros. Essa ideia foi claramente enunciado, pela primeira vez, nos Estados Unidos no Relatório da Comissão Especial para Investigação do Crime Organizado no Comércio Interestatatal, presidida pelo Senador Estes Kefauver,[155] que realizou seus trabalhos em 1950 e 1951. A mesma interpretação foi dada pela comissão Katzenbacher e culmina com a publicação, em 1970, do *Organized Crime Control Act (OCCA)*, que continha, entre outros dispositivos, a legislação conhecida como RICO, que aumentou os poderes de investigação da polícia. Traço marcante dessa interpretação é a omissão da importância da corrupção de agentes públicos, bem como à atividade empresarial ilícita.[156] Como se vê, os paradigmas empresarial e endógeno[157] eram ignoradas no discurso oficial, muito embora já a partir da década de 60, em estudos acadêmicos, começasse a tomar corpo a ideia da empresa ilegal ou ilícita.[158]

Na década de oitenta é nomeada uma Comissão pelo Presidente norte-americano Ronald Reagan, que apresenta como resultado não uma revisão da teoria da conspiração, mas sua pluralização, para afirmar que a atividade criminal não era dominada pela máfia de ítalo-americanos, mas também por vários cartéis e máfias asiáticos, sul-americanos ou oriundos do leste europeu.[159] Mantém-se, porém, a visão de que o crime organizado é obra do estrangeiro, daquele que vem de fora para corromper os valores e os serviços públicos da sociedade local.

Mas até a década de oitenta, o crime organizado era visto como um fenômeno circunscrito à Itália e aos Estados Unidos, eventualmente estendido ao Japão, China, Rússia e Colômbia, sendo de rara utilização no restante da Europa.[160] É somente nas duas últimas décadas do século pas-

---

[154] WOODIWISS, Michael. *Transnational Organised Crime*, p. 14.

[155] PAOLI, Letizia; FIJNAUT, Cyrille. *Organised Crime in Europe*, p. 25.

[156] WOODIWISS, Michael. *Transnational Organised Crime*, p. 16.

[157] Conforme itens 2.2.3 e 2.2.4, adiante.

[158] PAOLI, Letizia. *Die italienische Mafia*, S. 433. Para mais, ver, adiante, item 2.2.3.

[159] WOODIWISS, Michael. *Transnational Organised Crime*, p. 17.

[160] PAOLI, Letizia; FIJNAUT, Cyrille. *Organised Crime in Europe*, p. 21; PAOLI, Letizia. *Die italienische Mafia*, S. 432.

sado, com o fenômeno da globalização[161] e, em especial, pela expansão do tráfico de drogas e do mercado da emigração ilegal para os países ricos, que a criminalidade organizada passa a ser percebida como um problema mundial[162] e não mais como fenômeno circunscrito aos Estados Unidos, à Itália, e às telas dos cinemas. A partir daí, operou-se uma verdadeira universalização do conceito e o crime organizado passa a ser uma preocupação mundial, em um processo que culmina com a publicação da Convenção das Nações Unidas contra o Crime Organizado Transnacional.[163]

2.2. PARADIGMAS DE ORGANIZAÇÕES CRIMINOSAS

O rumo da internacionalização do conceito de crime organizado atravessou, e ainda atravessa, dificuldades, motivadas pela verdadeira obsessão em relação ao paradigma mafioso e pelo fato de não serem levados em consideração os diferentes paradigmas de organizações criminosas, como será examinado a seguir.

2.2.1. O paradigma mafioso ou tradicional

Como visto no item dos antecedentes históricos, a expressão crime organizado nasce e se consolida nos Estados Unidos,[164] fortemente influenciada pelo chamado *paradigma mafioso*[165] ou tradicional, ou seja, da organização criminosa com efetivo domínio territorial, fortemente hierarquizada, dotada até mesmo de uma comissão dirigente, como um verdadeiro sindicato de ladrões,[166] a exercer o monopólio sobre certos mercados ilegais, com ingresso de modo ritualístico e pretensões de lealdade feudal, integrada essencialmente por estrangeiros.

Como organizações criminosas de modelo tradicional,[167] também chamado de modelo hierárquico, piramidal[168] ou mafioso são aponta-

---

[161] Sobre o tema, ver, acima, o item 1.1.3. Crítica e Tomada de Posição.

[162] PAOLI, Letizia; FIJNAUT, Cyrille. *Organised Crime in Europe*, p. 3; PAOLI, Letizia. Die italienische Mafia, S. 432-43.

[163] V. item 3.2.1 da Parte II.

[164] PAOLI, Letizia; FIJNAUT, Cyrille. *Organised Crime in Europe*, p. 24.

[165] CASTALDO, Andrea R. *La criminalidad organizada en Itália: la respuesta normativa y los problemas de la praxis*, p. 12.

[166] No Brasil, talvez o exemplo mais próximo disso seja o da associação de *bicheiros* de São Paulo, o chamado *Cartel* (MINGARDI, Guaracy. *O Estado e o Crime Organizado*, p. 107-8).

[167] FERNANDES, Luís Fiães. *Criminalidade Transnacional Organizada: Organização, Poder e Coacção*, p. 427; MINGARDI, Guaracy. *O trabalho da Inteligência no controle do Crime Organizado*, p. 57.

[168] SÁNCHEZ GARCIA DE PAZ, Isabel. *Perfil Criminológico de la Delincuencia Transnacional Organizada*, p. 649.

Crime Organizado e Proibição de Insuficiência

das, além da *Cosa Nostra* norte-americana, a *Máfia* siciliana,[169] a *Camorra*[170] napolitana, a *N'drangheta* calabresa[171] e a *Sacra Corona Unita* de Puglia. Outras organizações comumente referidas são os cartéis colombianos[172] e mexicanos de traficantes de drogas, as tríades e *tongs* chinesas,[173] a *Yakuza* japonesa, e as chamadas novas máfias ou máfias étnicas, como a nigeriana e russa,[174] além das máfias negras norte-americanas e jamaicanas[175] e as gangues de motociclistas.

Nas organizações tradicionais, a obtenção de proveito econômico vem acompanhada de funções ou de componentes *sociais*, como o sentimento de pertinência ligado à ajuda recíproca,[176] a obtenção de um especial *status* no meio criminal, uma justificação ideológica do comportamento criminoso e à disposição de um ambiente para troca de informações.[177] Interessante referência é feita por Albrecht sobre os traços comuns às organizações italianas, como segue:

> São comuns a elas o início como *status* de minorias, à não-aceitação do poder central ou segregação social e as reduzidas chances de ascensão na sociedade convencional. A elas é comum, ainda, uma certa força – embora diferenciada se observada internacionalmente – e uma base econômica, que socialmente não é tolerada ou moralmente proscrita.[178]

---

[169] Com estrutura vertical e dirigida por uma comissão (PALAZZO, Francesco. La Máfia hoy: evolución criminológica e legislativa, p. 164). No mesmo sentido: SÁNCHEZ GARCIA DE PAZ, Isabel. Perfil Criminológico de la Delincuencia Transnacional Organizada, p. 649.

[170] Apontada, porém, como tendo uma estrutura mais dispersa que as demais, mais próxima do modelo de *rede* (PALAZZO, Francesco. La Máfia hoy: evolución criminológica e legislativa, p. 164). No mesmo sentido: SÁNCHEZ GARCIA DE PAZ, Isabel. *Perfil Criminológico de la Delincuencia Transnacional Organizada*, p. 650. Em sentido contrário, afirmando o caráter associativo da Camorra e também da 'Ndrangheta: FULVETTI, Gianluca. The Mafia and the 'Problem of the Mafia': Organised Crime in Italy, 1820-1970, p. 48.

[171] Há, porém, referência no sentido de que essa organização, composta por clãs familiares, se aproximaria, também, do modelo de rede (SÁNCHEZ GARCIA DE PAZ, Isabel. *Perfil Criminológico de la Delincuencia Transnacional Organizada*, p. 650).

[172] Atualmente, porém, o tráfico na Colômbia seria explorado por grupos menores, no modelo de rede, tendo sido desmantelados os antigos cartéis (SÁNCHEZ GARCIA DE PAZ, Isabel. *Perfil Criminológico de la Delincuencia Transnacional Organizada*, p. 651).

[173] No sentido de que as tríades seriam compostas de facções independentes, o que as aproximaria, também, do modelo de rede: SÁNCHEZ GARCIA DE PAZ, Isabel. Perfil Criminológico de la Delincuencia Transnacional Organizada, p. 650.

[174] NUÑEZ PAZ, Miguel Ángel. *Criminologia y Grupos Organizados. Una Aproximación al Problema de la Mafia Rusa;* p. 509.

[175] TIGRE MAIA, Rodolfo. *O Estado Desorganizado contra o Crime Organizado*, p. 27-29.

[176] Nessa linha: "O tráfico seduz a garotada oferecendo-lhe recursos simbólicos compensatórios de sua invisibilidade social. O principal deles é a arma. Quando um menino pobre e negro passa por nós, nas calçadas, nem sequer o notamos. Se nos pede ajuda, muitas vezes recebe expressões de enfado, indiferença ou até repugnância. Sua experiência pública mais marcante é a da invisibilidade" (SOARES, Luiz Eduardo. *Meu Casaco de General*, p. 159).

[177] VON LAMPE, Klaus. Organisierte Kriminalität unter der Lupe, S. 467.

[178] ALBRECHT, Hans-Jörg. *Organisierte Kriminalität – Theoretische Erklärungen und empirische Befunde*, S. 13.

Discurso análogo é utilizado nas organizações brasileiras, como o PCC e o CV, que mencionam a luta contra a opressão e a violência, bem como a busca por melhores condições nos presídios,[179] tudo utilizado, na verdade, como aparato, que pretende justificar, às vezes com certo sucesso na arregimentação de novos comparsas e no debate público, as disputas negociais que consistem o elemento principal na formação de tais grupos.[180]

Mas a busca de lucro, embora seja o elemento principal, não é o único fator presente na formação de grupos de corte tradicional, onde também aparece de forma acentuada a ideia de ajuda recíproca. No caso brasileiro, o CV e o PCC contam com uma *caixinha* organizada, arrecadada com contribuições obrigatórias dos membros, presos ou soltos, bem como com o resultado do tráfico, roubos, extorsão e sequestro, sendo utilizada para pagamento de advogados, corrupção, financiamento de fugas ou novas ações criminosas, pagamento de médicos para tratamento de membros feridos em ações criminosas, manutenção das famílias de membros presos, fretamento de ônibus para visitas por parte dos familiares, etc.[181]

Nesse modelo, os criminosos são os *mafiosos*, não sendo vistos como tais os autores de crimes de colarinho branco[182] e os servidores públicos corruptos, embora possam ser vistos uns e outros como participantes de atividades criminosas fortemente organizadas, refletindo a teoria da conspiração alienígena, objeto do item anterior. No caso brasileiro, substituído o viés xenofóbico por um outro, relativo à classe social, seria como afirmar que as organizações criminosas se limitam ao PCC e ao CV, ignorando os grandes esquemas de corrupção e os vários escândalos financeiros, perpetrados por membros das classes médias e altas.

Esse paradigma, tomado dos contextos dos Estados Unidos e da Itália,[183] *glamourizado* no cinema[184] e na literatura,[185] e assim introjetado no imaginário popular é que vai servir, inicialmente, de parâmetro para a

---

[179] BRASIL. *CPI do Tráfico de Armas*, p. 195; SOUZA, Fatima. *PCC. A Facção*, p. 23-25; SALLA, Fernando. Considerações sociológicas sobre o crime organizado no Brasil, p. 374-375.

[180] ADORNO, Sérgio; SALLA, Fernando. Criminalidade organizada nas prisões e os ataques do PCC, p. 24; ZALUAR, Alba. *Condomínio do Diabo*, p. 55.

[181] BRASIL. *CPI do Tráfico de Armas*, p. 195; AMORIM, Carlos. *CV-PCC. A Irmandade do Crime*, p. 172-173; JOZINO, Josmar. *Cobras e Lagartos*, p. 55-57. Sobre o tema do auxílio mútuo, a par do fim de lucro, v. item 2.4.1.3 da Parte II. O mesmo sistema é utilizado pela facção denominada Falange Gaúcha, originária do Presídio Central de Porto Alegre (DORNELLES, Renato. *Falange Gaúcha*, p. 10).

[182] WOODIWISS, Michael. Transnational Organised Crime, p. 15.

[183] "Todavia, quando se fala de crime organizado, imediatamente se pensa em narcotráfico e se associa a imagem da Máfia italiana, até o ponto em que Máfia e crime organizado se pareçam sinônimos na linguagem comum" (ANIYAR DE CASTRO, Lolita. La Sombra Del Padrino, p. 309).

[184] PAOLI, Letizia; FIJNAUT, Cyrille. *Organised Crime in Europe*, p. 27.

[185] "Os filmes de Coppola sobre O Poderoso Chefão, nos quais as relações entre seus integrantes oscilam entre a crueldade absoluta e o afeto, alinhadas de um sentido de identificação nacional, muito

investigação científica e até mesmo para o debate político[186] sobre o tema em todo o mundo.[187] Tanto é assim que o termo *máfia*, que era, na origem, manifestação específica da Sicília e dos Estados Unidos, tornou-se, na linguagem coloquial e jornalística, sinônimo de grupo criminoso organizado, sendo utilizando, comumente, em relação a outros grupos, seja de modelo mafioso, tais como máfia russa, japonesa, chinesa; seja de organizações criminosas endógenas ou empresariais.

A adoção desse paradigma é que fez com que, por muito tempo, se tenha negado a existência de organizações criminosas em outros países, o que se compreende quando tomado o sentido de organização criminosa do modelo mafioso,[188] até porque as ideias pré-concebidas conformam aquilo que é visto, o que é válido tanto para agentes encarregados da persecução penal, quanto para acadêmicos e políticos.[189]

Esse paradigma veio, porém, a ser colocado em xeque,[190] questionando-se o caráter monopolístico e a unidade administrativa de todas organizações atuantes,[191] apontando-se muitos casos em que ao contrário, o ambiente não é de monopólio ou centralização,[192] mas de disputa entre os vários grupos que exploram os mercados ilegais, em regime de acirrada concorrência.[193] Quer dizer, o modelo idealizado não retrataria a generalidade dos casos de organizações criminosas, em uma realidade cercada de dificuldades, em decorrência da atuação à sombra da lei e da forte concorrência, tudo a dificultar uma estabilidade duradoura[194] ou a criação de impérios do crime como aqueles retratados no cinema, como manifestação única de crime organizado. Aponta-se, aliás, que muitas vezes a estabilidade das organizações criminosas é limitada e dificilmente alcança a das empresas lícitas, pois frequentemente os bens ou

---

contribuíram para que a percepção do público estivesse também orientada a esse modelo" (ANYIAR DE CASTRO, Lolita. La Sombra del Padrino, p. 31).

[186] PAOLI, Letizia; FIJNAUT, Cyrille. *Organised Crime in Europe*, p. 23.

[187] ALBRECHT, Hans-Jörg. Organisierte Kriminalität - Theoretische Erklärungen und empirische Befunde, S. 11.

[188] Segundo Rocha: "ainda hoje, para certos autores (Imposimato, 1987) as organizações do tipo mafioso são o paradigma do crime organizado" (ROCHA, João Luís Moraes. Crime Transnacional, p. 88).

[189] KLERKS, Peter. The network paradigm, p. 99.

[190] ROCHA, João Luís Moraes. Crime Transnacional, p. 88; MEDINA ARIZA, Juan J. Una Introdución al Estudio Criminológico del Crimen Organizado, p. 113; PAOLI, Letizia; FIJNAUT, Cyrille. *Organised Crime in Europe*, p. 28.

[191] Também aqui, porém, não há consenso, havendo análises baseadas em modelos econômicos tanto no sentido da impossibilidade de estabilidade no mercado ilícito quanto no sentido de que não há entre atividade econômica lícita e ilícita grandes diferenças, como apontam, enumerando as fontes de uma e outra corrente: PAOLI, Letizia; FIJNAUT, Cyrille. *Organised Crime in Europe*, p. 30.

[192] ZAFFARONI, Eugenio Raúl. "Crime Organizado": Uma categorização frustrada. p. 51.

[193] WOODIWISS, Michael. Transnational Organised Crime, p. 23.

[194] ALBRECHT, Hans-Jörg. Organisierte Kriminalität – Theoretische Erklärungen und empirische Befunde, S. 11.

os envolvidos não estão disponíveis para atuação, por conta da atuação policial.[195] Além disso, o grau de risco desaconselharia, em muitos casos, grandes investimentos.[196]

Com base em tais críticas e na observação de uma realidade mais complexa do que aquela inicialmente pensada, firmou-se o entendimento, a ser aprofundado nos itens seguintes, de que "nem todo delito organizado está calcado sobre o modelo da máfia".[197] Na mesma linha, para Anarte Borrallo: "não parece que se possam reduzir as diversas manifestações do fenômeno a um só modelo".[198]

2.2.2. O paradigma da rede

O questionamento do paradigma mafioso, mesmo naqueles países onde o fenômeno da criminalidade organizada apresentou características peculiares e mais agudas, foi acompanhado pela construção do paradigma da rede (*network, Netzwerk, Netzstruktur*), também chamado de modelo do entrelaçamento de grupos ou agentes criminosos (*Straftäter-verflechtung*).[199] A ideia de cooperação e a existência de relações mais ou menos frouxas entre os grupos permite "a existência de uma rede criminosa e de inúmeros desdobramentos ilícitos dela decorrentes" (STJ, HC 26621/SP, Gilson Dipp, 5ª T, v.u., 18.9.03).

Nesse paradigma, perde relevo a pertinência ao grupo e ganham importância as habilidades do criminoso, suas relações e o aproveitamento da oportunidade. Desse modo, as redes são integradas por vários grupos ou indivíduos dedicados em tempo integral ao crime (*Vollzeit-Kriminellen*).[200] Esses criminosos profissionais reúnem-se em grupos que colaboram ou competem entre si, conforme as necessidades do momento, como ocorre no Rio de Janeiro, em caso de falta de drogas ou armas, obtidas com grupos aliados, na base da reciprocidade.[201] Nos Estados Unidos, tais criminosos são chamados de *floaters*, ou seja "alguém que é designado

---

[195] EISENBERG, Ulrich. *Kriminologie*, S. 909.

[196] MEDINA ARIZA, Juan J. Una Introdución al Estudio Criminológico del Crimen Organizado, S. 114.

[197] ANYIAR DE CASTRO, Lolita. La Sombra del Padrino, p. 312. No mesmo sentido: PAOLI, Letizia. Die italienische Mafia, S. 436; BURNHAM, Bill. Measuring transnational organised crime, p. 76.

[198] ANARTE BORRALO, Enrique. Conjeturas sobre la Criminalidad Organizada, p. 15.

[199] ALBRECHT, Hans-Jörg. Organisierte Kriminalität - Theoretische Erklärungen und empirische Befunde, S. 16.

[200] GÖPPINGER, Hans. *Kriminologie*, S. 553.

[201] BARCELLOS, Caco. *Abusado*, p. 34, 137, 153; MISSE, Michel. Mercados ilegais, redes de proteção e organização local do crime no Rio de Janeiro, p. 149-150; ZALUAR, Alba. Democratização inacabada: fracasso da segurança pública, p. 45.

para um grupo específico, mas eventualmente é cedido para outro grupo para várias tarefas por causa de uma habilidade especial".[202]

Na estrutura de rede, de hierarquia menos rígida, a figura do chefe poderá ser menos importante do que a daquele que detém alguns contatos importantes, o facilitador (*criminal contact broker, Mittelsmann*), que poderá ser aquele que tem o contato com outra rede ou com o fornecedor de drogas ou outros bens no estrangeiro, em razão, por exemplo, do domínio da língua.[203] Assim, para Hetzer:

> Boas ligações são a verdadeira condição básica do crime organizado. Elas devem ser construídas, para possibilitar a realização dos objetivos criminais. (...) "Connections" possibilitam um efeito conjunto que somente era conhecido na economia legal. O homem de negócios (ilegais) de sucesso dispõe de contatos estáveis desse tipo e toma parte em tantos negócios quantos for possível.[204]

Afora a especialização, o entrelaçamento também decorre do aproveitamento de rotas para mais de uma forma de atividade criminosa. Quer dizer, as rotas de descaminho também podem servir para o tráfico de armas ou pessoas, drogas podem ser trocadas por armas e por aí afora, em toda sorte de relações simbióticas.[205] O barqueiro que atravessa produtos contrabandeados também transporta, mediante pagamento, armas, drogas ou emigrantes ilegais.

Em tais grupos, o componente principal é o lucro pessoal, e a união se dá em torno dessa finalidade, ou seja, é uma aliança de finalidade (*Zweckbundnis*), essencialmente econômica, sem o caráter ritualístico e de lealdade que marca as associações criminosas tradicionais, de molde mafioso.[206] Nesse modelo, ao contrário da organização com pretensão monopolística e fortemente hierarquizada, sobreleva a ideia da cooperação entre indivíduos e grupos, conforme a necessidade, formando-se vínculos horizontais, e não verticais.[207]

As redes são constituídas valendo-se dos meios tecnológicos hoje alcançáveis praticamente a qualquer um, que permitem o rápido des-

---

[202] KLERKS, Peter. The network paradigm, p. 108. Em sentido análogo, referindo grupos de ladrões atuaantes na Dinamarca e nos Países Baixos, divididos em grupos por especialidade ou habilidades especiais: STEINKE, Wolfgang. Aufstiegchancen für den der schweigt, S. 353.

[203] KLERKS, Peter. The network paradigm, p. 108; PIETH, Mark. Die Bekämpfung des organisierten Verbrechen in der Schweiz, p. 261.

[204] HETZER, Wolfgang. Wirtschaftsform Organisierte Kriminalität, S. 130.

[205] FABIÁN CAPARROS, Eduardo A. Criminalidad Organizada, p. 174.

[206] VON LAMPE, Klaus. Organisierte Kriminalität unter der Lupe, S. 467.

[207] ALMEIDA DA COSTA, Renata. *A Sociedade Complexa e o Crime Organizado*, p. 56; VON LAMPE, Klaus. Organisierte Kriminalität unter der Lupe, S. 467.

locamento, transporte e comunicação.[208] Na mesma linha, segundo Rocha:

> Recorde-se que o processo de globalização é dinâmico e exige eficiência e flexibilidade, são novos negócios, novos mercados, importa tirar o maior partido possível das oportunidades criadas pela globalização.
>
> Estes desenvolvimentos aconselham alianças, sobretudo ao nível internacional, elas reduzem os riscos, ultrapassam as limitações geográficas ou funcionais, donde a proliferação crescente do crime transnacional.[209]

Para Anarte Borralo, o modelo de rede consubstancia-se em manifestação "da enorme capacidade do crime organizado para adequar-se às relações sociais modernas (e, em especial, ao processo de globalização), sobretudo no âmbito econômico-empresarial".[210] A mobilidade decorre, em verdade, mais da modernização dos meios e vias de transporte do que da atuação criminosa em si, mas não se pode negar que colabora para a existência de uma nova realidade criminosa, facilitada, até mesmo, pelo desconhecimento dos agentes criminosos pelas autoridades policiais de outros locais.[211]

Somam-se a isso o anonimato[212] e o baixo nível de controle social dos grandes aglomerados urbanos.[213] Essa abordagem é informada, ainda, pela ênfase em explicar o comportamento individual em relação com o grupo do qual o indivíduo faz parte.[214] Outra possibilidade é de que o modelo de rede "iria em consonância com a evolução dos fenômenos associativos e de relação gerais, que tendem a estar regidos mais pela interação do que pela associação propriamente dita".[215]

No Brasil, é exemplo do referido entrelaçamento a união entre o CV e o PCC.[216] Outro exemplo é a divisão entre grupos diferentes da subtração, transporte e venda de veículos furtados registrada na Suíça.[217] Esse

---

[208] STEINKE, Wolfgang. Aufstiegchancen für den der schweigt, S. 354.

[209] ROCHA, João Luís Moraes. Crime Transnacional, p. 96.

[210] ANARTE BORRALO, Enrique. Conjeturas sobre la Criminalidad Organizada, p. 24.

[211] TENÓRIO, Igor; LOPES, Inácio Carlos Dias. *Crime Organizado*, p. 36. Hoje em dia, no Brasil, é comum que assaltantes de banco cometam crimes fora de seu Estado de origem, onde não são conhecidos da polícia.

[212] TENÓRIO, Igor; LOPES, Inácio Carlos Dias. *Crime Organizado*, p. 36.

[213] GÖPPINGER, Hans, *Kriminologie*, S. 553.

[214] KLERKS, Peter. The network paradigm, p. 103.

[215] ANARTE BORRALO, Enrique. Conjeturas sobre la Criminalidad Organizada, p. 19; KLERKS, Peter. The network paradigm, p. 101-102.

[216] SOUZA, Fatima. *PCC. A Facção*, p. 126-127; CALDEIRA, Cesar. Presídio sem facções criminosas no Rio de Janeiro, p. 119.

[217] STEINKE, Wolfgang. Aufstiegchancen für den der schweigt, S. 354.

seria, aliás, o modelo mais frequente na Europa, com exceção da Itália,[218] como refere Kerner:

> De resto assim é caracterizada a cena européia: uma rede informal e transfronteiriça de relações recíprocas entre os chamados criminosos em tempo integral, que trabalham em pequenos grupos. Os membros dos grupos mudam de ação em ação, mas pertencem a uma reserva básica de especialistas, que estão à disposição conforme a demanda.[219]

2.2.3. O paradigma empresarial

A importância que adquiriu a figura da empresa, como motor da vida econômica em praticamente todos os países do mundo, no modelo capitalista, não poderia deixar de ter reflexos na criminalidade,[220] em especial naquela cometida de forma organizada, que representa justamente uma racionalização da atividade criminosa, assim como a empresa pretende, mediante organização a racionalização da atividade econômica.[221] Parte-se, aqui, de uma análise econômica do crime, que parece adequada a práticas criminais que visam ao lucro,[222] fazendo com que o proveito econômico seja buscado onde há maior riqueza e atividade econômica, ou seja, justamente no meio empresarial e, em perspectiva mundial, nos países mais ricos.[223] Nessa medida, as organizações criminosas assemelham-se às empresas lícitas, das quais se distinguem por utilizar principalmente métodos ilícitos, enquanto nas primeiras são utilizados, predominantemente, métodos lícitos.[224] Segundo Rocha:

---

[218] Na própria Itália, porém, há referência no sentido de que a Camorra napolitana estaria configurada nesse modelo, de rede, com uma estrutura dispersa (PALAZZO, Francesco. La Máfia hoy: evolución criminológica e legislativa, p. 164).

[219] KERNER, Hans-Jürgen. Organisiertes Verbrechen. In: *Kleines Kriminologisches Wörterbuch*, S. 381. A presença desse modelo foi comprovada com estudos empíricos realizados na Alemanha (SIEBER, Ulrich. Logistik der Organisierten Kriminalität in der Bundesrepublik Deutschland, S. 765) e Holanda (KLERKS, Peter. The network paradigm, p. 101).

[220] ZUÑIGA RODRIGUEZ, Laura. Criminalidad de Empresa, Criminalidad Organizada y Modelos de Imputación Penal, p. 203.

[221] "A criminalidade econômica é, freqüentemente, organizada" (OSTENDORF, Heribert. Organisierte Kriminalität – eine Herausforderung für die Justiz, S. 65).

[222] Segundo Kerner, a atuação, comportamento e aspecto das atuais organizações criminosas torna pouco clara a fronteira com a criminalidade de colarinho-branco e a criminalidade econômica (KERNER, Hans-Jürgen. Organisiertes Verbrechen. In: *Kleines Kriminologisches Wörterbuch*, S. 381). No mesmo sentido: ZUÑIGA RODRIGUEZ, Laura. Criminalidad de Empresa, Criminalidad Organizada y Modelos de Imputación Penal, p. 200.

[223] Em relação à máfia siciliana: "A pesquisa histórica mostra que, desde o século XIX, os grupos mafiosos desenvolveram-se e concentraram-se nas áreas mais ricas e com as atividades mais lucrativas, controlando a circulação e fornecimento de bens e produtos entre o campo e a cidade" (FULVETTI, Gianluca. The Mafia and the 'Problem of the Mafia': Organised Crime in Italy, 1820-1970, p. 60).

[224] HETZER, Wolfgang. Wirtschaftsform Organisierte Kriminalität, S. 130. Sobre o tema, ver, também: HARTMANN, Arthur. Die Mafia und ihre Strukturen, S. 642-643.

Esta concepção surge por contraposição às atividades criminais clássicas, levadas a cabo de forma predominantemente individual, a evolução conduziu a uma criminalidade mais corporativa, em que a actividade criminal se apresenta como uma empresa. Nesta perspectiva o criminoso age segundo critérios econômicos, isto é, planifica as suas actividades com vista a obter o maior lucro com o menor dispêndio de custos e riscos. (...)
Corresponde à dinâmica do *gang* transformado numa empresa financeira (Block & Chambeliss, 1981; Mollenhoff, 1972). Uma definição possível é, portanto, a de empresa estruturada para obtenção de lucro por meio de actividades ilegais (Glink, 1995).[225]

Mesmo os países onde se originou o paradigma mafioso não são infensos ao empresarial, como modificação do modo de ver a organização criminosa ou como fase posterior de sua evolução. Nos Estados Unidos, a noção de empresa ilícita ou ilegal, como atividade destinada ao fornecimento de bens ilícitos, teria representado, então, uma superação do antigo modelo de conspiração alienígena.[226]

Como exemplo da primeira hipótese, da evolução do modelo mafioso para o modelo empresarial, a própria máfia siciliana, que, embora tenha sua gênese integrada em uma região e época de economia agrícola e latifundiária, se desenvolveu e se adaptou a ponto de adquirir, em certas regiões da Itália, o "monopólio da criminalidade econômica".[227] Por essa via, o conceito norte-americano da empresa ilícita passa a informar também a interpretação das máfias italianas.[228] Veja-se, a propósito, que o art. 416-bis do CP italiano, que trata da associação de tipo mafioso, estabelece uma causa de aumento de pena de um terço até metade para os casos em que: "a atividade econômica da qual os associados pretendem assumir ou manter o controle são financiadas, em todo ou em parte, com o preço, o produto ou o proveito de crimes".

Há, aqui, um dado especialmente perverso, consistente no esvaecimento dos limites entre atividades criminosas e atividades lícitas,[229] com uma verdadeira interpenetração de atividades lícitas e ilícitas, a atuação na zona cinzenta, fronteiriça entre a legalidade e a ilegalidade,[230] ou ainda

---

[225] ROCHA, João Luís Moraes. Crime Transnacional, p. 88-89.

[226] PAOLI, Letizia; FIJNAUT, Cyrille. *Organised Crime in Europe*, p. 28; PAOLI, Letizia. Die italienische Mafia, S. 433-434. V. também o item 2.1. da Parte II: A História do Conceito.

[227] PALAZZO, Francesco. La Máfia hoy: evolución criminológica e legislativa, p. 162.

[228] PAOLI, Letizia; FIJNAUT, Cyrille. *Organised Crime in Europe*, p. 31.

[229] "Nessa linha faz sentido, seguramente, falar de uma dissolução da fronteira entre criminalidade econômica organizada ou criminalidade empresarial e criminalidade organizada" (ALBRECHT, Hans-Jörg. Organisierte Kriminalität – Theoretische Erklärungen und empirische Befunde, S. 35). No mesmo sentido: ANYIAR DE CASTRO, Lolita. La Sombra del Padrino, p. 313; HETZER, Wolfgang. Wirtschaftsform Organisierte Kriminalität, S. 134; ROCHA, João Luís Moraes. Crime Transnacional, p. 90; SILVA FRANCO, Alberto. Globalização e Criminalidade dos Poderosos, p. 212; ZUÑIGA RODRIGUEZ, Laura. Criminalidad Organizada, Unión Europea y sanciones a empresas, p. 58-66.

[230] "Métodos duros de negócios aparecem em nosso sistema econômico justo na fronteira com a extorsão e o estelionato" (OSTENDORF, Heribert. Organisierte Kriminalität – eine Herausforderung für die Justiz, S. 65).

atuação na economia formal, mas financiando negócios legais com lucros decorrentes de atividades ilícitas.[231] A própria Convenção de Palermo, no art. 31,2, dispõe que:

> 2. Em conformidade com os princípios fundamentais do seu direito interno, os Estados Partes procurarão reduzir, através de medidas legislativas, administrativas ou outras que sejam adequadas, as possibilidades atuais ou futuras de participação de grupos criminosos organizados em negócios lícitos utilizando o produto do crime.

Essa fonte barata de financiamento ou fornecimento de matérias-primas e insumos acaba por configurar uma verdadeira concorrência desleal[232] com as empresas que funcionam regularmente. Desse modo, a incriminação funciona como uma proteção para o próprio mercado, não se podendo ignorar a crítica de que os mecanismos de seleção penal fazem com que sejam atingidas apenas as empresas mais frágeis, sejam elas legais ou ilegais, de modo que a persecução penal teria o indesejável efeito de aumentar a concentração do mercado e, consequentemente, o poder dos grupos que sobrevivem ao processo de seleção. De outro lado, se a concorrência desleal é tolerada amplamente, acaba por levar a uma contaminação de todo o mercado, expulsando o empresário regular e obrigando todos a aderirem aos esquemas ilegais a fim de sobreviver.

Essa interpenetração entre atividades legais e ilegais pode até mesmo ser vista em perspectiva histórica, como refere Hobbs:

> Ao tempo em que o estudo de Landesco sobre Chicago foi originalmente publicado, em 1927, esse padrão de exploração do mercado, violência, incorporação, e legitimação institucional foi bem sucedido em se auto-repetir várias vezes durante a exploração de recursos naturais e o subseqüente estabelecimento de impérios industriais e comerciais sobre os quais a América moderna foi fundada. As fortunas dos Astors (corrupção, extorsão, violência, fraude: cfe. Myers, 1936; Loth, 1938), Vanderbilts (insurreição política, violência, cfe. Andrews, 1941; Loth, 1938); Rockfellers (corrupção, violência: Lloyd, 1963), Henry Ford (violência: Sinclair, 1962) e outras figuras seminais do capitalismo americano, e até global, foram estabelecidas por meio de práticas duvidosas ou francamente criminais (ver Block e Chambliss, 1981; Abadinski, 1990: 59-74). Como ressalta Daniel Bell: "a fundação de muitas das antigas e distintas fortunas americanas baseou-se em práticas duvidosas e métodos moralmente repreensíveis. Os pioneiros do capitalismo americano não eram graduados da Faculdade de Administração de Empresas de Harvard. Os primeiros colonos e os pais fundadores, bem como aqueles que "ganharam o oeste" e criaram fortunas no gado, mineração e outras atividades, freqüentemente o fizeram mediante especulações nas sombras e um uso não-desprezível de violência.[233]

---

[231] CASTILHO, Ela Wiecko V. de. Crimes Antecedentes e Lavagem de Dinheiro, p. 51; ZALUAR, Alba. Democratização inacabada: fracasso da segurança pública, p. 32-33; *Normas e Princípios das Nações Unidas sobre Prevenção ao Crime e Justiça Criminal*, p. 214.

[232] CASTALDO, Andrea R. La criminalidad organizada en Itália: la respuesta normativa y los problemas de la praxis, p. 19.

[233] HOBBS, Dick. Criminal Collaboration, p. 823.

A assertiva não fica, de todo modo, limitada à história, observando--se confusão assemelhada em nossos tempos, como refere Hetzer:

Bem por isso a alta busca de lucro e uma falta de consciência da ilicitude marcam o comportamento das pessoas poderosas na criminalidade organizada. Eles se definem freqüentemente como empresários. Os condutores enxergam a si próprios não como criminosos, senão como homens de negócios, que exploram também negócios lícitos. O desenrolar de seus negócios se dá muitas vezes nas proximidades de grandes atores da economia de mercado. A diferença com homens de negócios respeitadores da lei dá-se essencialmente porque o empresário do ilícito não conhece fronteiras ao levar a cabo suas atividades.[234]

A aproximação da criminalidade organizada e da criminalidade empresarial, vista como fase de evolução da organização criminosa, tem também relação com a obtenção de uma nova posição social para o criminoso, com o que aumenta, também, o seu grau de imunidade ao sistema penal. É pequena a resistência, por exemplo, em determinar a prisão preventiva e condenar a pena privativa de liberdade criminosos que, embora não sejam, na generalidade dos casos, violentos, não tenham *status*, tais como traficantes de drogas, estelionatários ou autores de furtos. A situação é diferente, porém, quando o autor do fato se apresenta como um respeitável empresário.

De início, quem atua no submundo da criminalidade está, como a própria palavra *submundo* indica, em uma posição baixa em termos de *status* social, ainda que possa estar no topo em termos de renda ou riqueza.[235] Poderá ocorrer, porém, que a acumulação econômica permita ao criminoso alcançar aceitação e respeitabilidade social, de acordo com o mote de que "dinheiro é poder".[236] Desse modo: "o grande patrão do crime pode ser um cidadão respeitável, de peito medalhado, amigo do rei. Manda meter cheques na conta bancária e sereias na cama de nababos e poderosos. Chantageia e corrompe o mais Catão".[237]

Também aqui, para a atividade criminosa organizada de talhe empresarial, não serve o paradigma mafioso, do qual se distingue, essencialmente, por faltar-lhe a característica do apelo à violência ou à reputação violenta como meio para a dominação do mercado, salvo em último caso. Não se vê na empresa criminosa, tampouco, o ritual de ingresso, o juramento, nem a

---

[234] HETZER, Wolfgang. *Wirtschaftsform Organisierte Kriminalität*, S. 130.

[235] EGMOND, Florike. *Multiple Underworlds in the Dutch Republic of the Seventeenth and Eighteenth Centuries*, p. 77.

[236] HETZER, Wolfgang. *Wirtschaftsform Organisierte Kriminalität*, S. 130. Como relata Zaluar: "O traficante tem um projeto de longo prazo que inclui a passagem ou a expansão de seus negócios ilegais para atividades lícitas, modo de conquistar o direito de enriquecer ou justificar os seus ganhos enormes numa atividade criminosa" (ZALUAR, Alba. *Condomínio do Diabo*, p. 78).

[237] ALMEIDA Santos, António. *Novo Mundo, Novo Crime, Nova Política Criminal*, p. 361.

Crime Organizado e Proibição de Insuficiência

sensação de pertinência a um submundo que é motivo de orgulho. Por fim, falta aqui a origem estrangeira ou humilde que é marca do *bandido*.

Enfim, quanto à criminalidade econômica ou empresarial, embora possua, também, algumas peculiaridades, tenho que pode ser entendida como uma modalidade de crime organizado,[238] nomeadamente o paradigma empresarial. A esse resultado leva, além do que já foi dito, a existência dois traços comuns e essenciais entre a criminalidade empresarial e as organizações criminosas *típicas*, nomeadamente a organização e a busca de lucro, aliada à utilização sistemática de métodos ilegais para alcançar tais objetivos. Desse modo "a criminalidade organizada abarcaria desde as manifestações mafiosas tradicionais a modernas formas de criminalidade características da sociedade do risco, como a criminalidade ambiental, a econômico-financeira e até mesmo a corrupção".[239]

Em verdade, a empresa lícita, assim como a ilícita, constitui um fator de grandes dificuldades para a determinação da autoria e também para a produção probatória,[240] dois dos campos onde é mais acentuada a necessidade da adoção de novas soluções penais e processuais penais. Notadamente no campo das medidas específicas de investigação criminal, a colaboração premiada, o cruzamento computadorizado de informações e até mesmo a infiltração policial podem ser recursos necessários na elucidação de infrações penais.

Tudo isso leva, então, à inclusão da criminalidade econômica como forma de criminalidade organizada. Com isso, aliás, poder-se-ia alcançar a busca do controle efetivo não apenas sobre a criminalidade organizada tradicional, em relação à qual se propõe um enfrentamento radical, superando a ambivalência característica do tratamento penal dos crimes de colarinho branco.[241]

Dentro do paradigma *empresarial*[242] de criminalidade organizada incluem-se:

a) a empresa criminosa propriamente dita, no sentido de empresa constituída já de antemão com fins ilícitos, cujos titulares são pessoas in-

---

[238] Nesse sentido: IGLESIAS RIOS, Miguel Angel. *Criminalidad Organizada y Delincuencia Econômica*, p. 20; MÖHN, Hans-Josef. *Ist der Begriff "Organisierte Kriminalität" definierbar*; S. 536; SCHÜNEMANN, Bernd. *Kritische Anmerkungen zur geistigen Situation der Deutsche Strafrechtwissenschaft*, S. 216.

[239] ANARTE BORRALO, Enrique. *Conjeturas sobre la Criminalidad Organizada*, p. 25. No mesmo sentido, incluindo os crimes cometidos a través de empresas na criminalidade organizada, em sentido amplo: SILVA SÁNCHEZ, Jesús María. *La expansión del Derecho Penal*, p. 91.

[240] OSTENDORF, Heribert. *Organisierte Kriminalität – eine Herausforderung für die Justiz*, S. 65.

[241] NELKEN, David. *White-Collar Crime*, p. 911 e ff. Há quem diga, porém, que a seletividade penal persiste ainda assim, recaindo o peso do direito penal apenas sobre as organizações mais fracas, com o que se fortalecem, ainda mais, aquelas mais poderosas (ANARTE BORRALO, Enrique. *Conjeturas sobre la Criminalidad Organizada*, p. 56).

[242] "Sua característica mais marcante é transpor para o crime métodos empresariais, ao mesmo tempo que deixam de lado qualquer resquício de conceitos como Honra, Lealdade, Obrigação, etc. (...) Neste caso, mesmo quando há um líder definido, as relações não passam por vínculos familiares ou étnicos" (MINGARDI, Guaracy. *O Estado e o Crime Organizado*, p. 88-9).

terpostas e que se dedica sistematicamente a crimes como sonegação, descaminho, contrabando, falsificação de mercadorias, etc.[243]

b) a empresa regularmente constituída no âmbito da qual passam a ser cometidos delitos de forma sistemática,[244] como sonegação fiscal, crimes ambientais ou financeiros, ainda que mantenha, paralelamente, atividade regular e lícita;[245] e,

c) a *empresa de fachada*,[246] constituída para acobertar as atividades criminosas em si ou permitir a lavagem de dinheiro do proveito econômico obtido em outros crimes, comumente colocadas em nomes de pessoas interpostas ou *laranjas*.[247]

Já a empresa regularmente constituída no âmbito da qual, de forma eventual, foi cometido um delito de apropriação indébita previdenciária ou um crime ambiental, não poderá ser considerada organização criminosa. Outro será o efeito se no âmbito da empresa, embora tenha atividade lícita, são praticados sistematicamente delitos de sonegação fiscal, crimes financeiros ou delitos ambientais.

2.2.4. O paradigma endógeno

O quarto paradigma de organização criminosa é o endógeno, que não encontra reflexo exato em nenhum dos anteriores. Também é chamado de institucional, por nascer no interior de instituições ou órgãos públicos, valendo-se os agentes públicos de sua posição para obter vantagens ilegais por longos períodos de tempo, indo além do mero aproveitamento das oportunidades que surgem. Aqui o sentido da atuação criminosa não é de fora para dentro, mas de dentro para fora, em relação ao Estado, fi-

---

[243] Nesse sentido: ESTELLITA, Heloísa. *Criminalidade de Empresa*, p. 30-31. Para exemplos concretos de empresas dessa ordem ver: BRASIL. *CPI da Pirataria*, p. 64-111 e p. 158-170, sendo essa última sobre o caso Law Kin Chong.

[244] TIGRE MAIA, Rodolfo. *O Estado Desorganizado contra o Crime Organizado*, p 32. ZAFFARONI refere-se à primeira dentro do *paradigma mafioso* e à segunda como *paradigma empresarial*, fazendo ainda referência à teoria do espectro empresarial, dentro do qual haveriam atividades legais e ilegais ("Crime Organizado": Uma categorização frustrada. p. 54).

[245] Em sentido contrário, afirmando que somente o desvirtuamento total, com o abandono de qualquer atividade lícita permitiria o reconhecimento do crime de quadrilha: Nesse sentido: ESTELLITA, Heloísa. *Criminalidade de Empresa*, p. 94.

[246] O STF reconheceu o delito de quadrilha em caso no qual a denúncia narrava: "a criação de uma organização, especificamente voltada para a sonegação fiscal, narrando fatos outros como a criação de empresas fantasmas, utilização de 'laranjas', declaração de endereços inexistentes ou indicação de endereços iguais para firmas diversas, alterações freqüentes na constituição social das empresas, inclusive com sucessões em firmas estrangeiras, nos chamados 'paraísos fiscais' (supostamente para dificultar a localização de seus responsáveis legais), emissão de notas fiscais e faturas para fornecer aparência de legalidade, entre outras coisas" (HC 84423/RJ, Carlos Britto, 1ª T., m., 24.8.04). Em sentido análogo: STF, HC 81260/ES, Sepúlveda Pertence, Pl., m., 14.11.01; STF, HC 84453/PB, Sepúlveda Pertence, 1ª T., m., 17.8.04.

[247] V. STF, HC 84223/RS, Eros Grau, 1ª T., m., 3.6.08.

gurando os funcionários públicos como vítimas de corrupção ativa, pressões ou violência, mas, ao contrário, como agentes que tomam a iniciativa e dominam a exploração de mercados ilícitos.

O paradigma endógeno representa, assim como o empresarial, uma superação da teoria da conspiração alienígena, admitindo que o criminoso não está sempre fora do Estado, mas pode ser um integrante dos poderes públicos ou das classes altas. A realidade demonstra que a relação entre a criminalidade e os serviços públicos não tem sentido único, havendo também agentes públicos que fazem do crime no exercício da função uma rotina.[248]

Em alguns casos o agente público vende sua influência ou intermediação, como sói acontecer com agentes de alto poder, como aqueles ocupantes de cargos eletivos.[249] Outras organizações de modelo endógeno operam espoliando o Estado diretamente, por meio de crimes como peculato ou fraudes em licitações e contratos públicos. A *mercadoria* poderá ser, ainda, a atuação ou omissão do servidor dirigindo-se o achaque ao administrado ou jurisdicionado. Nesse último caso, poderá a organização criminosa endógena encontrar-se incrustada nos próprios órgãos encarregados da repressão ao crime. Com efeito, cuida-se de modalidade criminosa especialmente típica de instituições ou áreas de atuação com alto poder de pressão, como a polícia e a fiscalização.

Um outro exemplo de organização endógena são as milícias, também chamadas de grupos de *polícia mineira*,[250] constituídas por policiais ou militares que invadem determinados bairros e passam a praticar extorsão, ao vender compulsoriamente *proteção* aos moradores e comerciantes, além de cobrar pela *permissão* para venda de gás, pela atuação do *transporte alternativo* em micro-ônibus e pela instalação irregular de TV a cabo, o chamado *gatonet*.[251] Tem forte presença no Rio de Janeiro, embora as milícias cariocas não sejam as únicas, havendo registro de casos também em outros Estados da Federação.[252]

---

[248] Sobre o tema v., abaixo, o item 2.4.2.3, sobre a conexão do crime organizado com o Estado. Para exemplos de organizações criminosas endógenas no Brasil v., abaixo, item 3.2.3 da Parte III.

[249] MINGARDI, Guaracy. O trabalho da Inteligência no controle do Crime Organizado, p. 58.

[250] SOARES, Luiz Eduardo. *Segurança tem Saída*, p. 68.

[251] MISSE, Michel. Mercados ilegais, redes de proteção e organização local do crime no Rio de Janeiro, p. 151-154; MUNIZ, Jaqueline de Oliveira; PROENÇA JÚNIOR, Domício. Muita politicagem, pouca política os problemas da polícia são, p. 165; STJ, HC 117317, Napoleão Maia, 5ª T., DJ 3.8.09. Pela disposição para a violência e uso de técnicas militares, guardam perigosa semelhança com os paramilitares colombianos, que, a pretexto de combater a guerrilha, extorquem a população civil com métodos assemelhados (GLENNY, Misha. *McMafia*, p. 310-314).

[252] Assim, por exemplo, o grupo denominado Anjos da Guarda, atuante no interior de Pernambuco (OLIVEIRA, Adriano. Tráfico de Drogas e Crime Organizado, p. 53-59).

A organização criminosa de modelo endógeno, quando incrustada em altos escalões de governo, como nos casos do *Esquema PC* e do *Mensalão*, qualifica-se, ao lado da criminalidade econômica grave, como criminalidade dos poderosos (*Kriminalität der Mächtigen*), aproximando a política da criminalidade, com um aproveitamento das relações e do domínio do poder estatal para alcançar a impunidade.[253] É em relação a essa modalidade de organização criminosa, e não sobre aquela tradicional, em geral afastada dos centros de poder, que se apresentam os maiores perigos de influência nociva sobre a economia e a política.[254]

2.2.5. Tomada de posição

A constatação de que o fenômeno da criminalidade organizada não se circunscreve ao paradigma mafioso é importante por três razões. Primeiro, porque a pergunta sobre a existência de crime organizado em um dado país pode ser respondida de forma diferente conforme o que se tenha em mente é a existência de organizações mafiosas, de redes criminosas, ou de crime organizado empresarial e endógeno.[255] Segundo, porque o conceito e a incriminação da organização criminosa não pode ignorar o fato da existência das redes e da utilização de empresas nas práticas criminosas, como instrumento ou fachada. Terceiro, porque as medidas investigativas específicas a serem adotadas nesse campo não podem ficar circunscritas ao fechado paradigma mafioso.

Quer dizer, é em atenção ao conjunto dos paradigmas existentes que precisa ser colocada a discussão sobre a existência de organizações criminosas no Brasil e no mundo, pois a investigação sobre a existência de organizações criminosas não passa, necessariamente, pela assertiva da existência de organizações de tipo mafioso, em todo o globo, mas também de organizações que se amoldem aos demais paradigmas examinados, ou seja, o *modelo de rede*, o *modelo empresarial* e o *modelo endógeno* como coexistentes com aquele tradicional.

As respostas ao perigo das organizações criminosas não podem ficar limitadas apenas aos grupos dedicados às atividades violentas, como roubo de cargas e carros-forte, não podendo ignorar as redes e devendo

---

[253] MÜLLER-DIETZ, Heinz. *Die soziale Wahrnehmung von Kriminalität*, S. 62-65. Sobre a modificação na concepção do Direito Penal, de "espada do Estado contra o desvalido delinqüente" para "espada da sociedade contra a delinqüência dos poderosos": SILVA SÁNCHEZ, Jesús María. *La expansión del Derecho Penal*, p. 47.

[254] VON LAMPE, Klaus. Organisierte Kriminalität unter der Lupe, S. 469-471.

[255] Somente assim pode ser entendida a assertiva da inexistência de crime organizado no Estado do Rio de Janeiro: VILLAS BÔAS FILHO, Fernando Alves Martins. *Crime Organizado e Repressão Policial no Estado do Rio de Janeiro*, p. 97-98.

Crime Organizado e Proibição de Insuficiência   **117**

alcançar também a criminalidade dos poderosos,[256] cometida nos escritórios e nos gabinetes, nos quais as características de hierarquização, compartimentalização e divisão de tarefas são ainda mais acentuadas.[257] Em outras palavras, as circunstâncias de não se tratar de uma organização com hierarquia rígida, de ser integrada por agentes públicos, de ocultar-se formalmente por detrás de uma fachada empresarial ou tratar-se de uma empresa formalmente constituída não podem servir de anteparo ou empecilho à persecução penal com os instrumentos adequados à criminalidade contemporânea.

Essa, aliás, a linha dominante na jurisprudência nacional, que tem reconhecido a possibilidade do crime de quadrilha cometido por meio de empresa regularmente constituída, em alguns casos mencionando mesmo a existência de *organização criminosa* (STJ, HC 62314, Gilson Dipp, 5ª T., v.u., 15.2.07), embora não exista, ainda, tipo legal com esse nome na legislação pátria, como já referido na Introdução.

Por fim, é preciso ter claro que os paradigmas não são estanques, podendo ocorrer casos de tipos mistos e mesmo de interpenetrações, como a união em rede de duas organizações de modelo mafioso e a utilização de empresas de fachada por parte destas, a seu turno, ligadas a organizações endógenas.[258]

2.3. DISTINÇÃO DA CRIMINALIDADE ORGANIZADA E FENÔMENOS ASSEMELHADOS

Traçados os paradigmas de organizações criminosas, e seguindo no rumo da investigação sobre a possibilidade de uma conceituação e tipificação, há que se distinguir o crime organizado de alguns fenômenos assemelhados, ou com traços comuns, mas inconfundíveis, por mais abrangentes ou dotados de algum traço especificador, a fim de que se alcance a necessária precisão terminológica. Com isso será possível excluir do conceito e da tipificação aquilo que *não é* crime organizado para os fins pretendidos.

2.3.1. Criminalidade de grupo

Assim, é de distinguir-se a *delinquência de grupo* da delinquência organizada, pois o objeto da primeira é mais amplo que o desta. Em qualquer

---

[256] "Compreendi que a manifestação mais cruel das desigualdades sociais em nosso país se dá no acesso à Justiça, que começa com o comportamento do policial, lá na ponta, revistando alguém, e acaba no sistema penitenciário. (...) Nosso sistema de justiça criminal age com dois pesos e duas medidas. (...) Se o crime é o mesmo, por que o tratamento diferenciado? O fato de ter estudado não tornaria mais grave a decisão de cometer o delito?" (SOARES, Luiz Eduardo. *Segurança tem Saída*, p. 39-40).

[257] Crítico sobre o viés classista da classificação de crime organizado: SALLA, Fernando. Considerações sociológicas sobre o crime organizado no Brasil, p. 370-371.

[258] FERNANDES, Luís Fiães. *Criminalidade Transnacional Organizada: Organização, Poder e Coacção*, p. 429.

caso de crimes eventuais com pluralidade de agentes, como no caso de *arrastões*, do crime de rixa, de brigas em estádios de futebol, há crime de grupo ou multitudinário, mas não de forma organizada. Quer dizer, a criminalidade organizada é uma modalidade de criminalidade de grupo,[259] mas dela se distingue justamente pelas características da organização, do planejamento, da estabilidade e da aplicação de todos esses recursos com o fim de obtenção de lucro.

2.3.2. Criminalidade profissional

Idêntico raciocínio vale para a *criminalidade profissional*, assim entendida aquela exercida como meio de vida ou profissão, como é o caso comum entre ladrões, batedores de carteira, alguns estelionatários e matadores de aluguel. A criminalidade profissional e a criminalidade organizada apresentam, então, como traço comum a superação do crime como ato eventual, artesanal, ocasional e sua adoção como meio de vida, de forma decidida e contumaz.

A diferença reside no caráter coletivo que é próprio da criminalidade organizada, o que faz com que nem toda criminalidade profissional seja organizada, até porque aquela poderá ser desenvolvida por um indivíduo isolado, que exerce uma atividade criminosa em tempo integral, enquanto a criminalidade organizada é, por definição, cometida por uma pluralidade de indivíduos, usualmente dedicados ao crime de modo não só profissional, mas coletivo.

Nesse sentido, a criminalidade organizada pode ser entendida como uma modalidade de criminalidade profissional, ou poderá fazer uso das especiais habilidades de criminosos profissionais, os quais, por sua vez, poderão necessitar de uma organização criminosa para a receptação de bens furtados, por exemplo.[260] Não se nega, então, a relação que pode existir, e, muitas vezes, existe, entre criminalidade profissional e crime organizado, em especial no modelo de rede, em que os serviços dos profissionais do crime poderão ser contratados, de forma eventual, por uma ou mais organizações.

2.3.3. Crime cometido de forma organizada

Não se deve confundir, ainda, a criminalidade ou delinquência organizada como atividade do crime ou delito isolado cometido de forma

---

[259] ANARTE BORRALO, Enrique. *Conjeturas sobre la Criminalidad Organizada*, p. 21.

[260] HOBBS, Dick. *Criminal Collaboration*, p. 816-817. Sobre criminosos profissionais autônomos em vinculação com organizações, v., acima, o item 2.2.2. Paradigma da Rede.

organizada, ou seja, com planejamento, ânimo de lucro e divisão de tarefas,[261] características apontadas na criminalidade organizada.

Falta aqui, porém, o requisito da estabilidade ou permanência, típico das organizações criminosas. Do ponto de vista da dogmática penal, cuida-se de um caso de concurso de agentes para a perpetração de um delito isolado, como usualmente reconhece a jurisprudência.[262] Nesse sentido, como adverte Albrecht: "Que crime organizado existe, pelo menos no sentido de que crimes são cometidos de forma organizada não se coloca em questão e não seria discutido seriamente por ninguém".[263]

2.3.4. Gangues juvenis

Em linha de princípio, também é reservado um tratamento específico do ponto de vista legal (CRFB, art. 227, § 2º, IV, Lei nº 8.069/90), dogmático e criminológico, para o fenômeno das gangues juvenis, considerada a sua condição de pessoa em formação.[264] As gangues juvenis não são, em regra, orientadas ao lucro de forma organizada como as organizações criminosas, muito embora possam atentar contra o patrimônio ou até mesmo terem ponto de contato com as organizações, às quais fornecem mão de obra,[265] o que é facilitado pela falta de perspectivas[266] e pelo desemprego estrutural, sendo considerado, ainda, vantajoso para as organizações, tendo em vista a disciplina diversa da legislação de infância e juventude em comparação com a legislação penal dirigida a adultos.[267]

2.3.5. Grupos terroristas

Também quanto aos grupos terroristas deve ficar clara a distinção em relação às organizações criminosas em sentido estrito, calcada, em primeiro lugar na diferença de objetivos, já que os grupos terroristas não têm como fim último o lucro, mas a tomada do poder político, com o pretexto de uma ideologia política, religiosa ou étnica.[268] Os grupos crimino-

---

[261] GUSY, Cristoph. *Beobachtung Organisierter Kriminalität durch den Verfassungschutz?* S. 322.

[262] Sobre o tema, v. o item 3.1.2.3 da Parte II, quando analisados os elementos objetivos do crime de quadrilha.

[263] ALBRECHT, Hans-Jörg. *Organisierte Kriminalität - Theoretische Erklärungen und empirische Befunde,* S. 8.

[264] Sobre o tema, v. as Regras Mínimas padrão das Nações Unidas para a administração da Justiça da Criança e do Adolescente (Regras de Pequim).

[265] ANARTE BORRALO, Enrique. *Conjeturas sobre la Criminalidad Organizada,* p. 21.

[266] SOARES, Luiz Eduardo. *Meu Casaco de General,* p. 163.

[267] CIAPPI, Silvio. *Crime Organizado e Gangues Juvenis,* p. 180.

[268] FABIÁN CAPARROS, Eduardo A. *Criminalidad Organizada,* p. 178; MEDINA ARIZA, Juan J. Una *Introdución al Estudio Criminológico del Crimen Organizado,* p. 112; SCARANCE FERNANDES, Antonio. *O equilíbrio na repressão ao crime organizado,* p. 13.

sos organizados em sentido estrito, ao contrário, buscam, essencialmente, o lucro[269] e não contam com um projeto de dominação política, valendo-se, eventualmente, da corrupção, da cooptação ou da infiltração nos poderes públicos a fim de evitar a persecução penal, mas sem um objetivo de efetiva tomada do poder estatal.

Da diferença de objetivos entre uns e outros decorre a adoção de métodos diversos para alcançá-los. A violência como meio para alcançar o poder político é algo tão velho como o mundo. O que torna o terrorismo um fenômeno contemporâneo e relativamente recente é utilização da mídia e da espetacularização da violência com motivação política como meio para granjear adeptos, desestimular a atuação dos órgãos repressivos e semear o medo e a descrença no regime estabelecido entre a população. Por tais razões, o grupo terrorista busca o máximo de publicidade em decorrência de ações engendradas do modo mais espetacular possível.[270]

Já para o grupo criminoso organizado, mais conveniente será o desconhecimento dos agentes de repressão sobre a sua existência. Veja-se o caso da máfia italiana, cuja existência foi negada, ao longo de muitos anos, ao argumento de tratar-se de um modo de vida ou uma atitude.[271] Como o objetivo principal é o lucro, e a violência é ruim para os negócios, acaba por ser utilizada pelos grupos criminosos organizados de modo instrumental, em regra como último recurso, sendo preferido em relação a funcionários públicos, por exemplo, a influência pela corrupção ou clientelismo.

Claro está que há diversos pontos de contato entre ambos os fenômenos, quais sejam, o uso da violência, o planejamento, a hierarquia, a estabilidade, a perpetração reiterada de crimes.[272] Mais que isso, o grupo terrorista usualmente comete crimes lucrativos como forma de financiamento de suas atividades. Registram-se, ainda, casos de colaboração entre organizações criminosas e terroristas, ou exploração de tráfico de drogas por grupos terroristas, no chamado *narcoterrorismo*, presente tanto

---

[269] PALAZZO, Francesco. *La Máfia hoy: evolución criminológica e legislativa*, p. 163.

[270] FABIÁN CAPARROS, Eduardo A. *Criminalidad Organizada*, p. 178.

[271] Sobre o tema, v., acima, o item 1.1.3 e, abaixo, o item 2.4.2.5.

[272] No Brasil, uma das hipóteses para o surgimento da mais antiga organização criminosa em atividade, o CV, teria origem no encarceramento em comum de presos políticos e comuns, em virtude do enquadramento típico do roubo a banco como crime político, na década de 1970, tendo os presos comuns apreendido as táticas de organização dos grupos terroristas no contato com os presos políticos (AMORIM, Carlos. *CV-PCC. A Irmandade do Crime*, p. 58; BRASIL. *Relatório da CPI do Tráfico de Armas*, p. 191). O *Japonês*, tido como um dos primeiros líderes da então Falange Vermelha, confirma o contato com os presos políticos, mas sem atribuir maior importância ao fato: CARNEIRO, Geraldo. Geraldo Carneiro entrevista Francisco Viriato Corrêa (o Japonês), p. 13-14.

Crime Organizado e Proibição de Insuficiência

na América Latina[273] quanto na Ásia, onde o Taliban e a Al-Qaeda controlam boa parte do mercado de ópio e heroína.[274]

Poderá ocorrer, ainda, de uma organização criminosa lançar mão de práticas terroristas, consistente em ataques de extrema violência[275] contra civis, a fim de aumentar a sensação de insegurança da população e a descrença nos poderes públicos, como ocorrido no ano de 2006 em São Paulo, por parte do PCC[276] ou no caso dos atentados contra autoridades envolvidas no controle da própria criminalidade organizada.[277] Esse tipo de ação costuma provocar, no entanto, fortes reações por parte das autoridades,[278] podendo ser interpretada como um sinal de desespero ou descontrole no seio da organização.

Em conclusão, embora existam características comuns, interpenetrações e mesmo a adoção de técnicas assemelhadas em alguns casos, o terrorismo é fenômeno que goza de autonomia, em razão das particularidades, de que se reveste,[279] razão pela qual merece tratamento doutrinário e legal específico, seja no plano interno, seja no plano internacional.[280] A distinção dar-se-á por aplicação do princípio da especialidade, sendo a motivação e os fins políticos o traço especializante do grupo terrorista. A conclusão será diversa, todavia, se aquela organização que tem origens terroristas pouco mantém dos fins políticos que inspiraram sua criação, restando convertida em mera organização criminosa com fins de lucro.

---

[273] Assim, por exemplo, em relação às Forças Armadas Revolucionárias da Colômbia - FARC (CAMILO OSÓRIO, Luis. *Delincuencia Organizada y Sistema Acusatorio*, p. XV; GLENNY, Misha. *McMafia*, p. 291, 295).

[274] GLENNY, Misha. *McMafia*, p. 303.

[275] Há registro de atos assemelhados na Itália (PALAZZO, Francesco. *La Máfia hoy: evolución criminológica e legislativa*, p. 166).

[276] "De maio a agosto de 2006, o estado de São Paulo foi palco de uma das maiores crises já vividas no país na área da segurança pública. Foram mais de 70 rebeliões nos presídios do estado. Houve agressões e ataques contra civis, mas sobretudo contra agentes públicos, principalmente policiais e agentes penitenciários; prédios privados, como bancos e supermercados; e públicos, como postos policiais foram alvos de atentados; além disso, foram incendiados veículos de transporte público, como ônibus e peruas. A crise se desdobrou em três ondas com um total de 1.352 ataques e 172 mortos" (SALLA, Fernando. *Considerações sociológicas sobre o crime organizado no Brasil*, p. 365).

[277] Um exemplo é o caso do assassinato do Juiz italiano Giovanni Falcone, um caso de *vittima eccelente*, na expressão utilizada para diferenciar os casos de homicídios de vítimas menos notórias (MAIEROVITCH, Walter Fanganiello. *A Matriz Terrorista do Crime Organizado*, p. 92). Sobre o tema, v., acima, item 1.1.3.

[278] PALAZZO, Francesco. *La Máfia hoy: evolución criminológica e legislativa*, p. 169.

[279] QUINTERO OLIVARES, Gonzalo. *La Criminalidad Organizada y la Función del Delito de Asociación Ilícita*, p. 178.

[280] Assim ocorre no âmbito das Nações Unidas, bem como na União Europeia e no Conselho da Europa (SÁNCHEZ GARCIA DE PAZ, Isabel. *Perfil Criminológico de la Delincuencia Transnacional Organizada*, p. 631).

2.3.6. Criminalidade de massa

Hassemer define como *criminalidade de massa* aquela tão corriqueira que os fatos que a constituem não são sequer noticiados ou investigados, tais como furtos de rua ou em residências, pequeno tráfico de drogas ou casos de violência juvenil. Para o referido autor, tais crimes atingiriam de forma muito mais aguda o cidadão e a omissão do Estado na sua perseguição é que seria a causadora da sensação de desproteção e submissão a ações ilegais de terceiros, o que causaria, por sua vez, dúvidas sobre o funcionamento do sistema penal como um todo.[281] No Brasil, é o que se dá com crimes como descaminho, jogo do bicho, e mesmo furtos e roubos.

2.4. CARACTERÍSTICAS DAS ORGANIZAÇÕES CRIMINOSAS

Apesar da falta de consenso sobre o conceito de crime organizado, é possível notar o reconhecimento de algumas características que podem contribuir para a construção de um conceito legal. Abaixo seguem listadas as características reconhecidas na doutrina e na jurisprudência, com a observação de sua aplicabilidade a todos os paradigmas ou somente a alguns deles.

Aponto como características essenciais aquelas que podem ser encontradas em todos os paradigmas de organizações criminosas, conforme o item 2.2., acima. Com isso, não se corre o risco de exclusão de alguma das manifestações de crime organizado. As características apontadas como essenciais são compatíveis, ainda, com o conceito da Convenção de Palermo, objeto do item 3.2.1., abaixo, e com o tipo proposto para o Brasil, conforme o item 4.1.4.4 da Parte III.

As características não essenciais não deverão figurar no conceito ou no tipo penal de organização criminosa, como elementares, mas sim como dados acidentais, com influência no apenamento, como causas especiais de aumento de pena. Do contrário, construindo-se um tipo excessivamente fechado, restarão excluídas alguns dos paradigmas acima.

De todo modo, reconhecimento da organização poderá ser demonstrado ou reforçado pela presença de uma ou algumas das características não essenciais, tais como hierarquia, divisão de trabalho, especialização, logística,[282] utilização de meios tecnológicos, o uso da compartimentalização, da corrupção, da destruição de provas e da intimidação de testemunhas.

---

[281] HASSEMER, Hans. *Innere Sicherheit im Rechtsstaat*, S. 664.

[282] SIEBER, Ulrich. Logistik der Organisierten Kriminalität in der Bundesrepublik Deutschland, S. 760.

2.4.1. Características essenciais

2.4.1.1. Pluralidade de agentes

A própria ideia de organização traduz a presença de uma coletividade de agentes, de modo que não se concebe uma organização criminosa unipessoal, sendo esse o traço distintivo entre crime organizado e criminalidade profissional, como visto no item anterior. Com efeito, a organização pressupõe uma coletividade ou a reunião de esforços de agentes distintos, de modo que, do ponto de vista da estrutura do tipo penal, cuidar-se-á de tipo de concurso necessário.

Assim, por exemplo, na Convenção de Palermo (3.2.1, abaixo), exige-se um mínimo de três pessoas, sendo a pluralidade de agentes reconhecida na generalidade dos países que contam com tipos ou definições de organização criminosa, conforme item 3.3, abaixo, bem como no próprio tipo de quadrilha, objeto do art. 288 do CP.

2.4.1.2. Estabilidade ou permanência

Também decorrente da própria ideia de organização, a permanência ou estabilidade na atividade criminosa,[283] que serve como critério para apartar a organização criminosa do mero concurso eventual de agentes ou, como referido acima, do delito isolado cometido de forma organizada. A Convenção de Palermo, em seu art. 2º, considera como grupo criminoso organizado aquele "existente há algum tempo e atuando concertadamente com o propósito de cometer uma ou mais infrações graves".

Se o grupo não se perpetua, em razão mesmo do ambiente de disputa próprio da atividade criminal, não há que falar em grupo criminoso organizado, podendo configurar-se, eventualmente, e com grandes dificuldades probatórias, o crime de quadrilha, que se consuma com a mera reunião de agentes com o fim de cometer uma série indeterminada de crimes, independentemente de sua efetiva perpetração.[284]

A modificação dos integrantes do grupo é dado que pode ser vislumbrado sob dupla perspectiva. De um lado, se o grupo é integrado, de forma prolongada no tempo, pelos mesmos indivíduos, haverá maior facilidade no reconhecimento da estabilidade e da característica, examinada acima, da pluralidade de agentes, afastando o concurso eventual. De outro lado, a substituição de alguns integrantes, em especial aqueles das camadas mais subalternas da organização, sem solução de continuidade na atividade criminosa, aproveitando-se das mesmas relações e oportu-

---

[283] FABIÁN CAPARROS, Eduardo A. *Criminalidad Organizada*, p. 172.

[284] V. os itens 3.1.2.3 e 3.1.2.5. da Parte II, sobre o tipo objetivo e a consumação no crime de quadrilha.

nidades, poderá igualmente servir ao reconhecimento da existência de grupo criminoso organizado dotado de permanência. Quer dizer, o reconhecimento da estabilidade do grupo não está ligado, necessariamente, à permanência da mesma composição. Parece ser esse o sentido da assertiva contida no art. 2º da Convenção de Palermo ao dispensar a continuidade da composição para a caracterização do grupo estruturado.

2.4.1.3. Finalidade de lucro

É ponto unânime na doutrina[285] o reconhecimento do fim lucrativo como característica do crime organizado, que já foi chamado de *crime-negócio*.[286] Para Mingardi, mais que mero fim de lucro, o crime organizado é marcado pela *previsão de lucro*, possibilitada pela regularidade da atuação criminosa, o que distinguiria a organização do ladrão que simplesmente toma o que puder em cada roubo cometido.[287] A prevalência do fim do lucro ou a presença deste como fim último também serve como critério distintivo entre as organizações criminosas e os grupos terroristas.

O art. 2º da Convenção de Palermo aponta expressamente como traço da organização criminosa: "a intenção de obter, direta ou indiretamente, um benefício econômico ou outro benefício material". O art. 416-bis do CP italiano, já referido no item 2.2.3, refere expressamente como elementos subjetivos do tipo de associação de tipo mafioso, ao lado do fim de cometer crimes, os fins de "adquirir, de modo direto ou indireto a gestão ou, de qualquer modo o controle de atividade econômica, de concessões, de autorizações, empreitadas e serviços públicos ou para obter lucros ou vantagens injustas para si ou para outrem".

O móvel de lucro não é, porém, privilégio das classes baixas, sendo também traço comum das organizações criminosas a presença de indivíduos de vários estamentos sociais, representando a atividade criminosa para aqueles que já detêm bens a sua manutenção, enquanto para aqueles oriundos das classes baixas a atividade pode representar uma forma de ascensão social. Bem por isso, não se pode afirmar que as organizações criminosas nasçam, necessariamente, em ambientes de pobreza, os quais podem, no entanto, contribuir para fornecer mão de obra para a atividade criminal.[288]

---

[285] V., por todos: GARZÓN, Baltasar. *Un Mundo sin Miedo*, p. 210-211; HETZER, Wolfgang. *Wirtschaftsform Organisierte Kriminalität*, S. 130; VALLE FILHO, Oswaldo Trigueiro do. *Sobre o Crime Organizado*, p. 761.

[286] GOMES, Rodrigo Carneiro. *O Crime Organizado na Visão da Convenção de Palermo*, p. 19; ZALUAR, Alba. Democratização inacabada: fracasso da segurança pública, p. 32. Essa característica também já foi apontada em precedente judicial (STJ, HC 16.334/ES, Gilson Dipp, 5ª T., v.u., 14.8.01).

[287] MINGARDI, Guaracy. *O trabalho da Inteligência no controle do Crime Organizado*, p. 56.

[288] Sobre a relação entre pobreza e crime organizado, v. item 1.1.3 da Parte II. V., também, os paradigmas empresarial e endógeno de crime organizado, supra, itens 2.2.3 e 2.2.4.

2.4.1.4. Organização

A organização de grupo, também mencionada como estrutura ou planejamento, por vezes acompanhada do adjetivo *empresarial* ou a adoção de estruturas empresariais corresponde a uma racionalização de atividades criminosas que tem por fim a eficiência e o lucro, a ser maximizado,[289] em especial pelo planejamento,[290] e também por outros traços próprios das organizações empresariais, diminuindo-se os riscos e prejuízos. Em outras palavras, há uma profissionalização da atividade criminosa, que não é vista como algo eventual e súbito, mas uma atividade cuidadosamente planejada, de modo sistemático, e adotada como meio de vida.[291]

Com efeito, a existência de uma estrutura empresarial ou assemelhada é traço geralmente aceito para caracterização das organizações criminosas, tanto na doutrina quanto na jurisprudência, sendo reconhecida a estruturação de "forma empresarial" (STJ, HC 16.334/ES, Gilson Dipp, 5ª T., v.u., 14.8.01), com planejamento e objetivos claros (TRF 4, AC 200271040003840/RS, José Luiz Borges Germano da Silva, 7ª T., v.u., 23.9.03), como traço de organização criminosa.

O grau de organização é variável e, do ponto de vista legal, deve ser tratado como elemento normativo do tipo, a ser verificado no caso concreto, cabendo à jurisprudência o papel de atribuir maior clareza e densidade ao nível mínimo de organização a ser exigido para que se entenda presente essa característica, cuja determinação *a priori* é de difícil realização, em razão da multiplicidade das situações de fato.

Veja-se que a Convenção de Palermo, em seu art. 2º, requer que o grupo criminoso organizado seja *estruturado*, para logo dizer que assim será reconhecido o:

> (...) grupo formado de maneira não fortuita para a prática imediata de uma infração, ainda que os seus membros não tenham funções formalmente definidas, que não haja continuidade na sua composição e que não disponha de uma estrutura elaborada.

---

[289] SÁNCHEZ GARCÍA DE PAZ, Isabel. *Perfil Criminológico de la Delincuencia Transnacional Organizada*, p. 636.

[290] "Quanto ao planejamento, qualquer um que já lidou com criminosos comuns, especialmente ladrões, verificou que eles vivem o momento. O máximo de planejamento diz respeito ao levantamento de um local antes do roubo. São raras as quadrilhas que planejam com um mês de antecedência. Aliás, esse é o motivo pelo qual muitos acabam presos. Mesmo seqüestradores comuns, não pertencentes a organizações criminosas, inúmeras vezes decidem pelo seqüestro no meio de um roubo. Nem mesmo planejam onde guardar suas vítimas" (MINGARDI, Guaracy. O trabalho da Inteligência no controle do Crime Organizado, p. 56-57).

[291] Sobre a distinção e inclusão da criminalidade empresarial como manifestação de criminalidade organizada, v., acima, o item 2.2.3. Paradigma Empresarial. Sobre a distinção entre crime organizado e criminalidade profissional, v., supra, item 2.3.2.

2.4.2. Características não essenciais

Ao lado das características essenciais, acima referidas, há dados que poderão estar ou não presentes na organização criminosa, conforme se cuide de uma organização de modelo mafioso, de rede, empresarial ou endógeno. Quanto mais características estiverem presentes, reforçado estará o convencimento no sentido de cuidar-se de uma organização, sem que a falta de uma das características ora arroladas afaste, necessariamente, esse resultado.

2.4.2.1. Hierarquia

Embora não seja essencial, a hierarquia é traço comumente referido como característico das organizações criminosas (STJ, HC 16.334/ ES, Gilson Dipp, 5ª T., v.u., 14.8.01), assim como a liderança (TRF 4, AC 200271040003840/RS, José Luiz Borges Germano da Silva, 7ª T., v.u., 23.9.03). Com isso, é alcançada uma dissociação entre a execução material dos atos, de modo que o resultado lesivo aparece distanciado, no tempo e no espaço, dos responsáveis pelo planejamento do delito.[292]

De fato, a hierarquia estará presente, em maior ou menor grau, nas organizações criminosas, sendo que de modo mais intenso nas organizações de modelo empresarial, como decorrência da própria organização da empresa, bem como naquelas de modelo tradicional e endógeno. No Brasil, exemplo de organização dotada de hierarquia está nos grupos que exploram o jogo do bicho[293] e no PCC,[294] conforme divisão de trabalho exposta no item abaixo.

De modo ideal, sem afastar a possibilidade de variações, pode-se vislumbrar, em especial nas organizações tradicionais, um modelo em que, no primeiro nível hierárquico, estão os dirigentes, que tomam as decisões, mas não se envolvem, diretamente, na prática de atos delituosos, atuando, legalmente, como empresários ou políticos, assessorados por advogados, contadores e outros técnicos. No segundo nível, estão os guarda-costas, que cuidam das propriedades e supervisionam as atividades delituosas. Por fim, no último nível, estão os soldados, encarregados da perpetração dos delitos necessários às atividades do grupo.[295]

Nem sempre, porém, haverá uma hierarquia rígida, sendo reconhecida, também, a existência de redes de criminosos, com vinculação

---

[292] SILVA SÁNCHEZ, Jesús María. *La expansión del Derecho Penal*, p. 91.

[293] MISSE, Michel. *Mercados ilegais, redes de proteção e organização local do crime no Rio de Janeiro*, p. 14-143.

[294] PORTO, Roberto. *Crime Organizado e Sistema Prisional*, p. 74.

[295] SÁNCHEZ GARCIA DE PAZ, Isabel. *Perfil Criminológico de la Delincuencia Transnacional Organizada*, p. 649.

horizontal, e não vertical, hierárquica, nos quais a cadeia de comando é bastante mais tênue, mas nem por isso inexistente.[296] Nessa linha:

> A interpretação que se tem dado à hierarquia nos dá a impressão de empresa, onde as classes estão nitidamente configuradas. Acredito que o termo hierarquia no âmbito do Crime Organizado tem por finalidade espelhar um sentido de unidade, em que as acções de uns não diferem das dos demais, daí aquela assertiva de que o "homem por de trás" responde com a mesma intensidade dolosa que o executor material do facto.[297]

Em outras palavras, a hierarquia aqui deve ser entendida dentro do contexto da dinâmica criminal, aliada, conforme o caso, à ideia de rede e de busca do lucro. Um grupo ou organização criminal dificilmente irá dominar toda a escala de produção, transporte e distribuição de um determinado produto ou serviço, de modo que precisará aliar-se a outros indivíduos ou grupos, especializados em certas etapas da atividade, de acordo com o já referido modelo da rede,[298] ou seja, mantendo vínculos associativos, e não hierárquicos. Em outras palavras: "Parece, por fim, que hoje a descentralização do crime organizado e a fluidez de sua estrutura são elementos indispensáveis à sua rápida adaptação e, portanto, sobrevivência (Barkan, 2001)".[299]

Como o ambiente é de intensa disputa, a hierarquia não é, tampouco, incompatível com rivalidades e disputas[300] e uma certa fragmentação do poder dentro e fora dos grupos, o que aliás, contribui para a existência de colaboradores, muitas vezes movidos por um desejo de vingança contra os antigos comparsas.

Ligada à ideia de hierarquia, eventualmente é reconhecida como característica a disciplina (STJ, HC 16.334/ES, Gilson Dipp, 5ª T., v.u., 14.8.01), mais comum em estruturas empresariais ou de tipo tradicional, e mais tênue ou mesmo inexistente no modelo de rede, não sendo, portanto, traço essencial de toda e qualquer organização.

2.4.2.2. Divisão de trabalho

A divisão de trabalho[301] ou de tarefas (STJ, HC 16.334/ES, Gilson Dipp, 5ª T., v.u., 14.8.01), com funções definidas (TRF 4, AC 200271040003840/RS,

---

[296] KLERKS, Peter. *The network paradigm*, p. 109. Sobre o paradigma de rede, v., acima, item 2.2.2.

[297] VALLE FILHO, Oswaldo Trigueiro do. *Sobre o Crime Organizado*, p. 779.

[298] "Outra característica importante que deve ser mencionada é a fragmentação do poder, bem ao contrário do modelo que imputa às organizações criminosas um comando centralizado. Como vimos em todas as organizações estudadas, existem vários grupos que tanto podem se aliar como combater, depende das circunstâncias" (MINGARDI, Guaracy. *O Estado e o Crime Organizado*, p. 85).

[299] ROCHA, João Luís Moraes. *Crime Transnacional*, p. 90.

[300] Sobre as disputas internas, no caso do PCC, v.: JOZINO, Josmar, p. 233-240; SOUZA, Fatima. *PCC. A Facção*, p. 74, 164-169, 266-269; e, no caso do CV: CALDEIRA, Cesar. *Presídio sem facções criminosas no Rio de Janeiro*, p. 119.

[301] TIGRE MAIA, Rodolfo. *O Estado Desorganizado contra o Crime Organizado*, p. 4.

José Luiz Borges Germano da Silva, 7ª T., v.u., 23.9.03), atribuições próprias para membros diferentes da organização (STJ, HC 33669, 5ª T., v.u., Jorge Scartezzini, 1.7.04) e especialização (TRF 4, AC 200270020066660, José Luiz B. Germano da Silva, 7ª T., m., 30.11.04) é característica comum, sendo apontada como inerente à própria ideia de organização,[302] com a divisão de atividades conforme as aptidões e especialidades dos diversos membros do grupo.

Não se exige, contudo, uma divisão rígida ou inflexível de tarefas. A Convenção de Palermo, ao definir o grupo estruturado, em seu art. 2º, não demanda que os seus membros tenham funções formalmente definidas. Quanto maior o grau de organização e o número de integrantes, provavelmente maior será o grau de divisão de tarefas e especialização, o que tornará mais fácil o reconhecimento da organização. Em grupos de menor porte, haverá um acúmulo de tarefas, como em empresas familiares, em que todos fazem um pouco de tudo. Quer dizer: "Nessa linha, organização não significa ordenação hierárquica, nem uma delimitação de funções e competências em um esquema rigorosamente estruturado".[303]

Concretamente, a divisão pode ser exemplificada com o caso do furto de veículos, em que há membros especializados na subtração em si, no desmanche, na venda do veículo ou das peças ou no seu transporte para o exterior.[304] Outro exemplo pode ser encontrado no jogo do bicho, em que há uma divisão de funções entre *apontadores*, que recolhem as apostas do público; *arrecadadores*, encarregados de recolher as apostas e levá-las a banca, *olheiros*, que avisam da chegada da polícia; e *gerentes*, que controlam vários pontos em favor do *banqueiro* que controla um determinado território e pode contar ainda com os serviços de advogados, contadores e pistoleiros ou seguranças. Apontadores e gerentes tanto podem ser remunerados por comissão quanto por salários fixos. O banqueiro, a seu turno, eventualmente *descarrega* parte de suas apostas em favor de um banqueiro mais poderoso, que controla uma área maior.[305]

Estrutura assemelhada é encontrada no tráfico de drogas do Rio de Janeiro, onde são reconhecidas as figuras do *olheiro* ou *fogueteiro*, encarregado de avisar da chegada da polícia, do *avião*, que vai até o freguês ou

---

[302] ALMEIDA DA COSTA, Renata. *A Sociedade Complexa e o Crime Organizado*, p. 54.

[303] MEDINA ARIZA, Juan J. *Una Introdución al Estudio Criminológico del Crimen Organizado*, p. 113.

[304] MINGARDI, Guaracy. O trabalho da Inteligência no controle do Crime Organizado, p. 56.

[305] MISSE, Michel. Mercados ilegais, redes de proteção e organização local do crime no Rio de Janeiro, p. 142-143; TENÓRIO, Igor; LOPES, Inácio Carlos Dias. *Crime Organizado*, p. 52-53.

aponta este para o *vapor*, a quem cabe levar a droga até o asfalto,[306] e do *soldado* ou *segurança*.[307]

Outro exemplo é o CV, que contaria com um setor de inteligência, encarregado do planejamento das ações e até mesmo com um *crítico*, encarregado da observação da ação criminosa para apontar possíveis falhas e melhorias.[308] Notória também a figura do *robô*, preso encarregado de cumprir ordens do alto escalão, que incluem a morte de outros apenados.[309]

No PCC há registro, além dos chefões ou *fundadores*[310] e subchefes, da existência de um tesoureiro, encarregado da arrecadação e distribuição dos valores,[311] bem como do *torre*, que tem liberdade de ação na sua área,[312] dos *pilotos*, responsáveis por uma cadeia,[313] além dos soldados, encarregados do cumprimento das ordens, e dos *primos*, como são chamados os simpatizantes da organização. Como muitos líderes estão presos, há necessidade ainda de colaboração de pessoas de fora, como aqueles encarregados da operação de centrais telefônicas, depois automatizadas e da entrega de bilhetes contendo ordens, os chamados *salves*. Já as diversas áreas de atuação da organização, como o tráfico de drogas, o armamento, as finanças, o transporte de familiares, etc. estão distribuídas em diferentes *sintonias*.

2.4.2.3. Compartimentalização

Ligada às ideias da hierarquia e da divisão de trabalho, a compartimentalização[314] (*Abschottung*) consiste na criação de uma cadeia de comando, de modo que o executor dos atos criminosos não recebe as ordens diretamente do líder da organização criminosa, que se protege ao não praticar, por mão própria os delitos, bem como por não determiná-los diretamente. Aliada essa tática à lei do silêncio e a uma eventual violência contra um dos elos dessa cadeia, constrói-se um eficiente sistema para

---

[306] ZALUAR, Alba. *Condomínio do Diabo*, p. 19.

[307] ATHAYDE, Celso; SOARES, Luiz Eduardo; BILL, MV. *Cabeça de Porco*, p. 257; BARCELLOS, Caco. *Abusado*, p. 37-38; BILL, MV; ATHAYDE, Celso. *Falcão. Meninos do Tráfico*, p. 249-251.

[308] AMORIM, Carlos. *CV-PCC. A Irmandade do Crime*, p. 175.

[309] CALDEIRA, Cesar. *Presídio sem facções criminosas no Rio de Janeiro*, p. 109.

[310] PORTO, Roberto. *Crime Organizado e Sistema Prisional*, p. 74.

[311] SOUZA, Percival de. *O Sindicato do Crime*, p. 47.

[312] PORTO, Roberto. *Crime Organizado e Sistema Prisional*, p. 74.

[313] BRASIL. *CPI do Crime* Organizado, p. 193; PORTO, Roberto. *Crime Organizado e Sistema Prisional*, p. 74; SOUZA, Fatima. *PCC. A Facção*, p. 26.

[314] SÁNCHEZ GARCIA DE PAZ, Isabel. Perfil Criminológico de la Delincuencia Transnacional Organizada, p. 636.

evitar a comprovação dos delitos, à semelhança da estrutura de *células*[315] estanques adotadas por grupos terroristas ou guerrilheiros.

A compartimentalização facilita, ainda, a substituição[316] do indivíduo que for preso, morto, ou, por outro motivo, se afastar do grupo. No Brasil, a técnica seria adotada pelo PCC, de modo a permitir a continuação das atividades mesmo em caso de isolamento dos líderes.[317] Há registro, ainda, da divisão da tesouraria em quatro ou cinco diferentes pessoas, após a prisão de um tesoureiro único, com os respectivos registros.[318] A técnica é utilizada também em casos de extorsão mediante sequestro, dividindo--se os grupos encarregados do arrebatamento da vítima e da vigilância no cativeiro, sendo desconhecido dos primeiros o local onde a vítima é mantida, o que também é ignorado pelo negociador.[319]

2.4.2.4. Conexão com o Estado

A conexão com o Estado é considerada por parte da doutrina um dos principais traços definidores da criminalidade organizada,[320] pois as mais das vezes uma atividade ilícita organizada, para se perpetuar no tempo, depende da conivência ou participação dos órgãos repressivos com o fim de evitar a persecução penal,[321] encobrir os atos criminosos[322] ou garantir os lucros, mediante obtenção de licenças e permissões do poder público, ou ainda de um tratamento favorável ou omisso da fiscalização tributária, ambiental, de saúde pública, etc.[323] Daí o desacerto de falar que as organizações criminosas criam um Estado paralelo, quando linhas paralelas são aquelas que nunca se encontram, o que não corresponde ao traço ora examinado das organizações criminosas.[324]

---

[315] TIGRE MAIA, Rodolfo. *O Estado Desorganizado contra o Crime Organizado*, p. 19.

[316] SIEBER, Ulrich. *Logistik der Organisierten Kriminalität in der Bundesrepublik Deutschland*, S. 765-766. Sobre a identidade da composição no reconhecimento da permanência, v., acima, o tiem 2.4.1.2.

[317] PORTO, Roberto. *Crime Organizado e Sistema Prisional*, p. 74.

[318] SOUZA, Percival de. *O Sindicato do Crime*, p. 47-48.

[319] SOUZA, Fatima. *PCC. A Facção*, p. 117-118.

[320] Assim, por exemplo, para Hassemer, que considera esse traço essencial para o reconhecimento da criminalidade organizada, por representar o desaparecimento da fronteira entre o crime e a luta contra o crime (HASSEMER, Hans. *Innere Sicherheit im Rechtstaat*, S. 665). No mesmo sentido: GOMES, Abel Fernandes. *Crime Organizado e suas conexões com o poder público*, p. 3. De registrar, ainda, os casos em que a organização criminosa está dentro do órgão público, em especial nos crimes contra a administração pública, no chamado modelo endógeno (2.2.4).

[321] ZALUAR, Alba. *Democratização inacabada: fracasso da segurança pública*, p. 44.

[322] KINZIG, Jörg. *Die rechtliche Bewältigung von Erscheinungsformen organisierter Kriminalität*, S. 78.

[323] SÁNCHEZ GARCIA DE PAZ, Isabel. *Perfil Criminológico de la Delincuencia Transnacional Organizada*, p. 656-657.

[324] "Para refutar isto basta notar o grande número de funcionários públicos de todos os escalões que são acusados de manterem relações com organizações criminosas" (MINGARDI, Guaracy. *O Estado e o Crime Organizado*, p. 65). No mesmo sentido, afirmando a necessidade que a organização tem de *pontes*

Nessa linha o precedente que reconhece como característico de organização criminosa o "poder econômico e ramificações na estrutura administrativa e política do Estado" (STJ, HC 32102, José Arnaldo da Fonseca, 5ª T., v.u., 18.12.03), como no caso em que: "complexa organização criminosa investigada, para cumprir seus fins escusos, se valia de estratagemas envolvendo corrupção ativa e passiva, lavagem de dinheiro, exploração de prestígio, extorsão, receptação, dentre outros crimes, contando para isso com a colaboração de funcionários públicos da Agência Nacional de Petróleo – ANP, da Polícia Rodoviária Federal, da Fazenda Estadual fluminense e, quiçá, do TRF da 2ª Região". (STJ, HC 37078/RJ, Laurita Vaz, 5ª T., v.u., 4.11.04).

São emblemáticos, nesse ponto, os casos do jogo ilegal, em particular do jogo do bicho,[325] do tráfico de drogas e da exploração de prostituição, atividades que se perpetuam por anos a fio em locais conhecidos da população em geral, de modo mais ou menos explícito, volta e meia divulgados na imprensa, não sendo crível que sejam desconhecidas apenas dos órgãos repressivos.[326]

Essa conexão opera por meio de mecanismos de cooptação de servidores públicos encarregados da repressão da criminalidade, como policiais (STJ, HC 75459/SP, Napoleão Maia, 5ª T., v.u., 13.9.07; STJ, HC 76114/RS, Arnaldo Lima, 5ª T., v.u., 19.6.07), agentes penitenciários,[327] fiscais, membros do Ministério Público ou Juízes. A cooptação pode dar-se mediante corrupção,[328] práticas clientelistas ou, em menor escala, mediante infiltração.

2.4.2.4.1. Corrupção

Muitas vezes a atividade criminosa organizada é protegida[329] mediante o pagamento regular de propina aos encarregados de sua repres-

---

com a sociedade civil: PALAZZO, Francesco. *La Máfia hoy: evolución criminológica e legislativa*, p. 163. Sobre a distinção entre crime organizado e terrorismo, no particular, v., supra, 2.3.5.

[325] MISSE, Michel. *Mercados ilegais, redes de proteção e organização local do crime no Rio de Janeiro*, p. 142.

[326] MINGARDI, Guaracy. *O trabalho da Inteligência no controle do Crime Organizado*, p. 57.

[327] MINGARDI, Guaracy. *O trabalho da Inteligência no controle do Crime Organizado*, p. 63.

[328] CHAMBERLIN, Henry Barret. *Some observations concerning organized crime*, p. 668; VALLE FILHO, Oswaldo Trigueiro do. *Sobre o Crime Organizado*, p. 780.

[329] Referindo-se ao caso de roubo de cargas, Mingardi esclarece que o risco de prisão e apreensão das mercadorias determina: "a necessidade de manter um vínculo permanente com policiais" (MINGARDI, Guaracy. *O Estado e o Crime Organizado*, p. 123). Também na Alemanha afirma-se que na maioria dos casos expressivos de crime organizado há policiais implicados (OSTENDORF, Heribert. Organisierte Kriminalität – eine Herausforderung für die Justiz, S. 67). Sobre o emblemático caso do Estado do Espírito Santo, v.: JUSTIÇA GLOBAL, *Direitos Humanos no Brasil 2002*, p. 67-78.

132

são, a chamada *caixinha, arreglo* ou *arrego* (sic),[330] consistente no pagamento regular, mensal ou semanal, a autoridades policiais (TRF2, HC 5355/RJ, Abel Gomes, 1ª TE, v.u., 12.12.07),[331] como reconhecido em relação ao jogo do bicho no Rio de Janeiro (STJ, HC 49463/RJ, Gilson Dipp, 5ª T., v.u., 28.3.06) e também na exploração de bingo eletrônico. Também é comum entre traficantes e assaltantes de banco a manutenção de uma quantia em dinheiro reservada para o acerto eventual com policiais corruptos em caso de prisão. Os agentes públicos figuram aqui como verdadeiros associados da criminalidade. O sistema se perpetua na execução penal, com o ingresso de telefones celulares, mensageiros, drogas, armas e prostitutas nos estabelecimentos penais.[332] Sem a conivência de agentes públicos, haveria sensível diminuição ou pelo menos uma instabilidade bastante mais acentuada em tais atividades.

A iniciativa da corrupção pode variar, podendo o controle pender para os servidores que solicitam ou exigem vantagem de criminosos,[333] ora para criminosos que dirigem a ação dos servidores mediante o oferecimento de vantagens, ora ainda, para uma relação simbiótica de colaboração,[334] em que ganham ambos os lados envolvidos, enquanto perde a sociedade. O traço comum a todas as práticas, que corporificam os crimes de corrupção ativa, passiva ou concussão (CPC, arts. 333, 317 e 316), é o desvio dos servidores de sua finalidade.[335]

As práticas de corrupção não se limitam, porém, aos servidores em contato direto com a criminalidade de submundo, nem às organizações criminosas organizações criminosas de modelo tradicional, sendo prática recorrente também nas organizações empresariais e junto a funcionários e agentes públicos de altas esferas.[336]

---

[330] BILL, MV; ATHAYDE, Celso. Falcão. Meninos do Tráfico, p. 249; MISSE, Michel. Mercados ilegais, redes de proteção e organização local do crime no Rio de Janeiro, p. 151; SOARES, Luiz Eduardo. *Segurança tem Saída*, p. 61.

[331] Para um relato sobre o tema, já no final da década de cinquenta do século passado: MOREL, Mário. A "caixinha" da Polícia do Distrito Federal, p. 57-77. Mais recentemente: AMORIM, Carlos. *CV-PCC. A Irmandade do Crime*, p. 179; ZALUAR, Alba. Democratização inacabada: fracasso da segurança pública, p. 39.

[332] SOUZA, Fatima. *PCC. A Facção*, p. 95 e 111; JOZINO, Josmar. *Cobras e Lagartos*, p. 74.

[333] No Brasil, não chega a ser incomum a concussão praticada por policiais em relação a criminosos, como no caso do Esquadrão da Morte na polícia do Rio de Janeiro, integrado, entre outros, por Mariel Mariscotte de Mattos (AMORIM, Carlos. *CV-PCC. A Irmandade do Crime*, p. 67). Relatos análogos são encontrados em: ATHAYDE, Celso; SOARES, Luiz Eduardo; BILL, MV. Cabeça de Porco, p. 259-260; JOZINO, Josmar. *Cobras e Lagartos*, p. 58-59; SOUZA, Fatima. *PCC. A Facção*, p. 94.

[334] GOMES, Abel Fernandes. *Crime Organizado e suas Conexões com o Poder Público*, p. 14. Afirmando a existência de articulação entre a criminalidade e segmentos políticos e policiais no Estado do Rio de Janeiro: SOARES, Luiz Eduardo. *Segurança tem Saída*, p. 51 e 60.

[335] FLORES PÉREZ, Carlos Antonio. *El Estado en Crisis: Crimen Organizado y Política. Desafíos para la Consolidación Democrática*, p. 124, 126-127 e 145.

[336] Sobre o tema, v.: SCHILLING, Flávia. *Corrupção, Crime Organizado e Democracia*, p. 401-408.

Crime Organizado e Proibição de Insuficiência

Não há como controlar de forma razoável a criminalidade organizada sem que se diminua a corrupção, em todas as esferas, por exemplo, introduzindo um tipo de enriquecimento indevido. A corrupção sistemática mina a confiança do povo nas elites políticas[337] e no corpo e servidores, a contribuir para o estado de anomia em que se encontra o país, no qual todos querem levar vantagem o tempo todo, não se podendo, quase nunca, contar com a boa-fé no contato social. O controle da corrupção consiste assim, em um dos pilares essenciais no controle do crime organizado,[338] como é reconhecido no texto da própria Convenção de Palermo, que trata do tema em seus arts. 8º e 9º. Com efeito: "(...) os Governos não podem esperar impor a lei entre seus cidadãos se não conseguem impor, ou não imponham a lei sobre seus próprios agentes e dentro de suas próprias entidades".[339]

2.4.2.4.2. Clientelismo

Afora a corrupção, a conexão do crime organizado com o Estado também ocorre sob as vestes do clientelismo (*patronage*),[340] ou *reciprocidade*,[341] consistente na troca material utilizando recursos públicos ou na troca de favores, em que ambas as partes se favorecem, em detrimento de uma distribuição racional dos recursos públicos.

O clientelismo é particularmente grave com a classe política,[342] sendo a mercadoria de troca o apoio financeiro ou político na campanha ou depois dela, que tem como contrapartida qualquer forma de ajuda pública, como cargos e empregos, financiamento, licenças e autorizações, intermediações para contratos públicos.[343] Sobre o tema, assim se manifesta Mingardi:

---

[337] "Influências criminosas sobre os mandatários na economia, na sociedade e no Estado tem a capacidade de pôr em dúvida a confiança do povo nas elites, pode distanciá-lo do Estado, que não lhe protege suficientemente". (KANTHER, Manfred. Die Entwicklung der organisierten Kriminalität in der Bundesrepublik Deutschland und geplant Maßnahmen zu ihrer Bekämpfung, S. 59).

[338] MEDINA ARIZA, Juan J. *Una Introdución al Estudio Criminológico del Crimen Organizado*, p. 128; WOODIWISS, Michael. *Transnational Organised Crime*, p. 14.

[339] *Normas e Princípios das Nações Unidas sobre Prevenção ao Crime e Justiça Criminal*, p. 314.

[340] SÁNCHEZ GARCIA DE PAZ, Isabel. *Perfil Criminológico de la Delincuencia Transnacional Organizada*, p. 650.

[341] GOMES, Abel Fernandes. *Crime Organizado e suas conexões com o Poder Público*, p. 9; ROCHA, João Luís Moraes. *Crime Transnacional*, p. 96.

[342] Sobre as ligações entre grupos mafiosos e partidos políticos na Itália, desde o século XIX e, no pós-guerra, com o Partido Democrata-Cristão: FULVETTI, Gianluca. *The Mafia and the 'Problem of the Mafia'*: Organised Crime in Italy, 1820-1970, p. 63-64 e 67. Também sobre o emblemático caso italiano, no Brasil: MORO, Sergio Fernando. Considerações sobre a operação *mani pulite*, p. 57-62.

[343] "É importante observar como esta forma de Clientelismo, à semelhança do Clientelismo tradicional, tem, por resultado, não uma forma de consenso institucionalizado, mas uma rede de fidelidades pessoais que passa, quer pelo uso pessoal da classe política, dos recursos estatais, quer, partindo

> As relações de clientela do crime organizado remetem a uma figura que vem diretamente da Antigüidade e que é, ao mesmo tempo, patrono e cliente. Patrono da população pobre que recorre a ele para obter proteção e auxílio de todo tipo. Em troca os apadrinhados fornecem apoio a ele. Cliente porque seu controle territorial, e portanto seus negócios, só sobrevivem se contar com a proteção de políticos e/ou altos funcionários do Estado, aos quais fornece em troca dinheiro e/ou votos.
> (...)
> Na verdade, o sistema que permite a existência desta modalidade de Crime Organizado é formado através de um conluio entre setores do Estado, Crime Organizado e parte da população que é beneficiada.[344]

Mas o clientelismo também ocorre em relação a outras categorias de agentes públicos, fora da classe política. No caso das polícias estaduais, em geral com baixos salários, com exceção dos oficiais superiores das polícias militares e dos delegados antigos, e lidando com dificuldades orçamentárias que inviabilizam o funcionamento minimamente eficiente, a troca de favores passa a ser aceita como algo comum, em nome do funcionamento da própria instituição. Por esse meio, o combustível e o conserto dos veículos, a alimentação nos períodos de serviço e outras necessidades são supridas por comerciantes da área. Tais vantagens podem ser ampliadas para pequenas contraprestações particulares em favor do policial, consubstanciadas em bens ou serviços, e recebem como contrapartida um reforço no policiamento ou ainda a tolerância com pequenas ou grandes irregularidades, como a omissão no registro de uma ocorrência ou imposição de uma penalidade.

A outra válvula de escape para os baixos salários das polícias está no *bico* de segurança privada, oficialmente proibido, mas tolerado pelas organizações, em primeiro lugar porque, muitas vezes, os verdadeiros proprietários das empresas de segurança, colocadas em nome de testas de ferro, são oficiais da PM ou delegados.[345] Em segundo lugar, a prática da vista grossa decorre de uma certa solidariedade aos policiais da base, que ganham salários claramente insuficientes. Se a fiscalização fosse séria, haveria uma pressão maior por aumentos salariais, comprometendo o orçamento público. Na prática, grande número de policiais vive em permanente situação de irregularidade do ponto de vista funcional.[346]

Ambas as brechas, da *viração* e do *bico*, são aproveitadas não apenas pelos agentes econômicos regulares, mas também pelas organizações criminosas, que se valem da troca de favores e da contratação da segurança

---

deste, em níveis mais mediatos, pela apropriação de recursos civis autônomos" (MASTROPAOLO, Alfio. *Clientelismo*, p. 178).

[344] MINGARDI, Guaracy. *O Estado e o Crime Organizado*, p. 67-68 e 108.

[345] SOARES, Luiz Eduardo. *Segurança tem saída*, p. 100.

[346] MUNIZ, Jaqueline de Oliveira; PROENÇA JÚNIOR, Domício. *Muita policiagem, pouca política os problemas da polícia são*, p, 163-164.

de policiais como meio de proteção. Como refere Soares: "A conseqüência dessa renúncia à fiscalização é a seguinte: para não encontrar os bons policiais no bico ilegal, o Estado acaba não fiscalizando o mau policial na mineira".[347]

2.4.2.4.3. Infiltração

A infiltração é o ingresso de membros ou colaboradores das organizações criminosas no serviço público, podendo ser reconhecido em casos como o do financiamento de campanhas políticas por parte de agentes que exploram o jogo ilegal, o tráfico ou outras práticas criminosas. Também não se exclui a possibilidade do ingresso em forças policiais ou militares, a fim de obter informação ou facilidades que possam levar ao furto de armamento.

2.4.2.5. Violência

O emprego de métodos violentos poderá tomar várias direções no âmbito da criminalidade organizada. Uma forma é representada pela violência interna, dirigida aos próprios membros do grupo, como forma de manter a disciplina, a hierarquia e o silêncio, seja ele decorrente de um caráter ritualístico ou de honradez na lógica interna da organização, como se costuma ver nas referências sobre a máfia,[348] ou como resultado do risco, muitas vezes concreto, de represálias.

Já a violência exterior à organização também pode se apresentar com objetivos variados.

Uma é a violência dirigida a membros de grupos rivais, como forma de tomada ou manutenção de mercados, territórios ou áreas de negócios ou de influência,[349] ou ainda em decorrência de disputas negociais. Como as relações comerciais são travadas em mercados ilícitos, que não podem ser objeto de demanda judicial, ou mesmo de disputa. No Brasil, são típicos de grupos criminosos organizados os acertos de contas por ocasiões de rebeliões em presídios, às vezes com requintes de crueldade, como a decapitação de líderes ou membros de gangues rivais,[350] tomados como sinais de virilidade e coragem.[351]

---

[347] SOARES, Luiz Eduardo. *Segurança tem saída*, p. 101. V. também ob. cit., p. 144-145.

[348] No submundo do crime brasileiro a figura do alcaguete ou X-9 não goza de especial prestígio.

[349] SÁNCHEZ GARCIA DE PAZ, Isabel. Perfil Criminológico de la Delincuencia Transnacional Organizada, p. 655.

[350] Reconhecida como característica do PCC (JOZINO, Josmar. *Cobras e Lagartos*, p. 27; SOUZA, Fatima. *PCC. A Facção*, p. 270).

[351] ADORNO, Sérgio; SALLA, Fernando. *Criminalidade organizada nas prisões e os ataques do PCC*, p. 16.

Como forma alternativa e subsidiária à cooptação mediante corrupção ou clientelismo, examinados no item anterior, há casos de violência contra servidores públicos, em especial policiais e agentes penitenciários.[352] A violência externa também poderá ser difusa, dirigida a testemunhas de crimes ou membros da comunidade onde a organização está instalada, a fim de evitar a colaboração com as autoridades, impondo uma lei de silêncio. No caso brasileiro, alia-se ao risco de represálias a situação comum de ressentimento do cidadão pobre com um dos poucos órgãos estatais que se faz presente no local, a polícia, às vezes usando de violência e arbítrio de forma indiscriminada.[353]

A violência é referida expressamente no CP da Itália, que considera de tipo mafioso a organização que se vale da força de intimidação do vínculo associativo e da condição de submetimento e de silêncio (*omertà*), que fazia com que, no passado, as organizações mafiosas fossem quase completamente seladas para pessoas externas à organização, de modo que a apreensão de sua estrutura interna era uma tarefa quase impossível.[354]

A Convenção de Palermo reconhece o problema, ao prever, em seus arts. 24 e 25, respectivamente, regras sobre proteção de testemunhas e vítimas, o que também é objeto da Lei nº 9.807/99. A jurisprudência brasileira também não ignora a prática, já tendo o próprio STF reconhecido que: "Atende aos requisitos próprios à prisão preventiva a notícia de se ter a lei do silêncio implantada por pessoas em relação as quais é imputado o crime de quadrilha visando ao extermínio, procedendo-se a referência a relato policial e informações do disque-denúncia". (HC 85964/PE, Marco Aurélio, 1ª T., v.u., 29.6.05). Em outro precedente, fez-se menção ao: "poder econômico, de articulação e mobilização, com força suficiente para embaraçar o curso processual, com possibilidade de haver coação e vingança contra as testemunhas arroladas no processo". (STJ, HC 30048/AM, Félix Fischer, 5ª T., v.u., 28.10.03). Há denúncia, ainda, de homicídios cometidos a fim de assegurar que a organização criminosa "pudesse continuar a ter força, a intimidar seus integrantes ou a ter o domínio na exploração das máquinas caça-níqueis". (TRF1, RCCR 200436000042758/MT, Tourinho Neto, 3ª T., v.u., 13.12.04, caso *Comendador Arcanjo*).

---

[352] Assim, por exemplo, no caso do chefe da segurança da Penitenciária de Bangu III, no Rio de Janeiro, ocupada exclusivamente por membros do CV, morto no pátio de casa, na frente do filho e da mulher grávida, no contexto de uma tentativa de imposição de maior disciplina no estabelecimento (CALDEIRA, Cesar. Presídio sem facções criminosas no Rio de Janeiro, p. 113.) Já o PCC matou, em ação coordenada, na noite de 12 de maio de 2006, 42 servidores, entre agentes penitenciários, policiais, bombeiros e guardas metropolitanos (BRASIL. *CPI do Tráfico de Armas*, p. 198).

[353] MINGARDI, Guaracy. *O Estado e o Crime Organizado*, p. 62.

[354] CASABONA, Carmelo. *Functions of the Public Prosecutor, Enquiries and Witness turning King's Evidence in the repression of Organized Crime: The Italian Experience*, p. 82.

Crime Organizado e Proibição de Insuficiência

Não pode ser esquecida, ainda, a violência instrumental própria à prática de certos delitos cometidos por organizações, como roubos a bancos, carros-fortes, *estabelecimentos* comerciais ou de cargas; extorsão, extorsão mediante sequestro e grupos de extermínio.

Em muitos casos, mais eficaz que a própria prática de atos violentos, é suficiente a disposição para a violência[355] ou *reputação violenta*,[356] naqueles casos em que o mero temor causado por atos anteriores de violência já provoca o efeito pretendido, de atemorizar membros do grupo, agentes públicos, testemunhas e moradores (STJ, HC 45949/RJ, Laurita Vaz, 5ª T., v.u., 4.9.07). Outras vezes a reputação violenta é o meio para o funcionamento de grupos endógenos, em especial aqueles integrados por policiais.[357]

A ação contra agentes públicos é dirigida, mais comumente, a servidores policiais de linha de frente, usualmente em situações de confronto como perseguições ou cumprimento de mandados de prisão. Há casos, porém, em que a violência se volta contra agentes públicos de alto escalão, como comandantes policiais, diretores de presídios, e mesmo promotores e magistrados.[358] É o caso dos chamados *omicidi eccelenti*, os atentados contra autoridades envolvidas na atuação contra a criminalidade organizada, que têm tanto objetivo simbólico de demonstração de força quanto de retirar do caminho agentes públicos envolvidos na persecução penal.[359] Os exemplos mais célebres, já mencionados nos itens 1.1.3 e 2.3.5, são do General Carlo Alberto Dalla Chiesa, morto em 1982, e dos Promotores Giovanni Falcone e Paolo Borsellino, em 1992, ambos ocorridos na Itália. Embora com menor frequência, fatos análogos não são inéditos no Brasil, como demonstram os casos do Juiz Antônio José Machado Dias, ocorrido no dia 14 de março de 2003, em Presidente Prudente, no interior de São Paulo, por ordem da liderança do PCC[360] e o caso do Juiz Alexandre

---

[355] AMORIM, Carlos. *CV-PCC. A Irmandade do Crime*, p. 128; GLENNY, Misha. *McMafia*, p. 366; SALLA, Fernando. *Considerações sociológicas sobre o crime organizado no Brasil*, p. 375; ZALUAR, Alba. *Condomínio do Diabo*, p. 20.

[356] MEDINA ARIZA, Juan J. *Una Introdución al Estudio Criminológico del Crimen Organizado*, p. 112.

[357] "A brutalidade sistemática é um método através do qual se obtêm vantagens nos negócios com os traficantes. O preço do 'arrego', do 'acerto', do acordo com os traficantes depende da capacidade de destruição que os policiais forem capazes de demonstrar" (SOARES, Luiz Eduardo. *Segurança tem Saída*, p. 61). Sobre o tema, v., supra, item 2.2.4.O Paradigma Endógeno, em especial o caso das milícias.

[358] SCARANCE FERNANDES, Antônio. *O equilíbrio entre a eficiência e o garantismo e o crime organizado*, p. 245.

[359] PALAZZO, Francesco. *La Máfia hoy: evolución criminológica e legislativa*, p. 169. Sobre o tema, v. também: STILLE, Alexander. *Excellent Cadavers. The Mafia and the Death of the First Italian Republic*. Nesse ponto observa-se a adoção, por parte das organizações criminosas, de técnicas terroristas, como referido no item 2.3.5.

[360] Para um relato do caso, v.: JOZINO, Josmar. *Cobras e Lagartos*, p. 241-256. Sobre o envolvimento do PCC, v. também: SOUZA, Fatima. *PCC. A Facção*, p. 65; 243-249; BRASIL. *CPI do Tráfico de Armas*, p. 195;

Martins de Castro Filho, morto em 24 de março de 2003, em Vitória, no Espírito Santo, com provável envolvimento de pessoas ligadas ao crime organizado naquele Estado.[361]

A violência não é considerada uma característica essencial da criminalidade organizada, porque há grupos não violentos, que atuam em áreas de crimes de astúcia, como estelionato ou falsificações, em especial se considerados os paradigmas empresarial e, ressalvado o caso das milícias, o endógeno. Com efeito, a violência não é típica da criminalidade de colarinho branco, âmbito no qual a violência é o último recurso,[362] tanto em em relação aos membros do grupo, quanto em uma eventual disputa de mercado, de liderança, ou, ainda para embaraçar o curso processual, possuindo um caráter ainda mais acentuadamente instrumental, que se acentua à medida que mais o grupo se afasta do modelo mafioso e mais se aproxima do modelo corporativo.[363] Nessa linha, para Medina Ariza:

> Alguns autores parecem sugerir que a exigência desse elemento assenta uma diferenciação qualitativa entre crime organizado, delito econômico e atividades econômicas legítimas, quando, em realidade, seria mais adequado desde uma perspectiva de análise teórica enxergar tais atividades e grupos como parte de um processo contínuo.[364]

Ressalvados os casos acima referidos, do grupo dedicado a cometer crimes violentos, como matadores de aluguel, a violência tende a diminuir conforme aumenta o grau de organização e profissionalismo. Com efeito, os atos violentos são, em regra, antieconômicos e contrariam a lógica de maximização dos lucros, de modo que o uso da violência tende a diminuir conforme o grupo seja mais estável e organizado.[365] Tal referência é comprovada até mesmo na delinquência tradicional, em que assaltantes de banco profissionais e experientes tendem a ser mais controlados e rápidos, valendo-se da ameaça e evitando a violência efetiva contra as vítimas em comparação com assaltantes iniciantes que empreendem a ação sob o efeito de drogas e comumente irrompem em atos de violência desnecessária contra vítimas já subjugadas. Trata-se, porém, de uma ten-

---

[361] Para um relato do caso: SOARES, Luiz Eduardo; LEMOS, Carlos Eduardo Ribeiro; MIRANDA, Rodney Rocha. *Espírito Santo*, p. 11-44.

[362] Na cultura das organizações criminosas, a corrupção tem preferência sobre a violência (GLENNY, Misha. *McMafia*, p. 344; PALAZZO, Francesco. *La Mafia hoy: evolución criminológica e legislativa*, p. 165).

[363] HETZER, Wolfgang. Wirtschaftsform Organisierte Kriminalität, S. 130; ANARTE BORRALO, Enrique. Conjeturas sobre la Criminalidad Organizada, p. 15-16.

[364] MEDINA ARIZA, Juan J. Una Introdución al Estudio Criminológico del Crimen Organizado, p. 113.

[365] GOMES, Abel Fernandes. Crime Organizado e suas conexões com o Poder Público, p. 8; MEDINA ARIZA, Juan J. Una Introdución al Estudio Criminológico del Crimen Organizado, p. 112; GLENNY, Misha. *McMafia*, p. 366. Nesse sentido, com base em estudo de campo, Zaluar, afirmando que: "Os *bandidos armados*, isto é, aqueles que já têm experiência e conhecem as regras do jogo, sabem disso e não trocam tiros com qualquer um, nem à toa" (ZALUAR, Alba. *Condomínio do Diabo*, p. 20).

dência e não de uma regra absoluta, havendo casos de grupos altamente organizados e muito violentos, que assim se mantém porque a violência é tida pelo grupo como necessária para o alcance de seus objetivos.

2.4.2.6. Exploração de mercados ilícitos ou exploração ilícita de mercados lícitos

Até como consequência da busca do lucro, é típica para as organizações criminosas a atuação no mercado de produtos ou serviços proibidos, mas com alto grau de demanda social,[366] tais como drogas, armas, produtos falsificados, prostituição e jogos de azar, a tal ponto que se afirma que é o próprio Estado quem cria o mercado, e, em consequência, determina a margem de lucro de tais atividades.[367]

Alternativamente, há também a exploração ilícita de mercados lícitos, em condições mais vantajosas,[368] ou de concorrência desleal com o comércio estabelecido regularmente. É o caso, no Brasil, da exploração de transporte público *alternativo*, os chamados *perueiros*, do furto de energia elétrica, de sinal de televisão a cabo e de água por instalações clandestinas, do descaminho e do contrabando de cigarros, sendo os produtos de informática e eletrônicos, por exemplo, trazidos em grandes quantidades, especialmente do Paraguai, e vendidos em qualquer cidade brasileira. Na doutrina, apontam-se como exemplos o controle de sindicatos de caminhoneiros e do jogo nos Estados Unidos, da construção civil no sul da Itália e do mercado de produtos perecíveis em Nova Iorque.[369]

Esse dado contribui para a longevidade e impunidade das organizações criminosas, pois muitos dos delitos perpetrados por tais grupos atendem a demandas da sociedade que por outro modo não seriam atendidas, como nos casos das drogas ilícitas, do jogo ilegal, do tráfico de crianças para adoção, da pornografia infantil, ou seria atendida, mas com custos maiores, como nos casos da receptação e da contratação de mão de obra estrangeira ilegal. De relevo, ainda, a assertiva de que a diminuição dos índices da criminalidade organizada passa, necessariamente, por iniciativas extrapenais que tornem o mercado menos atrativo ou regulamentado, pois a persecução penal, com a desativação de alguns grupos, terá apenas o efeito de reforçar

---

[366] EISENBERG, Ulrich. *Kriminologie*, S. 906; MÜLLER, Jens. Bekämpfungsstrategien gegen organisierte Kriminalität aus ökonomischer Sicht, S. 275.

[367] ZAFFARONI, Eugenio Raúl. "Crime Organizado": Uma categorização frustrada. p. 47. No mesmo sentido: ALBRECHT, Hans-Jörg. Organisierte Kriminalität – Theoretische Erklärungen und empirische Befunde, S. 20; GLENNY, Misha. *McMafia*, p. 273.

[368] ANARTE BORRALLO, Enrique. Conjeturas sobre la Criminalidad Organizada, p. 15.

[369] SÁNCHEZ GARCIA DE PAZ, Isabel. Perfil Criminológico de la Delincuencia Transnacional Organizada, p. 639.

os grupos remanescentes, em um processo de seleção,[370] ou permitir que outros ocupem tal espaço. Essencial, ainda, que as medidas de controle, sejam elas penais ou extrapenais, não atuem somente sobre os países e regiões fornecedoras, mas também sobre os mercados consumidores das *mercadorias*, que podem ser drogas, madeira, armas e até mesmo pessoas, nos casos de tráfico de pessoas para prostituição, mão de obra escrava e adoção ilegal, em um fluxo que se dá no rumo dos países mais ricos.[371]

Em suma, muitos dos delitos da criminalidade organizada não têm uma vítima perfeitamente identificada ou identificável, que vá queixar-se à polícia, substituindo-se a noção de vítima pela de cliente, que não está em conflito, mas sim em convergência de interesses com a organização criminosa,[372] o que emperra a persecução criminal e é utilizado como argumento a favor de uma atuação proativa da polícia.[373]

2.4.2.7. Monopólio ou cartel

A imposição de um monopólio ou a cartelização do mercado em certos setores do ilícito também é apontada como característica das organizações criminosas de modelo mafioso,[374] em contraposição à disputa pelo mercado, característica do crime individual.[375] Esse traço tem sido, porém, questionado, como referido acima, no item 2.2.2., quando tratada a distinção entre modelo mafioso e modelo de rede, dado o alto grau de competitividade que marca os mercados ilícitos.

2.4.2.8. Controle territorial

O controle territorial pode constituir-se em meio para garantia do monopólio da negociação de drogas, por exemplo, vedando-se a entrada no território controlado de vendedores rivais, ou mesmo das autoridades. Diferencia-se do monopólio por representar a pretensão de dominar a população de um determinado bairro ou região, regulando o ingresso de

---

[370] SIEBER, Ulrich. Logistik der Organisierten Kriminalität in der Bundesrepublik Deutschland, S. 766. Sobre o tema, v., supra, o item 2.2.3. O Paradigma Empresarial.

[371] Nesse sentido, exemplificando com o caso dos *diamantes de sangue* oriundos da África, objeto de controle mediante o chamado Protocolo de Kimberley, que estabeleceu a certificação da procedência das pedras, em um esforço para afastar aquelas oriundas de zonas em guerra: GLENNY,Misha. *Mc-Mafia*, p. 250-251. Daí a necessidad da cooperação internacional e da uniformidade do conceito para o controle do crime organizado, cfe., infra., item 3.2.1.

[372] FABIÁN CAPARROS, Eduardo A. Criminalidad Organizada, p. 177. Em muitos casos, porém, haverá vítimas concretas, cfe., infra, item 4.2.

[373] Cfe., infra, item 4.5.1. Prevenção e Repressão.

[374] TIGRE MAIA, Rodolfo. *O Estado Desorganizado contra o Crime Organizado*, p. 20.

[375] CHANG, Juin-Jen. LU, Huei-Chung; CHEN, Mingshen. *Organized Crime or Individual Crime*, p. 661.

estranhos e de prestadores de serviços públicos ou privados, enquanto o monopólio representa apenas o controle de um determinado mercado.

É particularmente típica das organizações mafiosas do sul da Itália, que "pretendem exercer um controle territorial de longo prazo de modo que se possam apresentar como realidades sociais de poder estável, capazes não apenas de criar redes de colaboração com autoridades legítimas e instituições oficiais, mas também de exercer crescente pressão sobre elas".[376]

No caso brasileiro, é característica encontrada nos casos das milícias (STJ, HC 125092, Napoleão Maia, 5ª T., u., DJ 3.8.09), do *jogo do bicho*[377] e do tráfico de drogas nas favelas do Rio de Janeiro, prática na qual os *donos* da boca mantêm o monopólio das vendas de regiões marcadas pela pobreza e pela segregação social, onde os traficantes fazem pequenas benfeitorias, como bicas d'água ou campos de futebol, sendo considerados benfeitores pela população.[378] São as chamadas *zonas liberadas*, "onde a polícia não entra, ou então onde a população tem obrigações para com o chefão local", mas que não chegam a se constituir em "Estados Paralelos" como é do gosto da imprensa exagerar.[379]

2.4.2.9. Uso de meios tecnológicos sofisticados

Embora essa assertiva seja encontradiça, muitas vezes os meios tecnológicos de que dispõem as organizações criminosas são aqueles mesmos de que dispõe, hoje em dia, qualquer cidadão com uma mínima capacidade de consumo, ou seja, telefone fixo e celular, computador e automóvel, o que não é de estranhar, uma vez que, estando a criminalidade inserida na sociedade, faz uso dos mesmos meios dispostos a todos os integrantes do grupo social.[380]

No caso do PCC, há registro da elaboração de centrais telefônicas, bem como do serviço de teleconferência, geralmente sem pagamento dos

---

[376] FULVETTI, Gianluca. *The Mafia and the 'Problem of the Mafia'*: Organised Crime in Italy, 1820-1970, p. 49.

[377] "A luta armada de Noal para conquistar o mercado paulista, a tentativa de monopólio através da pressão financeira, a morte de outros bicheiros, etc., são indícios veementes de que não são simples empresas criminosas, elas têm relação de estilo mafioso com os concorrentes e funcionários" (MINGARDI, Guaracy. *O Estado e o Crime Organizado*, p. 108). No mesmo sentido: MISSE, Michel. Mercados ilegais, redes de proteção e organização local do crime no Rio de Janeiro, p. 143.

[378] AMORIM, Carlos. *CV-PCC. A Irmandade do Crime*, p. 217; MINGARDI, Guaracy. *O Estado e o Crime Organizado*, p. 63; ZALUAR, Alba. Democratização inacabada: fracasso da segurança pública, p. 45; SOARES, Luiz Eduardo. *Segurança tem Saída*, p. 124.

[379] MINGARDI, Guaracy. *O Estado e o Crime Organizado*, p. 69.

[380] OSTENDORF, Heribert. Organisierte Kriminalität – eine Herausforderung für die Justiz, S. 65; WELP, Jürgen. Der SPD-Entwurf eines Zweiten Gesetzes zur Bekämpfung der organisierten Kriminalität, S. 161.

serviços, mediante utilização de contratos fraudulentos em nome de pessoas interpostas, substituídos após a interrupção dos serviços por falta de pagamento, ou de créditos para celulares pré-pagos obtidos mediante fraude ou extorsão.[381]

2.4.2.10. Transnacionalidade ou internacionalidade

A transnacionalidade, na expressão da Convenção de Palermo, é característica que tem relação com a facilitação e o barateamento do transporte de bens e pessoas, bem como de comunicações, oportunizadas pelas técnicas contemporâneas, com a abertura de fronteiras[382] e com a intensificação do comércio internacional, no chamado processo de globalização[383] e de criação de zonas de livre circulação. Bem por isso, tem especial relevo na Europa, no interior do Espaço Schengen, na Europa, criado em razão do Acordo do mesmo nome, que fez cair os controles fronteiriços e alfandegários nos países participantes, o que talvez venha a ocorrer, no futuro, na América do Sul, com a implementação do Mercosul.[384]

Mas a transnacionalidade também é decorrência da exploração de mercados nos quais os países *produtores* ou *fornecedores*[385] não são os maiores centros consumidores dos produtos, como é o caso do tráfico de drogas,[386] armas e animais, bem como no tráfico de pessoas, seja no fornecimento de mão de obra ilegal, ingresso ilegal de emigrantes ou ainda tráfico de mulheres e crianças. Geralmente, em tais delitos, funcionam como fornecedores os países periféricos e como destinatários ou consumidores os países mais industrializados. Naqueles, aliás, a persecução penal é menos eficiente[387] e os servidores, muitas vezes mal-pagos, mais facilmente corrompíveis.

---

[381] BRASIL. *CPI do Tráfico de Armas*, p. 193-195.

[382] "Ao utilizar o manancial de 'novas oportunidade' fornecidas pela mundialização (William & Savona, 1995) actua num mundo sem fronteiras onde o controlo é feito na medida das fronteiras" (ROCHA, João Luís Moraes. Crime Transnacional, p. 94). Como referido, acima, nos itens 1.1.3 e 1.2.4.

[383] Sobre o tema: FREITAS, Ricardo de Brito A. S. Globalização e Sistema Penal, p. 165.

[384] Sobre o tema, v., abaixo, item 3.2.2. Documentos Europeus.

[385] Fala-se, ainda, em "países de origem, de trânsito e de destino" (GOMES, Rodrigo Carneiro. *O Crime Organizado na Visão da Convenção de Palermo*, p. 63).

[386] FABIÁN CAPARROS, Eduardo A. *Criminalidad Organizada*, p. 173. Há referência de ligação entre organizações de narcotraficantes brasileiras e colombianas (SOBRINHO, Mário Sérgio. *O Crime Organizado no Brasil*, p. 33-34).

[387] "Utiliza os países em vias de desenvolvimento face o menor risco e como meio para chegar aos países desenvolvidos" (ROCHA, João Luís Moraes. Crime Transnacional, p. 94). No mesmo sentido: Declaração de princípios e programas de ação do programa das Nações Unidas de prevenção ao crime e a justiça criminal, n. 3, p. 204).

Mas também os crimes econômicos e empresariais, nomeadamente a lavagem de dinheiro, têm vocação transnacional, o que não é estranho, ainda, aos delitos ambientais, como a exportação de madeira ilegal, a poluição e a pesca não autorizada.

Um efeito da transnacionalidade, na mera transposição de fronteiras nacionais, funciona, por si só, como meio de dificultar a persecução penal.[388] Em função dessa nova realidade criminal, a ONU fez publicar uma Convenção sobre o Crime Organizado Transnacional,[389] cujo art. 3º qualifica como transnacional a infração que:

a) For cometida em mais de um Estado;

b) For cometida num só Estado, mas uma parte substancial da sua preparação, planeamento, direção e controle tenha lugar em outro Estado;

c) For cometida num só Estado, mas envolva a participação de um grupo criminoso organizado que pratique atividades criminosas em mais de um Estado; ou

d) For cometida num só Estado, mas produza efeitos substanciais noutro Estado.

Da transnacionalidade decorre a importância de uma certa uniformidade de tratamento, a fim de evitar a criação de *paraísos jurídico-penais*,[390] ou seja, países de persecução penal frouxa ou agentes facilmente corrompíveis, pouco cooperantes no fornecimento de material probatório e na concessão de extradição. Bem por isso, como adverte Silva Franco:

Algumas normas do ordenamento penal do Estado-Nação, principalmente as que se abrigam na Parte Geral do Código Penal, tais como extradição, o princípio da extraterritorialidade da justiça universal, o reconhecimento de sentença penal estrangeira, etc., devem ser reconceituados de modo a permitir que a legislação penal deixe de ser impotente em face da criminalidade transnacional.[391]

Não se trata, no entanto, de característica essencial, podendo ocorrer, também, de uma organização criminosa atuar somente dentro das fronteiras de um determinado país.[392] Há, ainda, criminalidade transnacional que não chega a caracterizar-se como organizada,[393] como no caso do descaminho eventual.

---

[388] "Onde, ao direito, as situações transnacionais são um empecilho, para o crime é mais que uma solução, é um momento de expansão" (VALLE FILHO, Oswaldo Trigueiro do. Sobre o Crime Organizado, p. 781). No mesmo sentido: FABIÁN CAPARROS, Eduardo A. Criminalidad Organizada, p. 173.

[389] "Mas, naquela altura, logo se estabeleceu uma confusão, porquanto as Nações Unidas indicaram o crime organizado como uma característica do crime transnacional e, simultaneamente, enumeravam o crime organizado como uma das categorias ou espécies do crime transnacional" (ROCHA, João Luís Moraes. Crime Transnacional, p. 85).

[390] SILVA SÁNCHEZ, Jesús María. *La expansión del Derecho Penal*, p. 92. Sobre o tema, v., infra, item 3.2.1. A Convenção de Palermo.

[391] SILVA FRANCO, Alberto. *Globalização e Criminalidade dos Poderosos*, p. 214.

[392] PAOLI, Letizia; FIJNAUT, Cyrille. *Organised Crime in Europe*, p. 39. Essa é, aliás, uma das críticas ao conceito da Convenção de Palermo, cfe., infra, item 3.2.1.

[393] NUÑEZ PAZ, Miguel Ángel. *Criminologia y Grupos Organizados*, p. 509.

2.4.2.11. Obstrução à justiça

De pronto é importante deixar claro, para evitar qualquer mal entendido, que é reconhecida a importância do exercício amplo dos direitos de defesa, com os meios e recursos que lhe são inerentes, bem como do contraditório e do devido processo legal, garantias fundamentais de todos os acusados, a serem adequadamente preservadas no processo penal, por representarem o freio contra eventuais abusos e arbitrariedades. Resta claro, então, que não se pretende obstar o exercício legítimo do direito de defesa, assegurado constitucionalmente, e que constitui tarefa essencial para a realização da justiça.

Dito isso, é de ver que, no caso da criminalidade organizada, há casos que vão além do exercício regular do direito de defesa para caracterizar verdadeira obstrução à justiça, na expressão da Convenção de Palermo, traduzidas em condutas tipificadas como crime, quais sejam o suborno de testemunha (CP, art. 343), a fraude processual (CP, art. 347) e a coação no curso do processo (CP, art. 344), que pode ser tomada como manifestação de violência, outra característica das organizações criminosas.[394] Sobre o tema, assim dispõe o art. 23 da Convenção de Palermo:

> Criminalização da obstrução à justiça
>
> Cada Estado Parte adotará medidas legislativas e outras consideradas necessárias para conferir o caráter de infração penal aos seguintes atos, quando cometidos intencionalmente:
>
> a) O recurso à força física, a ameaças ou a intimidação, ou a promessa, oferta ou concessão de um benefício indevido para obtenção de um falso testemunho ou para impedir um testemunho ou a apresentação de elementos de prova num processo relacionado com a prática de infrações previstas na presente Convenção;
>
> b) O recurso à força física, a ameaças ou a intimidação para impedir um agente judicial ou policial de exercer os deveres inerentes à sua função relativamente à prática de infrações previstas na presente Convenção. O disposto na presente alínea não prejudica o direito dos Estados Partes de disporem de legislação destinada a proteger outras categorias de agentes públicos.

3. O Problema da tipificação

O problema da tipificação da organização criminosa não é uma exclusividade nacional, havendo outros países nos quais se optou por não criar um tipo penal específico. Na Inglaterra, por exemplo, não há definição legal, pois se entendeu que uma definição poderia criar uma controvérsia legal que complicaria desnecessariamente a aplicação da lei penal

---

[394] Sobre a resposta processual penal a tais condutas, v., infra. Itens 4.4 e 4.5.

Crime Organizado e Proibição de Insuficiência

e poderia vir a deixar de fora do âmbito de aplicação da lei alguns fatos.[395] Também assim na Alemanha,[396] onde *criminalidade organizada* é um conceito de direito processual ou policial, que serve como critérios para autorizar deerminadas medidas de investigação específicas, não havendo, porém, delito de organização criminosa.[397]

3.1. A SITUAÇÃO LEGAL NO BRASIL

No item que ora se inicia é exposta a situação atual da matéria no Brasil, considerada a ausência de tipo penal na Lei Brasileira de Crime Organizado (Lei nº 9.034/95) e o tratamento dado ao tipo de quadrilha ou bando (CP, art. 288), considerado antecedente próximo do futuro tipo de organização criminosa. A seguir são arroladas as soluções adotadas em documentos internacionais e em países estrangeiros, que podem servir como subsídio ao trabalho legislativo em andamento no Brasil.

3.1.1. A lei brasileira do crime organizado

A Lei nº 9.034/95 teve origem no Projeto de Lei nº 3.516, de autoria do Deputado Michel Temer, que tratava da matéria em cinco capítulos (Definições e Disposições Processuais; acesso a documentos e informações, ações controladas, infiltrações policiais e disposições gerais). O projeto definia organização criminosa como "aquela que, por suas características, demonstre a exigência de estrutura criminal, operando de forma sistematizada, com atuação regional, nacional ou internacional".

Esse projeto foi aprovado na Câmara dos Deputados e, uma vez encaminhado ao Senado, veio a ser apresentado substitutivo, com profundas alterações no projeto originário, o qual redundou na Lei nº 9.034/95, conhecida como "Lei do Crime Organizado". A lei, segundo sua ementa "Dispõe sobre a utilização de meios operacionais para a prevenção e repressão de ações praticadas por organizações criminosas". O texto final aprovado não tipifica a conduta nem define organização criminosa ou

---

[395] LEVI, Michael. The Making of the United Kingdom's Organised Crime Control Policies, p. 823-824.

[396] Na Alemanha, entendeu-se que os contornos do fenômeno não estão suficientemente definidos para a criação de um tipo penal, mas são adequados para o estabelecimento de disposições processuais, motivo pelo qual naquele país não há, também, definição legal de organização criminosa, como referido na Exposição de Motivos do Projeto da Lei Alemã para Luta do Comércio de Estupefacientes ilegal e outras formas de apresentação da Criminalidade Organizada (*Gesetz zur Bekämpfung des illegalen Rauschgifthandels und anderer Erscheinungsformen der Organisierten Kriminalität*), BR-Drs. 12/989, S. 24. Há, porém, uma definição semi-oficial de organização criminosa, criada para fins policiais, que acaba por preencher a lacuna deixada pela legislação processual penal, tratando-se de um conceito instrumental. Sobre o peculiar tratamento dado à matéria na Alemanha, v., item 3.3.1 da Parte II, bem como item 4.1.4.3. da Parte III.

[397] GUSY, Cristoph. Beobachtung Organisierter Kriminalität durch den Verfassungschutz? S. 321.

crime organizado, talvez em função da dificuldade, existente à época, e já referida, em encontrar uma definição que fosse suficientemente abrangente para abarcar as várias manifestações do fenômeno.

A redação originária do art. 1º apresentava-se com os seguintes contornos: "Art. 1º Esta lei define e regula meios de prova e procedimentos investigatórios que versarem sobre crime resultante de ações de quadrilha ou bando". O dispositivo veio a ser alterado pela Lei nº 10.217/01, passando, a partir de então, a ostentar a seguinte redação: "Art. 1º Esta Lei define e regula meios de prova e procedimentos investigatórios que versem sobre ilícitos decorrentes de ações praticadas por quadrilha ou bando ou organizações ou associações criminosas de qualquer tipo".[398]

Já a ementa, o título do Cap. I e os arts. 4º, 5º, 6º, 7º e 10 mencionam "organização criminosa" ou "organizações criminosas". Por fim, os arts. 8º e 9º mencionam "crimes previstos nesta lei", a qual, no entanto, não cria novos tipos penais. Quer dizer, a Lei Brasileira, refletindo a dificuldade apontada na doutrina, não criou tipo legal de organização criminosa.

A solução de não conceituar ou tipificar, adotada na Lei nº 9.034/95, embora criticada pela doutrina,[399] não é isolada e, na época, até pode ter sido conveniente,[400] por possibilitar uma maior flexibilidade no âmbito de aplicação das medidas investigativas ali elencadas, tema ao qual se retornará no item 4.3 da Parte III.

3.1.2. O Crime de quadrilha (CP, art. 288) como antecedente nacional da organização criminosa

O tipo de quadrilha ou bando, introduzido no Brasil pelo CP de 1940 em seu art. 288, sob a inspiração da França e Espanha,[401] pode ser visto como antecedente do tipo de organização criminosa.[402] O contexto histórico da introdução do tipo de quadrilha ou bando está ligado ao tempo do banditismo, mencionado, acima, no item 2.1.

---

[398] Pela perda de eficácia dos dispositivos da lei que mencionam apenas *organização criminosa*, depois da alteração: GOMES, Luiz Flávio. Crime Organizado, p. 15-16.

[399] COELHO NOGUEIRA, Carlos Frederico. *A Lei da "Caixa Preta"*, p. 152-153; RIBEIRO LOPES, Maurício Antônio. Apontamentos sobre o Crime Organizado e Notas sobre a Lei 9.034/95, p. 185; SCARANCE FERNANDES, Antônio. Crime Organizado e a Legislação Brasileira, p. 36-39 e 52; VIEIRA DA SILVA, Antônio; EL HIRECHE, Gamil Föppel. Leis de Combate ao Crime Organizado: Inconstitucionalidades, Impropriedades, Frustrações..., p. 133-142.

[400] MACIEL, Adhemar. Observações sobre a Lei de Repressão ao Crime Organizado, p. 97.

[401] TOURINHO, José Lafaieti Barbosa. *Crime de Quadrilha ou Bando & Associações Criminosas*, p. 18.

[402] TIGRE MAIA, Rodolfo. *O Estado Desorganizado contra o Crime Organizado*, p. 9. O Código Criminal de 1830 previa, em seu art. 285, o crime de ajuntamento ilícito, como também o fazia o Código Penal de 1890. Tais delitos distinguiam-se substancialmente, porém, da quadrilha ou bando, por não exigirem a estabilidade ou permanência (TOURINHO, José Lafaieti Barbosa. *Crime de Quadrilha ou Bando & Associações Criminosas*, p. 22-23).

Crime Organizado e Proibição de Insuficiência **147**

O tipo, existente também em outros ordenamentos,[403] é, ocasionalmente, tido como instrumento para a perseguição de dissidentes políticos,[404] ao funcionar como limitador do direito constitucional de associação (CRFB, art. 5º, XVII), uma vez que tal liberdade não subsiste quando a associação tem fins ilícitos.

Em relação à nomenclatura, a expressão *quadrilha* indicaria o grupo urbano e o termo *bando* aqueles atuantes no meio rural. Outra distinção aponta que a *quadrilha*, como o indica a etimologia, teria apenas quatro integrantes, e o *bando*, número superior a este. Parece, porém, que a lei utilizou ambos os termos como sinônimos, ao referir-se a quadrilha ou bando, indistintamente.[405]

3.1.2.1. Bem jurídico

É a paz pública (STF, HC 72.992/SP, Celso de Mello, 1ª T., v.u., DJ 14.11.96), ou seja, o sentimento de tranquilidade e segurança imprescindível à convivência social, que seria distinto e mais amplo que a própria ordem pública,[406] cuidando-se, portanto, de um crime de perigo abstrato.[407]

3.1.2.2. Sujeito ativo

Cuida-se de crime coletivo, plurissubjetivo, ou de concurso necessário,[408] de condutas convergentes.

O tipo é aberto, de modo que a atuação dos membros poderá dar-se pela prática de condutas distintas.[409] Não se exige, então, para a responsabilização, que o agente:

---

[403] Assim, por exemplo, em Portugal (CP, art. 299) e Espanha (CP, art. 515). Registro a posição no sentido de que o tipo português receba interpretação mais restrita que aquela dada ao delito no Brasil (ESTELLITA, Heloísa. *Criminalidade de Empresa*, p. 16-17).

[404] QUINTERO OLIVARES, Gonzalo. La Criminalidad Organizada y la Función del Delito de Asociación Ilícita, p. 179.

[405] Nesse sentido: PITOMBO, Antônio Sérgio Altieri de Moraes. *Organização Criminosa*, p. 76; TOURINHO, José Lafaieti Barbosa. *Crime de Quadrilha ou Bando & Associações Criminosas*, p. 41.

[406] TOURINHO, José Lafaieti Barbosa. *Crime de Quadrilha ou Bando & Associações Criminosas*, p. 25-35.

[407] Sobre crimes de perigo abstrato e sua estrutura: SILVA, Ângelo Roberto Ilha da. *Dos Crimes de Perigo Abstrato em face da Constituição*.

[408] ESTELLITA, Heloísa. *Criminalidade de Empresa*, p. 17; TRF2, AC 200102010324689/ES, André Fontes, 6ª T., v.u., 4.9.02.

[409] Responde pelo crime, por exemplo, o policial que repassa à quadrilha voltada à prática de extorsão mediante sequestro informações privilegiadas, de que dispunha em razão do cargo (STF, HC 82137/SP, Ellen Gracie, 1ª T., v.u., 29.10.02). Em sentido contrário, negando a possibilidade de participação como mero *informante*: TRF 4, AC 2001.71.00.003961-2/RS, Élcio Pinheiro de Castro, 8ª T., v.u., DJ 10.4.02.

a) detenha poder de mando (TRF 4, AC 200270020066660/PR, José Luiz Borges Germano da Silva, v.u., 23.2.05);

b) não tenha participado diretamente dos delitos praticados (TRF5, AC 200583080008821/PE, César Carvalho, 1ª T., v.u., 1.2.07).

3.1.2.3. Tipo objetivo

Associar-se significa organizar-se, aliar-se, unir esforços, sendo o conceito de associação para fins penais mais amplo que aquele contemplado no direito privado,[410] não se exigindo a utilização de uma forma de associação ou sociedade exigida pela legislação civil ou empresarial. O verbo nuclear utilizado deixa clara, porém, a ideia de que a reunião de pessoas não poderá ser ocasional para o reconhecimento do tipo em questão.[411]

Para a configuração do delito exige-se a presença de mais de três agentes, (STF, RHC 48027/RJ, Luís Gallotti, 2.6.70), ou seja, um mínimo de quatro. Desse modo, resta afastado o crime quando imputada a existência de uma quadrilha com cinco componentes, tendo dois sido absolvidos por insuficiência de provas em sentença transitada em julgado em feito desmembrado (STF, HC 72945/SP, Marco Aurélio, 2ª T., v.u., 1.9.95).

Uma vez que a lei se refere, simplesmente, a *pessoas*, computam-se nesse número:

a) os inimputáveis,[412] desde que tenham integrado efetivamente a quadrilha;

b) agentes em relação aos quais tenha sido reconhecida a extinção da punibilidade (STF, HC 63414/SP, Rafael Mayer, 1ª T., v.u., 19.11.85; TRF3, AC 98030724843/SP, 1ª T., v.u., 4.9.01), em virtude, por exemplo da morte (STF, HC 77570/MG, Moreira Alves, 1ª T., v.u., 20.10.98) ou de prescrição em prazo reduzido, em função da idade, ou ainda pela prescrição em razão da pena concretizada na sentença em feito desmembrado (STF, HC 72945/SP, Marco Aurélio, 2ª T., v.u., 1.9.95);

c) agentes não identificados (TRF4, AC 200270000669774/PR, Tadaaqui Hirose, 7ª T., v.u., 26.9.06), desde que haja certeza sobre sua existência (STJ, HC 52989/AC, Félix Fischer, 5ª T., v.u., 23.5.06) e adesão à quadrilha (STF, HC 77570/MG, Moreira Alves, 1ª T., v.u., 20.10.98).

---

[410] QUINTERO OLIVARES, Gonzalo. La Criminalidad Organizada y la Función del Delito de Asociación Ilícita, p. 179.

[411] PITOMBO, Antônio Sérgio Altieri de Moraes. *Organização Criminosa*, p. 77.

[412] STF, RHC 50966/SP, Barros Monteiro, 2ª T., 30.4.73; TOURINHO, José Lafaieti Barbosa. *Crime de Quadrilha ou Bando & Associações Criminosas*, p. 38-39. Em sentido contrário: PITOMBO, Antônio Sérgio Altieri de Moraes. *Organização Criminosa*, p. 79.

Não se exige nítida divisão de funções, hierarquia,[413] ou mesmo contato pessoal dos agentes, nem publicidade ou notoriedade, bastando "organização rudimentar" (STF, RHC 50966/SP, Barros Monteiro, 2ª T., 30.4.73).[414]

A existência de divisão de tarefas é, porém, comumente referida como traço para o reconhecimento da quadrilha (TRF4, AC 200304010075630/ RS, Néfi Cordeiro, 7ª T., v.u., 28.3.06). Mais que isso, como não há, por ora, no Brasil, tipo de organização criminosa, a especialização de tarefas, a hierarquia, o período de atuação, o grau de estabilidade e sofisticação da quadrilha poderão ser levados em conta na quantificação da pena.

O mesmo vale para a estabilidade ou permanência da quadrilha. Embora o crime seja considerado formal e de perigo, consumando-se no momento do concerto dos agentes para cometer uma série indeterminada de crimes, como será detalhado adiante, fato é que dificilmente existirá a prova de tal momento, vindo esse dado a ser demonstrado objetivamente pelo fato de que a quadrilha vem cometendo delitos de forma reiterada, sendo comum, na jurisprudência a referência à estabilidade (TRF3, AC 97030352480/SP, Peixoto Júnior, 2ª T., v.u., 8.8.00; TRF5, EDAC 20058100003604801/CE, Marcelo Navarro, 4ª T., v.u., 26.9.06) ou permanência (TRF5, AC 9705079650/PE, Élio Wanderley de Siqueira Filho [Conv.], 1ª T., v.u., 7.4.05) da quadrilha.[415]

Essa constatação fática contradiz a justificativa de que o crime de associação teria a função de baixar o nível de exigência para a incriminação, uma vez que, em regra, a acusação por associação recai sobre grupos que já tenham praticado vários crimes, valendo-se de um grupo estável e plural de agentes.[416] Na mesma linha, a *conspiracy* do direito anglo-saxão teria a função de incrementar o apenamento quando o crime for cometido por um grupo organizado, além de estimular os membros dos escalões mais baixos da organização a delatar o grupo.[417]

---

[413] TOURINHO, José Lafaieti Barbosa. *Crime de Quadrilha ou Bando & Associações Criminosas*, p. 40.

[414] Nessa linha: "Pouco importa que os seus componentes não se conheçam reciprocamente, que haja um chefe ou líder, que todos participem de cada ação delituosa ou que cada um desempenhe uma tarefa específica" (TRF4, AC 200071000379054/RS, Luiz Fernando Wowk Penteado, 8ª T., v.u., 5.4.06). No mesmo sentido: TRF2, AC 200002010213668/ES, 3ª T., v.u., 12.12.00.

[415] De acordo com o TRF da 4ª Região: "( ) fato de alguns dos recorrentes responderem a processo diverso por fato semelhante, com o mesmo modus operandi, reforça a idéia de que não se trata de mera a associação eventual para a prática de delitos eventuais". (AC 200272080022355/SC, Tadaaqui Hirose, 7ª T., v.u., 22.3.05).

[416] ALEO, Salvatore. The Definition and Repression of Organized Crime, p. 63.

[417] ALEO, Salvatore. The Definition and Repression of Organized Crime, p. 63. Tal assertiva é exemplificada por decisão na qual se afirmou que: "Conquanto o crime de quadrilha seja autônomo em relação aos delitos eventualmente perpetrados pelos seus integrantes, é imprescindível que os fatos narrados na denúncia dêem pela sua ocorrência. Optando o julgador pela absolvição do acusado, em virtude da não comprovação dos fatos criminosos ali descritos (roubo, seqüestro e contrabando

Tema de relevo, em especial se considerado o paradigma empresarial de organização criminosa,[418] é a possibilidade de considerar como quadrilha a empresa que exerce, paralela e simultaneamente, atividades lícitas e ilícitas, de forma reiterada, o que me parece perfeitamente possível.[419] Assim também em caso de gráfica utilizada para a contrafação de moeda, a par das atividades lícitas (TRF4, AC 1999.71.00.017214-5/RS, Tadaaqui Hirose, 7ª T., v.u., DJ 14.1.2004).[420]

3.1.2.4. Tipo subjetivo

É o fim de cometer uma série indeterminada de crimes (TRF 4, AC 200504010099278, Paulo Afonso Brum Vaz, 8ª T., v.u., 13.12.06),[421] inexistindo quadrilha se a reunião se der para a prática de um único delito. A ideia de finalidade afasta o delito quando houver a intenção de praticar, ainda que de modo reiterado, contravenções, ilícitos civis[422] ou atos meramente imorais. Afirma a doutrina que os crimes a serem cometidos deverão ser mais ou menos determinados quanto a sua espécie.[423]

Esse ânimo associativo seria demonstrado pela estreita ligação entre os membros do grupo, com reuniões, decisões comuns, preparo de planos, etc. Fala-se, então, em um verdadeiro ânimo associativo na constituição da sociedade criminosa, sendo esse o traço a distinguir a quadrilha do mero concurso eventual de agentes,[424] quando houver a prática efetiva dos crimes visados pelo grupo.[425]

---

de armas), não pode subsistir a condenação por quadrilha, cuja base real consistira unicamente nos mesmos fatos". (TRF1, AC 199801000244397/TO, Olindo Menezes, 3ª T., v.u., 9.3.99).

[418] V., acima, item 2.2.3.

[419] Nesse sentido: TRF3, HC 95030351278/SP, Domingos Braune, 2ª T., m., 6.6.95; TRF4, HC 2000.04.01.016103-0/RS, Élcio Pinheiro de Castro, 2ª T., m., DJ 19.4.2000. Na Espanha, assim decidiu o TS em 28.4.07, no chamado *caso Filesa* (RJA 7843/1997).

[420] Criticando o reconhecimento do crime de quadrilha no contexto empresarial, ao argumento de que haveria, assim, uma exacerbação da resposta penal em todos os casos de criminalidade empresarial, em virtude da indevida expansão de um delito que deveria limitar-se ao âmbito político: QUINTERO OLIVARES, Gonzalo. *La Criminalidad Organizada y la Función del Delito de Asociación Ilícita*, p. 182 e 185-187.

[421] O TRF da 4ª Região já afirmou, porém, que: "Para configuração do crime de quadrilha não é necessário serem os crimes indeterminados, pois o que se exige é o propósito de cometer vários crimes, determinados ou não, da mesma espécie ou não" (EINACR 200070030053203/PR, 4ª S., m., 16.6.05).

[422] Afastou-se o crime de quadrilha que teria sido composta com o fim de praticar estelionato, o que veio a ser negado pela sentença, que reconheceu apenas a ocorrência de ilícito civil (STF HC 68322/DF, Paulo Brossard, 2ª T., 11.6.91).

[423] PITOMBO, Antônio Sérgio Altieri de Moraes. *Organização Criminosa*, p.78.

[424] STF, AP-QO 323/RJ, Nelson Jobim., Pl., v.u., 13.8.03; PITOMBO, Antônio Sérgio Altieri de Moraes. *Organização Criminosa*, p. 80.

[425] Bem por isso: "O reconhecimento da co-autoria não é incompatível com a absolvição quanto ao crime de bando ou quadrilha, por falta de prova suficiente". (STF, HC 69389/SP, Moreira Alves, 1ª T., v.u., 23.6.92).

Exige-se, ainda, que a vontade de cometer crimes seja comum aos integrantes, não havendo falar-se em quadrilha quando um dos membros do corpo coletivo, isoladamente, tem o propósito de cometer delitos,[426] ainda que se valendo da estrutura associativa ou empresarial.[427]

3.1.2.5. Consumação

Predomina o entendimento de que a consumação se dá com a simples associação, ou seja, no momento da convergência das vontades para o cometimento de uma série indeterminada de crimes, independentemente do efetivo cometimento de qualquer dos crimes visados pela quadrilha,[428] cuidando-se de crime formal (STJ, HC 49470/PB, Félix Fischer, 5ª T., v.u., 15.8.06; TRF1, AC 199701000090877/PA, Ítalo Mendes, 4ª T., v.u., 20.4.99) e de perigo abstrato[429] (TRF 1, AC 200243000014105/TO, Tourinho Neto, 3ª T., v.u., 7.11.05; TRF5, AC 200282010021780/PB, 3ª T., v.u., 13.7.06). Há, então, uma antecipação da resposta penal, em que, excepcionalmente, são punidos atos que, em regra, seriam tidos como meramente preparatórios.[430]

Se a sociedade tinha, inicialmente, fins lícitos, como uma empresa, passando, a partir de certo momento, a cometer, de forma reiterada, uma série indeterminada de crimes,[431] será esse o momento da consumação.

Para o agente que adere depois de formada a quadrilha, o momento a ser considerado será o da adesão (STF, HC 70290/RJ, Sepúlveda Pertence, Pl., m., 30.6.93; STF, HC 81260/ES, Sepúlveda Pertence, Pl., 14.11.01).

Na grande maioria dos casos, porém, a quadrilha será reconhecida em função de crimes efetivamente cometidos, o que, aliás, servirá como prova de sua existência (STF, HC 70774/RJ, Ilmar Galvão, 1ª T., v.u., 8.2.94).[432]

---

[426] QUINTERO OLIVARES, Gonzalo. *La Criminalidad Organizada y la Función del Delito de Asociación Ilícita*, p. 179.

[427] Importante aqui a distinção, em se cuidando de crimes empresariais, da criminalidade de empresa (*Unternehmenskriminalität*) da criminalidade na empresa (*Betriebskriminalität*) ZUÑIGA RODRIGUEZ, Laura. Criminalidad de Empresa, Criminalidad Organizada y Modelos de Imputación Penal, p. 201.

[428] Em sentido contrário: ESTELLITA, Heloísa. *Criminalidade de Empresa*, p. 21-22; PITOMBO, Antônio Sérgio Altieri de Moraes. Organização Criminosa, p. 82; TOURINHO, José Lafaieti Barbosa. *Crime de Quadrilha ou Bando & Associações Criminosas*, p. 131.

[429] Não há espaço aqui para enfrentamento da problemática dos crimes de perigo, que são tidos, porém, como importantes para a adaptação às reais condições sociais contemporâneas, quando a complexidade, multiplicidade e impessoalidade dessas requer uma antecipação da resposta penal (SCHÜNEMANN, Bernd. Kritische Anmerkungen zur geistigen Situation der Deutsche Strafrechtwissenschaft, S. 210-214). No Brasil, v., por todos: SILVA, Ângelo Roberto Ilha da. *Dos Crimes de Perigo Abstrato em face da Constituição*.

[430] FIGUEIREDO DIAS, Jorge de. Criminalidade organizada, p. 16.

[431] Nos termos do art. 515 do CP Espanhol: "São puníveis as associações ilícitas, sendo assim consideradas: 1º As que tenham por objeto algum ilícito, ou depois de constituídas, promovam sua perpetração".

[432] SIQUEIRA FILHO, Élio Wanderley. *Repressão ao Crime Organizado*, p. 31.

3.2. DOCUMENTOS INTERNACIONAIS

Em função do já comentado caráter transnacional do crime organizado,[433] surgem dificuldades na investigação criminal e na instrução processual, provocadas pelas diferenças de idioma, pelos limites de atuação das autoridades policiais, judiciárias, pelas diferenças de legislação e interpretação da lei penal nos diferentes países e pela lentidão dos mecanismos de cooperação internacional.

Por conta disso, começa a notar-se, ao lado da relativização do princípio da territorialidade e expansão do princípio de justiça universal,[434] bem como da mitigação da exigência de dupla incriminação para extradição, uma tendência de uniformização relativa de legislações penais, em função de acordos internacionais, como no ramo do tráfico ilícito de entorpecentes, lavagem de dinheiro, corrupção transnacional e, mais recentemente, crime organizado.

3.2.1. A convenção de Palermo

Refletindo tais preocupações,[435] a ONU realizou, em 1994, em Nápoles, uma Conferência Ministerial Mundial sobre Crime Organizado, cujo resultado principal foi o início dos trabalhos para a elaboração de uma Convenção sobre Crime Organizado Transnacional, que veio a ser firmada em dezembro de 2000, em Palermo, na Itália, vindo a ser conhecida como Convenção de Palermo.[436]

A referida Convenção entrou em vigor no Brasil, por força do Decreto Legislativo nº 231, de 29 de maio de 2003, e do D. nº 5.015, de 12 de março de 2004, devendo os operadores do direito tornar-se aptos a aplicar, no plano interno, tais normativas, até para que nosso país seja visto, pela comunidade internacional, como cooperante, a fim de granjear a reciprocidade dos demais.

A Convenção, além de prever um compromisso de tipificação e de adoção de técnicas específicas de investigação, traz, em seu art. 2º, um conceito de grupo criminoso organizado, assim vazado:

> a) "Grupo criminoso organizado" – grupo estruturado de três ou mais pessoas, existente há algum tempo e atuando concertadamente com o propósito de cometer uma ou mais

---

[433] Cfe. Item 2.4.2.10, supra.

[434] JESUS, Damásio de. *Criminalidade Organizada: Tendências e Perspectivas Modernas em Relação ao Direito Penal Transnacional*, p. 130.

[435] Ou, para algumas interpretações, cedendo a pressões norte-americanas (WOODIWISS, Michael. Transnational Organised Crime, p. 20-22).

[436] Para uma análise do texto da Convenção, v.: GOMES, Rodrigo Carneiro. *O Crime Organizado na Visão da Convenção de Palermo*. V., também, abaixo, item 4.1.1 da Parte III.

infrações graves ou enunciadas na presente Convenção, com a intenção de obter, direta ou indiretamente, um benefício econômico ou outro benefício material;

b) "Infração grave" - ato que constitua infração punível com uma pena de privação de liberdade, cujo máximo não seja inferior a quatro anos ou com pena superior;

c) "Grupo estruturado" - grupo formado de maneira não-fortuita para a prática imediata de uma infração, ainda que os seus membros não tenham funções formalmente definidas, que não haja continuidade na sua composição e que não disponha de uma estrutura elaborada.

A crítica da doutrina a essa definição é motivada por sua amplitude, que permitiria sua aplicação a grupos tão distintos como a máfia siciliana e uma gangue de ladrões e também por ignorar o fato de que boa parte do crime organizado não é transnacional.[437]

Sobre a primeira objeção, cabe dizer que o conceito é amplo porque pretende abarcar as várias manifestações da criminalidade organizada, analisadas, acima, no item 2.2. Se adotada uma definição demasiadamente restritiva, o conceito seria aplicado apenas aos casos de organizações criminosas tradicionais.

Quanto à segunda crítica, da limitação aos casos de crime organizado transnacional, trata-se de tema que merece leitura mais cuidadosa que aquela dada pela mera leitura do nome da Convenção. Isso porque o art. 3º daquele instrumento trata do âmbito de aplicação nos seguintes termos:

Artigo 3

Âmbito de aplicação

1. Salvo disposição em contrário, a presente Convenção é aplicável à prevenção, investigação, instrução e julgamento de:

a) Infrações enunciadas nos Artigos 5, 6, 8 e 23 da presente Convenção; e

b) Infrações graves, na acepção do Artigo 2 da presente Convenção;

sempre que tais infrações sejam de caráter transnacional e envolvam um grupo criminoso organizado;

2. Para efeitos do parágrafo 1 do presente Artigo, a infração será de caráter transnacional se:

a) For cometida em mais de um Estado;

b) For cometida num só Estado, mas uma parte substancial da sua preparação, planeamento, direção e controle tenha lugar em outro Estado;

c) For cometida num só Estado, mas envolva a participação de um grupo criminoso organizado que pratique atividades criminosas em mais de um Estado; ou

d) For cometida num só Estado, mas produza efeitos substanciais noutro Estado.

Como se vê, ao tratar do âmbito de aplicação, a Convenção diferencia claramente dois casos. O primeiro é o dos crimes enunciados nos arts. 5º, 6º, 8º e 23, que tratam, respectivamente, da participação em grupo criminoso organizado, lavagem de dinheiro, corrupção e obstrução da

---

[437] PAOLI, Letizia; FIJNAUT, Cyrille. *Organised Crime in Europe*, p. 38.

justiça. O segundo é o do crime organizado transnacional. Em relação aos crimes enumerados, a aplicação da convenção independe do caráter transnacional, o que é reafirmado no item 2 do art. 34, como segue:

> 2. As infrações enunciadas nos Artigos 5, 6, 8 e 23 da presente Convenção serão incorporadas no direito interno de cada Estado Parte, independentemente da sua natureza transnacional ou da implicação de um grupo criminoso organizado nos termos do parágrafo 1 do Artigo 3 da presente Convenção, salvo na medida em que o Artigo 5 da presente Convenção exija o envolvimento de um grupo criminoso organizado.

Em conclusão, de acordo com o texto, para as infrações enumeradas, o caráter transnacional é irrelevante, não obstante o nome da Convenção mencione o rime organizado transnacional.

Ainda que assim não fosse, nada impediria, sendo até recomendável que um conceito análogo fosse adotado, pela legislação nacional, para os grupos que não sejam transnacionais,[438] pois não haveria sentido contar com um tipo para grupos organizados transnacionais e outros para aqueles que atuam dentro do país. Nessa linha, a adoção do conceito da Convenção pode levar, também, a uma desejável uniformização na repressão a crimes graves e transnacionais.[439] Anote-se que a uniformização é um objetivo declarado das Nações Unidas, ao afirmar que: "A comunidade internacional deve adotar um conceito de crime organizado aceito por todos como base para uma maior compatibilidade das respostas nacionais e uma maior efetividade da cooperação transnacional".[440]

Desse modo, não há qualquer óbice à utilização, no Brasil, dos conceitos fornecidos pela já mencionada Convenção de Palermo, ao menos para os grupos transnacionais, como já tem sido admitido para fins da admissibilidade das medidas investigativas previstas na Lei nº 9.034/95, bem como para o reconhecimento do crime antecedente da lavagem de dinheiro (Lei nº 9.613/98, art. 1º, VIII).[441] Assim é porque o texto foi regularmente incorporado ao ordenamento jurídico nacional, conforme o rito constitucionalmente previsto (CRFB, arts. 21, I; 84, VIII, e 49, I), ostentando, por conseguinte, paridade normativa com as leis ordinárias (STF,

---

[438] Pela impossibilidade de utilização do conceito para os grupos que não sejam transnacionais: GOMES, Luiz Flávio. Crime Organizado, p. 11.

[439] Sobre os efeitos da Convenção no Brasil, v., abaixo, itens 4.1.2 e 4.1.4.4 da Parte III. Sobre a importância de uma represssão uniforme ao crime transnacional, v. item 2.4.2.9, supra.

[440] *Normas e Princípios das Nações Unidas sobre Prevenção ao Crime e Justiça Criminal*, p. 216.

[441] Nesse sentido, admitindo a possibilidade de utilização do conceito da Convenção de Palermo: BALTAZAR JUNIOR, José Paulo. *Crimes Federais*, p. 568; STJ, AP 460/RO, Eliana Calmon, CE, m., 6.6.07; STJ, HC 63716/SP, Jane Silva [Conv.], 5ª T., v.u., 28.11.07; TRF 4, AC 200470080003559, v.u., DJ 13.7.05, Maria de Fátima Freitas Labarrère; TRF4, HC 2007.04.00.009045-7/PR, Maria de Fátima Freitas Labarrère, 7ª T., v.u., 3.4.07). Em sentido contrário, ao argumento de violação do princípio da legalidade: ESTELLITA, Heloísa. *Criminalidade de Empresa*, p. 95.

Crime Organizado e Proibição de Insuficiência

Ext. 662, Celso de Mello, Pl., 28.11.96).[442] O conceito da Convenção já foi utilizado, aliás, na Recomendação n° 3 do CNJ, de 30 de maio de 2006, que trata da especialização de varas criminais para processar e julgar delitos praticados por organizações criminosas.

3.2.2. Documentos europeus

A Europa constitui-se em exemplo particularmente importante em relação a uma criminalidade transnacional, em aspectos diversos e interligados. Em primeiro lugar, porque a livre circulação de mercadorias e pessoas dentro do denominado espaço Schengen[443] facilitaria o cometimento de ilícitos.[444] Em contrapartida, a integração facilita a uniformização das legislações e a cooperação judiciária internacional, em um modelo que poderá, no futuro, servir também à América do Sul, caso o Mercosul efetivamente caminhe no sentido da integração.

A integração europeia nesse âmbito está prevista já no art. K.1 do próprio Tratado da União Europeia, que entrou em vigor em 1° de novembro de 1993, conhecido como Tratado de Maastricht, em seu Título VI, que forma o chamado terceiro pilar[445] da União, nos seguintes termos:

Artigo K.1. Para a realização dos objetivos da União, nomeadamente o da livre circulação de pessoas, e sem prejuízo das atribuições e competências da Comunidade Européia, os Estados-membros consideram questões de interesse comum os seguintes domínios:

(...)

7) A cooperação judiciária em matéria penal;

8) A cooperação aduaneira;

---

[442] GOMES, Rodrigo Carneiro. *O Crime Organizado na Visão da Convenção de Palermo*, p. 31-34.

[443] V. supra, item 2.4.2.9. Nesse sentido: "A supressão do controlo nas fronteiras no âmbito daquilo a que chamamos 'espaço Schengen' tornou-se possível graças a uma iniciativa tomada em 1985 pela Alemanha, França e os Países do Benelux. Em 1990, 'a Convenção de Schengen' fixou as regras comuns em matéria de vistos, de direito de asilo, de controlo nas fronteiras externas, de cooperação entre serviços policiais e aduaneiros, com vista a permitir a livre circulação das pessoas no seio dos países signatários sem perturbar a ordem pública. Foi instalado um sistema de informação para a troca de dados relativos à identidade das pessoas. Os Estados-membros da União Européia (com excepção do Reino Unido e da Irlanda), assim como a Noruega e a Islândia, aderiram a esta iniciativa intergovernamental". Disponível em: <http://europa.eu/scadplus/leg/pt/lvb/a11000.htm#a11008> Acesso em: 26.jun.2007.

[444] Para uma visão crítica do tema, ao argumento de que não há evidências empíricas de que o controle de fronteira dificulte a perpetração de ilícitos e que as bases de dados decorrentes da ação comum européia, alegadamente estabelecidas com o fim de controle do crime organizado serviriam na verdade para obstar a imigração ilegal: ELVINS, Martin. Europe's response to transnational organized crime, p. 30.

[445] O Tratado da União Europeia criou três áreas de atuação política ou 'pilares', dos quais o terceiro cobre a área de Justiça e Assuntos Internos. Sobre o tema da internacionalidade como característica do crime organizado, v., acima, item 2.4.2.9.

9) A cooperação policial tendo em vista a prevenção e a luta contra o terrorismo, o tráfico ilícito de droga e outras formas graves de criminalidade internacional, incluindo, se necessário, determinados aspectos de cooperação aduaneira, em ligação com a organização, à escala da União, de um sistema de intercâmbio de informações no âmbito de uma Unidade Européia de Polícia (Europol).[446]

Com base em tal disposição, bem como no art. K.3 do Tratado da União Europeia, o Conselho adotou, em 31 de dezembro de 1996, a Ação Comum 342, e, posteriormente, em 21 de dezembro de 1988, a Ação Comum 98/733/JAI relativa à tipificação penal da participação em uma organização delitiva nos Estados-Membros da União Europeia, cujo art. 1º apresenta a seguinte redação:

> Para efeitos da presente acção comum, entende-se por "organização criminosa" a associação estruturada de duas ou mais pessoas, que se mantém ao longo do tempo e actua de forma concertada, tendo em vista cometer infracções puníveis com pena privativa da liberdade ou medida de segurança privativa da liberdade cuja duração máxima seja de, pelo menos, quatro anos, ou com pena mais grave, quer essas infracções constituam um fim em si mesmas, quer um meio de obter benefícios materiais e, se for caso disso, de influenciar indevidamente a actuação de autoridades públicas.[447]

Como se vê, a definição acima é bastante próxima daquela adotada pela ONU, distinguindo-se, porém, por admitir que sejam perseguidas outras finalidades, além das estritamente econômicas, como referido na Convenção das Nações Unidas, acima transcrita.

Seguindo nessa linha, em 15 e 16 de outubro de 1999, foi realizada uma Reunião do Conselho Europeu em Tampere, na Finlândia, na qual pela primeira vez se discutiu especificamente o tema da Justiça e Assuntos Internos, nomeadamente quanto ao direito de asilo e o crime organizado. Ainda antes, na Reunião do Conselho de dezembro de 1988, foi estabelecido o chamado Plano de Ação de Viena.

Por sua vez, no âmbito do Conselho da Europa, de acordo com a Recomendação (2001) 11 do Comitê de Ministros sobre Princípios Diretivos na Luta Contra o Crime Organizado define-se o grupo criminal organizado como:

> (...) um grupo estruturado de três ou mais pessoas existente por um período de tempo e atuando concertadamente com o propósito de cometer um ou mais delitos graves – entendidos como tais os castigados com quatro anos ou mais de prisão – para obter diretamente um benefício financeiro ou material, utilizando intimidação, violência, corrupção ou outros meios.

---

[446] Disponível em: <http://dupond.ci.uc.pt/CDEUC/TUEVRINT.HTM> Acesso em: 26.jun.2007.

[447] Disponível em: <http://eur-lex.europa.eu> Acesso em 29.mai.2008.

3.3. ORGANIZAÇÕES CRIMINOSAS NA EXPERIÊNCIA ESTRANGEIRA

À semelhança do Brasil,[448] em vários países não há, ainda, tipo legal de organização criminosa distinta da associação criminosa, como nos seguintes casos: a) Chile (CP, arts. 292 e 293); b) Espanha (CP, art. 515); Paraguai (CP, art. 239), embora incluindo no tipo da associação a característica da *hierarquia*, própria de organizações criminosas e desnecessária para a quadrilha no Brasil; Peru (CP, art. 317); Portugal (CP, art. 299); Uruguai (CP, art. 150), ainda que com agravação para alguns delitos típicos de organizações criminosas.

3.3.1. Alemanha

Na Alemanha, não há um tipo penal específico de organização criminosa. O § 129 do StGB traz o tipo de Formação de Associação Criminal (Bildung Krimineller Vereinigung), assim redigido:

> Quem forma uma associação criminal, cujo objeto ou cuja atividade esteja orientada a cometer crimes, ou quem participe em uma associação desse tipo como membro, faça propaganda para ela ou a apóie, será castigado com pena privativa de liberdade até cinco anos ou multa.
>
> O inciso I não é aplicável,
>
> quando a associação for um partido político que o Tribunal Constitucional não tenha declarado como inconstitucional,
>
> quando o cometimento de crimes seja um objetivo ou atividade de significado secundário ou, na medida em que o fim ou a atividade da associação se considerem fatos puníveis segundo os §§ 84 a 87.

Esse tipo penal não tem, porém, a extensão da quadrilha ou bando do direito brasileiro, tendo em sua origem e aplicação se limitado especialmente a organizações de ordem política, de modo que: "A utilização histórica do parágrafo 129 para grupos políticos e a interpretação estreita que lhe foi dada pela jurisprudência deixa pouco espaço para a sua aplicação a grupos de criminalidade organizada".[449]

A definição mais aceita na Alemanha, onde se entendeu inviável a criação de um tipo penal, como mencionado no item 3.1., acima, é aquela veiculada pelas "Diretivas comuns dos Ministros e Secretários da Justiça

---

[448] Não é objetivo deste trabalho um estudo aprofundado de direito comparado (*Rechtsvergleichung*), mas a mera referência à legislação estrangeira, a título comparativo (*Auslandsrechtskunde*). Nesse sentido: "Por meio de seu método comparativo diferencia-se o Direito Comparado de um mero estudo do direito estrangeiro, que fornece informações sobre o estado atual do direito em um determinado país" (HELDRICH, Andreas. Rechtsvergleichung, S. 748).

[449] KINZIG, Geörg. *Die Rechtliche Bewältigung von Erscheinungsformen organisierter Kriminalität*. S. 169; PAOLI, Letizia. Die italienische Mafia, S. 435.

158
José Paulo Baltazar Junior

e do Interior dos Estados para o Trabalho Conjunto do Ministério Público e da Polícia na Persecução do Crime Organizado", de maio de 1990, assim redigida:

> Criminalidade organizada é o cometimento de crimes determinado pela busca de lucro ou poder, que isoladamente ou em seu conjunto apresenta significado considerável, quando mais de dois participantes atuam com divisão de trabalho por tempo longo ou indeterminado, em cooperação,
> a) com aplicação de estruturas empresariais ou assemelhadas;
> b) com utilização de violência ou outros meios aptos a amedrontar; ou
> c) com influência sobre a política, a mídia, a administração pública ou a economia.

Essa definição é tida como semioficial, pois, embora seja vinculante para o trabalho policial e para a elaboração dos relatórios sobre crime organizado, não foi nunca incluída em lei. Embora encontre boa aceitação, inclusive fora da Alemanha, recebe, por sua amplitude, tanto elogios quanto críticas. Os primeiros porque serviria para abarcar a multifacetada realidade do crime organizado[450] e as segundas porque não serviria nem para delimitar os fenômenos próximos, como os bandos e o concurso de agentes, nem para justificar restrições profundas aos direitos fundamentais.[451]

Em 15 de julho de 1992, foi publicada, na Alemanha, a Lei para Luta do Comércio de Estupefacientes ilegal e outras formas de apresentação da Criminalidade Organizada (*Gesetz zur Bekämpfung des illegalen Rauschgifthandels und anderer Erscheinungsformen der Organisierten Kriminalität – OrgKG*), a qual, assim como a lei brasileira, não traz definição de crime organizado.

3.3.2. Áustria

Na Áustria o tipo de *Kriminelle Organisation* foi introduzido em 1993 e reformado em 1996, no § 278 do CP, o qual exige, de forma cumulativa, a existência de uma união (*Verbindung*) ou associação, com duração no tempo e um elevado número de pessoas.

3.3.3. Bélgica

O tipo da organização criminal foi introduzido no novo art. 324 bis e 324 ter do CP por Lei de 10 de janeiro de 1999, com a peculiaridade de que a organização cujo objeto real é exclusivamente de ordem política, sindical filantrópica, filosófica ou religiosa não pode ser entendida como organização criminal. De modo próximo à definição da ONU, a organização

---

[450] HETZER, Wolfgang. *Wirtschaftsform Organisierte Kriminalität*, S. 129.

[451] HASSEMER, Hans. Innere Sicherheit im Rechtstaat, S. 665; KINZIG, Geörg. *Die Rechtliche Bewältigung von Erscheinungsformen organisierter Kriminalität*, S. 61; PAOLI, Letizia; FIJNAUT, Cyrille. *Organised Crime in Europe*, p. 37.

Crime Organizado e Proibição de Insuficiência

é definida como grupo estruturado de duas ou mais pessoas estabelecido no tempo para cometer delitos castigados com pena mínima de três anos e com o fim de obter vantagens patrimoniais por meio de ameaça, violência manobras fraudulentas ou recurso a estruturas comerciais ou de outro tipo para dissimular ou facilitar a perpetração dos crimes.

3.3.4. Bolívia

Na Bolívia, o art. 132 bis do CP cria o tipo específico de organização criminal, distinto da associação delituosa e do terrorismo. Para o referido tipo, exige-se a participação de no mínimo três agentes, permanência e regras de disciplina e controle, seguindo-se um rol dos delitos que determinam a existência de organização, acima referido. A conduta é incriminada, ainda, quando o agente se aproveite de estruturas comerciais ou de negócios para cometer tais delitos.

3.3.5. Espanha

Na Espanha o número 4 do art. 282 bis da Ley de Enjuiciamiento Criminal, ao tratar do *agente encubierto* estabelece que "se considerará como delinquência organizada a associação de três ou mais pessoas para realizar, de forma permanente ou reiterada, condutas que tenham como fim cometer algum dos delitos" ali arrolados.

3.3.6. Estados Unidos

Nos Estados Unidos, é tradicional a figura da *conspiracy* (USC, Título 18, § 371). Mais recentemente, a matéria é tratada no diploma conhecido como *RICO*, a sigla para *Racketeer Influenced and Corrupt Organisations Act*, que integra o chamado *Federal Organisation Crime Control Act* de 1970, podendo ser encontrada nos §§ 1961 a 1968 do Título 18 do *United States Code*. Não se encontra em tais documentos, porém, uma definição de organização criminosa.

3.3.7. Itália

A peculiar situação da Itália levou, não por acaso, à distinção entre a Associação para Delinquir, do art. 416, e a Associação de Tipo Mafioso, objeto do art. 416 bis do CP, introduzido em 1982 e assim redigido:

Art. 416 bis Associação de tipo mafioso

Aquele que faz parte de uma associação de tipo mafioso formada por três ou mais pessoas é punido com reclusão de três a seis anos.

Aqueles que promovem, dirigem ou organizam a associação são punidos, tão somente por isso, com reclusão de quatro a nove anos.

A associação é de tipo mafioso quando aqueles que nela fazem parte se valem da força de intimidação do vínculo associativo e da condição de sujeição e de lei do silêncio que dela deriva para cometer crimes, para adquirir, de modo direto ou indireto a gestão ou de qualquer modo o controle de atividade econômica, de concessões, de autorizações, contratos e serviços públicos ou para obter lucros ou vantagens injusta para si ou para outrem ou com o fim de impedir ou obstar o livre exercício do voto ou obter voto para si ou para outrem por ocasião das eleições.

Se a associação é armada se aplica a pena de reclusão de quatro a dez anos nos casos previstos no primeiro inciso e de cinco a quinze anos nos casos previstos no segundo inciso.

A associação se considera armada quando os participantes têm a disponibilidade, para alcançar a finalidade da associação, de armas ou explosivos, ainda que ocultos ou mantidos em local de depósito.

(...)

As disposições do presente artigo se aplicam também à camorra e outras associações, como sejam localmente denominadas, que valendo-se da força intimidatória do vínculo associativo perseguem fins correspondentes aqueles das associações de tipo mafioso.

Após a mundialmente célebre operação mãos limpas, que revelou uma extensa rede de corrupção envolvendo a máfia e políticos, foi acrescido o art. 416, com seguinte teor:

Art. 416 ter Troca eleitoral político-mafiosa

A pena estabelecida no primeiro inciso do art. 416 bis se aplica também a quem obtém promessa de votos prevista no terceiro inciso do mesmo art. 416 bis em troca da distribuição de dinheiro.

3.3.8. Suíça

Na Suíça, onde não havia sequer o crime de associação, foi introduzido, em 18 de março de 1994, o delito de Organização Criminal (StGB, art. 260 ter), dentro do chamado "Segundo Pacote de Medidas Legislativas contra o Crime Organizado". A organização é considerada criminal quando sua estrutura interna for mantida em segredo e tiver por fim cometer crimes violentos ou a obtenção de vantagem econômica por meios criminais.

4. O crime organizado como problema para o Processo Penal

A par da questão da tipificação, o processo, no campo da proteção da vítima e, em especial no âmbito da produção da prova, tem aguda correlação com a concretização do dever de proteção no âmbito do crime organizado, como será examinado nos itens seguintes.

4.1. A RELAÇÃO ENTRE O PROCESSO PENAL E OS DIREITOS FUNDAMENTAIS

A solução da tensão entre segurança e liberdade[452] ocorre na conformação do processo penal, pois o próprio Estado é limitado na utilização da coação, que somente pode ser exercida por meio do processo. Nas palavras de Lorenz: "A diferença entre direito material e direito processual corresponde à contraposição entre o direito e a realização do direito".[453]

Com efeito, o processo penal constitui o único meio de aplicação das regras penais, de modo que a proteção dos bens jurídicos protegidos pelo direito penal, bem como a concretização dos seus fins de prevenção positiva somente podem ser alcançados por meio do processo,[454] sendo esse o sentido da necessidade ou mandamento[455] de uma justiça criminal efetiva[456] ou funcional, ou ainda de uma administração do direito penal apta a funcionar (*funktionstüchtige Strafrechtspflege*),[457] na expressão utilizada inúmeras vezes pelo Tribunal Constitucional Federal da Alemanha (BVerfGE 33, 367 (383); 34, 238 (248); 36, 174 (186); 38, 312 (321); 39, 156 (163); 41, 246 (250); 44, 353 (374, 378); 45, 272 (294); 46, 214 (222 ff.); 47, 239 (250); 51, 324 (343); 49, 220; 57, 9 (28),[458] igualmente como decorrência do princípio do Estado de Direito,[459] do Estado Social de Direito[460] e da tarefa de proteção da segurança dos cidadãos (BVerfGE 46, 214 (223); 51, 324 (343). Em outras ocasiões falou-se na necessidade de uma persecução

---

[452] V., abaixo, item 2 da Parte III.

[453] LORENZ, Dieter. *Der grundrechtliche Anspruch auf effektiven Rechtsschutz*, S. 644.

[454] Para Silva Sánchez é o caráter público, formal e comunicativo do processo que confere ao sistema penal alguma eficácia preventiva (SILVA SÁNCHEZ, Jesús María. *La expansión del Derecho Penal*, p. 79-80).

[455] Cuja existência é reconhecida de forma dominante na doutrina alemã, com apoio na jurisprudência do Tribunal Constitucional Federal (BACHMANN, Gregor. *Probleme des Rechtsschutzes gegen Grundrechtseingriffe im strafrechtlichen Ermittlungsverfahren*, S. 40). Para mais sobre o tema, ver: LANDAU, Herbert. Die Pflicht des Staates zum Erhalt einer funktionstüchtigen Strafrechtspflege, S. 121-129.

[456] WOLTER, Jürgen. *35 Jahre Verfahrensrechtskultur und Strafprozeßverfassungsrecht in Ansehung von Freiheitsentziehung*, S. 164.

[457] SCHÜNEMANN, Bernd. *Wohin treibt der deutsche Strafprozess*, S. 12; TIEDEMANN, Klaus. *Verfassungsrecht und Strafrecht*, S. 29. Também nesse sentido, em língua portuguesa: ALBUQUERQUE, Paulo Pinto de. *A Reforma da Justiça Criminal em Portugal e na Europa*, p. 993-994.

[458] Crítico a respeito do *status* constitucional de um dever de manutenção de uma justiça criminal eficaz: KRAUβ, Detlef. *Strafprozeβ zwischen Kriminalpolitik und Medienereignis*, S. 37.

[459] BACHMANN, Gregor. *Probleme des Rechtsschutzes gegen Grundrechtseingriffe im strafrechtlichen Ermittlungsverfahren*, S. 40-41; BULL, Hans Peter. *Die Staatsaufgaben nach dem Grundgesetz*, S. 349; ROBBERS, Gerhard. *Sicherheit als Menschenrecht*, S. 13.

[460] ROBBERS, Gerhard. *Sicherheit als Menschenrecht*, S. 13.

penal eficaz (*Bedürfnisse einer wirksamen Strafverfolgung*), referida nas decisões (BVerfGE 77, 65 (76); 80, 367 (375), sem que isso represente, porém, uma modificação de conteúdo.[461]

A própria Organização das Nações Unidas aponta, no item 15 do seu Programa de prevenção ao crime e a justiça criminal, a necessidade de uma: "Administração da justiça mais eficiente e efetiva, com o devido respeito aos direitos humanos de todos aqueles afetados pelo crime e todos aqueles envolvidos no sistema de justiça criminal".[462]

A seu turno, Lorenz refere que:

> Esse segundo âmbito de proteção corresponde ao direito processual penal como "direito operativo" para proteção do indivíduo na comunidade estatal. Em razão do dever fundamental de proteção o Estado não é obrigado apenas a deixar de atentar contra a liberdade do cidadão, mas também a proteger ativamente as liberdades fundamentais asseguradas contra danos por parte de terceiros. A proteção frente a terceiros se realiza em primeira linha por meio da lei. Do legislador é exigido, sobretudo em campos nos quais liberdades fundamentais não são ainda asseguradas suficientemente contra ameaças sociais. A proteção deficiente baseia-se fundamentalmente no campo da chamada criminalidade organizada sob as seguintes circunstâncias: trata-se de nova modalidade de perigo às liberdades.[463]

De fato, o direito processual penal é influenciado pela Constituição de modo mais intenso que o próprio direito penal, tendo em vista "que disposições processuais são ligadas de modo especialmente próximo a direitos fundamentais processuais e inúmeros atos do processo penal são intervenções de direitos fundamentais imediatas,[464] sendo até mesmo chamado de direito constitucional aplicado (*angewandtes Verfassungsrecht*)".[465] Tal relação fortaleceu-se ainda mais com o reconhecimento dos direitos fundamentais como direitos assegurados por meio da organização e do procedimento, ou seja, de que "os direitos fundamentais influenciam não apenas a conformação do direito material, mas determinam igualmente medidas para uma proteção efetiva dos direitos fundamentais por meio da conformação da organização e do procedimento, bem como para uma interpretação amigável aos direitos fundamentais das regras processuais existentes" (BVerfGE 69, 315).[466]

---

[461] SCHÜNEMANN, Bernd. Wohin treibt der deutsche Strafprozess, S. 12.

[462] *Normas e Princípios das Nações Unidas sobre Prevenção ao Crime e Justiça Criminal*, p. 206.

[463] LORENZ, Frank Lucien. Operative Informationserhebung" im Straverfahren, "Unverfügbares und Grundrechtschutz durch "institutionelle Kontrolle", S. 1002.

[464] TIEDEMANN, Klaus. *Verfassungsrecht und Strafrecht*, S. 56

[465] BVerfGE 32, 373 - *Ärztliche Schweigepflicht*; BGHSt 19, 325 - Tagebuch I. Sobre o tema, ver: NIEMÖLLER, Martin; SCHUPPERT, Gunnar Folke. Die Rechtsprechung des Bundesverfassungsgerichts zum Strafverfahrenrecht, S. 389-390.

[466] Sobre o tema, ver: HESSE, Konrad. *Grundzüge des Verfassungsrechts der Bundesrepublik Deutschland*, S. 135, RN 298; S. 151, RN 339; S. 160-161, RN 358-360. Na tradução brasileira: p. 242-243, NM 298; 270-271, NM 339 e 287-288, NM 358-360, respectivamente.

Esse processo é ainda mais acentuado na atualidade e no contexto da criminalidade organizada, quando a liberdade é garantida especialmente mediante limitações estatais, em que o procedimento é a principal forma de se chegar a um resultado que garanta os direitos fundamentais,[467] pois a tarefa de alcançar o equilíbrio exige regras processuais,[468] via pela qual os direitos se tornam realidade.[469] Na formulação de Hesse:

> Carecem, por isso, os direitos fundamentais, em grande medida, da organização e do procedimento, então eles influem, simultaneamente por sua vez, no direito de organização e procedimento que, desse modo, contribui para a realização e asseguramento dos direitos fundamentais.[470]

Não é outra a compreensão de Maurer:

> O princípio do Estado de direito pede não só que, no fundo, exista uma jurisdição para a decisão de conflitos jurídicos, mas também que ela seja regulada sob pontos de vista estatal-jurídicos. Como o cidadão no Estado de direito, sem dúvida, tem direitos, mas no caso de conflito não pode mesmo impô-los por meio de coerção, deve o Estado, como compensação, pôr à disposição um sistema de proteção jurídica efetivo e criar os pressupostos conforme o procedimento para uma decisão justa. Monopólio de poder estatal, dever de paz civil e proteção jurídica judicial estão em uma conexão inseparável.[471]

No Brasil, um exemplo claro dessa relação está na introdução, com a EC nº 45/04, da possibilidade de deslocamento da competência para a Justiça Federal em casos de ineficácia ou omissão das autoridades estaduais na apuração de fatos que envolvam graves violações de direitos humanos (CRFB, art. 109, § 5º), que visava justamente a evitar a impunidade.[472]

Com isso resulta clara a relação entre o caráter objetivo dos direitos fundamentais e os deveres de proteção frente à criminalidade, com a necessidade de uma conformação adequada do processo penal.

4.2. OS DIREITOS DA VÍTIMA NO PROCESSO PENAL

Também pode ser vista no contexto dos deveres de proteção de direitos fundamentais a modificação do papel da vítima no processo penal,

---

[467] BETHGE, Herbert. *Grundrechtsverwirklichung und Grundrechtssicherung durch Organisation und Verfahren*, S. 1.

[468] LERCHE, Peter. Vorbereitung grundrechtlichen Ausgleichs durch gesetzgeberisches Verfahren, S. 103.

[469] HÄBERLE, Peter. *Die Wesensgehaltgarantie des Art. 19 Abs. 2 Grundgesetz*, S. 12.

[470] HESSE, Konrad. *Bestand und Bedeutung der Grundrechte in der Bundesrepublik Deutschland*, S. 435.

[471] MAURER, Hartmut. *Contributos para o Direito do Estado*, p. 176-177.

[472] CASTILHO, Ela Wiecko Volkmer de. *Federalização de Violações contra Direitos Humanos*, p. 193 e 199.

que passou por várias fases. Na época do *protagonismo*[473] ou *idade do ouro*,[474] a vingança era privada, e a reparação podia até mesmo ser comprada mediante pagamento à vítima, na chamada *clemência remunerada*.[475] Posteriormente, a vítima entra em uma fase de *neutralização* ou *ostracismo*,[476] em que o Estado assume o papel central na persecução penal, e a vítima é passada a um plano secundário.

Contemporaneamente, fala-se em *redescoberta* ou *redescobrimento* da vítima[477] e, em consequência, no aumento da preocupação com a reparação do dano no âmbito do processo penal,[478] sendo certo que o dever de indenizar o sujeito passivo do crime é matéria de consenso,[479] não só no plano interno, mas internacional.[480] Assim é porque:

> (...) a compensação da vítima, como um meio para restauração do equilíbrio legal e social violado pelo ato criminoso e em consideração com a moderna política criminal, eficientemente complementa as sanções de direito penal, em particular com relação à ressocialização do condenado.[481]

A tal preocupação não era infenso o próprio CP, uma vez que a reparação do dano possibilita a concessão de *sursis* especial (CP, art. 78, § 2º); é condição para o livramento condicional (CP, art. 83, IV) e para a reabilitação (CP, art. 94, III); configura causa de diminuição (CP, art. 16) ou atenuante (CP, art. 65, III, *b*), conforme o momento em que realizada e é causa de extinção da punibilidade para o peculato culposo (CP, art. 312, § 2º).

Mais que isso, há, na legislação penal e processual penal brasileira recente, vários traços dessa redescoberta da vítima no processo penal, como se vê, por exemplo, na Lei nº 9.099/95, arts. 72-75,[482] que prevê a

---

[473] GRINOVER, Ada. Prefácio. In: *La Víctima en el Proceso Penal*, p. VII.

[474] SCHMIDT DE OLIVEIRA, Ana. *A Vítima e o Processo Penal*, p. 17-32.

[475] ABREU E SILVA, Roberto de. Efeitos Civis da Sentença Penal. *Revista da EMERJ*, p. 17.

[476] SCHMIDT DE OLIVEIRA, Ana. *A Vítima e o Processo Penal*, p. 32-56.

[477] "Vítimas refere-se a pessoas que, individual ou coletivamente, tenham sofrido dano, seja mental, seja físico, sofrimento emocional e perda econômica, ou que sofreram dano substancial de seus direitos fundamentais, por meio de ações ou omissões que violam a lei penal vigente nos Estados-Membros, incluindo as leis que condenam o abuso do poder criminal" (*Normas e Princípios das Nações Unidas em Matéria de Prevenção ao Crime e Justiça Criminal*, p. 275).

[478] SCHMIDT DE OLIVEIRA, Ana. *A Vítima e o Processo Penal*, p. 56-59. Sobre o tema, v.: *Resoluções dos Congressos da Associação Internacional de Direito Penal*, p. 92-95.

[479] ASSIS, Araken de. *Reparação do dano civil e sentença penal (opção brasileira)*, p. 19.

[480] Normas e Princípios das Nações Unidas sobre Prevenção ao Crime e Justiça Criminal, p. 217.

[481] DE LA CUESTA, Jose (Ed.). *Resolutions of the Congresses of the International Association of Penal Law*, p. 92.

[482] Como anota Araken de Assis, é de estranhar o fato de que o § 6º do art. 76 da Lei 9.099/95, contrariando a disciplina do CPP e retrocedendo na proteção à vítima, negue a possibilidade da execução civil em caso de transação penal (ASSIS, Araken de. Reparação do dano civil e sentença penal (opção brasileira), p. 23).

Crime Organizado e Proibição de Insuficiência

composição dos danos civis como fase prévia e prejudicial à persecução penal; no CTB, que traz previsão de multa reparatória penal em favor da vítima (art. 297); na Lei nº 9.605/98, que requer a reparação do dano ambiental como condição para a transação, em seu art. 26, e no próprio CP, em seu art. 45, § 1º, alterado pela Lei nº 9.714/98, para contemplar a vítima como destinatária da pena de prestação pecuniária. No âmbito do direito penal tributário, em exagero de permissividade, a reparação do dano, com o pagamento do tributo devido e seus acessórios é causa de extinção da punibilidade (Lei nº 10.684/03, art. 9º).[483]

Mas a grande dificuldade da reparação é a criação de meios processuais para torná-la efetiva. É nesse contexto que se insere a determinação de que o juiz, na sentença, fixe o valor mínimo para reparação dos danos causados, introduzida no inc. IV do art. 387 do CPP pela Lei nº 11.179/08. O dispositivo deve ser lido conjuntamente com o novo parágrafo único do art. 63, que autoriza a execução imediata da sentença condenatória pelo valor fixado acima, sem necessidade de liquidação.[484]

No âmbito do crime organizado, têm especial relevo as medidas de proteção da vítima, como aquelas adotadas na Lei nº 9.807/99, tema conexo ao da violência praticada por organizações criminosas, para intimidação de testemunhas, referido acima, no item 2.4.2.4 da Parte II. O tema também foi objeto da Convenção de Palermo, como se vê de seu art. 25, que segue transcrito:

Artigo 25

Assistência e proteção às vítimas

1. Cada Estado Parte adotará, segundo as suas possibilidades, medidas apropriadas para prestar assistência e assegurar a proteção às vítimas de infrações previstas na presente Convenção, especialmente em caso de ameaça de represálias ou de intimidação.

2. Cada Estado Parte estabelecerá procedimentos adequados para que as vítimas de infrações previstas na presente Convenção possam obter reparação.

3. Cada Estado Parte, sem prejuízo do seu direito interno, assegurará que as opiniões e preocupações das vítimas sejam apresentadas e tomadas em consideração nas fases adequadas do processo penal aberto contra os autores de infrações, por forma que não prejudique os direitos da defesa.

4.3. A VERDADE NO PROCESSO PENAL

As formas de alcançar a verdade no processo modificam-se histórica e geograficamente, podendo ser mencionadas as práticas de jogos de prova, em que a definição do vencedor da demanda judicial se dava por

---

[483] Para mais: BALTAZAR JUNIOR, José Paulo. *Crimes Federais*, p. 456-470.

[484] Para mais sobre a alteração: BALTAZAR JUNIOR, José Paulo. A Sentença Penal de acordo com as Leis de Reforma. In: *Reformas do Processo Penal*, p. 282-289.

uma prova física ou luta entre os contendores, ambos privados; de provas sociais, em que a importância social do indivíduo apresentava relevo; de provas verbais, em que a vitória na demanda era de quem pronunciasse corretamente as fórmulas sacramentais, pessoalmente; de provas mágico--religiosas de juramento, em que a hesitação em negar o cometimento do crime acarretava a condenação, além dos julgamentos de Deus ou ordálias. Na prática judiciária penal atual, o modelo é o do inquérito, promovendo-se a ação penal por um terceiro diferente da vítima, tentando-se reconstituir os fatos por meio de testemunhos e outras provas, a fim de possibilitar o julgamento também por um terceiro, que não assistiu aos fatos: o juiz.[485]

Como o juiz não presenciou os fatos e, caso os tivesse presenciado, e funcionasse como testemunha, estaria impedido de julgar (CPP, art. 252, I), é preciso lançar mãos de meios que levem os fatos ao seu conhecimento, ou seja, as provas. Quer dizer, por necessidades práticas, a busca da verdade é uma constante na atividade judicial.[486] A necessidade de solução dos conflitos interpessoais fecha as portas às posturas céticas, que negam a possibilidade de alcançar a verdade, que conduziria a um abandono da persecução penal e mesmo de qualquer atividade judicial.[487]

As provas constituem, então, os meios para a descoberta da verdade, buscando-se, no processo, a reconstituição dos fatos, a fim de alcançar a certeza sobre o ocorrido. A doutrina distingue duas concepções sobre o conceito de prova, a saber: *moderna* e *clássica*. A primeira: "é fruto do iluminismo e do racionalismo, tendo um sentido objetivista, cientificista, absoluto".[488] Pretendendo atribuir caráter científico ao direito, vale-se dos métodos das ciências naturais, reduzindo o raciocínio judicial ao silogismo, figurando o fato como premissa menor, provado o qual será aplicável a solução jurídica prevista na lei, com rígida separação entre questão de fato e questão de direito, admitindo que se alcance a *verdade*, mediante *demonstração* do acerto da prova dos fatos. A segunda: "dominante na Idade Média, é fruto de uma perspectiva problemática, tópica, argumentativa

---

[485] FOUCALT, Michel. *A Verdade e as Formas Jurídicas*, p. 14-19.

[486] Com efeito: "a necessidade de resolver as controvérsias é de algum modo mais urgente que a necessidade de justiça abstrata ou precisão. Em conseqüência, em algum ponto o direito deve estabelecer uma linha e dizer que algum modo de verificação deve servir como verdade" (ISAACS, Nathan. The Law and the facts. 22 *Columbia Law Review*, 1922, n. 1, p. 6). Sobre a importância da construção de critérios para o controle do convencimento judicial sobre os fatos: KNIJNIK, Danilo. Ceticismo fático e fundamentação teórica de um Direito Probatório. In: Estudos sobre o novo Direito Probatório, p. 25.

[487] BADARÓ, Gustavo Henrique Righi Ivahy. *Ônus da Prova no Processo Penal*. p. 24-25.

[488] KNIJNIK, Danilo. Os standards do convencimento judicial: paradigmas para o seu possível controle. *Revista Forense*, Rio de Janeiro, n. 353, jan.-fev. 2001, p. 27.

Crime Organizado e Proibição de Insuficiência

167

(...)".[489] Nesta ganham relevo a possibilidade do erro e a falibilidade humana, não havendo separação rígida entre questões de fato e de direito, não se admitindo a *demonstração* de uma verdade absoluta ou inquestionável, abrindo-se espaço para a *persuasão*, que busca demonstrar a *verdade provável*, também chamada de *verdade judicial* ou *instrumental*.[490] A base para tanto é a teoria consensual da verdade, segundo a qual:

> Verdade, ao contrário, não é uma característica das informações, senão das declarações. Ela se mede não pela probabilidade-prognose, senão na inequívoca alternativa, se a pretensão de validez de afirmações discursivamente é solucionável ou não é solucionável. Nós chamamos verdadeiras declarações que podemos fundamentar.
>
> (...)
>
> A condição para a verdade de declarações é a potencial concordância de todos. Cada um deveria poder se convencer, que eu atribuo ao objeto o referido predicado justificadamente e deveria poder concordar comigo. A verdade de uma proposição significa a promessa de alcançar um consenso racional sobre o que é dito.[491]

O que ocorre no campo dos fatos não é distinto do campo do direito. Assim como na determinação do direito aplicável não há uma única resposta correta, também em relação aos fatos não há como alcançar a verdade total[492] ou absoluta, devendo agir o juiz com *pretensão de correção*. Assim como na teoria geral do direito superou-se a lógica binária de decisão *certa* ou *errada*, admitindo-se a busca da *melhor solução*, também no campo da prova passou-se a buscar a solução da verdade *mais provável*.[493] Quer dizer, resta-nos tomar a verdade como alta probabilidade de ocorrência dos fatos tais como descritos na denúncia, a justificar a condenação, identificando-se a *verdade processual* como a verdade possível, abandonada que está, atualmente, a noção de *verdade real* ou de *verdadeira verdade*.[494] Nessa linha, para Knijnik:

> Se um dos escopos da jurisdição é, na abalizada lição de Dinamarco, resolver adequadamente o conflito, a relatividade da verdade obtida no processo não autoriza negar-se que exista uma

---

[489] KNIJNIK, Danilo. Os standards do convencimento judicial: paradigmas para o seu possível controle, *Revista Forense*, Rio de Janeiro, n. 353, jan.-fev. 2001, p. 27.

[490] Para uma exposição sobre as concepções moderna, clássica e contemporânea de prova, v.também: ZANETI JÚNIOR, Hermes. O problema da verdade no Processo Civil: modelos de prova e de procedimento probatório. *Revista Gênesis de Direito Processual Civil*, n. 31, jan.-mar. 2004, p. 34-68.

[491] HABERMAS, Jürgen. Warheitstheorien, S. 136-137.

[492] TONINI, Paolo. *A prova no processo penal italiano*, p. 50.

[493] "De um modo interessante, essa mudança reflete uma mudança análoga na filosofia da ciência deste século da visão da ciência envolvida em uma marcha inexorável rumo à verdade, para a visão do progresso medido pela articulação de teorias melhores, onde 'teorias melhores' significa 'melhores que as alternativas disponíveis" (ALLEN, Ronald J. Factual Ambiguity and a Theory of Evidence. *Northwestern University Law Review*, v. 88, n. 2, 1993, p. 605).

[494] BARROS, Marco Antônio de. *A Busca da Verdade no Processo Penal*. p. 286; LIMA, Marcellus Polastri. O processo acusatório, a denominada verdade real e a busca da prova no processo penal, p. 56-63; FERRAJOLI, Luigi. *Derecho y Razon*, p. 33-51.

relação entre prova e verdade; o que não existe é um *vínculo conceitual* entre ambos, porque impraticável, permanecendo um *vínculo teleológico*: é altamente desejável que o sistema chegue a um juízo de fato o mais próximo da verdade, mas é preciso ter a clara consciência de que aquilo que está provado pode ser falso; e o que não foi provado pode ser verdadeiro.[495]

Assim, ainda que não se possa estabelecer um método cartesiano de produção de prova, insuscetível de falhas e aplicável a toda e qualquer situação, até por estarmos no campo das ciências humanas, tampouco se pode deixar a decisão a cargo da mera intuição ou do arbítrio, competindo ao juiz, de acordo com a tradição e as regras de seu tempo, demonstrar, por meio da argumentação, a formação da reconstituição do passado.[496]

Derrubado o mito da busca da *verdade real*, resta admitido de forma mais clara que a verdade processual não é um objetivo a ser buscado de forma incondicionada, estando limitada pelas garantias constitucionais do investigado ou acusado, bem como pelas regras processuais. As garantias processuais fundamentais, tais como o direito de não se autoincriminar e a inadmissibilidade de provas ilícitas condicionam a descoberta da verdade no processo penal,[497] que não se dá a qualquer preço. Isso vale igualmente para o campo do crime organizado, onde também se aplicam as regras que disciplinam o direito à prova, o que implica a possibilidade de que a defesa possa não só produzir prova como discutir aquelas que foram produzidas.[498]

4.4. A PROVA E O CRIME ORGANIZADO

No âmbito do crime organizado há acentuadas dificuldades probatórias. Algumas decorrem do fato em si de serem os delitos cometidos por uma pluralidade de agentes e por meio de uma organização, o que traz dificuldades na comprovação da autoria. Além disso, como os delitos são cometidos de forma profissional e visando ao lucro, os agentes preocupam-se antecipadamente em evitar a sua descoberta e em destruir ou dificultar o acesso às evidências, além de criar dados falsos, engendrar álibis, fabricar autores e induzir a falsas confissões.[499] Por fim, em alguns casos, há uma tentativa posterior em evitar a persecução penal, adotando-se estratégias como a corrupção de agentes públicos encarregados da persecução penal e a violência ou ameaça contra

---

[495] KNIJNIK, Danilo. *A Prova nos Juízos Cível, Penal e Tributário*, p. 14.

[496] Sobre a motivação da sentença penal, v.: BALTAZAR JUNIOR, José Paulo. *Sentença Penal*, p. 67-72.

[497] BACHMANN, Gregor. *Probleme des Rechtsschutzes gegen Grundrechtseingriffe im strafrechtlichen Ermittlungsverfahren*, S. 40.

[498] CHOUKR, Fauzi Hassan. *Processo Penal de Emergência*, p. 174-175.

[499] GIACOMOLLI, Nereu José. *A garantia do devido processo legal e a criminalidade organizada*, p. 115.

Crime Organizado e Proibição de Insuficiência

testemunhas, vítimas e servidores públicos, como analisado, acima, no item 2.4.2.11.

Em suma, o modo como são perpetrados os delitos no âmbito das organizações criminosas faz com que, em especial no campo da prova,[500] parte do instrumental processual penal, concebido para a criminalidade tradicional, se revele ineficiente.[501] Com isso, há necessidade de uma resposta, como registrado na Declaração de princípios e programas das Nações Unidas de prevenção ao crime e justiça criminal:

> 8. Nós devemos assegurar que para qualquer aumento na capacidade e na habilidade dos perpetradores do crime também haja aumento similar na capacidade e na habilidade das autoridades de aplicação da lei e da justiça criminal. Juntando nossos conhecimentos e desenvolvendo contramedidas adequadas, o sucesso na prevenção ao crime e na redução do número de vítimas pode ser maximizado.[502]

Os delitos de organizações criminosas, sejam elas de tipo violento ou empresarial, apresentam dificuldades probatórias se comparadas com a criminalidade tradicional,[503] representando justamente um aumento na capacidade dos autores dos crimes. A prova em delitos da criminalidade organizada é fragmentária, dispersa, assemelha-se a um verdadeiro mosaico, montado a partir de várias fontes diversas, para permitir chegar-se a uma conclusão, seja pela pluralidade de agentes, pela utilização da estrutura empresarial como anteparo, pela hierarquia e compartimentalização, seja pela adoção sistemática de rotinas de segredo e destruição das provas. Como adverte Chiavario: "não se pode ignorar que as organizações delinquentes são hábeis, sobretudo no desfrutar das garantias individuais (e de modo particular das garantias individuais (de modo particular das garantias processuais para suas vantagens, distorcendo-lhes conteúdos e objetivos".[504]

O exercício eficaz e combativo do direito de defesa é pedra angular do processo penal, e a existência de uma defesa meramente formal levará à nulidade do processo. Assim, a defesa poderá e deverá lançar mão de todos os meios legais inerentes ao seu exercício. A propositura de provas, a juntada de documentos, o arrolamento de testemunhas, a interposição de recursos e ações constitucionais como *habeas corpus* e mandados de

---

[500] FABIÁN CAPARRÓS, Eduardo A. *Criminalidad Organizada*, S. 181.

[501] ALBRECHT, Hans-Jörg. *Organisierte Kriminalität - Theoretische Erklärungen und empirische Befunde*, p 2; SCHÜNEMANN, Bernd. *Kritische Anmerkungen zur geistigen Situation der Deutsche Strafrechtwissenschaft*, S. 215.

[502] *Normas e Princípios das Nações Unidas sobre Prevenção ao Crime e Justiça Criminal*, p. 204.

[503] "O crime 'normal', violento, a injúria, o furto, tem expectadores reais ou potenciais. A criminalidade dos poderosos ocorre em regra no escuro e sem possibilidades de observação. Embora nós tenhamos para todos os delitos uma cifra negra, aqui ela é especialmente alta" (OSTENDORF, Heribert. *Organisierte Kriminalität – eine Herausforderung für die Justiz*, S. 66).

[504] CHIAVARIO, Mario. *Direitos Humanos, Processo Penal e Criminalidade Organizada*, p. 27.

segurança, a oposição ao arbítrio por parte de magistrados, policiais ou membros do Ministério Público.

Mas existem, não se pode negar, casos de abusos, com a adoção de práticas que desbordam do desejável exercício eficaz e combativo do direito de defesa e passam para a da chicana processual.[505] Adotam-se expedientes para a tática processual de obstar o andamento do processo, como a repetição de *habeas corpus* e mandados de segurança idênticos, levantando matéria já discutida; juntada maciça de documentos irrelevantes, em quantidades que impossibilitam o seu exame; pedidos de provas claramente desnecessárias e protelatórias; arrolamento de grande número de testemunhas, algumas inexistentes ou que nada sabem sobre os fatos, às vezes residentes em outros Estados ou Países; vazamento de notícias na imprensa, expondo a honra de corréus; acusações infundadas de arbítrio contra o magistrado que conduz o feito, consubstanciadas em representações criminais ou administrativas; pressão ou violência contra testemunhas, e por aí afora.

Como visto no item 3.6.1. da Parte I, o juiz também é destinatário do dever de proteção, cabendo-lhe, então, não só assegurar o direito à integridade física das testemunhas e peritos, bem como o direito à duração razoável do processo, tomando as medidas necessárias para coibir o abuso no exercício do direito de defesa.[506]

Quer dizer, a resposta estatal deve levar em conta uma nova realidade criminal. Práticas criminosas ou antiéticas adotadas ao argumento do exercício legítimo do direito de defesa do acusado devem ser coibidas. Como qualquer direito, também o direito de defesa deve ser limitado quando exercido de forma abusiva, ou seja, quando o seu exercício configure crime ou atente contra a ética profissional do advogado e as regras do processo, de modo que se alcance um mínimo de eficácia da Justiça Penal.

Com isso o que se quer dizer é que também a Justiça Penal como serviço público, e também no âmbito do crime organizado, deve ser eficiente, para que se alcance um processo penal funcional-garantidor, apto a lidar com uma nova realidade criminal, em tema ao qual se retornará, abaixo, nos itens 4.5 e 4.6.

4.4.1. Processo Penal e prevenção do crime

Ninguém coloca em dúvida que a prevenção do crime é um objetivo a ser legitimamente perseguido pelo Estado, pois a evitação de resultados

---

[505] Com isso não se pretende que não haja defesa ou que essa não seja combativa, mas sim que os casos de abuso sejam identificados e coibidos (HASSEMER, Winfried. *Perspektiven einer neuen Kriminalpolitik*, S. 485).

[506] DIETLEIN, Johannes. *Die Lehre von den grundrechtlichen Schutzpflichten*, S. 215.

Crime Organizado e Proibição de Insuficiência **171**

lesivos aos bens jurídicos tem uma evidente ancoragem constitucional.[507] Na verdade, a atividade de prevenção do crime não constitui nenhuma novidade,[508] sendo tão legítima quanto a atividade repressiva.[509] Aliás, o próprio direito penal tem, também, a finalidade de evitar a repetição de comportamentos lesivos, como refere Robbers:

> Daí segue que do ponto de vista do direito de proteção fundado nos direitos fundamentais se dá uma pretensão à persecução penal com vista, sobretudo, à função preventiva do direito penal. O direito à proteção por meio do Estado é, predominantemente proteção de bens jurídicos.[510]

De modo análogo, para Grimm:

> A decisão pelo Estado social de direito, cuja conseqüência para a dogmática dos direitos fundamentais é o dever de proteção, traz em si a decisão pela prevenção e a pergunta não pode ser, se o Estado tem competência para o uso de meios preventivos, mas apenas, para que fins, em que medida e sob que condições deve ser autorizada a sua aplicação.[511]

Genericamente, a prevenção ao crime, como fim estatal, parece altamente vantajosa, se comparada com a atividade repressiva, pois evita o sofrimento causado tanto pelo crime quanto pela punição,[512] o que é reconhecido pelas Nações Unidas, nos seguintes termos:

> Uma prevenção ao crime efetiva e responsável aumenta a qualidade de vida de todos os cidadãos. Isso traz benefícios de longo prazo em termos de redução de custos associados ao sistema formal de justiça criminal, assim como outros custos sociais resultantes do crime. A prevenção ao crime oferece oportunidades para uma proposta mais humana e vantajosa aos problemas do crime.[513]

A Convenção de Palermo, a seu turno, trata especificamente da prevenção do crime, em seu art. 31, 1, ao determinar que : "Os Estados Partes procurarão elaborar e avaliar projetos nacionais, bem como estabelecer e promover as melhores práticas e políticas para prevenir a criminalidade organizada transnacional".

A atuação preventiva diferencia-se da repressiva não apenas na obviedade do seu momento de atuação, mas também por recair sobre

---

[507] GRIMM, Dieter. *Die Zukunft der Verfassung*, S. 211.

[508] "A prevenção sempre foi um atributo do poder público. Até o Estado liberal deixava suas tropas patrulharem e não apenas esperar, na delegacia, pela denúncia de que algum crime tinha sido cometido, assim como, ao contrário, nenhum Estado total pode organizar as medidas contra a rebeldia de forma tão perfeita, que pudesse renunciar totalmente à repressão" (GRIMM, Dieter. *Die Zukunft der Verfassung*, S. 197).

[509] SOARES, Luiz Eduardo. A Política Nacional de Segurança Pública: histórico, dilemas e perspectivas, p. 92; WÜRTENBERGER, Thomas. *Freiheit und Sicherheit*, S. 19.

[510] ROBBERS, Gerhard. *Sicherheit als Menschenrecht*, S. 125.

[511] GRIMM, Dieter. *Die Zukunft der Verfassung*, S. 213.

[512] HORSTKOTTE, Harthmuth. *Os Limites da Prevenção Criminal à luz dos Direitos do Homem*, p. 373.

[513] *Normas e Princípios das Nações Unidas sobre Prevenção ao Crime e Justiça Criminal*, p. 267.

um número maior de casos, pois existem mais ameaças do que danos efetivos a bens jurídicos. Além disso, qualitativamente, a evitação de resultados lesivos pressupõe restrições sobre a esfera das comunicações e do contato pessoal dos cidadãos, de modo a reunir, caso a matéria não tenha qualquer regulamentação, informações sobre um número ilimitado de pessoas, em quantidade e qualidade também indefinidas.[514] Por fim, enquanto a repressão é pontual e reativa, e, portanto, mais facilmente determinável por lei e controlável pelos tribunais, a atividade preventiva é menos previsível e mais aberta, tendo a administração maior espaço para decidir, caso a caso, o procedimento a ser adotado, que sofre, dessa forma, menor controle. Desse modo:

> A atuação preventiva do Estado leva a um dilema. Na tentativa de prevenir perigos à liberdade individual ela ameaça diminuir a liberalização de todo o ordenamento social e, ao mesmo tempo, escavar parcialmente as cautelas democráticas do Estado de direito, que foram desenvolvidas para limitação do poder do Estado no interesse da liberdade individual em conseqüência da evitação do perigo à liberdade individual. [515]

Quer dizer, prevenir o crime, que é uma forma de garantir a segurança, não é um objetivo a ser alcançado a qualquer preço.[516] Bem por isso, embora seja reconhecida a importância da prevenção, a orientação tradicional, tanto no Brasil,[517] quanto na Alemanha, é no sentido de uma rígida separação entre a atuação policial preventiva e repressiva, o que representa um postulado do processo penal liberal, no qual voltada à atividade repressiva à descoberta da verdade em relação a um fato passado, certo e determinado, de acordo com um procedimento regulado pela legislação processual penal,[518] em atividade incumbida à polícia judiciária (CRFB, art. 144, § 1º, I e § 4º). Já a prevenção do crime e manutenção da ordem pública, de caráter preventivo, é tarefa atribuída, essencialmente às polícias militares (CRFB, art. 144, § 5º).

No processo penal, vislumbra-se na introdução das técnicas modernas de investigação uma interpenetração das atividades de prevenção e repressão da criminalidade,[519] bem como dos serviços de informações,[520]

---

[514] BULL, Hans Peter. Die "Sicherheitsgesetze" im Kontext von Polizei und Sicherheitspolitik, S. 26; HORSTKOTTE, Harthmuth. Os Limites da Prevenção Criminal à luz dos Direitos do Homem, p. 381.

[515] GRIMM, Dieter. *Die Zukunft der Verfassung*, S. 200-201.

[516] LORENZ, Frank Lucien. Operative Informationserhebung" im Straverfahren, "Unverfügbares und Grundrechtschutz durch "institutionelle Kontrolle", S. 1007.

[517] Nesse sentido, interpretando os §§ 4º e 5º do art. 144 da CRFB: STF, ADI 3441/RN, Carlos Britto, Pl., v.u., 5.10.06.

[518] KRAUβ, Detlef. *Strafprozeβ zwischen Kriminalpolitik und Medienereignis*, S. 39.

[519] SANTIAGO, Bruno Vinga. *A prevenção e a investigação criminais nos preliminares da acção penal*, p. 458.

[520] SCHÜNEMANN, Bernd. *Wohin treibt der deutsche Strafprozess*, S. 15; WOLTER, Jürgen. *35 Jahre Verfahrensrechtskultur und Strafprozeβverfassungsrecht in Ansehung von Freiheitsentziehung*, S. 159.

Crime Organizado e Proibição de Insuficiência

além de uma concessão de poderes excessivos à autoridade policial,[521] sem os pertinentes controles por parte do Judiciário e do Ministério Público, como titular da ação penal.

Um dos problemas que se coloca aqui, então, é a possibilidade de uma atuação policial preventiva[522] ou proativa, anterior ao cometimento do fato, quando se trata de medida que implique restrição de direito fundamental,[523] as quais somente são aceitas, tradicionalmente, quando forem tomadas de forma repressiva, em função de um crime que foi cometido.[524]

O tema da prevenção tem, aqui, relação com o da fundada suspeita anterior, usualmente erigida como condição para a utilização de meios de prova que impliquem restrição de direito fundamental, havendo crítica à expansão de medidas restritivas sobre pessoas que não ostentam a condição de suspeitos.[525] Sobre o tema, merece transcrição o trecho seguinte:

> A fundamentação da fundada suspeita concreta como "vaca sagrada" do Estado de Direito vem do tempo da Lei da Justiça do Império, que era reconhecida pela referida antinomia entre persecução penal e individualidade. A fundamentação da fundada suspeita para obtenção de informações em uma suspeita concreta de um fato se legitima principalmente em uma relação de tensão bipolar entre o sujeito do direito fundamental e o Estado. Esse princípio simples é afastado quando as relações de direito fundamental se diferenciam de forma poligonal. Com os deveres de proteção dos direitos fundamentais e a aplicação da máxima da proporcionalidade a exigência da suspeita concreta para a obtenção de informações de inteligência não se mostra (mais) sólida. [526]

O trecho acima transcrito bem demonstra a importância da atuação estatal preventiva para o direito constitucional, residindo aqui a dificuldade na atuação preventiva com restrição de direitos fundamentais, como a

---

[521] SCHOREIT, Armin. *Verpolizeilichung des Ermittlungsverfahrens*, S. 452.

[522] Para Schünemann, a criminalidade organizada legitima uma aproximação cuidadosa e parcial das atividades preventivas e repressivas (SCHÜNEMANN, Bernd. *Kritische Anmerkungen zur geistigen Situation der Deutsche Strafrechtwissenschaft*, S. 216). Sobre o tema, v., acima, 2.4.2.6.

[523] Na Alemanha, onde há uma separação entre direito policial e direito processual penal, sendo aquele da competência dos Estados, foram incluídos em várias legislações policiais dispositivos que autorizam medidas como a comparação de dados informatizados (*Rasterfahndung*), o uso de agentes infiltrados, a observação policial, gravação e filmagem, com fins de prevenção do crime (KINZIG, Jörg. *Die rechtliche Bewältigung von Erscheinungsformen organisierter Kriminalität*, S. 89-100). Sobre o direito policial, ver, também, o item 3.6.3. da Parte I.

[524] Para uma crítica ao papel preventivo que se pretende emprestar ao direito penal e ao processo penal contemporaneamente: HASSEMER, Winfried. *Perspektiven einer neuen Kriminalpolitik*, S. 486.

[525] WOLTER, Jürgen. *35 Jahre Verfahrensrechtskultur und Strafprozeßverfassungsrecht in Ansehung von Freiheitsentziehung*, S. 159.

[526] LORENZ, Frank Lucien. Operative Informationserhebung" im Straverfahren, "Unverfügbares und Grundrechtschutz durch "institutionelle Kontrolle", S. 1002. No mesmo sentido, afirmando que a ponderação tem lugar também em relação a medidas preventivas, de modo que será justificada a intervenção sempre que a ponderação assim o indicar: GRIMM, Dieter. *Die Zukunft der Verfassung*, S. 215. Em sentido contrário: KRAUβ, Detlef. Sicherheitsstaat und Strafverteidigung, S. 316.

proteção da vida privada, por exemplo, o que pressupõe, tradicionalmente, uma fundada suspeita, ou da colocação em questão da diferenciação das atividades de polícia preventiva e de processo penal,[527] que teria um caráter meramente repressivo, o que poderia, no entanto, ser justificado, em caso de criminalidade organizada, pelo fato de que as atividades criminosas se voltam, de forma permanente, e não eventual, contra a ordem jurídica, especialmente em casos que possam gerar consequências de difícil reparação, o que legitimaria uma ação preventiva. Com efeito, se os meios repressivos de proteção da liberdade são claramente insuficientes na recuperação de danos, impõe-se uma ação sobre as fontes de dano e uma antecipação da proteção da liberdade.[528] Um exemplo prosaico está na revista pessoal levada a efeito em aeroportos e estádios de futebol, que representa uma invasão na esfera corporal e íntima do cidadão, totalmente alheia a fundada suspeita anterior, mas justificada meramente em razão da prevenção de danos posteriores.

Por todo o exposto, a divisão entre atividade de polícia preventiva e repressiva não deve ser tomada como algo sagrado ou com rígida separação, de modo que os elementos coligidos para fins de prova em razão de crimes já cometidos devem servir para orientar a atividade preventiva, considerado que "a criminalidade é um dos mais regulares fenômenos sociais, favorecendo, conseqüentemente, a previsão e a ação preventiva".[529]

Do mesmo modo, bancos de dados informatizados colhidos para outros fins poderão ser utilizados, observados os requisitos legais, para a investigação de crimes já ocorridos, como será analisado no item seguinte. Assim, os dados constantes de cadastros bancários, telefônicos, eleitorais e fiscais, que foram armazenados sem qualquer suspeita anterior, poderão ser utilizados por autoridades de investigação a partir do momento em que existe a suspeita de crime.

O limite a ser respeitado é a frequente e regular invasão da vida privada com fins meramente preventivos, a implicar um estado de vigilância incompatível com a esfera de liberdade dos cidadãos.

4.4.2. Meios de prova e meios de investigação ou de inteligência

Uma justificativa que pode ser encontrada para medidas que atentem contra direitos fundamentais, mas adotadas de forma preventiva, está na distinção entre o levantamento de informações em forma de pro-

---

[527] KINZIG, Jörg. *Die rechtliche Bewältigung von Erscheinungsformen organisierter Kriminalität*, S. 89.

[528] GRIMM, Dieter. *Die Zukunft der Verfassung*, S. 212.

[529] SOARES, Luiz Eduardo. *Segurança tem Saída*, p. 142.

Crime Organizado e Proibição de Insuficiência

va (*beweisförmige Informationserhebung*) e o levantamento de informação[530] operacional (*operative*),[531] que conduz, a seu turno, à distinção entre meios de prova e meios de investigação ou de inteligência, entendidos os primeiros como medidas destinadas à obtenção de provas que possam ser valoradas no julgamento da ação penal, enquanto os segundos seriam meros meios para obtenção de informações que auxiliem na tomada de decisões de política criminal, ou seja, na tomada de decisões para a ação governamental[532] e, eventualmente, possam levar à obtenção de provas.[533] De acordo com Lorenz:

> É importante reconhecer, antes de mais nada, que o nível da obtenção de informações operacionais deve ser analisado separadamente da problemática da obtenção de informações probatórias, inclusive quanto às proibições de prova e tem uma sistemática e legitimação próprias.[534]

Os meios de investigação ou inteligência teriam, então, um papel operacional ou estratégico, estando dirigidos a um campo de fatos, e não a sujeitos determinados. Em consequência, a atividade de inteligência é de prazo mais longo e espectro mais amplo, do que a busca da prova, que tem finalidade concreta e uso imediato.[535] Quer dizer, a atividade de inteligência tem menores freios de atuação e mais caráter opinativo do que a atividade probatória, limitada pelas regras processuais.[536]

A primeira questão que se coloca então é da admissibilidade de uma atividade de inteligência com fins de polícia judiciária, ou seja, da atividade policial de inteligência (*intelligence led policing* ou *ILP*). Segundo Sheptycki:

---

[530] Afinal, o trabalho policial depende, sobretudo, do levantamento, tratamento e fornecimento do escasso bem da informação (UTECHT, Thomas. Bemerkungen zur Polizeiarbeit im Untergrund, S. 83).

[531] LORENZ, Frank Lucien. Operative Informationserhebung" im Straverfahren, "Unverfügbares und Grundrechtschutz durch "institutionelle Kontrolle", S. 1001.

[532] MINGARDI, Guaracy. *O trabalho da Inteligência no controle do Crime Organizado*, S. 53. Nesse sentido o § 2º do art. 1º da Lei nº 9.983/99: "Para os efeitos de aplicação desta Lei, entende-se como inteligência a atividade que objetiva a obtenção, análise e disseminação de conhecimentos dentro e fora do território nacional sobre fatos e situações de imediata ou potencial influência sobre o processo decisório e a ação governamental e sobre a salvaguarda e a segurança da sociedade e do Estado".

[533] "Os órgãos de persecução penal não podem sempre na falta de dados suficientes partir do zero" (WOLTER, Jürgen. 35 Jahre Verfahrensrechtskultur und Strafprozeβverfassungsrecht in Ansehung von Freiheitsentziehung, S. 160).

[534] LORENZ, Frank Lucien. Operative Informationserhebung" im Straverfahren, "Unverfügbares und Grundrechtschutz durch "institutionelle Kontrolle", S. 1001. Nessa linha, Schünemann admite que informações colhidas por agentes infiltrados possam ser utilizados na fase investigatória (*Ermittlungsverfahren*), mas não na instrução criminal propriamente dita (*Hauptverfahren*) SCHÜNEMANN, Bernd. *Kritische Anmerkungen zur geistigen Situation der Deutsche Strafrechtwissenschaft*, S. 217.

[535] MINGARDI, Guaracy. *O trabalho da Inteligência no controle do Crime Organizado*, p. 55.

[536] MINGARDI, Guaracy. *O trabalho da Inteligência no controle do Crime Organizado*, p. 55.

A atividade policial de inteligência é estratégica, orientada para o futuro e dirigida ao objetivo. É focada na identificação, análise e administração de ameaças criminosas. No nível organizacional ela requer das instituições policiais a alocação de mais recursos para a coleta, classificação e análise de "inteligência criminal". Ela é dependente da informação e a interconectividade do ambiente de informação é a chave do seu sucesso.[537]

A abordagem ILP compreende, ainda, a conexão com bancos de dados de outras agências estatais, de tal modo que, nos Estados Unidos, as informações do FBI podem ser comparadas com a da Receita Federal, da Aduana, da Guarda Costeira, etc.[538] Na Alemanha, é permitido o cruzamento de informações, ou a comparação de dados com aqueles existentes em outros arquivos, por iniciativa da própria autoridade policial, de forma preventiva, cabendo a decisão ao comando da polícia, com a anuência do Secretário do Interior, desde que se trate de crime de significado considerável (Lei da Polícia do Estado de Baden-Wurttemberg, § 40), no procedimento chamado de *Rasterfahndung*, o que poderia ser traduzido, literalmente, como investigação-quadro. Assim, poderiam ser comparados, por exemplo, os arquivos pertinentes a propriedade de veículos, arquivos judiciais, junta comercial, registros policiais de outros Estados-Membros, etc.

A importância do tema reside na compartimentalização das atividades e a divisão dos órgãos estatais, o que faz com que, além das disputas entre as várias agências,[539] do gasto adicional, e da duplicidade de esforços, o conhecimento dos problemas acabe sendo apenas parcial,[540] razão pela qual o compartilhamento de informações é estratégia essencial no controle do crime organizado, como disposto no art. 7°, *b*, da Convenção de Palermo, em relação à lavagem de dinheiro.

Defendendo, como regra, a possibilidade de compartilhamento da informação, como meio de inteligência, transcreve-se trecho de minha autoria acerca dos dispositivos que tratam do compartilhamento de informações em matéria de crimes financeiros (CRFB, art. 37, XXII, LC n° 105/01, art. 2°, § 4°; Lei n° 6.385/76, art. 28) e tributários (CTN, art. 199):

> Elogiáveis os dispositivos, pois somente com a troca efetiva de informações e trabalho conjunto das agências estatais se poderá dar resposta razoável no âmbito da macrocriminalidade, não se podendo mais admitir que, em disputas de competência ou de poder entre órgãos públicos, que ficam a bater cabeça, desviando-se de seus objetivos, se desperdicem

---

[537] SHEPTYCKI, James. *Global law enforcement as a protection racket*, p. 43.

[538] SHEPTYCKI, James. *Global law enforcement as a protection racket*, p. 46.

[539] SOARES, Luiz Eduardo. *Segurança tem saída*, p. 118.

[540] MINGARDI, Guaracy. *O trabalho da Inteligência no controle do Crime Organizado*, p. 54.

os parcos recursos humanos e materiais disponíveis. Não mais se concebe aja o estado desorganizadamente contra o crime organizado.[541]

A seu turno, os §§ 98a a 98c da *Strafprozessordnung* regulam o procedimento judicial, nos seguintes termos:

§ 98 a [Comparação mecânica e transmissão de dados relativos a pessoas] (1) Na existência de indícios fáticos suficientes de que foi cometido um crime de significado considerável

1. no campo do tráfico ilícito de entorpecentes ou de armas, da falsificação de moedas ou selos,

2. no campo da defesa do Estado (§§ 74a, 120 da Lei do Tribunal Constitucional),

3. no campo dos delitos de perigo comum,

4. contra a integridade corporal, a vida, a liberdade sexual ou a liberdade pessoal,

5. de forma empresarial ou habitual, ou

6. pelo membro de um bando ou de outra forma organizado, então é permitido, sem prejuízo do disposto nos §§ 94, 110, 161, que dados relativos a pessoas, que preencham determinados traços encontrados no suposto autor, sejam mecanicamente comparados com outros dados a fim de separar não-suspeitos de pessoas que preencham os traços significativos para a investigação. A medida somente pode ser determinada se a investigação do fato ou a descoberta do local de estada do autor de outro modo prometa menos chance de sucesso ou seria dificultada.

A competência para autorização da medida é do Juiz, mas, como é comum em relação a outras medidas investigativas na Alemanha, o Ministério Público detém uma competência de urgência (*Eilkompetenz*), podendo autorizar a medida em caso de perigo na demora, nos termos do § 98, b, primeira frase.

No plano europeu, existem pelo menos dois grandes sistemas de registro e vigilância, a saber: Schengen Information System (SIS) e o Supplément d'Information Requis a l'Entrée Nationale (SIRENE), estabelecidos com o fim de fazer frente ao crime organizado transnacional.

Uma segunda questão é a possibilidade da utilização de tais dados de forma puramente preventiva, ou de forma estratégica, proativa ou com base no risco em relação a indivíduos ou grupos predeterminados sem a existência de indícios da ocorrência de crime, como usualmente se exige para a restrição de direitos fundamentais.

O Tribunal Constitucional alemão, na decisão sobre o censo (BVerfGE 65, 1 – *Volkszählungsgesetz* 1983, 41), bem como na decisão Flick (BVerfGE 67, 142), extraiu do texto constitucional um direito à autodeterminação informacional (*informationelle Selbstbestimmung Recht*), ou seja, o direito de decidir sobre a prestação de informações a respeito de sua vida, direito esse que é ameaçado especialmente pelas possibilidades oferecidas pela

---

[541] BALTAZAR JUNIOR, José Paulo. *Crimes Federais*, p. 402.

informática, a tal ponto que o cidadão já não sabe o que é sabido sobre ele. Na primeira das decisões referidas, afirmou o Tribunal o seguinte:

1. Nas condições do moderno processamento de dados é abrangida pelo direito geral de personalidade do art. 2º, parte 1, da Lei Fundamental, combinado com o art. 1º, parte 1 a proteção do indivíduo contra o levantamento, armazenamento, utilização e fornecimento ilimitados de dados pessoais.

2. Limitações a esse direito à "auto-determinação informacional" somente são permitidos em caso de predominância do interesse geral. Eles exigem um fundamento legal conforme à Constituição, que corresponda ao mandamento do Estado de Direito da clareza das normas. Na sua regulamentação deve o legislador atentar, outrossim, para o princípio da proporcionalidade. Ele deve adotar também precauções organizativas e processuais que contrariem o perigo de lesão ao direito de personalidade.

Para Hassemer (267-268),[542] devem ser adotadas medidas que limitem o acesso e a utilização da informação, tais como: condições legais e precisas de acesso, campos absolutamente livres de investigação, separação do processo penal e da atividade policial preventiva, reforço do papel do Ministério Público na investigação, proibição de coleta de dados com mera finalidade de prevenção do crime, vedação do acesso a dados de terceiros, além do investigado, proibição do compartilhamento e nova aplicação dos dados, proibição de valoração de provas ilícitas, reserva de jurisdição, catálogo estrito de delitos, restrição na utilização de descoberta eventual, comunicação posterior dos atingidos e limitação temporal da guarda dos dados e seu controle.

Pode-se, aqui, traçar um paralelo com o direito ambiental atômico, no qual a defesa de perigo (*Gefahrenabwehr*) é entendida como a tomada de medidas que evitem a situação de perigo, ou seja, aquela situação de fato na qual o curso dos acontecimentos, sem intervenção, levará a um dano. Paralelamente às medidas de defesa contra os perigos, existem as medidas de prevenção do risco (*Risikovorsorge*), que não são dirigidas à defesa contra um perigo determinado, mas sim à manutenção do grau de perigo abaixo de um certo ponto.[543]

Parece interessante que se regule o compartilhamento de informações e seu cruzamento computadorizado, no Brasil, disciplinando a possibilidade da utilização dos vários arquivos públicos e privados existentes, ao menos como meio de inteligência.

Ante o exposto, pode-se concluir que:

---

[542] HASSEMER, Hans. *Thesen zu Informationeller Selbstbestimmung und Strafverfahren*, S. 267-268.

[543] IPSEN, Jörg. Die *Genehmigung technischer Großanlagen Rechtliche Regelung und neuere Judikatur*, S. 260-261.

a) a atividade de inteligência pode ser distinguida da atividade de polícia judiciária, por dispensar a existência de causa provável para sua efetivação;

b) não há impedimento e é até recomendável a utilização de meios de inteligência, ainda que produzidos por outras agências estatais, como meios de inteligência por parte da polícia judiciária;

c) a atividade de inteligência com fins de prevenção é admissível, mas não pode ser levada a um extremo de anulação da proteção da vida privada e da intimidade do cidadão, em um estado de vigilância que implique anulação daqueles direitos fundamentais.

4.5. EFICIÊNCIA E DEVIDO PROCESSO

O direito somente pode cumprir o seu papel de ordenação social quando apresenta um certo grau de efetividade, ou seja, quando vale no sentido fático, quando se realiza, enfim, o que depende da possibilidade de sua imposição.[544] O tema da eficiência tem, portanto, relação com o tema da realização efetiva das normas constitucionais[545] e legais. Nessa linha, para Isensee:

O Estado não cumpre a sua tarefa de segurança apenas com a publicação de leis, mas sim com a sua eficaz aplicação.[546]

(...)

De resto, a segurança não é assunto apenas de legislação, mas também, e até principalmente, assunto de imposição do direito.[547]

No âmbito da justiça penal, particularmente, afirma-se que a probabilidade da punição efetiva teria maior caráter dissuasivo que a gravidade da sanção abstrata.[548] A eficiência, no processo penal, não deve, porém, ser medida pelo número de condenações impostas, mas sim na sua conclusão em tempo razoável, respeitando os direitos fundamentais do acusado.[549]

---

[544] LORENZ, Dieter. *Der grundrechtliche Anspruch auf effektiven Rechtsschutz*, S. 625; TIPKE, Klaus. *Innere Sicherheit, Gewalt und Kriminalität*, S. 38. Sobre o tema, v. o item 3.6.1 da I Parte, referente aos destinatários do dever de proteção. Como constata Silva Sánchez, há uma demanda por eficiência que suplanta aquela da perfeição teórica do sistema (SILVA SÁNCHEZ, Jesús María. *La expansión del Derecho Penal*, p. 84-85).

[545] HÄBERLE, Peter. Effizienz und Verfassung, S. 630; HESSE, Konrad. *Grundzüge des Verfassungsrechts der Bundesrepublik Deutschland*, S. 16-19, RN 41-48. Na tradução brasileira: p. 47-52, NM 41-48.

[546] ISENSEE, Josef. *Das Grundrecht auf Sicherheit*, S. 21.

[547] ISENSEE, Josef. *Das Grundrecht auf Sicherheit*, S. 40.

[548] SCHMIDT-SEMISCH, Henning. *Kriminalität als Risiko*, S. 190.

[549] CHOUKR, Fauzi Hassan. *Processo Penal de Emergência*, p. 90; FERNANDES, Fernando. *O Processo Penal como Instrumento de Política Criminal*, p. 829-834; MAGALHÃES GOMES, Mariângela Gama. *Devido processo legal e direito ao procedimento adequado*, p. 306; SCARANCE FERNANDES, Antonio. *O*

Embora a avaliação de políticas de segurança pública e de *performance* das instituições policiais e judiciárias seja de difícil avaliação, levando em conta a complexidade dos fatores envolvidos e suas múltiplas relações,[550] é certo que a impunidade decorrente do mau funcionamento do aparelho de persecução penal é um fator negativo nesse jogo de forças. Como refere Zaluar:

> O funcionamento extremamente ineficaz e injusto do sistema de Justiça no Brasil joga um papel importante na crise da moralidade e no enfraquecimento do *etos* do trabalho, o que disseminou as práticas criminais em todas as classes sociais. Mais responsabilização, mais transparência e mais punição para os culpados de crimes graves em todas as camadas sociais são absolutamente necessárias para mudar esse quadro trágico.[551]

Parte-se aqui da ideia de que os órgãos de persecução penal e o Poder Judiciário, assim como qualquer serviço público, têm dever de eficiência, o que passa, necessariamente, pela conformação de normas processuais que permitam alcançar a realização do direito de proteção jurídica do cidadão (LF, art. 19, 4),[552] que emana, no Brasil, do direito de acesso ao Poder Judiciário (CRFB, art. 5º, XXXV) e cujo conteúdo é preenchido pelo direito a ser alcançado por meio da prestação jurisdicional, uma vez que: "a efetiva proteção jurídica significa, assim, efetividade do direito material por meio da proteção jurídica".[553] Como refere Lorenz:

> A tarefa constitucional conferida ao legislador para a efetivação dos direitos fundamentais não é preenchida, então, apenas com a geração de instituições e regramentos de direito material, mas também com a colocação à disposição do instrumental processual necessário.[554]

No âmbito dos direitos fundamentais, a eficiência se dá quando são eles realizados ou preenchidos, ou seja, quando são criadas as condições para o seu efetivo exercício, em relação ao imputado, à vítima e ao conjunto dos cidadãos. Dado o duplo conteúdo, subjetivo e objetivo dos direitos

---

equilíbrio entre a eficiência e o garantismo e o crime organizado, p. 234; ——. O equilíbrio na repressão ao crime organizado, p. 9-10; SOARES, Luiz Eduardo. *Segurança tem saída*, p. 121.

[550] SOARES, Luiz Eduardo. *A Política Nacional de Segurança Pública: histórico, dilemas e perspectivas*, p. 78-83.

[551] ZALUAR, Alba. *Democratização inacabada: fracasso da segurança pública*, p. 42.

[552] LORENZ, Dieter. *Der grundrechtliche Anspruch auf effektiven Rechtsschutz*, S. 634. Eis o texto da LF: Art. 19, 4. se alguém é violado em seus direitos pelo poder público, então está-lhe aberta a via jurídica. À medida que uma outra competência não está fundamentada, está dada a via jurídica ordinária. Artigo 10, alínea 2, proposição 2, fica intato.

[553] LORENZ, Dieter. *Der grundrechtliche Anspruch auf effektiven Rechtsschutz*, S. 638-639. Sobre o papel do Tribunal Constitucional Federal na realização dessa tarefa, ver: HECK, Luís Afonso. *O Tribunal Constitucional Federal e o Desenvolvimento dos Princípios Constitucionais*, p. 167-168 e 264. Em sentido contrário, confundindo eficiência com totalitarismo e, ao que parece, preferindo a ineficiência do estado sob pena de risco aos direitos fundamentais, à dignidade humana e a democracia: CUIABANO, Renata Maciel. *Ordem de Mercado, Eficiência e suas repercussões na atuação do juiz no processo penal brasileiro*, p. 101.

[554] LORENZ, Dieter. Der grundrechtliche Anspruch auf effektiven Rechtsschutz, S. 643. No mesmo sentido: ROBBERS, Gerhard. *Sicherheit als Menschenrecht*, S. 125.

fundamentais,[555] traduzido, no que interessa para o tema deste trabalho, em direitos de defesa e direitos de proteção, constata-se um caráter de certa forma ambivalente da eficiência, no sentido de que não é ela um meio ou escusa fácil para absolutizar algumas normas constitucionais em detrimento de outras, buscando-se a eficiência, portanto, da Constituição como um todo.[556]

Quer dizer, também aqui se cuida do estabelecimento de princípios, a serem, portanto, ponderados na sua efetiva aplicação, de modo a construir-se um processo penal funcional-garantidor. Se o processo penal tem por fins assegurar o exercício do direito de defesa do investigado ou acusado e, *simultaneamente*, o interesse estatal em punir os culpados pelos delitos, será eficiente o processo penal que, de maneira global, consiga alcançar o máximo em ambas as finalidades.[557]

Até mesmo o custo econômico do crime e o gasto público em sua repressão pode ser considerado na ponderação quanto à adoção de técnicas especiais de investigação. Quer dizer, a subsidiariedade na adoção de técnicas de investigação que atentem contra direitos fundamentais deve levar em conta os custos da adoção de técnicas alternativas e não invasivas de investigação, em especial em países como o Brasil, em que não há superabundância de recursos públicos, mas prementes necessidades de toda ordem a ser atendidas. Embora não seja essa a voz corrente, é de considerar que o princípio da economia processual também tem aplicação no processo penal.

Os custos da luta contra o crime têm um papel, porque a política criminal deve concorrer com outras necessidades públicas e privadas por recursos escassos. A política criminal está, como todas as outras necessidades sociais, sob a lei econômica e obrigada a um bom desempenho dos serviços públicos, caso se pretenda alcançar um máximo em bem-estar (segurança) social.[558]

A CRFB não é alheia ao tema da eficiência, que é princípio da administração pública, nos termos do art. 37, com a redação dada pela EC n° 19, de 4 de junho de 1998. Também o Código de Defesa do Consumidor (Lei n° 8.078, de 11 de setembro de 1990) assegura como direito básico do consumidor, no inciso X do seu art. 6°: "a adequada e eficaz prestação dos serviços públicos em geral". Como refere Ela de Castilho:

---

[555] Cfe., supra, item 3.1 da Parte I.

[556] FIGUEIREDO DIAS, Jorge de. *Os Princípios Estruturantes do Processo e a Revisão de 1998 do Código de Processo Penal*, S. 201-202; HÄBERLE, Peter. *Effizienz und Verfassung*, S. 630-631.

[557] SCARANCE FERNANDES, Antonio. *O equilíbrio na repressão ao crime organizado*, p. 10-11.

[558] DUSS, Vanessa. *Ökonomie im Recht: Rationalisierung des Straverfahrenrechts*, S. 180.

O sistema de Justiça e subsistemas que o integram são considerados atualmente não simplesmente como o exercício de uma potestade, mas como serviços públicos, suscetíveis de serem organizados, dirigidos e avaliados da mesma maneira como podem sê-lo a saúde, a educação, o transporte, etc.[559]

De especial interesse aqui, ainda, o § 7º do art. 144 da CRFB, assim redigido: "A lei disciplinará a organização e o funcionamento dos órgãos responsáveis pela segurança pública, de maneira a garantir a eficiência de suas atividades". Embora a justiça criminal não seja um órgão responsável de forma direta pela segurança pública, não se pode negar que o seu adequado funcionamento terá reflexos nesse campo. Mais recentemente, veio a ser reconhecido de forma expressa o direito à duração razoável do processo (CRFB, art. 5º, LXXVII, acrescentado pela EC 45/2004), que, no processo penal, deve ser visto como direito do réu e das vítimas.

4.6. O PAPEL DO PODER JUDICIÁRIO

Como visto acima, no item 3.6 da Parte I, o Poder Judiciário também é destinatário do dever de proteção, não podendo acomodar-se por trás do discurso de que, como não elabora a lei, não tem responsabilidade por uma aplicação eficiente da justiça penal. De fato, é comum entre os magistrados a imputação da morosidade judicial a causas externas, nomeadamente ao legislador. No entanto, boa parte das causas da ineficiência podem ser imputadas aos próprios juízes, que adotam, ao interpretar e aplicar a lei, soluções que pouco contribuem para que se alcance um resultado rápido e útil no processo.

Emblemática para o tema da resposta processual penal ao crime organizado, a decisão tomada pelo STF no julgamento, por maioria, do Habeas Corpus nº 84.078, concluído em 5 de fevereiro de 2009, cujo resultado foi assim divulgado no Informativo nº 534 daquele Tribunal:

> Ofende o princípio da não-culpabilidade a execução da pena privativa de liberdade antes do trânsito em julgado da sentença condenatória, ressalvada a hipótese de prisão cautelar do réu, desde que presentes os requisitos autorizadores previstos no art. 312 do CPP. Com base nesse entendimento, o Tribunal, por maioria, concedeu *habeas corpus*, afetado ao Pleno pela 1ª Turma, para determinar que o paciente aguarde em liberdade o trânsito em julgado da sentença condenatória. Tratava-se de *habeas corpus* impetrado contra acórdão do STJ que mantivera a prisão preventiva do paciente/impetrante, ao fundamento de que os recursos especial e extraordinário, em regra, não possuem efeito suspensivo — v. Informativos 367, 371 e 501. Salientou-se, de início, que a orientação até agora adotada pelo Supremo, segundo a qual não há óbice à execução da sentença quando pendente apenas recursos sem efeito suspensivo, deveria ser revista. Esclareceu-se que os preceitos veiculados pela Lei 7.210/84 (Lei de Execução Penal, artigos 105, 147 e 164), além de adequados à ordem constitucional vigente (art. 5º, LVII: "ninguém será considerado culpado até o trânsito

---

[559] CASTILHO, Ela Wiecko Volkmer de. *O Papel do CNMP e do CNJ*, p. 3.

Crime Organizado e Proibição de Insuficiência **183**

em julgado de sentença penal condenatória"), sobrepõem-se, temporal e materialmente, ao disposto no art. 637 do CPP, que estabelece que o recurso extraordinário não tem efeito suspensivo e, uma vez arrazoados pelo recorrido os autos do traslado, os originais baixarão à primeira instância para a execução da sentença. Asseverou-se que, quanto à execução da pena privativa de liberdade, dever-se-ia aplicar o mesmo entendimento fixado, por ambas as Turmas, relativamente à pena restritiva de direitos, no sentido de não ser possível a execução da sentença sem que se dê o seu trânsito em julgado. Aduziu-se que, do contrário, além da violação ao disposto no art. 5º, LVII, da CF, estar-se-ia desrespeitando o princípio da isonomia.

A decisão em referência é emblemática por vários motivos. Primeiro, porque deixa clara a importância do papel do Poder Judiciário no tema dos deveres de proteção, em especial na jurisdição constitucional.[560] Segundo, porque concretiza uma colisão entre o direito fundamental da presunção de inocência (CRFB, art. 5º, LVII) e o direito à segurança, que pressupõe uma persecução penal eficiente. Terceiro, porque constitui um exemplo de decisão *hipergarantista* que concede tal relevo ao direito fundamental do acusado, que anula os demais direitos fundamentais em jogo na constelação, nomeadamente aqueles da vítima e da sociedade.

Assim é porque, consideradas, no âmbito do crime organizado, as dificuldades probatórias já mencionadas, a complexidade das ações penais, bem como o grau de congestionamento dos tribunais superiores, onde se acumulam processos aos milhares, teremos um quadro em que estarão fadados à prescrição a maciça maioria, senão a totalidade dos casos que envolvem criminalidade organizada, em especial empresarial ou endógena. Com essa decisão, cai por terra o pouco que restava de eficácia em relação à criminalidade dos poderosos, que possuem os recursos para fazer chegar a discussão aos tribunais superiores, realizando-se uma *justiça do faz de conta* para os criminosos poderosos, que só funciona para a criminalidade tradicional. Como refere, com acerto, Moro: "A Justiça no Brasil está estruturada para possibilitar que criminosos poderosos retardem indefinidamente o resultado do processo e a aplicação da lei penal".[561] É importante deixar claro, nesse ponto, que não se afirma que tais acusados não tenham ou não mereçam direito de defesa, mas que a justiça seja capaz de funcionar de modo razoavelmente eficaz para todos.

Não se pretende, aqui, anular a garantia da presunção de inocência, mas devolvê-la ao leito em que é consagrada internacionalmente, exigin-

---

[560] "Não devemos também nos esquecer da força do precedente no Direito. Um bom precedente da jurisdição constitucional vale muito mais do que dezenas de livros de doutrina" (MORO, Sergio Fernando. Neoconstitucionalismo e Jurisdição Constitucional, p. 249).

[561] MORO, Sergio Fernando. Justiça sem Fim, p. 66. Sobre a morosidade na instrução criminal em casos de crimes financeiros: CASTILHO, Ela Wiecko Wolkmer de. *O Controle Penal nos Crimes contra o Sistema Financeiro Nacional*, p. 277-281.

do-se o julgamento por um tribunal imparcial para o reconhecimento da culpa criminal. O que se critica é a decisão de exacerbá-la para possibilitar que o mesmo caso seja revisto por nada menos que quatro diferentes instâncias de julgamento,[562] o que *não será alcançado* em prazo razoável, especialmente em casos complexos. No dizer de Néfi Cordeiro: "O processo célere exige restrição na quantidade de recursos e nos momentos recursais".[563]

Não se faz aqui crítica pessoal aos membros dos tribunais superiores, mas à impossibilidade fática de submeter toda e qualquer decisão judicial criminal de um país continental e altamente populoso a tais órgãos, já assoberbados com número excessivo de recursos de todas as matérias. Aliás, a tendência será um aumento dos recursos criminais aos tribunais superiores por conta da decisão comentada. Acrescento que tais tribunais têm por missão constitucional a uniformização da jurisprudência, e não a distribuição de justiça às partes, que é tarefa dos tribunais ordinários. Não colhe sequer o argumento do risco de arbitrariedades por parte dos juízos e tribunais, que poderia ser resolvido com *habeas corpus* ou com a concessão de efeito suspensivo em recurso especial ou extraordinário, de forma excepcional, quando o relator vislumbrasse a relevância da questão levantada e a possibilidade de sucesso do recurso.[564]

Todo o esforço empreendido pelas autoridades encarregadas da persecução penal e pelos juízos e tribunais ordinários se dará em vão. Por ocasião do julgamento do *habeas corpus*, o Min. Joaquim Barbosa chegou mesmo a propor, ironicamente, o fechamento de todos os juízos e tribunais de primeiro e segundo graus, uma vez que todos os casos criminais passarão a ser julgados nos tribunais superiores. Mais que isso, é improvável que os países onde existem valores e bens sujeitos à constrição judicial em decorrência de ações penais em trâmite no Brasil aguardem por vários anos o término de tais ações, correndo-se o risco de que também a reparação dos danos fique comprometida.

É de apontar, por fim, que o Brasil já foi responsabilizado internacionalmente, na Corte Interamericana de Direitos Humanos, por conta de omissão e morosidade na aplicação da justiça criminal, ou seja, impunidade, no célebre caso Damião Ximenes.[565] No voto em separado de Antonio Augusto Cançado Trindade, lê-se: "O direito de acesso à justiça *lato sensu* pressupõe o entendimento de que se trata de direito à pronta prestação

---

[562] MORO, Sergio Fernando. *Justiça sem Fim*, p. 66.

[563] CORDEIRO, Néfi. *A Recorribilidade das Interlocutórias no Processo Penal*, p. 165.

[564] MORO, Sergio Fernando. *Justiça Criminal em Risco*, p. 54.

[565] Disponível em: <http://corteidh.or.cr> Acesso em: 20.set.2009. Assim também no caso de Maria da Penha, conforme relatório da Comissão Interamericana de Direitos Humanos (Informe nº 54/01, Caso 12.051, Maria da Penha Maia Fernandes contra o Brasil, de 16 de abril de 2001).

jurisdicional". Não será surpresa se outras condenações vierem, no plano internacional, em decorrência da posição adotada pelo STF quanto à extensão da presunção de inocência, o que poderá causar prejuízos não só à imagem, mas também financeiros ao País, o que pode, paradoxalmente, acabar por servir de estímulo a um maior cuidado no sentido da busca de uma justiça penal eficiente para todos os envolvidos.[566]

---

[566] LOPES JÚNIOR, Aury; BADARÓ, Gustavo Henrique. *Direito ao Processo Penal no Prazo Razoável*, p. 193.

Parte III

A segurança como dever estatal e direito do cidadão e a ameaça do crime organizado

1. O Dever Estatal de Segurança e o Direito do Cidadão à Segurança

Para o tema desse trabalho, a proibição de insuficiência, objeto do item 3 da Parte I, é especialmente relevante em relação ao dever estatal de garantir a segurança, bem jurídico que conforma e condiciona o exercício dos direitos fundamentais,[1] uma vez que, sem segurança, não é possível o gozo dos demais direitos materiais, nem o livre desenvolvimento da personalidade humana com dignidade. Importante deixar claro, aqui, que a segurança é mencionada com destaque por abranger a proteção a ser conferida a outros direitos, sejam eles individuais, como a vida, a liberdade, a integridade corporal, a honra e a propriedade; ou coletivos,[2] como o meio ambiente, a paz, a ordem econômica, sem com isso atribuir à segurança um *status* superior aos demais direitos fundamentais.

É papel do Estado a garantia da segurança externa, relativa a ameaças vindas do estrangeiro, quanto, no que interessa mais ao tema deste trabalho, a segurança interna,[3] em relação a ameaças que estão dentro do território nacional.

Objeto de maior controvérsia é a distinção da segurança em sentido objetivo, de proteção a riscos e perigos efetivos, quanto subjetivo ou in-

---

[1] HÄBERLE, Peter. *Die Wesensgehaltgarantie des Art. 19 Abs. 2 Grundgesetz*, S. 14.

[2] FISCHER, Douglas. *O que é garantismo penal (integral)?* p. 27.

[3] "É indiscutível que a segurança interna e externa tem um alto significado para as tarefas estatais" (GUSY, Cristoph. *Rechtsgüterschutz als Staatsaufgabe*, S. 573). No mesmo sentido, apontando textualmente a segurança interna e externa como tarefa do Estado (*Staatsaufgabe*): HÄBERLE, Peter. *Verfassungstaatliche Staatsaufgabenlehre*, S. 603.

terno, de estar livre de medo (*Freisein von Furcht*).[4] A criminalidade, em especial a grave e organizada, provoca, efetivamente, uma sensação de insegurança. Há quem afirme que a segurança, entendida como ausência ou liberdade do temor, traz dificuldades para utilização na ponderação constitucional, dada a sua amplitude, pois pode referir-se a todo o tipo de temor. Além disso, apresentaria grande dificuldade de mensuração, por estar dirigida a um sentimento de temor, que não poderia, por si só, fundar uma política pública de segurança.[5]

Ocorre que um dos efeitos negativos da criminalidade é o *medo do crime*,[6] de modo que a razão está com Benda, ao afirmar:

> Sob esse aspecto não deve um Estado no qual a população tem medo deixá-lo sem atenção. Se esse medo se relaciona a questões de política externa, problemas de proteção de dados, usinas atômicas ou o que seja, não é relevante aqui. Também não é decisivo, se esse medo é irracional ou infundado. Freqüentemente ele tem sim de fato algo de irracional, cujos temas são especialmente discutidos na opinião pública e que se ligam ao desenvolvimento dos medos. A política não deve simplesmente aceitar esses medos. Ela tem na democracia representativa, na verdade, um papel de liderança. (...) A política deve lidar com os medos na população, criar confiança nela com um trabalhoso e intenso processo de convencimento, de modo a ligar o cidadão ao Estado. Se isso não funcionar, o Estado e a Constituição estão em sério perigo. Medos são maus conselheiros na Política. Ignorá-los significa geralmente fortalecê-los. Medos levam à falta de orientação, perda de confiança e falta de paz.[7]

Do ponto de vista objetivo, então, o que importa não é o medo ou o perigo, mas a confiança decorrente do enfrentamento do medo ou esclarecimento do perigo, que é o oposto, positivo, do temor.[8] Em um caso e outro é papel do Estado debelar o perigo ou esclarecer a população, a fim de afastar o perigo real ou esclarecer a as suas dimensões verdadeiras.

Por fim, deve ficar claro que se fala aqui não apenas de segurança jurídica (*Rechtsicherheit*), mas de segurança dos bens jurídicos (*Rechtsgütersicherheit*), ou seja, de uma proteção que se dá não apenas no nível normativo, mas efetivo, da realidade[9] contra agressões de terceiros.[10]

---

[4] ROBBERS, Gerhard. *Sicherheit als Menschenrecht*, S. 223. Para mais sobre a história e as múltiplas acepções do termo *segurança*, ver: KAUFMANN, Franz-Xaver. *Sicherheit als soziologisches und sozialpolitisches Problem*, S. 150 ff Sobre medo e insegurança subjetiva, ver: MACHADO, Carla; AGRA, Cândido de. *Insegurança e Medo do Crime*, p. 79.

[5] ISENSEE, Josef. *Das Grundrecht auf Sicherheit*, S. 26.

[6] *Normas e Princípios das Nações Unidas sobre Prevenção ao Crime e Justiça Criminal*, p. 267.

[7] BENDA, Ernst. *Frieden und Verfassung*, S. 6-7.

[8] ISENSEE, Josef. *Das Grundrecht auf Sicherheit*, S. 26; LEMGRUBER, Julita. *Violência, omissão e insegurança pública: o pão nosso de cada dia*, p. 17-18. Sobre o tema, v., os itens 3.6.3.1 da Parte I e 1.1.1 da Parte II.

[9] DENNINGER, Erhard. *Der Präventions-Staat*, S. 3-4.

[10] WÜRTENBERGER, Thomas. *Freiheit und Sicherheit*, S. 17. Bem por isso, a tarefa de proteção não é atribuída unicamente ao legislador, mas também aos Poderes Judiciário e Executivo, encarregados da aplicação concreta da lei. Sobre o tema, v. item 3.6.1 da Parte I.

1.1. FUNDAMENTO DO DEVER ESTATAL DE SEGURANÇA

O dever estatal de garantir a segurança dos cidadãos[11] é um dos fundamentos da própria existência e legitimação do Estado,[12] cuja alternativa é a anarquia.[13] Já advertia Thomas Hobbes, ao tempo do Estado absoluto, que:

> Mas deve se tomar precauções para que não haja motivo para medo, pois a segurança é o fim pelo qual os homens se submetem a outros, e não é de supor que algum homem tenha se submetido a isso ou renunciado ao seu direito a todas as coisas, antes que tenha sido providenciada sua segurança.[14]

Mesmo na concepção liberal de Estado, que pretende a sua redução e lança as bases para a proteção do cidadão frente aos poderes do Estado, não é excluída a tarefa da segurança. Quer dizer: "O princípio da segurança por meio do Estado nunca foi, em conseqüência, substituído pelo princípio da segurança frente ao Estado, mas apenas e somente ampliado em relação este".[15] Na mesma linha, Isensee, para quem Locke estabelecia a segurança e a liberdade frente ao Estado, mas sem excluir o papel deste ou abdicar de sua existência, nos seguintes termos:

> A filosofia da liberdade de Locke não substitui a filosofia da segurança de Hobbes. Aquela é construída sobre as bases desta. Ela coloca um novo princípio de legitimação sobre o anteriormente encontrado. Dito de outro modo: Locke vê mais longe que Hobbes, pois está sobre seus ombros. A novidade de sua construção consiste em que a segurança deve ser obtida a um preço mais baixo que a perda da liberdade e que não é o Estado absoluto, mas o Estado com poderes limitados e vinculado ao direito é capaz de garantir a paz e que a segurança e a liberdade civis podem convergir.[16]

Nas palavras do próprio Locke, vê-se que mesmo o grande teórico do liberalismo não colocava em questão o dever estatal de garantir a segurança dos cidadãos, ao afirmar:

---

[11] "Essa é a mais antiga tarefa imposta ao Estado e valeu por muitos séculos como a única ou mais importante justificativa do Estado em si" (BULL, Hans Peter, *Die Staatsaufgaben nach dem Grundgesetz*, S. 347).

[12] BVerfGE, 49, 24 (56) – Kontaktsperregesetz; BVerwGE 49, 202 (209); CANARIS, Claus Wilhelm. Grundrechte und Privatrecht, S. 227; DIETLEIN, Johannes. *Die Lehre von den grundrechtlichen Schutzpflichten*, S. 21; MAURER. Hartmut. *Contributos para o Direito do Estado*, p. 31; STERN, Klaus. *Das Staatsrecht der Bundesrepublik Deutschland*, Bd. III/1, p. 932.

[13] Embora a expressão tenha adquirido um certo caráter pejorativo em certos meios, pode-se dizer que o oposto de *Law and Order*, ou seja, Direito e Ordem, e não qualquer ordem, seria Crime e Desordem (TIPKE, Klaus. *Innere Sicherheit, Gewalt und Kriminalität*, p. 39).

[14] HOBBES, Thomas, *De Cive*, Capítulo VI, 3. Para mais sobre o tema da legitimação do Estado pela segurança em Hobbes: ISENSEE, Josef. *Das Grundrecht auf Sicherheit*, p. 3-5.

[15] DIETLEIN, Johannes. *Die Lehre von den grundrechtlichen Schutzpflichten*, p. 23.

[16] ISENSEE, Josef. *Das Grundrecht auf Sicherheit*, p. 7. Além disso, no Estado liberal o poder está baseado na vontade do povo e não no direito divino do soberano do estado absoluto (FALLER, Hans Joachim, Gewaltmonopolo des Staates und Selbstschutzrecht des Bürgers, p. 7).

Crime Organizado e Proibição de Insuficiência

Se o homem, no estado de natureza é tão livre, como foi dito. Se ele é o senhor absoluto de sua pessoa e de seus bens, igual ao maior e sujeito a ninguém, porque ele abriria mão de sua liberdade? Por que ele desistiria desse império, e sujeitar-se-ia a dominação e controle de um outro poder? A resposta é obvia, pois apesar de ter, no estado de natureza, o direito, o seu gozo é muito incerto e constantemente exposto à invasão de outros, pois todos são reis como ele. Todo homem é igual e muitos deles não são observadores atentos da eqüidade e da justiça, então o uso da propriedade que ele tem nesse Estado é muito incerto e muito inseguro. Isso faz com que ele abandone uma condição que, embora livre, é cheia de medos e perigos contínuos e não é por outra razão, que ele procura e está disposto a unir-se em sociedade com outros, que já estão unidos, ou tem a intenção de fazê-lo, para a preservação mútua de suas vidas, liberdades e propriedades, o que eu chamo pelo nome genérico, *propriedade*.[17]

Essa posição'é confirmada, no liberalismo econômico, por Adam Smith, para quem o Estado liberal deve atender a apenas três tarefas, entre as quais a administração da justiça, como segue:

De acordo com o sistema da liberdade natural, o soberano tem apenas três tarefas a cumprir, três tarefas de grande importância, é verdade, mas de fácil e inteligível compreensão para o senso comum: primeiro, o dever de proteger a Nação contra atos de violência e ataques de outras nações independentes; segundo o dever de proteger, tanto quanto possível, cada membro da sociedade contra a injustiça e a opressão dos outros membros da sociedade, ou o dever de estabelecer uma administração da justiça confiável, e, terceiro, o dever de erigir e manter certas instituições públicas cuja instituição e manutenção não serão nunca do interesse dos indivíduos ou de um grupo de indivíduos. (...)[18]

A existência do direito à segurança, afirmada ao tempo do absolutismo e aceita na época do liberalismo, mantém-se no modelo contemporâneo de Estado de direito democrático e social, com as adaptações decorrentes das novas estruturas estatais,[19] o que acrescenta, sem excluir as demais acepções da segurança, entre os cidadãos e contra o Estado, a proteção oferecida pelos direitos sociais para as necessidades de segurança econômica.[20]

O dever estatal de garantia da segurança e o consequente direito do cidadão a ela surgem como contrapartida ao monopólio do uso da força por parte do Estado e da proibição da autotutela.[21] De considerar, ainda, que, frequentemente, o cidadão individualmente ou a coletividade não teriam condições de defender-se por si só, em casos como da inferiori-

---

[17] LOCKE, John. *Second Treatise on Government*, Cap. IX, §§ 123-131, p. 306-310.

[18] SMITH, Adam. *An Inquiry into the Nature and Causes of the Wealth of Nations*, S. 41-42.

[19] ISENSEE, Josef. *Das Grundrecht auf Sicherheit.*, S. 17; WÜRTENBERGER, Thomas. Über Freiheit und Sicherheit, S. 23; WÜRTENBERGER, Thomas. *Freiheit und Sicherheit*, S. 15.

[20] ISENSEE, Josef. *Das Grundrecht auf Sicherheit*, S. 18. Sobre o tema: SILVA SÁNCHEZ, Jesús María. *La expansión del Derecho Penal*, p. 52.

[21] DIETLEIN, Johannes. *Die Lehre von den grundrechtlichen Schutzpflichten*, S. 22, 27; FALLER, Hans Joachim, Gewaltmonopol des Staates und Selbstschutzrecht des Bürgers, S. LORENZ, Dieter. Der grundrechtliche Anspruch auf effektiven Rechtsschutz, S. 626.

dade física ou numérica ou mesmo da falta de informações em relação a produtos ou instalações perigosas, tudo a se resumir na colocação do cidadão em uma situação de necessidade da proteção estatal.[22]

Ademais, o Estado, ao assumir o dever de proteção dos bens jurídicos, cria no cidadão a expectativa de que será protegido, de modo que a omissão estatal caracteriza uma quebra do princípio de proteção da confiança (*Vertrauenschutzprinzip*).[23] A própria legitimação estatal está em jogo, aqui, pois: "O Estado, ao aplicar suas leis na proteção dos cidadãos, confirma a validade dessas leis e, com isso, sua própria existência".[24] Na mesma linha, é acertada a referência de Klein no sentido de que:

> A renúncia ao direito dado pela natureza de defender os seus bens jurídicos somente tem sentido para o indivíduo, se ele é protegido pelo Estado. A garantia da segurança é condição da sujeição. Somente a proteção pelo Estado legitima a existência da renúncia à prática da violência privada: *protectio trahit subjectionem - subjectio trahit protectionem*. O dever estatal de proteção é conseqüência, então, da necessidade de garantir a paz. Se o Estado não garante a proteção, ele não dá segurança, com o que aparece o perigo de que os indivíduos, ameaçados na existência de seus bens jurídicos, cuidem dos seus próprios "direitos".[25]

Esse fundamento pode ser aceito apenas com o limite de que não se pode retirar, daí, um direito do cidadão de apelar indiscriminadamente à autodefesa em caso de omissão estatal, já que esse recurso somente é admitido em situações excepcionais e nos limites do necessário. Como refere Isensee:

> Penalização e retribuição, justiça privada e vingança estão além de qualquer justificativa constitucional. O direito constitucional positivo perde a sua força legitimadora e limitadora quando o estado de necessidade deixa de ser uma exceção pontual no conjunto da segurança pública garantida pelo Estado, e se converte em normalidade. Se a situação avançou do estado de necessidade para a defesa do cidadão em guerra civil, terá sido alcançado um *point of no return*, e o recurso jurídico à Constituição já não tem mais sentido.[26]

Mas a segurança não é unicamente uma tarefa estatal, mas de todos, como estabelece, textualmente, o art. 144 da CRFB. Ainda que a Constituição não o dissesse expressamente, os cidadãos têm, como decorrência da própria necessidade de convívio das liberdades e dos interesses da comunidade,[27]

---

[22] HERMES, Georg. *Das Grundrecht auf Schutz von Leben und Gesundheit*, S. 36-37.

[23] ROBBERS, Gerhard. *Sicherheit als Menschenrecht*, S. 192.

[24] DIETLEIN, Johannes. *Die Lehre von den grundrechtlichen Schutzpflichten*, S. 25.

[25] KLEIN, Hans H. *Die Grundrechtliche Schutzpflicht*, S. 1636. No mesmo sentido: CLASSEN, Claus Dieter. *Ableitung von Schutzpflichten aus Freiheitsrechten*, S. 30; FALLER, Hans Joachim. *Gewaltmonopol des Staates und Selbstschutzrecht des Bürgers*, S. 17-18.

[26] ISENSEE, Josef. *Das Grundrecht auf Sicherheit*, S. 59. O mesmo autor dá notícia de concepção que vislumbra o direito à segurança ligado ao dever de pagar impostos, na chamada teoria do benefício ou do asseguramento (ob. cit., p. 13).

[27] BADURA, Peter. *Grundpflichten als verfassungsrechtliche Dimension*, S. 862. De modo análogo, afirmando que a autorização constitucional para a restrição de direitos fundamentais implica um dever

bem como do princípio democrático,[28] o dever de obediência ao direito (*Rechtsgehorsampflicht*)[29] e de paz (*Friedenspflicht*),[30] os quais, justamente com o monopólio estatal no uso da força conformam - ou deveriam conformar - a segurança e um ambiente de confiança recíproca nas relações interpessoais, a ser garantido, em caso de descumprimento, pelo Estado.[31] De acordo com Isensee:

> O dever de paz, que se aplica não somente às relações entre os cidadãos, mas também em relação aos órgãos estatais, significa que todos têm o dever de renunciar à autotutela e de procurar os seus direitos por meio do livre convencimento ou no processo oferecido pelo Estado, bem como de submeter-se ao pronunciamento de suas instâncias de decisão, que têm o direito à última palavra, ainda que esse pronunciamento pareça inconveniente, errôneo ou injusto.[32]

1.2. O DIREITO À SEGURANÇA EM TEXTOS CONSTITUCIONAIS E DOCUMENTOS INTERNACIONAIS

Embora não mencione expressamente um direito à segurança, já do texto da Declaração de Independência dos Estados Unidos da América, de 4 de julho de 1776, é possível retirar um direito a segurança, onde se lê:

> Nós acreditamos nessas verdades como óbvias, de que todos os homens são nascidos iguais e de que eles são dotados pelo Criador com direitos inalienáveis, entre os quais estão a vida, a liberdade e a busca da felicidade. Para assegurar esses direitos é que os governos são instituídos entre os homens (...)

Nas Constituições dos Estados norte-americanos do Século XVIII o dever de segurança por parte do Estado aparece de forma explícita, como na Declaração de Direitos de Virgínia, de 12 de junho de 1776, na Seção 3, como segue:

> O governo é, ou deve ser, instituído para o bem comum, proteção e segurança do povo, nação ou comunidade e, de todos os modos e formas de governo o melhor é aquele capaz de produzir o maior grau de felicidade e segurança (...)

---

de tolerância por parte do cidadão: HENKE, Wilhelm. *Juristische Systematik der Grundrechte*, S. 3. Em sentido contrário, negando a existência de deveres constitucionais implícitos: MERTEN, Detlef. Grund*pflichten im Verfassungssystem der Bundesrepublik Deutschland*, S. 556. Crítico sobre a existência de deveres fundamentais que não decorram da concretização legal de limites em casos de colisão entre direitos fundamentais: GEIS, Max-Emanuel. Anspruchsdenken – Exzessive Inanspruchnahme Von Grundrechten, S. 32.

[28] KRÖGER, Klaus. *Forum: Die vernächlässigte Friedenspflicht des Bürgers*, S. 173.

[29] Entendido, em uma democracia, não no sentido de obediência cega, acrítica e incondicional por parte do cidadão (KLEIN, Hans. H. Über Grundpflichten, S. 168).

[30] BETHGE, Herbert. Die verfassungsrechtliche Problematik der Grundpflichten, S. 256. Para mais sobre o tema dos deveres fundamentais de paz e de obediência à lei, ver: ISENSEE, Josef. Die verdrängten Grundpflichten des Bürgers, S. 612, 616-617; SCHOLZ, Rechtsfrieden im Rechtsstaat, S. 705-708.

[31] KAUFMANN, Franz-Xaver. *Sicherheit als soziologisches und sozialpolitisches Problem*, S. 68.

[32] ISENSEE, Josef. *Das Grundrecht auf Sicherheit*, S. 23.

A seu turno, no preâmbulo da Constituição dos Estados Unidos, de 17 de setembro de 1787, se lê que o povo pretende alcançar, entre outros, os fins de estabelecer a Justiça e assegurar a tranquilidade doméstica.

A menção à segurança, com variadas formulações, aparece também em outras Constituições Estaduais norte-americanas, a saber: Massachussets, 1780, parte I, Declaração de Direitos, art. X; Pensilvânia, 2 de setembro de 1790, art. IX, seções I e II; Delaware, 12 de junho de 1792, no Preâmbulo; Vermont, 1793, capítulo 1, Declaração de Direitos, Art. IX; New Hampshire, 1792, parte I, art. II; Kentucky de 17 de setembro de 1799, Preâmbulo; Ohio, de 1º de novembro de 1802, art. VIII, seção I.

Embora diferenciadas em termos de objetivo e contexto, o tema da segurança não era estranho, também, aos textos constitucionais proclamados ao longo da Revolução Francesa. Veja-se que o art. 2º da Declaração dos Direitos do Homem e do Cidadão, de 26 de agosto de 1789, aponta como objetivos da comunidade a conservação dos direitos naturais e inalienáveis do homem, entre os quais a segurança, ao lado da liberdade, propriedade e resistência contra a opressão. Por sua vez, a Constituição da República francesa, de 24 de junho de 1793, em seu art. 8º, dispunha que: "A segurança consiste na proteção, concedida pela sociedade a cada um de seus membros para a conservação de sua pessoa, de seus direitos e de suas propriedades". Por fim, na Constituição de 1795, a segurança é apontada, no art. 4º, como o "resultado do concurso de todos para assegurar os direitos de cada um".

Historicamente, aliás, na própria Alemanha, a Lei Geral dos Estados Prussianos (*Allgemeines Landrecht für die Preußischen Staaten*), de 1794, trazia a seguinte previsão no § 2, II, 13: "O dever primordial do soberano estatal é garantir a tranquilidade e a segurança, tanto internas quanto externas, e proteger a cada um e seus familiares contra a violência e as perturbações". Atualmente, a Constituição do Estado alemão da Bavária, de 1946, em seu art. 98, aponta expressamente a segurança pública como um dos fundamentos para a restrição de direitos fundamentais.

No século XIX, o dever de segurança aparece ainda em alguns textos constitucionais, como a Constituição francesa de 1848, no item VIII do Preâmbulo, segundo o qual: "A República deve proteger o cidadão em sua pessoa, sua família, sua religião, sua propriedade e seu trabalho (...)". Assim também a Constituição da Suíça de 1874, que, em seu art. 2º aponta como objetivo estatal a manutenção do direito e da ordem internas, bem como a proteção da liberdade e dos direitos dos cidadãos, o que figurava ao lado da afirmação das exigências da independência externa e da exigência do bem-estar geral. Nesse período, o dever de segurança já é, porém, entendido como obviedade, sem que figure de forma expressa na maior parte dos textos constitucionais.[33]

Assim também a Declaração Universal dos Direitos do Homem e do Cidadão, de 10 de dezembro de 1948, cujo art. 3º assim dispõe: "Todos têm direito à vida, à liberdade e à segurança pessoal". De acordo com o art. 12: "Ninguém deve ser submetido à interferência arbitrária em sua privacidade, família, domicílio ou correspondência, nem a ataques sobre sua honra e reputação. Todos têm direito à proteção da lei contra tais interferências ou ataques". A seu turno, o art. 17 estabelece que ninguém será arbitrariamente privado de sua propriedade. Mais que isso, o art. 28 estabelece que: "Todos têm direito a uma ordem social e internacional na qual os direitos e liberdades estabelecidos nessa declaração possam ser totalmente realizados".

A própria CEDH, em seu art. 5º, estabelece que: "Toda pessoa tem direito à liberdade e segurança".

Na mesma linha, na Declaração de princípios e programas de ação do programa das Nações Unidas de prevenção ao crime e a justiça criminal, se lê:

> 7. Nós também reconhecemos que a democracia e uma melhor qualidade de vida podem florescer somente em um contexto de paz e segurança para todos. O crime apresenta uma ameaça à estabilidade e a um ambiente seguro. A prevenção ao crime e a justiça criminal, com a devida atenção ao cumprimento dos direitos humanos, é, assim, uma contribuição direta para a manutenção da paz e da segurança.[34]

De tudo isso é possível reconhecer a prevenção e a repressão do crime como direitos do homem, de modo que uma ordem social e internacional que não protege tais direitos contra ataques de criminosos viola os documentos internacionais que os garantem.[35]

1.3. O DIREITO À SEGURANÇA NAS CONSTITUIÇÕES BRASILEIRAS

O art. 179 da Constituição do Império, de 1824, ao assegurar a inviolabilidade dos direitos civis e políticos dos cidadãos brasileiros, estabelecia como base destes "a liberdade, a *segurança individual*, e a propriedade".

Na mesma linha, o art. 72 da primeira Constituição Republicana, de 1891, assegurava, como direito então, aos brasileiros e aos estrangeiros residentes no País "a inviolabilidade dos direitos concernentes à liberdade, à *segurança individual* e à propriedade".

---

[33] ISENSEE, Josef. *Das Grundrecht auf Sicherheit*, S. 16.

[34] *Normas e Princípios das Nações Unidas sobre Prevenção ao Crime e Justiça Criminal*, p. 204. Sobre o tema, v., também, o art. 1º da Declaração das Nações Unidas sobre o crime e a Segurança Pública (Anexo da Resolução 51/60, da Assembléia Geral).

[35] MUELLER, Gerhard O. *Crime Prevention as a Human Right: The Task of the United Nations*, p. 517-518.

Fórmula assemelhada foi utilizada na Constituição de 1934, cujo art. 113 assim dispunha: "A Constituição assegura a brasileiros e a estrangeiros residentes no País a inviolabilidade dos direitos concernentes à liberdade, à subsistência, à segurança individual e à propriedade (...)".

Dispositivo análogo foi mantido na Constituição de 1937, precisamente no art. 122, sendo o tema da segurança invocado, ainda, no preâmbulo, como justificativa da necessidade da imposição da nova Constituição e em vários outros dispositivos, de modo até mais acentuado que em outros textos, como não poderia deixar de ser em uma Constituição autoritária.

Mas também no art. 141 do texto democrático de 1946 a segurança individual aparece como direito do cidadão, ao lado da vida, da liberdade e da propriedade.

Nas Constituições de 1967 e 1969 o direito à segurança é mencionado, seguindo os textos anteriores, no início das declarações de direitos, respectivamente nos arts. 150 e 153.

Na CRFB de 1988, a segurança é reconhecida como direito fundamental no *caput* do art. 5º, inserido, a propósito, no capítulo que trata dos *direitos e deveres individuais e coletivos*. O legislador constituinte voltou ao tema ao apontar, em seu art. 144, a segurança pública como dever do Estado e direito e responsabilidade de todos (art. 144), seguindo na tradição dos textos constitucionais anteriores, que consagravam, sem exceção, um direito à segurança.

Na CRFB, tal dever de proteção pode ser vislumbrado, ainda, na proteção do próprio direito à vida,[36] à liberdade, à igualdade e à propriedade (CRFB, art. 5º).[37] Como se não bastasse, a CRFB também aponta no sentido da existência de uma proteção constitucional da segurança pública, ao cominar à União a competência para executar os serviços de polícia marítima, aeroportuária e de fronteiras, bem como para legislar em matéria penal e processual (art. 22, I). Um dever de zelar pela segurança pode ser extraído, também, da competência concorrente para legislar sobre direito penitenciário (art. 24, I) e sobre a organização das polícias civis (art. 24, XVI), uma vez admitido que a distribuição de competências impõe deveres ao Estado. Por fim, o inc. III do art. 34 da CRFB aponta como uma das hipóteses de intervenção federal a ação destinada a "pôr termo a grave comprometimento da ordem pública".

Também no Brasil o STF já reconheceu, ao lado dos direitos fundamentais de garantia do acusado, como direitos de defesa contra a atuação

---

[36] CHIAVARIO, Mario. *Direitos Humanos, Processo Penal e Criminalidade Organizada*, p. 27. Em sentido contrário, afirmando que que "a persecução penal não é um direito fundamental, por mais que o Estado deva garantir a segurança pública" (MORENO CATENA, Victor. *La Protección de los Testigos y Peritos en el Proceso Penal Español*, p. 147).

[37] SOBRINHO, Mário Sérgio. *O Crime Organizado no Brasil*, p. 36.

Crime Organizado e Proibição de Insuficiência

estatal, começam a ser reconhecidos também os direitos da coletividade como o *princípio da proteção penal eficiente* (STF, HC-ED 90138/PR, Ricardo Lewandowski, 1ª T., 27.2.07). Na mesma linha, o Supremo afirmou, expressamente, que os bens jurídicos constitucionais da persecução penal pública e da segurança pública, reconhecidos como bens da comunidade, em colisão com o direito à honra (Rcl-QO 2040/DF, Néri da Silveira, Pl., v.u., 21.2.02). Por fim, também como exemplo de tal orientação, anoto caso no qual o Tribunal afastou aplicação literal da regra do § 2º do art. 53 c/c § 2º do art. 27 da CRFB para permitir a prisão cautelar de Deputado Estadual em caso excepcional, no qual vinte e três dos vinte e quatro deputados estaduais de Rondônia estavam indiciados em diversos inquéritos (STF, HC 89417/RO, Cármen Lúcia, 1ª T., m., 22.8.06).

No Brasil, não pode haver dúvida, então, sobre o *status* constitucional do direito à segurança por parte do cidadão, com a contrapartida do dever por parte do Estado (STF, HC 87.310/SP, Carlos Britto, 1ª T., v.u., 8.8.06), a ser exercido, não é demais relembrar, com respeito aos direitos e garantias individuais dos acusados e investigados.[38]

1.4. O DEVER ESTATAL DE SEGURANÇA NA ALEMANHA

Já na Alemanha não é tão fácil o reconhecimento da segurança como um direito fundamental[39] e para a classificação da tarefa de segurança entre as tarefas do Estado,[40] em razão da inexistência de regra expressa na Lei Fundamental.[41] No projeto da Lei Fundamental havia, aliás, a previsão de um direito à segurança,[42] que acabou por ser excluído pela comissão de redação, ao argumento de que o direito à segurança seria uma mera derivação do direito de liberdade,[43] tido como algo óbvio[44] ou pressuposto.[45]

Apesar da ausência de regra constitucional expressa, há na Alemanha posição doutrinária no sentido do reconhecimento de um direito fundamental à segurança, definido como: "O direito do indivíduo frente ao

---

[38] SOBRINHO, Mário Sérgio. *O Crime Organizado no Brasil*, p. 37.

[39] WOLTER, Jürgen. *35 Jahre Verfahrensrechtskultur und Strafprozeβverfassungsrecht in Ansehung von Freiheitsentziehung*, S. 164.

[40] GUSY, Cristoph. *Rechtsgüterschutz als Staatsaufgabe*, S. 574.

[41] "A Lei Fundamental não garante, na sua literalidade, um *direito fundamental à segurança*. Uma cláusula geral de segurança pública, prevista no projeto de Herrenchiemsee, não se tornou, igualmente 'lei fundamental'" (WOLTER, Jürgen. 35 Jahre Verfahrensrechtskultur und Strafprozeβverfassungsr echt in Ansehung von Freiheitsentziehung, S. 162).

[42] Art. 21. Seção 4. Somente são permitidas limitações dos direitos fundamentais por lei e sob a condição de que o exijam peremptoriamente a segurança, os bons costumes ou a saúde.

[43] BULL, Hans Peter, *Die Staatsaufgaben nach dem Grundgesetz*, S. 347.

[44] STERN, Klaus. *Das Staatsrecht der Bundesrepublik Deutschland*, Bd. III/1, S. 934.

[45] DIETLEIN, Johannes. *Die Lehre von den grundrechtlichen Schutzpflichten*, S. 26.

Estado, de que este preserve a integridade de seus bens jurídicos também contra danos provocados por particulares".[46] A maioria, porém, não reconhece a existência de um direito fundamental subjetivo à segurança, mas apenas de um fundamento constitucional para o dever de proteção da segurança dos cidadãos, com base no conteúdo objetivo dos direitos fundamentais.[47] Quer dizer, como a liberdade é uma condição básica da existência, não haveria possibilidade de um direito à segurança, mas apenas de um direito à precaução, sendo a possibilidade do mal, na filosofia liberal, inerente à vida em sociedade e à própria relação do homem com a natureza.[48]

Para quem aceita a existência de um direito fundamental à segurança, a sua vez decorrente do dever de proteção, o fundamento para tanto seria extraído dos seguintes dispositivos constitucionais:

a) no princípio do Estado de Direito democrático (LF, art. 20, 1);[49]

b) na proteção da dignidade da pessoa humana (LF, art. 1°, parte 1, frase 2);[50]

c) no direito ao livre desenvolvimento da personalidade (LF, art. 2°, 1), a ser exercido nos limites da ordem constitucional;[51]

d) na proteção da integridade corporal (LF, art. 2°, 2);[52]

e) na menção feita na LF ao direito penal e à execução penal (Art. 74, 1 c/c art. 104) e também no art. 73, 10, que prevê o trabalho conjunto da União e dos Estados na atividade policial;[53]

f) na previsão de que o direito de reunião pode ser exercido de forma pacífica e sem armas (LF, art. 8°, 1), conectando, assim, tal direito à ordem e à paz, tida como princípio essencial da Constituição.[54]

---

[46] ROBBERS, Gerhard. *Sicherheit als Menschenrecht*, S. 121). Nesse sentido: BETHGE, Herbert. Staatszwecke im Verfassungsstaat, S. 848-849.

[47] "Exatamente o entendimento alemão dos direitos fundamentais, com sua forte interpretação jurídico-objetiva jamais negligenciou os deveres estatais de proteção e fomento" (STERN, Klaus. *Das Staatsrecht der Bundesrepublik Deutschland*, Bd. III/1, S. 937). Quer dizer, do caráter objetivo dos direitos fundamentais podem derivar direitos subjetivos de proteção.

[48] SCHMIDT-SEMISCH, Henning. *Kriminalität als Risiko*, S. 20.

[49] DIETLEIN, Johannes. *Die Lehre von den grundrechtlichen Schutzpflichten*, S. 26; WÜRTENBERGER, Thomas. Freiheit und Sicherheit, S. 16.

[50] STERN, Klaus. *Das Staatsrecht der Bundesrepublik Deutschland*, Bd. III/1, S. 933.

[51] DIETLEIN, Johannes. *Die Lehre von den grundrechtlichen Schutzpflichten*, S. 27.

[52] BULL, Hans Peter, *Die Staatsaufgaben nach dem Grundgesetz*, S. 349; PIETRZAK, Alexandra. Die Schutzpflicht im verfassungsrechtlichen Kontext – Überblicke und neue Aspekte, S. 748.

[53] BULL, Hans Peter, *Die Staatsaufgaben nach dem Grundgesetz*, S. 349; MICHAEL, Lothar. Die drei Argumentationsstrukturen des Grundsatzes der Verhältnismäßigkeit – Zur Dogmatik des Über und Untermaßverbotes und der Gleichheitssätze, S. 150. Em sentido contrário, afirmando que a divisão de competências constitucional seria matéria de mera organização, desprovida de conteúdo material: BVerfGE, 69, 1, voto divergente; BETHGE, Herbert. Die verfassungsrechtliche Problematik der Grundpflichten, S. 251.

[54] DIETLEIN, Johannes. *Die Lehre von den grundrechtlichen Schutzpflichten*, S. 27; ISENSEE, Josef. *Das Grundrecht auf Sicherheit*, S. 18.

Em outra vertente, já no âmbito do direito policial, é amplamente reconhecida na doutrina alemã a existência de uma pretensão ou direito à proteção policial (*Recht auf polizeilichen Schutz*),[55] que surge quando um bem individual, considerado parte da segurança pública, é colocado em perigo, como, por exemplo, no caso da proteção policial contra manifestantes violentos. Esse direito é reconhecido de forma direta e com fundamento constitucional,[56] e não reflexamente, como resultado da relação de direito público existente entre o órgão policial e o perturbador da ordem, mas está limitada ao regramento da legislação que disciplina a atividade policial.[57] O reconhecimento desse direito e a atenção do administrador pode evitar a responsabilização do Estado por danos causados em razão de omissão policial.[58]

Ainda que inexista, como tal, um direito à segurança, ou que não seja esse considerado um direito fundamental, é a segurança considerada, no mínimo, um objetivo estatal, ainda que a Lei Fundamental assim não o tenha arrolado expressamente, e, como tal, pode ser levada em conta na ponderação, ou mesmo como limite para o exercício de outros direitos fundamentais, sem ferir a reserva da constitucional dos direitos fundamentais, pela qual os direitos fundamentais somente podem ser limitados por outros direitos ou bens jurídicos constitucionalmente consagrados,[59] mas não apenas por outros direitos fundamentais.[60] Claro está, porém, que o reconhecimento a um dever jurídico-fundamental de proteção e, em consequência, de um direito fundamental de proteção terá maior peso na ponderação.

A despeito da controvérsia doutrinária, o tema não ficou alheio aos Tribunais, tendo o Tribunal Constitucional Federal da Alemanha enfrentado de modo específico o tema da segurança em 1978, na decisão sobre a lei que determinava o isolamento de presos por suspeita de atos terroristas (BVerfGE 49, 24 (53-69) - *Kontaktsperre-Gesetz*), nos seguintes termos:

> A segurança do Estado como poder constitucional da paz e da ordem e a segurança a ser por ele assegurada ao seu povo são valores constitucionais que estão no mesmo nível de outros e são irrenunciáveis, porque deriva daí a legitimidade e justificação da instituição do Estado.

---

[55] V., por todos: ROBBERS, Gerhard. *Sicherheit als Menschenrecht*, S. 228; WÜRTENBERGER, Thomas. Freiheit und Sicherheit, S. 15. Em tradução para o português, v.: MAURER, Hartmut. *Direito Administrativo Geral*, p. 186-187.

[56] HERMES, Georg. *Das Grundrecht auf Schutz von Leben und Gesundheit*, S. 8.

[57] BVerwGE 11, 95 (96 ff).; ISENSEE, Josef. *Das Grundrecht auf Sicherheit*, S. 52-53.

[58] ROBBERS, Gerhard. *Sicherheit als Menschenrecht*, S. 123.

[59] SCHMIDT, Walter. *Der Verfassungsvorbehalt der Grundrechte*, S. 509.

[60] SCHLINK, Bernhard. Freiheit durch Eingriffsabwehr – Rekonstruktion der klassischen Grundrechtsfunktion, S. 464.

O Tribunal já reconheceu, também, em outra formulação, um dever de proteção da comunidade de todos os cidadãos (*Schutz der Gemeinschaft aller Bürger*).[61]

Também a indeclinável "necessidade de uma eficaz luta contra o crime" (*Bedürfnisse einer wirksamen Verbrechensbekämpfung*) foi reconhecida pelo Tribunal Constitucional Federal da Alemanha como tão importante para o Estado de Direito quanto a liberdade pessoal, ao tratar do tema da prisão preventiva BVerfGE 19, 342 - *Wencker*).[62] Na mesma linha, a admissão da possibilidade de internação de um doente mental para garantia de sua própria segurança ou da segurança coletiva foi admitida, em detrimento da liberdade pessoal (BVerfGE 22, 180).

Lorenz pretende ver na decisão BVerfGE 47, 239 (251), uma modificação na linha do Tribunal Constitucional Federal, ao afirmar que a exigência de uma justiça criminal operacional se encontra em permanente tensão com os direitos individuais dos acusados.[63] Parece-me, porém, que a existência dessa tensão sempre foi reconhecida ou, pelo menos, jamais foi negada pelo Tribunal Constitucional Federal.

2. A liberdade como limite do direito à segurança

2.1. A LIBERDADE CONTEMPORÂNEA

A liberdade não é entendida, atualmente em uma acepção liberal, com carga antiestatal, ou mesmo no sentido de uma esfera livre da atuação estatal,[64] que vê a sociedade separada ou em oposição ao Estado,[65] ainda que possa ser vista como anterior a ele.[66] Quer dizer, a liberdade é dinâmica, e não estática.

Contemporaneamente, o conceito clássico de *liberdade negativa* é substituído pelo de liberdade jurídica (*rechtliche Freiheit*).[67] Como refe-

---

[61] ARNDT, Claus. Zum Abhörurteil des BVerfGE, S. 2325.

[62] No mesmo sentido BVerfGE 20, 45 (49); 20, 144; 21, 220.

[63] LORENZ, Frank Lucien. *Absoluter Schutz versus absolute Relativität*, S. 278-279.

[64] Definindo, porém, a liberdade como um espaço livre do Estado: SCHNAPP, Friedrich. Grenzen der Grundrechte, S. 729. Também crítico a respeito, afirmando a contrariedade da noção de liberdade constituída com a Constituição: HUSTER, Stefan. *Rechte und Ziele*, S. 67-70.

[65] HUBER, Ernst Rudolf. Bedeutungswandel der Grundrechte, S. 86-87. Comparar, também: SCHMIDT-SEMISCH, Henning. *Kriminalität als Risiko*, S. 43-44.

[66] "Com isso a esfera de liberdade do indivíduo não é pré-social, no sentido da ausência de uma ligação com a sociedade, mas sim, propriamente, pré-estatal. (...) A liberdade jurídico-fundamental não é constituída pelo Estado, mas preexiste a ele, do ponto de vista jurídico" (BÖCKENFÖRDE, Ernst-Wolfgang. *Grundrechtstheorie und Grundrechtsinterpretation*, S. 1530).

[67] Como refere Scherzberg: "a realização da 'liberdade' real pretendida com os direitos fundamentais não é alcançável com o distanciamento do Estado por si só, razão pela qual o Estado assumiu a

re Hesse: "Liberdades jurídico-fundamentais são liberdades jurídicas e, como tais, sempre determinadas em seu conteúdo, isto é, limitadas".[68] Desse modo: "O Estado é, o que é sempre esquecido, condição prévia de toda liberdade".[69] Em outra formulação, afirma-se que o convívio humano somente é possível no Estado por meio do Estado,[70] sendo também a liberdade garantida por meio do Estado.[71]

Fala-se também em liberdade unida ao social (*sozial gebundene Freiheit*),[72] o que decorre, fundamentalmente, do princípio do Estado de direito social[73] e da decisão social da Lei Fundamental (arts. 20 e 28). Com isso, é levado em conta não o indivíduo isolado, mas sim na sua posição de membro da comunidade.[74] A crítica à concepção liberal de liberdade reside, então, no fato de não levar em conta as condições sociais da realização da liberdade jurídico-fundamental.[75]

Häberle fala, nessa linha, em reciprocidade entre indivíduo e comunidade, de modo que os direitos fundamentais são bens jurídicos necessários à existência da comunidade e esta, por sua vez, condiciona os direitos fundamentais.[76] Assim para Bamberger, fazendo referência aos arts. 1°, 2°, 12, 14, 15, 19 e 20 da LF:

> Sob esse signo o Tribunal Constitucional Federal desenvolveu uma imagem dialética do homem, que se caracteriza, de um lado, pela possibilidade do livre desenvolvimento da personalidade do homem, e, por outro lado, por sua integração social (BVerfGE 41, 29 (50). O compromisso do Estado de liberdade com a neutralidade da visão de mundo requer uma tal imagem aberta do homem. A responsabilidade própria e o livre desenvolvimento estão, porém, também sob a condição da comunidade social (BVerfGE 7, 198 (205); 24, 119 (144);

---

responsabilidade de criar e garantir as condições fáticas para o exercício dos direitos fundamentais" (SCHERZBERG, Arno. "Objektiver" Grundrechtschutz und subjektives Grundrecht, S. 1131). No mesmo sentido, referindo uma coação conformadora do direito: SACHS, Michael. Die Relevanten Grundrechtsbeeinträchtigungen, S. 304. Ver, ainda: WÜRTENBERGER, Thomas. Über Freiheit und Sicherheit, S. 24.

[68] HESSE, Konrad. *Grundzüge des Verfassungsrechts der Bundesrepublik Deutschland*, S. 139, RN 308. Na tradução brasileira: p. 250, NM 308. No mesmo sentido: LORENZ, Dieter. Der grundrechtliche Anspruch auf effektiven Rechtsschutz, S. 627.

[69] LUHMANN, Niklas. *Grundrechte als Institution*, S. 57.

[70] HESSE, Konrad. *Grundzüge des Verfassungsrechts der Bundesrepublik Deutschland*, S. 5-6, RN 6. Na tradução brasileira: p. 29, NM 6.

[71] KREBS, Walter. Freiheitsschutz durch Grundrechte, S. 617; BETHGE, Herbert. Aktuelle Probleme der Grundrechtsdogmatik, S. 372-375.

[72] DÜRIG, Günter. Grundrechte und Zivilrechtsprechung, S. 167. Em sentido análogo, referindo a "vinculação da comunidade elementar da liberdade ("elementare Gemeinschaftsgebundeheit der Freiheit"): BADURA, Peter. Grundpflichten als verfassungsrechtliche Dimension, S. 862 e 870. Ver, ainda: SCHMIDT, Eberhard. Strafrechtspflege in Gefahr, S. 569-571.

[73] NIPPERDEY, Hans Carl. *Grundrechte und Privatrecht*, S. 19.

[74] SCHNAPP, Friedrich E. *Die Verhältnismäßigkeit des Grundrechtseingriffs*, S. 853.

[75] BÖCKENFÖRDE, Ernst-Wolfgang. *Grundrechtstheorie und Grundrechtsinterpretation*, S. 1531-1532.

[76] HÄBERLE, Peter. *Die Wesensgehaltgarantie des Art. 19 Abs. 2 Grundgesetz*, S. 12.

30, 173 (193); 32, 98 (107); 47, 327 (369). O homem seria uma personalidade relacionada socialmente e não um indivíduo isolado e soberano. A tensão daí resultante entre indivíduo e comunidade a Constituição resolveu em favor do relacionamento e ligação com a comunidade. (BVerfGE, 4, 7 (15); BVerwG, DVBl 1997, 1173 (1173)

Essa interpretação da liberdade é decorrência, aliás, da concepção jurídico-objetiva dos direitos fundamentais, que, vistos como meros direitos de defesa, são compatíveis com uma liberdade puramente negativa. Caso os direitos fundamentais sejam vistos, no entanto, em seu conteúdo jurídico-objetivo, a demandar uma atuação positiva por parte do Estado,[77] que conforma o exercício dos direitos fundamentais, de modo a garanti--los, impõe-se uma modificação do próprio conceito de liberdade.[78]

Mais que isso, não se fala mais em liberdade jurídico-fundamental sem levar em conta as condições para o seu exercício, de modo que a ideia da mera omissão do Estado conduziria a uma situação de justiça e bem--estar é, hoje, superada.[79] Como refere Grimm:

> Sem o alargamento da conformação fundada jurídico-objetivamente dos direitos fundamentais abre-se um vão entre o perigo para a liberdade e a proteção jurídica da liberdade, que mina significativamente o significado dos direitos fundamentais. As novas funções dos direitos fundamentais encontram o seu apoio dogmático no dever de proteção.[80]

Mesmo a liberdade contratual, por exemplo, está constituída pelo dar e receber a promessa feita pelas partes, aliada à garantia estatal de imposição do que foi prometido, "de modo que não se trata mais de uma posição jurídica pré-estatal, mas sim constituída pelo Estado".[81] Nesse sentido, a liberdade é garantida pela ameaça de sanção em relação àqueles que atentarem contra o seu exercício. Para Robbers: "Assim, ajusta-se a ideia, que estar livre de medo faz parte, no total, dos pressupostos da liberdade, à proteção evitadora do direito".[82] Quer dizer, todos têm direito à liberdade, que é geral,[83] sendo garantida até mesmo pelo recurso ao direito penal, sem o qual se impõe a lei do mais forte.[84]

---

[77] BETHGE, Herbert. *Zur Problematik von Grundrechtskollisionen*, S. 36.

[78] SCHLINK, Bernhard. Freiheit durch Eingriffsabwehr – Rekonstruktion der klassischen Grundrechtsfunktion, S. 463.

[79] GRIMM, Dieter. *Die Zukunft der Verfassung*, S. 227; STRATENWERTH, Günter; "Größtmögliche Freiheit"? S. 579-581.

[80] GRIMM, Dieter. *Die Zukunft der Verfassung*, S. 234.

[81] LÜBBE-WOLFF, Gertrude. *Die Grundrechte als Eingriffsabwehrrechte*, S. 81. No mesmo sentido: HÄBERLE, Peter. *Die Wesensgehaltgarantie des Art. 19 Abs. 2 Grundgesetz*, S. 192-193; NIPPERDEY; Hans Carl. Freie Entfaltung der Persönlichkeit, S. 754-755.

[82] ROBBERS, Gerhard. *Sicherheit als Menschenrecht*, S. 225.

[83] SUHR, Dieter. *Die Freiheit vom staatlichen Eingriff als Freiheit zum privaten Eingriff?* S. 177.

[84] HÄBERLE, Peter. *Die Wesensgehaltgarantie des Art. 19 Abs. 2 Grundgesetz*, S. 14-15; NIPPERDEY, Hans Carl. Grundrechte und Privatrecht, S. 19; STRATENWERTH, Günter; "Größtmögliche Freiheit"? S. 574; TIEDEMANN, Klaus. Gleichheit und Sozialstaatlichkeit im Strafrecht, S. 355. Nessa linha: "Em

Não se pretende, aqui, adotar uma interpretação comunitarista, ou afirmar que a mera referência ao bem-estar geral justifica um aniquilamento dos direitos fundamentais, nem se defende uma identificação entre sociedade e Estado, sem espaço para o desenvolvimento livre do indivíduo, o que levaria ao totalitarismo.[85] Não se pode, porém, ignorar o grau de entrelaçamento e a complexidade da vida moderna na sociedade de massas, a demandar uma atuação estatal na organização e nos processos,[86] a fim de viabilizar a vida em sociedade, que não pode ser tida como um estado de natureza, de concepção liberal.

Como observa Schlink, embora a liberdade somente viva no contexto social e graças às medidas estatais, essa conformação ou limitação por parte do Estado não se dá sem sujeição do Estado ao dever de justificar as medidas limitadoras com base na proporcionalidade, demonstrando que são elas necessárias e adequadas para o alcance de fins legítimos.[87] O exercício da liberdade, ao contrário, não demanda justificativa, nesse sentido - e somente nesse - pode ser entendida, atualmente, uma liberdade externa ou anterior ao Estado, ou seja, uma liberdade em sentido liberal.[88]

Ainda que se veja a liberdade, em princípio e nos termos do parágrafo anterior, como ilimitada,[89] é certo que ela estará submetida à ponderação e a limites, de modo que, em sua concretização,[90] não há liberdade absoluta, sendo nesse sentido que se pode falar de uma liberdade jurídica. Aplicada aqui a teoria externa à limitação das liberdades, poder-se-ia dizer que a liberdade é apenas *prima facie*, ilimitada, mas limitada como direito definitivo.[91] Nessa linha, para Lübbe-Wolff:

> Que os direitos fundamentais não oferecem nenhuma garantia efetiva ilimitada e à vontade do titular e também um uso da liberdade que cause danos à comunidade, é algo que se entende por si mesmo; sobre essa obviedade repousa o efeito meramente retórico da pergunta

---

um Estado social, não é mais aceitável que alguns possam otimizar os seus interesses às custas de outros particulares, até atingir o seu mínimo de personalidade, honra, propriedade e saúde" (SUHR, Dieter. Die Freiheit vom staatlichen Eingriff als Freiheit zum privaten Eingriff? S. 167).

[85] HUBER, Ernst Rudolf. Bedeutungswandel der Grundrechte, S. 87-89. V., infra., item 2.1.2.

[86] RUPP, Hans Heinrich. Vom Wandel der Grundrechte. *Archiv des öffentlichen Rechts*, S. 164.

[87] GEIS, Max-Emanuel. Anspruchsdenken - Exzessive Inanspruchnahme Von Grundrechten, S. 33; STEINBEIB-WINKELMANN, Christine. *Grundrechtliche Freiheit und staatliche Freiheitsordnung*, S. 82.

[88] SCHLINK, Bernhard. Freiheit durch Eingriffsabwehr – Rekonstruktion der klassischen Grundrechtsfunktion, S. 467.

[89] BETHGE, Herbert. *Die verfassungsrechtliche Problematik der Grundpflichten*, S. 252

[90] "A liberdade não pode ser entendida em sentido abstrato, mas sim real" (BETHGE, Herbert. *Aktuelle Probleme der Grundrechtsdogmatik*, S. 375).

[91] "Quão forte ou fraco é o caráter *prima facie* da regra, depende, então, essencialmente do contexto no qual e para o qual ela é formulada" (HUSTER, Stefan. *Rechte und Ziele*, S. 74). Para o mesmo autor: "Os direitos de liberdade como direitos de defesa são, então, direitos *prima facie*" (S. 78). V., infra, item 2.1.2.

colocada com gosto pelos seguidores da concepção da liberdade pré-formada de direito natural, se, então, um direito fundamental, a matar e a roubar, poderia existir.[92]

Por fim, destaca-se a referência de Grabitz a diferentes graus de proteção da liberdade,[93] sendo o máximo a liberdade pessoal e o mínimo o da liberdade econômica, de modo que as chances para o livre desenvolvimento da personalidade são determinadas de modo distinto conforme o campo da vida de que se trata. Assim:

> Elas são tanto maiores, quanto mais tocarem a "formas de contato elementares" da pessoa, ou seja, quanto mais for atingido um aspecto *pessoal* do ser-aí e da atuação humanas. Com isso se esclarece uma transformação da liberdade jurídico-fundamental, que não pode mais ser definida apenas como ausência de coação estatal, mas senão deve ser entendida positivamente como a chance jurídico-fundamental de livre desenvolvimento da personalidade garantida especificamente.[94]

2.2. A RELAÇÃO ENTRE SEGURANÇA E LIBERDADE

Seja tomada a liberdade em sentido da mera liberdade negativa, seja ela entendida, como exposto acima, no contexto da sociedade, da liberdade contemporânea, objeto do item anterior, é colocada ela em necessária inter-relação com a segurança. Como refere Gusy:

> As tarefas de construção da segurança de um lado e de conservação da liberdade, de outro, não apenas se completam, elas estão em necessária contradição. Segurança não é apenas realização de liberdade, mas também limitação da liberdade. Liberdade e segurança não estão, desse modo, apenas em uma relação de meio e fim, mas em uma relação de colisão.[95]

No que interessa ao tema desta tese, há aqui "uma colisão entre os direitos de liberdade do cidadão e as necessidades de esclarecimento e intervenção da justiça penal",[96] que se constituem em intervenções nos direitos fundamentais processuais penais (*strafprozessualer Grundrechtseingriffe*).[97] Em outras palavras, há uma relação de tensão entre a efetividade da justiça e os postulados do Estado de Direito[98] ou entre o interesse

---

[92] LÜBBE-WOLFF, Gertrude. *Die Grundrechte als Eingriffsabwehrrechte*, S. 87. Comparar: HUSTER, Stefan. *Rechte und Ziele*, S. 67-78.

[93] No mesmo sentido: WENDT, Rudolf. *Der Garantiegehalt der Grundrechte und das Übermaßverbot*, S. 439.

[94] GRABITZ, Eberhard. Der Grundsatz der Verältnismäßigkeit, S. 609.

[95] GUSY, Cristoph. Rechtsgüterschutz als Staatsaufgabe, S. 579.

[96] SCHÜNEMANN, Bernd. Kritische Anmerkungen zur geistigen Situation der Deutsche Strafrechtwissenschaft, S. 215. No mesmo sentido: CHIAVARIO, Mario. Direitos Humanos, Processo Penal e Criminalidade Organizada, p. 29; GRINOVER, Ada Pellegrini. *Liberdades Públicas e Processo Penal*, p. 16, 20-22.

[97] AMELUNG, Knut. *Zur dogmatischen Einordnung strafprozessualer Grundrechtseingriffe*, S. 738.

[98] OSTENDORF, Heribert. Organisierte Kriminalität – eine Herausforderung für die Justiz, S. 67.

público na eficiência do processo penal e a máxima proteção possível do acusado.[99]

Já para Isensee, segurança e liberdade não são contraditórias, mas representam, conceitualmente, as duas faces da mesma moeda, ou seja: "Segurança e liberdade designam a inviolabilidade dos bens jurídicos, a primeira em relação a pessoas privadas e a segunda em relação aos poderes públicos".[100] Na mesma linha, Franklin Delano Roosevelt, ao comentar a liberdade do medo (*freedom from fear*), assim concluiu o célebre discurso sobre as quatro liberdades:

> Essa nação colocou seu destino nas mãos, cabeças e corações de seus milhões de homens e mulheres livres, e sua fé na liberdade sob o comando de Deus. Liberdade significa a supremacia dos direitos humanos em todos os lugares. Nosso apoio vai para aqueles que lutaram para obter esses direitos e garanti-los. Nossa força é nossa unidade de propósito.[101]

O próprio Isensee reconhece, todavia, que, praticamente, há possibilidade de limitação da segurança, tanto do ponto de vista material, ou seja, dos limites dos recursos da administração, quanto jurídicos, ou seja, da compatibilidade com os direitos de liberdade.[102] Para essa posição, assim como os direitos fundamentais em conteúdo subjetivo e objetivo, a proibição de insuficiência e a proibição de excesso, também a liberdade e a segurança ostentam relação de complementariedade, funcionando cada uma delas como limite à outra.

Sendo assim, não só a liberdade, mas também a tarefa estatal da segurança é relativa, pois não existe proteção ou segurança absoluta,[103] devendo essa tarefa ser vista como um princípio ou um mandamento de otimização, como esclarece Gusy:

> Isso [a contradição entre segurança e liberdade] não significa que uma política de segurança não é permitida: não há garantia de liberdade total. Mas isso também não significa, tampouco, que a política de segurança é permitida de forma ilimitada. Não há, igualmente, garantia de segurança total. Aquela colisão diz, antes de mais nada, que a segurança não é um valor absoluto, mas que se deixa sempre medir pelas aspirações de liberdade do cidadão. Ela é carente de ponderação, mas também ponderável.[104]

---

[99] NIEMÖLLER, Martin; SCHUPPERT, Gunnar Folke. *Die Rechtsprechung des Bundesverfassungsgerichts zum Strafverfahrenrecht*, S. 398.

[100] ISENSEE, Josef. *Das Grundrecht auf Sicherheit*, S. 21.

[101] ROOSEVELT, Franklin Delano. *The Four Freedoms*, p.

[102] ISENSEE, Josef. *Das Grundrecht auf Sicherheit*, S. 41. No mesmo sentido, em língua portuguesa: CHOUKR, Fauzi Hassan. *Processo Penal de Emergência*, p. 10-12. Comparar, também: ROBBERS, Gerhard. *Sicherheit als Menschenrecht*, S. 228.

[103] DIETLEIN, Johannes. *Die Lehre von den grundrechtlichen Schutzpflichten*, S. 18.

[104] GUSY, Cristoph. *Rechtsgüterschutz als Staatsaufgabe*, S. 579. Nessa linha: "É indiscutível nem liberdade sem segurança, nem segurança sem liberdade são constitucionalmente autorizadas nem politicamente desejáveis" (WÜRTENBERGER, Thomas. *Freiheit und Sicherheit*, S. 15). Sobre os princípios como mandamentos de otimização, v., supra, item 1.1.2 da Parte I.

Uma hipotética segurança total implicaria uma situação de vigilância, que corromperia com a autonomia, a liberdade e a vida privada do cidadão, levando, portanto, a um enfraquecimento dos direitos fundamentais de liberdade,[105] uma vez que, teoricamente, qualquer pessoa pode vir a cometer um crime, sendo, portanto, *suspeito* e sujeito à vigilância.[106] Como refere Grimm:

> A liberdade está fundada na combinação pessoal de risco e segurança, atrevimento e fracasso, e até mesmo na auto-destruição.
>
> (...)
>
> A comunidade suporta muitos custos decorrentes do amor ao risco individual, como no caso do fumo, do esqui, do uso de automóveis e da especulação na bolsa. A circunstância, de que riscos determinados não são tomados pela maioria, mas apenas por alguns poucos, não muda a valoração jurídica. Isso também é uma conseqüência da decisão básica pela liberdade.[107]

O excesso de poderes policiais e a vigilância extremada provocariam, ainda, a refração dos cidadãos, que se tornariam pouco afeitos à colaboração com as autoridades.[108] Mais que isso, a segurança implica obediência às regras não só por parte dos cidadãos, mas também por parte do Estado, o que requer, a seu turno, respeito à esfera de liberdade dos cidadãos.[109]

Em minha posição, segurança e liberdade, vistos como princípios,[110] podem entrar em colisão, pois quanto maior a vigilância, e menor a liberdade, maior a segurança. Ao contrário, quanto maior o grau de liberdade, maiores os riscos e menor a segurança. Com isso não se afirma que segurança e liberdade sejam incompatíveis, mas que terá que ser buscada entre ambos a concordância prática em casos concretos, de modo a conferir a máxima eficácia possível a ambos.

2.2.1. As teses possíveis na relação entre liberdade e segurança

Considerado que tanto o bem coletivo quanto os direitos individuais têm caráter de princípios,[111] duas teses são possíveis sobre a relação entre liberdade e segurança, a saber: a) tese comunitarista; b) tese individualista.

---

[105] DIETLEIN, Johannes. *Die Lehre von den grundrechtlichen Schutzpflichten*, S. 105.

[106] BULL, Hans Peter. Die "Sicherheitsgesetze" im Kontext von Polizei und Sicherheitspolitik, S. 18. Sobre o tema e suas relações com o processo penal, v., supra, item 4.4 da Parte II.

[107] GRIMM, Dieter. *Die Zukunft der Verfassung*, S. 217.

[108] BULL, Hans Peter. Die "Sicherheitsgesetze" im Kontext von Polizei und Sicherheitspolitik, S. 21.

[109] CHOUKR, Fauzi Hassan. *Processo Penal de Emergência*, p. 69.

[110] V., acima, item 1.2 da Parte I.

[111] ALEXY, Robert. Individuelle Rechte und kollektive Güter. In: *Recht, Vernunft, Diskurs*, S. 257. Na tradução brasileira, p. 195. Sobre a teoria dos princípios, ver, acima, o cap. 1 da Parte II.

Crime Organizado e Proibição de Insuficiência

2.2.1.1. Tese comunitarista

Para a tese comunitarista, o interesse coletivo prevalesce, sempre, sobre o privado. Defende-se não só a primazia, mas a preferência do interesse da coletividade sobre o direito do cidadão. Cuida-se de uma posição de difícil aceitação, pois está presente aqui o risco de avançar para uma mera razão de Estado, ou de retroceder para uma doutrina monarquista da óbvia precedência do interesse público sobre o privado, prevalente no século XVIII, e resumida na fórmula: "salus publica suprema lex est".[112]

Adotada tal posição, há quem negue até mesmo a existência de uma presunção de liberdade (*in dubio pro libertate*), de modo que não haveria uma regra geral de interpretação dos direitos fundamentais nesse sentido.[113] Para Isensee, a expressão latina, inaplicável para relações em que vários direitos fundamentais, de diferentes titulares, entram em jogo, tem o significado de uma limitação ao excesso de regulamentação estatal no âmbito da autonomia privada e da autorregulação, ou seja, da relação entre um particular ou vários em relação ao Estado. Desse modo, o brocardo não teria aplicabilidade no campo do ilícito, como segue:

> Mas a fórmula é inaplicável quando estão em jogo violência privada ou violação do direito por particulares. A infringência não é parte integrante da legítima *libertas*. A imposição do direito por força própria não tem qualquer preferência sobre a proteção jurídica estatal. O direito estatal não precisa se dobrar ao injusto privado.[114]

Tal solução não pode ser aceita, porque os direitos fundamentais têm, justamente, a característica de limite ao legislador ordinário, de modo que a mera invocação do bem da coletividade, como uma carta branca para o detentor do poder, não é suficiente ou não pode ter, pura e simplesmente, primazia sobre os direitos fundamentais de defesa, a não ser que o indivíduo não seja tomado seriamente como tal.[115]

Como refere Schünemann, a fórmula da necessidade de uma justiça penal operacional não significa uma carta branca para as *estratégias de luta* preferidas pelo legislador ordinário, devendo sempre ser vista em equilíbrio com o direito ao devido processo, também derivado do princípio do

---

[112] HÄBERLE, Peter. *Öffentliches Interesse als juristisches Problem*, S. 526.

[113] VON MÜNCH, Ingo. *Grundgesetzkommentar*, Bd. 1, S. 50; FLIEGAUF, Harald. Menschen und Bürgerrechte im Kontext ihrer Pflichten, S. 8; HESSE, Konrad. *Grundzüge des Verfassungsrechts der Bundesrepublik Deutschland*, S. 28, RN 72. Na tradução brasileira: p. 66-67, NM 72.

[114] ISENSEE, Josef. *Das Grundrecht auf Sicherheit*, S. 47. No mesmo sentido: DÜRIG, Günter. Grundrechte und Zivilrechtsprechung, S. 173.

[115] ALEXY, Robert. Individuelle Rechte und kollektive Güter. In: *Recht, Vernunft, Diskurs*, S. 246 (p. 187 da tradução brasileira); GEIS, Max-Emanuel. Anspruchsdenken – Exzessive Inanspruchnahme von Grundrechten, S. 30.

Estado de Direito,[116] de modo a alcançar um equilíbrio entre os vértices da eficiência, segurança e liberdade no processo penal.[117]

A crítica a tal posição aponta a supervalorização do mero interesse de eficiência da justiça, que não seria um valor em si, mas um mero conceito funcional, em detrimento da proteção da liberdade do acusado, que constituiria a finalidade do processo penal e constitui o único meio para um processo penal verdadeiramente efetivo.[118]

2.2.1.2. Tese individualista

A segunda tese, individualista, afirma a primazia dos direitos fundamentais como direito de defesa em relação ao seu conteúdo objetivo, determinante do dever de proteção.[119] É defendida pela doutrina que afirma a opção central pela pessoa humana, e não pelo Estado ou pela coletividade, nas Constituições contemporâneas.[120] Isso se deve também ao: "quadro de referências legal, tanto ao nível nacional como internacional, em que os direitos humanos na perspectiva individualista são um valor incontestável, suplantando, no mais das vezes, o bem comum".[121]

Na Alemanha, essa opção está fundada no art. 2º, frase 1, da Lei Fundamental, do seguinte teor: "Todos têm direito ao livre desenvolvimento da personalidade, contanto que não lesem os direitos de terceiros e não atentem contra a ordem constitucional e os bons costumes". Enquanto isso, a organização do Estado é disciplinada a partir do art. 20 na Lei Fundamental e do art. 18 na CRFB.[122]

Na mesma linha, para Preu, embora no contexto da engenharia genética, afirmando que:

> O conteúdo primordial de liberdade jurídica dos direitos fundamentais não deve ser minado por um pensamento que toma os direitos fundamentais sobretudo como fonte de deveres de proteção estatais objetivos que assinam aos tribunais deveres de proteção. [123]

---

[116] SCHÜNEMANN, Bernd. Wohin treibt der deutsche Strafprozess, S. 12.

[117] WOLTER, Jürgen. 35 Jahre Verfahrensrechtskultur und Strafprozeßverfassungsrecht in Ansehung von Freiheitsentziehung, S. 162.

[118] LORENZ, Frank Lucien. Absoluter Schutz versus absolute Relativität, S. 277-279.

[119] Nesse sentido: PRADO, Fabiana Lemes Zamalloa. *A Ponderação de Interesses em Matéria de Prova no Processo Penal*, p. 229-232.

[120] "O direito fundamental da *dignidade* da pessoa humana e o direito ao *livre desenvolvimento da personalidade* são os princípios decisivos da Constituição alemã" (NIPPERDEY, Hans Carl. Freie Entfaltung der Persönlichkeit, S. 742). No mesmo sentido: NIPPERDEY, Hans Carl. *Grundrecht und Privatrecht*, S. 17-18.

[121] ROCHA, João Luís Moraes. Crime Transnacional, p. 98.

[122] SCHMIDT, Walter. Grundrechtstheorie im Wandel der Verfassungsgeschichte, S. 180.

[123] PREU, Peter. Freiheitsgefährdung durch die Lehre von den Grundrechtlichen Schutzpflichten, S. 271. No mesmo sentido: WOLTER, Jürgen. 35 Jahre Verfahrensrechtskultur und Strafprozeßverfassungsrecht in Ansehung von Freiheitsentziehung, S. 167-170.

Também Alexy adota uma vertente de tese individualista ou subjetiva, mas com um importante temperamento, afirmando que a dimensão subjetiva prevalece, *prima facie,* na relação com a dimensão objetiva dos direitos fundamentais. Essa orientação é fundada, em primeiro lugar, no argumento do individualismo dos direitos fundamentais, que foram concebidos para a proteção do indivíduo, e não da sociedade, muito embora não se diga, com isso, que não existem bens jurídicos jurídico-fundamentais coletivos. O segundo é o argumento da otimização dos direitos fundamentais, que, sendo princípios, exigem mais para sua realização do que meros objetivos, que seriam menos do que um direito de proteção de mesmo conteúdo.[124]

2.2.2. Tomada de posição

Parece acertada a posição de Alexy, que não é de preponderância absoluta dos direitos individuais. A fim de refutar uma tese individualista extremada, que ignore a existência de bens coletivos, é de lembrar que, já na teoria geral do direito:

> Direitos subjetivos são sempre determinados de acordo com a medida dos direitos objetivos. Seu fundamento é de que cada proposição jurídica possui uma determinação de validade vinculante, que é causa de conseqüências jurídicas determinadas às quais se dirige a sua força. Elemento essencial dessa ordenação de dever é o seu efeito dirigente de comportamentos. Ele fundamenta o dever de atenção dos destinatários da norma e pode, além disso, ser dirigida à garantia de direitos subjetivos. Os direitos fundamentais vinculam-se como direitos subjetivos ao dever normativamente exigido e pressupõem, então, uma direção de comportamento objetivamente jurídico-constitucional.[125]

De modo análogo, sobre interesse público e privado em geral, assim se manifesta Häberle:

> Pode muito bem haver casos, nos quais o interesse público também hoje é de alta posição. Decisivo é apenas, que os tribunais fundamentem normativamente em detalhe esse alto grau e não sucumbam à sugestão de uma fórmula tradicional e dêem postulados em lugar de fundamentações.
> A Constituição é, com isso, conceituada como processo público, como ordem normativa do bem-estar geral. O trabalhar de seu conteúdo de bem-estar geral juridicamente palpável e mandamento de publicidade acontece no confronto imediato com a legislação prática e o material do caso. Isso possibilita controle e previne euforia de publicidade e bem-estar geral, mas também do outro extremo.
> (...)
> Interesse público move-se, com isso, no centro de muitos campos de força que agem conjuntamente: ele incorre em linhas de encontro para Direito (público), para lei (pública) e para

---

[124] ALEXY, Robert. Grundrechte als Subkektive Rechte und als objektive Normen, S. 60-61. No mesmo sentido: HUSTER, Stefan. *Rechte und Ziele,* S. 219-220.

[125] SCHERZBERG, Arno. "Objektiver" Grundrechtschutz und subjektives Grundrecht, S. 1133.

liberdade (pública), para poder público e para tarefa pública, para ordem conjunta (pública), sobretudo para Constituição pública da *res publica*. Ainda aparece interesse público como conceito "atrasado". Mas ele tem um - futuro público: ele possibilita a dissolução de qualquer conceito de bem-estar geral com cores monárquicas, que ao mesmo tempo projeta um bloco errático da paisagem pré-direito constitcional no presente da *res publica*: interesses públicos têm uma "demanda acumulada" livre e democrática, jurídico-estatal e jurídico-teórica.

A publicidade da Constituição não é de ser construída menos sobre a concretização de interesses públicos – a ela pertence a publicidade "crítica" e "demonstrativa, com vontade de reforma", mas também consensual e comunicativa - fica também a tarefa nunca completamente realizável como a ótima concretização de interesses públicos.[126]

O próprio Tribunal Constitucional Federal da Alemanha já afirmou que:

A imagem do ser humano da Constituição não é do indivíduo isolado e soberano, antes disso a Constituição resolveu a tensão indivíduo-sociedade no sentido da relação e da ligação com a comunidade da pessoa, sem com isso violar o seu próprio valor (BVerfGE, 4, 7 - Investitionshilfe).

A Lei Fundamental é uma ordem unida ao valor, que reconhece a proteção da liberdade e da dignidade humana como o fim mais alto de todos os direitos; a sua imagem de homem não é a do indivíduo que é seu próprio senhor, senão do que está na comunidade e sua personalidade obrigada de várias formas (BVerfGE, 12, 45 - Kriegdiensverweigerung I).

A Lei Fundamental decidiu – como o Federal repetidamente acentuou em conexão com o direito fundamental da liberdade geral de ação (comparar BVerfGE 4, 7 [15]; 8, 274 [329]; 27, 344 [351]) – a tensão Indivíduo – Comunidade no sentido da relação com a comunidade e ligação com a comunidade da pessoa; o indivíduo deve, então, aceitar aqueles limites à sua liberdade de ação, que o legislador prevê para a manutenção e promoção da vida social em conjunto, nos limites do razoável geral, pressuposto que também a autonomia da pessoa seja preservada (BVerfGE, 33, 303 - *numerus clausus*).

Quer dizer, embora reconhecida, *prima facie*, a preponderância do direito individual, recaindo a carga da argumentação sobre quem pretende sua restrição, tenho que tanto o direito à segurança, a ser alcançado mediante uma proteção penal eficiente, quanto os direitos fundamentais do acusado devem ser preservados, sendo a preponderância afirmada, ao final, por meio da ponderação.[127] A colisão deve ser resolvido pelo método da ponderação, de acordo com as regras já construídas para as colisões entre princípios e a proibição de excesso,[128] na busca da concor-

---

[126] HÄBERLE, Peter. *Öffentliches Interesse als juristisches Problem*, S. 718.

[127] NIEMÖLLER, Martin; SCHUPPERT, Gunnar Folke. Die Rechtsprechung des Bundesverfassungsgerichts zum Strafverfahrenrecht, S. 398; STARCK, Christian. *Kommentar zum Grundgesetz*, Bd. I, S. 142.

[128] "Além disso, a amplitude e profundidade do princípio da proibição de excesso variam conforme a modalidade de intervenção legal e do efeito de proteção do direito fundamental atingido" (STARCK, Christian. *Kommentar zum Grundgesetz*, Bd. I, S. 146). No mesmo sentido, também crítico em relação a uma nivelação generalizante do efeito da proibição de excesso: WENDT, Rudolf. Der Garantiegehalt der Grundrechte und das Übermaßverbot, S. 415-474.

Crime Organizado e Proibição de Insuficiência

dância prática[129] entre a proteção da liberdade e as necessidades da persecução penal, sem generalização.[130] A colisão não é resolvida, então, em abstrato, por meio de uma ordem de preferência dos princípios, que não é fornecida pela Constituição,[131] mas sim no caso concreto. Com efeito: "De especial significado são aqui, geralmente, a intensidade da ameaça concreta, a medida concreta do perigo e o grau de afetação do interesse geral".[132] Com isso abandona-se uma perspectiva puramente individualista dos direitos fundamentais e se atenta, também, para a "coletividade dos cidadãos" (BVerfGE 46, 160 - *Schleyer*).

Com isso, ao final do processo de ponderação, poderão ser atingidas zonas como a vida íntima (LF, art. 1°, I, c/c art. 2°, I), o direito de não depor como testemunha (StPO, § 52) e a inviolabilidade do domicílio, como revelam, respectivamente, as decisões sobre: a possibilidade de utilização de anotações em diários pessoais como prova (BGHSt 19, 331);[133] a possibilidade de vigilância em domicílio (*Wohnungsüberwachung*); e a decisão BGHSt, 42, 139 - *Hörfalle*.[134]

Adotada essa linha, o dever de proteção e, em consequência, da pretensão de adequado funcionamento da justiça e da segurança estaria, no momento final da ponderação, no mesmo grau da pretensão de atenção aos direitos fundamentais dos implicados no processo,[135] muito embora reconhecida, como já dito, a prevalência *prima facie* do direito individual e a atribuição da carga da fundamentação a quem pretende a restrição.[136]

---

[129] BULL, Hans Peter. Die "Sicherheitsgesetze« im Kontext von Polizei und Sicherheitspolitik, S. 20; FIGUEIREDO DIAS, Jorge de. Os Princípios Estruturantes do Processo e a Revisão de 1998 do Código de Processo Penal, p. 201; ROXIN, Claus. Kriminalpolitik und Strafrechtsdogmatik heute, S. 32.

[130] BACHMANN, Gregor. *Probleme des Rechtsschutzes gegen Grundrechtseingriffe im strafrechtlichen Ermittlungsverfahren*, S. 41-43.

[131] DIETLEIN, Johannes. *Die Lehre von den grundrechtlichen Schutzpflichten*, S. 87.

[132] DIETLEIN, Johannes. *Die Lehre von den grundrechtlichen Schutzpflichten*, S. 87.

[133] "Se uma pessoa privada, instigada por órgãos de investigação, manteve conversação com os suspeitos de um crime visando à obtenção de informações sobre o objeto da investigação, ainda que sem a revelação dessa intenção, então o conteúdo dessa conversa pode ser, de todo modo, caso se trate do esclarecimento de um crime de significado considerável e a descoberta dos fatos com outros métodos de investigação prometeria significativamente menos sucesso ou seria substancialmente dificultada".

[134] Na decisão referida afirmou-se que: "Se um particular manteve conversação com o suspeito, a pedido de agentes de investigação, sem revelar a intenção de investigação, com o fim de obter informação, então o conteúdo desa conversa pode ser utilizado como prova testemunhal, de todo modo, se se tratar do esclarecimento de um crime de significado considerável e a descoberta dos fatos, com a utilização de outros métodos de investigação prometa significativamente menos resultados ou seria substancialmente dificultada". Crítico a respeito: WOLTER, Jürgen. 35 Jahre Verfahrensrechtskultur und Strafprozeßverfassungsrecht in Ansehung von Freiheitsentziehung, S. 164-167.

[135] ISENSEE, Josef. *Das Grundrecht auf Sicherheit*, S. 33; WOLTER, Jürgen. 35 Jahre Verfahrensrechtskultur und Strafprozeßverfassungsrecht in Ansehung von Freiheitsentziehung, S. 164; WÜRTENBERGER, Thomas. Freiheit und Sicherheit, S. 20.

[136] Atribui-se, então, a alguns direitos, a posição preferencial, no sentido de imputar a quem pretende restringi-los o ônus argumentativo, sem torná-los direitos absolutos (MORO, Sergio Fernando. *Jurisdição Constitucional como Democracia*, p. 264-265).

É importante deixar claro que a adoção da tese da primazia dos direitos individuais, na concepção de Alexy, não significa que os direitos individuais não possam ser restringidos com fundamento em bens jurídicos coletivos, mas apenas que a carga da argumentação recai sobre quem pretende a restrição do direito fundamental.[137] Ainda segundo Alexy, exatamente por tal razão não se sustenta a oposição de que essa tese seria excessivamente individualista, a não ser que se pense em um ultraliberalismo econômico ou em um individualismo anarquista. Nas palavras do autor: "Na base dessa objeção está ou uma sobreestimação do significado quanto ao conteúdo da primazia- *prima facie* ou um ignorar de sua direção ou uma teoria política coletivista a não ser justificada".[138]

Em suma, afirmar a prevalência *prima facie* dos direitos individuais não significa negar a possibilidade de sua restrição, ou afirmar que, ao final, os direitos individuais sempre prevalecerão sobre o bem público ou coletivo. A prevalência do direito individual é o ponto de partida, mas não o ponto de chegada.

3. Dever estatal de proteção e crime organizado

3.1. DEVER DE PROTEÇÃO E DIREITO PENAL E PROCESSUAL PENAL

No voto vencido da primeira decisão do aborto do Tribunal Constitucional Federal da Alemanha (BVerfGE 39, 1) afirmou-se a impossibilidade de fazer derivar dos direitos fundamentais um dever de incriminação, o que representaria uma perversão do sentido dos direitos fundamentais, que visam à proteção do cidadão, não tendo, então, vocação para determinar uma restrição de seus direitos.[139] Afirmou-se que a invocação dos direitos fundamentais como fundamento de um dever de incriminar representaria uma perversão da própria ideia de direitos fundamentais, concebidos para a proteção do cidadão e da liberdade, e não para a restrição da liberdade e a coerção do cidadão por meio do direito penal.

---

[137] Assim Luigi Ferrajoli, para quem: "Em uma terceira acepção, enfim, 'garantismo' designa uma filosofia política que impõe ao direito e ao Estado a carga da justificação externa conforme os bens e os interesses cuja tutela e garantia constitui precisamente a finalidade de ambos". (*Derecho y Razón*, p. 853). Idem, p. 467.

[138] ALEXY, Robert. Individuelle Rechte und kollektive Güter. In: *Recht, Vernunft, Diskurs*, S. 260-261. Na tradução brasileira, p. 197.

[139] Nesse sentido, afirmando que o Estado aplica o Direito Penal por preocupação própria, como garante do direito e não como representante de necessidades sociais ou individuais e olvidando, ao que parece, a teoria do bem jurídico: KRAUβ, Detlef. Strafprozeβ zwischen Kriminalpolitik und Medienereignis, S. 39.

Essa crítica, no sentido de que assim haveria uma inversão do sentido dos direitos fundamentais, parte de uma perspectiva unicamente individualista ou liberal dos direitos fundamentais, ignorando a concepção dos direitos fundamentais como deveres de proteção e reduzindo-os ao *status* negativo, sendo certo que os direitos fundamentais têm uma feição negativa e outra positiva, na tradicional teoria do *status*.[140]

Nessa linha, ao incriminar certas condutas e criar meios para uma aplicação eficiente da justiça penal, o Estado estará restringindo a liberdade do violador da lei, mas preservando a liberdade e os direitos fundamentais das vítimas, cujos direitos fundamentais também poderão estar sendo violados.[141] Com efeito, se é certo que o violador dos direitos fundamentais tem direitos, também os tem a vítima dessa violação, o que é ignorado pela visão dos direitos fundamentais como meros direitos de defesa contra o Estado.[142]

Ao contrário, a negativa extremada do recurso ao sistema penal com fundamento nos deveres de proteção levaria à defesa da supremacia dos mais fortes e menos escrupulosos,[143] ou permitiria que a liberdade de alguns extrapolasse de seus limites, aniquilando a liberdade dos demais.[144] Como refere Isensee:

> Uma liberdade jurídico-fundamental que renuncie à proteção por parte do poder público se torna presa da violência privada. Os direitos fundamentais se desnaturam, nessas condições, em privilégio dos violadores da lei. A assertiva de que *também* o perturbador da ordem jurídica é protegido pelos direitos humanos está entre as máximas irrenunciáveis da tradição liberal dos direitos humanos. Mas isso não significa que os direitos humanos são *apenas* direitos dos perturbadores, mas também os direitos das vítimas. Para as vítimas não há, no entanto, lugar no âmbito de proteção dos direitos fundamentais, como eles são definidos na doutrina da defesa contra o Estado. [145]

O que ocorre, aqui, então, é uma proteção dos direitos fundamentais por meio do direito penal,[146] do direito processual penal[147] e da própria atuação policial.[148] Nas palavras de Häberle:

---

[140] Sobre o tema, ver: ALEXY, *Theorie der Grundrechte*, S. 233 ff.

[141] "E assim, a concepção da lei penal como *Magna Charta* da vítima aparece junto à clássica da *Magna Charta* do delinqüente, se é que esta não cede prioridade àquela" (SILVA SÁNCHEZ, Jesús María. *La expansión del Derecho Penal*, p. 48).

[142] SILVA SÁNCHEZ, Jesús María. *La expansión del Derecho Penal*, p. 48 e 65.

[143] SUHR, Dieter. Die Freiheit vom staatlichen Eingriff als Freiheit zum privaten Eingriff? S. 168.

[144] RUPP, Hans Heinrich. Vom Wandel der Grundrechte. *Archiv des öffentlichen Rechts*, S. 165.

[145] ISENSEE, Josef. *Das Grundrecht auf Sicherheit*, S. 32.

[146] Ou seja, um *dever fundamental* de editar tipos penais (SCHMIDT, Andrei. O "direito de punir": revisão crítica, p. 93).

[147] BETHGE, Herbert. *Zur Problematik von Grundrechtskollisionen*, S. 411.

[148] "Os valores consensuais em pauta (...) são os seguintes: direitos humanos e eficiência policial não se opõem; pelo contrário, são mutuamente necessários, pois não há eficiência policial sem respeito

Onde a liberdade do indivíduo não fosse assegurada penalmente contra as ameaças dos abusos da liberdade de outros, não se poderia mais falar no significado de uma liberdade "para a vida social em conjunto". O "mais forte" impor-se-ia. A pretendida "realização-em-conjunto" dos direitos fundamentais seria colocada em questão, já que também a realização das liberdades individuais seria ameaçada. (...) Os bens culturais normatizados pela Constituição e os valores cuja realização é determinada estariam ameaçados. Sem a existência de direito penal material e formal a comunidade cultural pensada na Constituição regrediria a um estado pré-civilizatório. Sem normas penais para a proteção da segurança do Estado e para a proteção da Constituição estaria ameaçada a própria existência da comunidade, que, a seu turno, é constitutiva para os direitos fundamentais.[149]

No Brasil, outro argumento a favor da possibilidade de cumprimento do dever de proteção mediante a adoção de medidas de ordem penal, considerada a existência de indicações criminalizadoras expressas no texto constitucional, a respeito de: discriminação (art. 5º, XLI), racismo (art. 5º, XLII); tortura, tráfico ilícito de drogas, terrorismo (art. 5º, XLIII e 243); crimes políticos (art. 5º, XLIV) e retenção dolosa de salários (art. 7º, X) e de proteção do consumidor (CF, arts. 5º, XXXIII; 170, V e ADCT, art. 48).[150] Afora esses casos, em que há um mandamento explícito de incriminação, há outros, decorrentes do texto constitucional, em que o mandamento é tácito.[151] Não se conceberia, por exemplo, a revogação da norma penal que incrimina o homicídio, muito embora não haja determinação constitucional expressa de sua adoção, a qual decorre do dever de proteção do direito fundamental à vida. Quer dizer, os direitos fundamentais constituem, por um lado, limites ao direito penal, e, por outro, fonte de sua legitimação.[152]

Mas mesmo fora desse âmbito, em que a Constituição determina de forma expressa a adoção de solução penal, deve ser admitido que o dever de proteção pode fundar a adoção de solução penal, cabendo ao legislador ordinário a tarefa de verificar, concretamente, se a incriminação é necessária,[153] ou se poderão ser adotadas outras medidas, ou ambas alternativas.

Por todo o exposto, apresenta-se perfeitamente possível fazer derivar do dever de proteção o recurso também ao direito penal[154] ou proces-

---

aos direitos humanos, assim como a vigência desses direitos depende da garantia oferecida, em última instância, pela eficiência policial" (SOARES, Luiz Eduardo. A Política Nacional de Segurança Pública: histórico, dilemas e perspectivas, p. 92).

[149] HÄBERLE, Peter. *Die Wesensgehaltgarantie des Art. 19 Abs. 2 Grundgesetz*, S. 14.

[150] LUISI, Luiz. *Os Princípios Constitucionais Penais*, p. 41-56.

[151] PALAZZO, Francesco. *Valores Constitucionais e Direito Penal*, p. 105.

[152] MILITELLO, Vincenzo. *Die Grundrechte zwischen Grenzen und Legitimierung eines strafrechtlichen Schutzes auf europäischer Ebene*, S. 809.

[153] TIEDEMANN, Klaus. *Verfassungsrecht und Strafrecht*, S. 55.

[154] BVerfGE, 39, 1 (47); BETHGE, Herbert. *Zur Problematik von Grundrechtskollisionen*, S. 410-413; HERMES, Georg. *Das Grundrecht auf Schutz von Leben und Gesundheit*, S. 38; ISENSEE, Josef. *Das Grundrecht*

sual penal, caso outro meio mais eficiente não possa ser adotado,[155] uma vez que a intervenção penal também estará submetida à prova da proibição de excesso.[156] Desse modo, o dever de proteção poderá levar tanto à criação de tipos penais quanto à introdução de normas processuais que permitam, de forma efetiva, sua aplicação.[157] Sendo assim, não há incompatibilidade entre proteção dos direitos fundamentais e aplicação da lei penal nos limites da Constituição. Como refere Stern:

> Isso não é, de modo algum, uma perversão da idéia de direitos fundamentais, como se pretendeu sugerir no voto divergente da decisão sobre o aborto. Certos bens jurídico-fundamentais *devem* ser protegidos pelo direito penal. Direito Penal e proteção de direitos fundamentais têm uma relação muito próxima.[158]

Visto que do dever de proteção de direitos fundamentais é possível fazer derivar a tomada de medidas no campo do direito e do processo penal, é de ver se o crime organizado constitui ou não um problema no Brasil e que medidas devem ser adotadas para enfrentá-lo.

3.2. A QUESTÃO EMPÍRICA DA EXISTÊNCIA DE ORGANIZAÇÕES CRIMINOSAS NO BRASIL

Considerados os paradigmas expostos no item 2.2. da Parte I, é de responder à questão sobre a existência de organizações criminosas no Brasil, até para que não se faça uma política criminal sob não saber (*Kriminalpolitik unter Nichtwissen*), criticada por Hassemer,[159] com acerto, pois sem que se tenha conhecimento prévio das relações sociais incluindo sua legitimidade empírica, não é possível legislar.[160] Aliás, o Estado tem o dever de informar-se sobre as condições fáticas do fenômeno, seja para implementar medidas concretas de proteção, se o perigo for real, seja para

---

auf Sicherheit, S. 39-40; SCHMIDT-BLEIBTREU, Bruno; KLEIN, Franz. *Kommentar zum Grundgesetz*, S. 117; ROBBERS, Gerhard. *Sicherheit als Menschenrecht*, S. 125; SCHÜNEMANN, Bernd. Wohin treibt der deutsche Strafprozess, S. 12; STERN, Klaus. *Das Staatsrecht der Bundesrepublik Deutschland*, Bd. III/1, S. 941-942. No Brasil, ver: FELDENS, Luciano. *Tutela Penal dos Interesses Difusos e Crimes do Colarinho Branco*, p. 91-94 e *A Constituição Penal*, p. 60-68.

[155] BVerfGE 39, 1 (44); DIETLEIN, Johannes. *Die Lehre von den grundrechtlichen Schutzpflichten*, S. 109-110, 216-218; FREUND, Georg. Der Zweckgedanke im Strafrecht, S. 12; KLEIN, Eckart. Grundrechtliche Schutzpflicht des Staates, S. 1637.

[156] BETHGE, Herbert. *Zur Problematik vor Grundrechtskollisionen*, S. 408-413; FREUND, Georg. Der Zweckgedanke im Strafrecht, S. 12.

[157] Segundo a CEDH, havia direito à persecução penal, no caso de uma adolescente doente mental que havia sido sexualmente abusada, tendo sido arquivado o procedimento penal porque a lei processual penal holandesa não previa, à época, a possibilidade de suprimento da manifestação de vontade no sentido da instauração do expediente por parte do representante legal da vítima (Caso X e Y contra os Países Baixos, n° 16/1983/72/110, 26 de março de 1985).

[158] STERN, Klaus. *Das Staatsrecht der Bundesrepublik Deutschland*, Bd. III/1, S. 949.

[159] HASSEMER, Winfried. *Perspektiven einer neuen Kriminalpolitik*, S.487.

[160] SCHÜNEMANN, Bernd. *Wohin treibt der deutsche Strafprozess*, S.12.

214   *José Paulo Baltazar Junior*

informar e esclarecer a população sobre seus reais contornos, se o perigo for meramente imaginário, mas representar, ainda assim, uma diminuição na liberdade do cidadão, que, pela sensação de temor, é afetado em seu direito à segurança.[161]

Importante deixar claro que, apesar do caráter transnacional da criminalidade organizada, o objeto deste trabalho é a aplicação de tais instrumentos à realidade brasileira, cujo entorno social é substancialmente diferente daquele encontrado nos Estados Unidos e na Europa, onde abundam estudos sobre a criminalidade organizada, que pouco ajudam, do ponto de vista empírico, para o esclarecimento da nossa realidade. Quer dizer, o paradigma mafioso "não parece apropriado para explicar as formas que essa modalidade de organização coletiva para o crime tem assumido na sociedade brasileira contemporânea".[162] Acertada a assertiva de Cirino dos Santos no sentido de que:

> Seja como for, o discurso italiano sobre a *Mafia* não pode, simplesmente, ser transferido para outros contextos nacionais – como o Brasil, por exemplo –, sem grave distorção conceitual ou deformação do objeto de estudo: os limites de validade do discurso da criminologia italiana sobre *organizações de tipo mafioso* são fixados pela área dos dados da pesquisa científica respectiva, e qualquer discurso sobre fatos atribuíveis a organizações de tipo mafioso em outros países precisa ser validado por pesquisas científicas próprias.[163]

Mas, como adverte Cervini:

> O crime organizado não é absolutamente exclusivo dos países desenvolvidos. Muito ao contrário. São nos países subdesenvolvidos que coabitam, freqüentemente, as formas de organização estruturais, próprias da marginalidade, quantitativamente preponderantes e outras formas de delinqüência que decorrem do abuso de poder e do tipo de sistema.[164]

3.2.1. As dificuldades da questão empírica

Claro está que a verificação empírica do fenômeno, qualificado como opaco, ou, "ao menos, resistente à observação",[165] não é tarefa fácil, pois, se uma das características do crime organizado é justamente evitar a sua

---

[161] ROBBERS, Gerhard. *Sicherheit als Menschenrecht*, S. 226.

[162] ADORNO, Sérgio; SALLA, Fernando. *Criminalidade organizada nas prisões e os ataques do PCC*, p. 14. No mesmo sentido: ZALUAR, Alba. *Democratização inacabada: fracasso da segurança pública*, p. 45.

[163] CIRINO DOS SANTOS, Juarez. Crime Organizado, p. 220. No mesmo sentido: TIGRE MAIA, Rodolfo. *O Estado Desorganizado contra o Crime Organizado*, p. 36-37. Sobre o tema, v., acima, os paradigmas para análise do crime organizado, no item 2.2 da parte II.

[164] CERVINI, Raúl. *Mesa Redonda sobre Crime Organizado*, p. 147.

[165] ANARTE BORRALO, Enrique. *Conjeturas sobre la Criminalidad Organizada*, p.34.

descoberta por parte das autoridades policiais, tampouco seria facilitada a tarefa para a investigação científica[166] e mesmo jornalística.[167]

Apontam-se várias dificuldades para tanto, a seguir arroladas.

O trabalho é dificultado, em primeiro lugar, porque não há uniformidade conceitual, de modo que é difícil saber, com clareza e de antemão, sobre o que alguém está falando quando se refere a *crime organizado*.[168]

Em segundo lugar, o apelo popular do tema gerou um sem número de fontes ficcionais ou semificcionais, reproduzidas na literatura e no cinema, à exaustão, que vão contribuindo para a formação de uma visão que pode conter um grau de exagero.[169]

Em terceiro lugar, alega-se que quase todos os envolvidos teriam algum interesse na questão, pois a imprensa e os autores querem vender jornais e livros, os políticos querem ser reeleitos, os policiais e promotores querem mais possibilidades de investigação e verbas, os advogados querem defender seus clientes e os criminosos,[170] acusados e investigados não querem ser condenados, de modo que há uma grande dificuldade com relação às fontes de pesquisa.[171]

Em quarto lugar, as estatísticas policiais e judiciais pouco contribuem, pois além das suas inconsistência internas no próprio levantamento dos dados e da cifra negra de fatos noticiados, padecem aqui da inexistência de um conceito legal e de um tipo penal específico.[172] Quer dizer, não há como saber se um inquérito policial trata ou não de "organização criminosa", pois não há tipo específico que permita uma classificação legal nesse sentido.[173] A insegurança conceitual pode levar, ainda, a que grupos consi-

---

[166] SCHNEIDER, Hendrik. *Bellum Justum gegen den Feind im Inneren*, S. 500.

[167] Disso dão conta fatos como o do homicídio do jornalista Tim Lopes, que foi torturado e morto ao ser surpreendido quando fazia reportagem sobre o tema do tráfico no Rio de Janeiro relatado em: SOUZA, Percival de. *Narcoditadura*, p. 17-18.

[168] "Cabe atribuir essas dificuldades ao objeto, por sua natureza complexa e pela heterogeneidade, tanto dos fenômenos que abarca, quanto dos comportamentos por meio dos quais se manifesta" (ANARTE BORRALO, Enrique. *Conjeturas sobre la Criminalidad Organizada*, p. 33).

[169] "Com o conceito de crime organizado é referido um campo marcado como nenhum outro por mitos, estimativas e especulações" (ALBRECHT, Hans-Jörg. Organisierte Kriminalität - Theoretische Erklärungen und empirische Befunde, S. 1). No mesmo sentido: ANARTE BORRALO, Enrique. Conjeturas sobre la Criminalidad Organizada, p. 33.

[170] "Infelizmente, criminosos em seu *habitat* natural raramente preenchem questionários de pesquisa" (KLERKS, Peter. The network paradigm, p. 103).

[171] "Nenhum investigador está disposto a desperdiçar seu tempo com fontes não-cooperativas que se recusam a falar". (MEDINA ARIZA, Juan J. Una Introdución al Estudio Criminológico del Crimen Organizado, p. 109).

[172] Assim também na Alemanha (KINZIG, Jörg. *Die Rechtliche Bewältigung von Erscheinungsformen organisierter Kriminalität*, S. 45).

[173] A dificuldade não se limita ao Brasil, afirmando Albrecht que: "Nesse sentido faltam, naturalmente – e isso vale para toda Europa – estatísticas comprovadas e instrumentos empíricos com os quais

derados como organizações em uma localidade ou Estado não o sejam em outro, de modo que a realidade não será refletida de forma fidedigna.[174]

3.2.2. A superação das dificuldades

Não vejo as dificuldades mencionadas no item anterior como insuperáveis.

A falta de consenso doutrinário sobre o conceito, que não é privilégio desse tema, pode ser superada pela delimitação daquilo que é considerado crime organizado para o pesquisador, bem como pela leitura atenta das fontes para verificar se aquilo que é apontado como sendo pertinente ao fenômeno pode, efetivamente, ser incluído o universo da pesquisa. Reduzir a discussão à assertiva de que o conceito de *crime organizado* é desprovido de validade científica, de modo que não pode ser demonstrado[175] impossibilita qualquer debate sobre o tema e nos condena à imobilidade.

A poluição ou confusão gerada por fontes ficcionais ou pela imprensa pode ser superada pela adoção de metodologia adequada e seleção das fontes. Na imprensa, embora possa haver um certo grau de exagero, com atribuição de maior destaque a fatos violentos ou pitorescos e uma utilização ampliada da expressão *crime organizado*, que impulsiona as vendas,[176] é fonte que não pode ser desprezada. Separado o joio do trigo e lidos os relatos do jornalismo investigativo de boa qualidade, também aí se pode encontrar uma fonte empírica razoavelmente confiável.[177]

O interesse dos envolvidos na questão é superado pela pesquisa em várias fontes distintas, bem como pela utilização de elementos documentais, da verossimilhança das narrativas, bem como pela passagem do tempo, que faz com que os interesses se diluam ou percam intensidade.

Quer dizer, os registros policiais[178] e judiciais não são documentos que possam, sem mais, ser qualificados de suspeitos ou indignos de fé,

---

o fenômeno do crime organizado e suas peculiaridades pudessem ser descritas" (ALBRECHT, Hans-Jörg. Organisierte Kriminalität – Theoretische Erklärungen und empirische Befunde, S. 16).

[174] ANARTE BORRALO, Enrique. *Conjeturas sobre la Criminalidad Organizada*, p. 36.

[175] CIRINO DOS SANTOS, Juarez. *Crime Organizado*, p. 222.

[176] Não apenas no Brasil, mas também em outros países há registro de uma banalização da expressão (KINZIG, Jörg. *Die Rechtliche Bewältigung von Erscheinungsformen organisierter Kriminalität*, S. 41).

[177] MEDINA ARIZA, Juan J. Una Introdución al Estudio Criminológico del Crimen Organizado, p. 131. Sobre o tema do crime organizado no Brasil há já uma farta literatura elaborada por jornalistas investigativos, entre os quais enumero: AMORIM, Carlos, *CV-PCC*; JOZINO, Josmar. *Cobras e Lagartos*; PCC: O Ovo da Serpente; MARTINS, Jorge. Tiroteio na Ilha, a "Falange" mostra as garras; SOUZA, Fátima. *PCC. A Facção.*

[178] Paradoxalmente, também existe a reclamação de que a polícia administra de forma questionável os dados de que dispõe, seja ao não compartilhar experiências e conhecimentos, seja filtrando as informações de modo a criar um quadro favorável aos propósitos oficiais (ANARTE BORRALO,

como já se tentou fazer em relação ao testemunho de policiais, ao argumento de que produzidos por agentes públicos ávidos por promoção pessoal ou verbas. Esses componentes podem eventualmente informar a atuação de um ou outro agente público, que são seres humanos dotados das mesmas paixões e impulsos dos demais, não sendo as instituições públicas isentas da disputa por autorizações legais e verbas que possam lhe dar melhores condições de trabalho.[179] Daí a afirmar que essa circunstância compromete toda e qualquer informação oriunda de tais fontes ou decorre de orquestrações com tal finalidade vai uma distância, até porque as provas que vão informar a produção da decisão judicial são produzidas, em regra, com a participação da defesa. Isso para não falar no fato de que o estudo de um fenômeno social como é o crime, organizado ou não, convém ouvir aqueles que com ele estão, de uma forma ou outra, com ele envolvidos.[180]

O mesmo vale para os depoimentos de colaboradores "arrependidos", desqualificados por "imorais" ou porque seriam movidos apenas pela finalidade de obter benefícios ou de vingança contra os antigos comparsas. Olvida-se a assertiva de que a colaboração, também chamada de delação ou chamada de corréu é valorada no cotejo com outras provas.

Quanto aos documentos produzidos por comissões parlamentares, e o Brasil teve, nos últimos tempos, múltiplas comissões dedicadas ao crime organizado, o trabalho é desqualificado porque teria sido realizado apenas com fins de promoção política,[181] sem rigor científico ou apresentação de resultados concretos. Efetivamente, no âmbito da política a exposição mediática atinge um grau maior, que é próprio de uma atividade na qual a manutenção do agente naquela posição depende do voto e, portanto, do quanto o agente público consegue alcançar os seus concidadãos. Isso não desqualifica, porém, de forma absoluta, os documentos e oitivas realizados pelas CPIs. O que importa é manter o olhar crítico, como em relação a outras fontes. O parlamento é a casa do povo e não se pode esperar de uma CPI o rigor metodológico de um trabalho acadêmico realizado na Faculdade de Sociologia. Quanto a resultados concretos, a complexidade do trabalho político faz com que também isso seja de difícil visualização imediata.

Enrique. Conjeturas sobre la Criminalidad Organizada, p. 34). Em sentido análogo: PAOLI, Letizia; FIJNAUT, Cyrille. *Organised Crime in Europe*, p. 8.

[179] BULL, Hans Peter. Die "Sicherheitsgesetze" im Kontext von Polizei und Sicherheitspolitik, S. 21.

[180] "Na maior parte das vezes o material básico desses estudos é constituído de documentos e fontes históricas ou testemunhos judiciais e, ocasionalmente, entrevistas com arrependidos ou membros do sistema de justiça penal" (MEDINA ARIZA, Juan J. Una Introdución al Estudio Criminológico del Crimen Organizado, p. 110).

[181] ANARTE BORRALO, Enrique. *Conjeturas sobre la Criminalidad Organizada*, p. 36.

Por fim, a dificuldade estatística aponta para a pesquisa qualitativa, a tornar possível, pelo exame dos relatos, a constatação do fenômeno.

Sendo assim, e especificamente em relação às pesquisas empíricas, parece exagerado desqualificar a todo e qualquer trabalho realizado na área, desde logo, como pouco sério ou metodologicamente problemático, ou então, sustentar que não há como afirmar a existência de organização criminosa, que não existe como tipo penal no Brasil, enquanto não houver sentença com trânsito em julgado que o faça, em razão do princípio constitucional de presunção de inocência, o que ignora a distinção entre verdade jurídica e fenomenológica ou criminológica.[182]

3.2.3. O crime organizado no Brasil

Assim, apesar de todas essas dificuldades, e afastados os dogmas do paradigma mafioso, há trabalhos de relevo que permitem afirmar a existência de organizações criminosas no Brasil, calcados em dados empíricos confiáveis e consideradas as peculiaridades locais. Com efeito, a verificação da existência de crime organizado e sua resposta deve levar em conta as diferentes realidades nacionais.

É pioneiro na matéria o trabalho de Guaracy Mingardi, baseado em registros policiais, entrevistas com policiais e envolvidos, presos ou não, bem como na participação na CPI do crime organizado do Estado de São Paulo, demonstrando a existência de organizações em quatro setores: tráfico de drogas, roubo de cargas, roubo e furto de veículos e, ainda que sem ter um crime como objetivo principal, jogo do bicho.[183]

Para Mingardi, que não trata do modelo de rede, há, no Brasil, organizações criminosas de modelo tradicional, como no caso do jogo do bicho.[184] Ainda no modelo tradicional, podem ser apontados o PCC e o CV.[185] Hoje em dia ninguém duvida da existência do PCC, forjado e fortalecido dentro do sistema prisional do Estado de São Paulo, em especial após os fatos de maio de 2006, com ataques coordenados a postos policiais, incêndios em ônibus e rebeliões simultâneas em 73 presídios, o

---

[182] ANARTE BORRALO, Enrique. *Conjeturas sobre la Criminalidad Organizada*, p. 20.

[183] MINGUARDI Guaracy. *O Estado e o Crime Organizado*, p. 247. Sobre o jogo do bicho, ver, também: MISSE, Michel. *Mercados ilegais, redes de proteção e organização local do crime no Rio de Janeiro*, p. 142-144.

[184] MINGARDI, Guaracy. O trabalho da Inteligência no controle do Crime Organizado, p. 57-58.

[185] O fato de que seja característico das organizações brasileiras (Falange Vermelha, Serpentes Negras, Primeiro Comando da Capital, CV, Terceiro Comando, Amigos dos Amigos) o nascimento nas prisões, onde se formam os vínculos que não tem base étnica ou de origem nacional, como é marcante no paradigma mafioso, não é, em minha opinião, dado suficiente para afastá-las desse paradigma.

Crime Organizado e Proibição de Insuficiência

que gerou transtornos generalizados na maior cidade do Brasil.[186] Vislumbram-se, porém, outras características das organizações, como a busca de lucro, o planejamento, a hierarquia, a divisão de trabalho, a disciplina,[187] a corrupção de agentes públicos,[188] a violência[189] e mesmo o caráter ritualístico, havendo notícia da existência de um batismo[190] e um juramento de lealdade[191] para ingresso no PCC.

O próprio STF já admitiu que o fato de o agente pertencer ao Comando Vermelho pode ser invocado para o efeito de admitir a prisão preventiva (STF, HC 89761/RJ, Peluso, 2ª T., v.u., 3.4.07).

Um exemplo concreto do paradima da rede, no Brasil, é a organização do tráfico de drogas no Rio de Janeiro, como relatam Alba Zaluar e Michel Misse:

> No Rio, mesmo que não completamente coordenado por uma hierarquia mafiosa, o comércio de drogas tem um arranjo horizontal eficaz pelo qual, se faltam drogas ou armas de fogo em uma favela, essa imediatamente as obtém das favelas aliadas. Essas quadrilhas ou comandos conciliam os dispositivos de uma rede geograficamente definida que inclui pontos centrais ou de difusão, e outros que se estabelecem na base da reciprocidade horizontal.[192]

> Os chamados "comandos" do tráfico no Rio são redes constituídas pelos acordos (tácitos, precários) entre "donos" de várias áreas de varejo (algumas de distribuição para o varejo de áreas menores), quase todos cumprindo penas nos presídios de segurança máxima do Rio de Janeiro (Bangu I, II, III). (...) A estruturação do movimento em redes começou com o "Comando Vermelho", mas atravessou diferentes etapas, mantendo no entanto uma estrutura local similar. A estrutura local se mantém mesmo quando a rede mais abrangente – que articula as diferentes áreas sob um mesmo dono ou vários donos entre si – passa por modificações. Não há uma rede geral, única, como se pensou que houvesse em meados dos anos 1980, nem jamais houve uma única liderança reconhecida em todas as áreas e por todos os "donos". Há contatos intermitentes ente "donos" que se dizem "amigos" e contatos regulares entre um "dono" e seus gerentes nas várias áreas, como também permanentes conflitos entre os "donos".[193]

---

[186] ADORNO, Sérgio; SALLA, Fernando. *Criminalidade organizada nas prisões e os ataques do PCC*, p. 8. Para um panorama sobre as organizações atuantes no sistema prisional brasileiro, ver: PORTO, Roberto. *Crime Organizado e Sistema Prisional*, p. 73-100.

[187] A hierarquia, a disciplina e a divisão de trabalho ficam claras nos arts. 10 e 12 do *Estatuto* da organização (JOZINO, Josmar. *Cobras e Lagartos*, p. 36-38).

[188] JOZINO, Josmar. *Cobras e Lagartos*, p. 40.

[189] JOZINO, Josmar. *Cobras e Lagartos*, p. 27.

[190] BRASIL. *Relatório da CPI do Tráfico de Armas*, p. 192; SOUZA, Fatima. *PCC. A Facção*, p. 84, 163-164; SOUZA, Percival de. *Sindicato do Crime*, p. 21. Negando o caráter ritualístico nas organizações brasileiras: ZALUAR, Alba. Democratização inacabada: fracasso da segurança pública, p. 45.

[191] JOZINO, Josmar. *Cobras e Lagartos*, p. 33 e 87.

[192] ZALUAR, Alba. Democratização inacabada: fracasso da segurança pública, p. 45. V. também: BARCELLOS, Caco. *Abusado*, p. 34, 137, 153.

[193] MISSE, Michel. Mercados ilegais, redes de proteção e organização local do crime no Rio de Janeiro, p. 149. V. também, embora em menor escala do ponto de vista do número de fatos abordados: ALMEIDA DA COSTA, Renata. *A Sociedade Complexa e o Crime Organizado*, p. 147-170.

No Brasil, exemplo de organização de talhe empresarial é o grupo do contrabandista Law Kin Chong (STF, HC-QO 85298/SP, Carlos Britto, 1ª T., m., 29.3.05).[194]

Finalmente, como exemplos do modelo endógeno, podem ser referidos a *máfia do orçamento*, também conhecido como grupo dos *anões do orçamento* (STJ, ROMS 6182/DF, Hélio Mosimann, 2ª T., v.u., 20.2.97); a *máfia dos fiscais* (STF, HC 81303/SP, Ellen Gracie, DJ 23.8.02; STJ, HC 10920/SP, Jorge Scartezzini, 5ª T., v.u., 17.2.00); a *máfia da propina* (STF, RHC 80816/SP, Sepúlveda Pertence, DJ 18.6.01); o *Esquema PC* (STF, Inq. 731/DF, Néri da Silveira, Pl., 13.12.95), a *máfia da previdência* (TRF2, HC 200302010014259/RJ, Maria Helena Cisne, 1ª T., v.u., 12.5.03); o caso do *Mensalão* (STF, Inq 2245/MG, Joaquim Barbosa, Pl., 28.8.07), as *milícias* atuantes no Rio de Janeiro e o grupo do Juiz Federal João Carlos da Rocha Mattos, no caso que ficou conhecido como *Operação Anaconda* (STF, HC 86175/SP, Eros Grau, 2ª T., v.u., 19.9.06).[195]

Na jurisprudência há referência à prática de crime organizado em relação aos seguintes delitos:

a) tráfico ilícito de drogas (STJ, HC 76184/RS, Jane Silva [Conv.], 5ª T., v.u., 18.10.07), armas (STJ, HC 76991/RJ, Félix Fischer, 5ª T., v.u., 28.6.07), pessoas e animais;

b) receptação, e comercialização no mercado informal de bens subtraídos de caminhões, residências e estabelecimentos comerciais;[196]

c) roubo de cargas (TRF 4, AC 200271040003840/RS, José Luiz Borges Germano da Silva, 7ª T., v.u., 23.9.03), como no caso do grupo estruturado "contando, inclusive, com algumas 'empresas de fachada', usadas para dar 'ares' de legalidade na venda de produtos roubados (cargas retiradas de caminhões roubados e outras provenientes de roubos direcionados para tais fins), fornecendo-se notas fiscais, mas sem qualquer comprovação de aquisição legal dos produtos" (STJ, HC 16.334/ES, Gilson Dipp, 5ª T., v.u., 14.8.01);

d) furto,[197] roubo e receptação[198] de veículos;

e) furto (STJ, HC 4391/SP, Assis Toledo, 5ª T., v.u., 13.5.96; STJ, RHC 21257/PB, Jane Silva [Conv.], 5ª T., v.u., 4.10.07) e roubo a bancos;

---

[194] Sobre esse caso, v. também: BRASIL. *CPI da Pirataria*, p. 155-170; GLENNY, Misha. *McMafia*, p. 334-338.

[195] Sobre o caso, ver: VASCONCELOS, Frederico. *Juízes no Banco dos Réus* e OLIVEIRA, Adriano. *Tráfico de Drogas e Crime Organizado*, p. 70-76.

[196] ZALUAR, Alba. *Democratização inacabada: fracasso da segurança pública*, p. 41.

[197] Existem pesquisas empíricas a respeito, tanto no Brasil (MINGARDI, Guaracy. *O Estado e o Crime Organizado*) quanto na Alemanha (SIEBER, Ulrich. Logistik der Organisierten Kriminalität in der Bundesrepublik Deutschland, S. 761).

[198] SOARES, Luiz Eduardo. *Segurança tem saída*, p. 67.

f) roubo a estabelecimentos comerciais (STJ, HC 86176/SP, Napoleão Maia, 5ª T., v.u., 20.9.07);

g) extorsão (TRF 3, RSE 199961810031811/SP, André Nabarrete, 5ª T., v.u., 6.8.02), sob a forma de venda de proteção;[199]

h) extorsão mediante sequestro (STJ, HC 89106/SE, Napoleão Maia, 5ª T., v.u., 18.10.07);

i) falsificação de documentos e estelionato (STJ, RHC 19936/RJ, Laurita Vaz, 5ª T., v.u., 14.11.06);

j) contrabando, descaminho e falsificação de mercadorias, com a violação da propriedade intelectual e direitos de marca;

k) corrupção (STJ, HC 65952/SP, Félix Fischer, 5ª T., v.u., 15.3.07);

l) peculato (STJ, HC 45949/RJ, Laurita Vaz, 5ª T., v.u., 4.9.07);

m) lenocínio[200] e tráfico de pessoas para fins de exploração laboral e sexual;[201]

n) crimes contra a fé pública, tais como a falsificação de moeda;

o) descaminho (STJ, RHC 21948/PR, Napoleão Maia, 5ª T., v.u., 25.10.07);

p) crimes econômicos (STJ, HC 79219/MG, Arnaldo Lima, 5ª T., v.u., 4.10.07) tais como lavagem de dinheiro (STJ, HC 77386/PR, Félix Fischer, 5ª T., v.u., 28.6.07), sonegação fiscal (STJ, HC 72684/SP, Laurita Vaz, 5ª T., v.u., 6.9.07) e crimes financeiros (STJ, HC 200701081680/SC, Laurita Vaz, 5ª T., v.u., 11.9.07);

q) crimes ambientais (STJ, HC 79219/MG, Arnaldo Lima, 5ª T., v.u., 4.10.07);

r) jogos ilegais,[202] como o *jogo do bicho* (STJ, RHC 4230/RJ, 6ª T., m., 8.5.95).

3.3. A QUESTÃO DA EXISTÊNCIA DE PERIGO

As atividades criminosas a que se dedicam as organizações criminosas são, em regra, graves,[203] de modo que representam novos riscos para

---

[199] Essa atividade é comum também para os grupos organizados italianos (FULVETTI, Gianluca. *The Mafia and the 'Problem of the Mafia'*, p. 49).

[200] SIEBER, Ulrich. Logistik der Organisierten Kriminalität in der Bundesrepublik Deutschland, S. 761.

[201] SÁNCHEZ GARCIA DE PAZ, Isabel. Perfil Criminológico de la Delincuencia Transnacional Organizada, p. 641.

[202] No Brasil, é notório o caso do *jogo do bicho* (SOBRINHO, Mário Sérgio. O Crime Organizado no Brasil, p. 29). Sobre o tema, na Alemanha: SIEBER, Ulrich. Logistik der Organisierten Kriminalität in der Bundesrepublik Deutschland, S. 761.

[203] SÁNCHEZ GARCIA DE PAZ, Isabel. *Perfil Criminológico de la Delincuencia Transnacional Organizada*, p. 654-655.

os indivíduos e os Estados.[204] O fato de que sejam cometidas de forma profissional, reiterada e eficiente faz, por si só, com que representem um novo quadro no âmbito da criminalidade, o que não pode ser ignorado na verificação da existência de bens jurídicos protegidos constitucionalmente e do direito à segurança, cujo âmbito de proteção deve ser verificado de acordo com essa nova constelação fática. Como refere Hesse:

> O Tribunal Constitucional Federal – de outra forma como, por exemplo, a jurisprudência constitucional austríaca - sempre partiu disto, que o âmbito de proteção de um direito fundamental somente se deixa determinar com vista aos dados da realidade social que, portanto, uma mudança desses dados não pode, para esse âmbito de proteção, ficar sem significado.[205]

A expansão da criminalidade grave gera uma sensação de insegurança, que, por si só, teria efeitos e mereceria atenção dos destinatários do dever de proteção, uma vez que a demanda social constitui um ponto de partida real, a merecer uma resposta também real.[206] Essa assertiva sofre a crítica de que, em se tratando, em muitos casos, de delitos sem vítima ou com vítimas difusas, a sensação de insegurança seria, em verdade,[207] potencializada pela utilização mediática do conceito de crime organizado, enquanto a população seria, em verdade, muito mais atingida pela criminalidade tradicional.

São conhecidas, porém, as relações que a criminalidade organizada tem com a criminalidade tradicional violenta. Assim, o roubo de cargas, veículos e residências, que afeta a população em geral depende da estrutura de receptação. As disputas no comércio ilícito de droga estão na raiz de grande número de homicídios. São comuns, ainda, os furtos e roubos praticados por drogaditos.[208] Além disso, em casos como os dos crimes contra a ordem tributária, crimes ambientais, crimes contra o sistema financeiro e mesmo crimes contra a administração pública a vítima é o conjunto da coletividade, embora os seus efeitos não sejam facilmente mensuráveis em relação a cada cidadão.[209]

---

[204] SILVA SÁNCHEZ, Jesús María. *La expansión del Derecho Penal*, p. 15. Mesmo autores críticos sobre a extensão da resposta reconhecem a sua necessidade, como segue: "No plano fenomenológico, reconhece-se a projeção lesiva de determinadas condutas (com as ressalvas feitas ao longo do trabalho) a exigir uma resposta estatal a altura do dano social provocado (CHOUKR, Fauzi Hassan. *Processo Penal de Emergência*, p. 8).

[205] HESSE, Konrad. Bestand und Bedeutung der Grundrechte in der Bundesrepublik Deutschland, S. 431.

[206] SILVA SÁNCHEZ, Jesús María. *La expansión del Derecho Penal*, p. 8. Sobre segurança em sentido objetivo e subjetivo, v. item 1 da Parte III.

[207] No sentido de que haveria uma supervalorização dos perigos da criminalidade organizada, sem base em dados empíricos: KINZIG, Jörg. *Die rechtliche Bewältigung von Erscheinungsformen organisierter Kriminalität*, S. 82-85. Sobre o tema, v. também: SILVA SÁNCHEZ, Jesús María. La expansión del Derecho Penal, p. 20-30. Sobre segurança e medo, v., supra: item 1.

[208] SILVA SÁNCHEZ, Jesús María. *La expansión del Derecho Penal*, p. 86.

[209] GOMES, Rodrigo Carneiro. *O Crime Organizado na Visão da Convenção de Palermo*, p. 16.

Mais que isso, no Brasil, em especial em locais como o Rio de Janeiro, São Paulo e no Polígono da Maconha, no interior de Pernambuco, não se pode negar que a criminalidade organizada tenha, também, efeito atemorizador sobre a população em geral. Considerem-se os atos de matiz terrorista praticados pelo PCC, como os incêndios a ônibus, as trocas de tiros comuns entre traficantes e policiais, o furto e o roubo de veículos e os assaltos a bancos e carros-fortes, além da extorsão mediante sequestro, para lembrar manifestações de crime organizado que assustam a população em geral e trazem, em consequência, a perda da confiança da população na capacidade estatal de enfrentamento do perigo. Diga-se, aliás, que essa é uma das estratégias utilizadas por movimentos terroristas e aqui figura um ponto de contato, no qual organizações criminosas se valem de estratégias terroristas.

De todo modo, no Brasil a insegurança ultrapassa em muito o grau de mera sensação, não podendo ser reduzida a mera invencionice da imprensa. Exemplifica-se com o número de homicídios de adolescentes com armas de fogo no Rio de Janeiro, entre 1987 e 2001, que alcançou 3937 indivíduos, enquanto, no mesmo período, nos combates entre Israel e Palestina, ou seja, em situação de guerra civil, morreram 467 adolescentes. A taxa de homicídios no Brasil era de 27,8 por 100 mil em 2001, quando, na Europa ocidental a taxa média é inferior a 3 por 100 mil.[210] Em zonas faveladas dominadas por traficantes ou milícias, o cidadão enfrenta, além da carência material e da ausência do Estado, uma ordem baseada na força e o risco concreto da violência.[211]

A criminalidade organizada apresenta outros efeitos deletérios, tais como: a "erosão da legitimidade dos mecanismos de representação democrática e da credibilidade de seus representantes",[212] especialmente em casos nos quais as organizações criminosas fornecem dinheiro para campanhas políticas, como no caso, já referido, dos banqueiros do *jogo do bicho* ou quando os próprios mandatários estão envolvidos em esquemas de desvio de verbas públicas.[213]

Efeito análogo é produzido pela "impunidade dos criminosos poderosos, desagregadora dos valores e geradora de descrença no sistema judicial", bem como pela "corrupção da administração pública e de seus servidores, reforçando no imaginário social a liderança dos fora da lei e o

---

[210] LEMGRUBER, Julita. Violência, omissão e insegurança pública: o pão nosso de cada dia, p. 18-19.

[211] ZALUAR, Alba. *Condomínio do Diabo*, p. 68.

[212] TIGRE MAIA, Rodolfo. *O Estado Desorganizado contra o Crime Organizado*, p. x-xi. No mesmo sentido: SÁNCHEZ GARCIA DE PAZ, Isabel. *Perfil Criminológico de la Delincuencia Transnacional Organizada*, p. 657.

[213] Sobre o emblemático caso italiano, ver: MORO, Sergio Fernando. Considerações sobre a operação *mani pulite*, p. 57-62.

descrédito do Estado".[214] De notar, ainda, a referência de que o crime organizado de tipo tradicional ou empresarial floresce especialmente onde o Estado é fraco ou carente de autoridade, de modo que "a expansão internacional do crime organizado se deve aos déficits de controle em tal âmbito".[215]

A criminalidade organizada traz, ainda, como efeitos, a já mencionada ligação entre mercados legais e ilegais e a ofensa à livre concorrência, pela utilização de uma fonte barata de capital decorrente do acúmulo expressivo de valores que possibilite o reinvestimento em mercados legais.[216] A lógica do lucro obtido a qualquer preço e a respeitabilidade granjeada, pela riqueza, pelos grandes criminosos, teriam o efeito de uma depreciação dos valores do trabalho, do esforço e da boa-fé.[217] Como refere Isensee:

> O Estado de Direito não falha apenas quando ele oprime a liberdade de seus cidadãos, mas também quando ele não garante a sua segurança. O Estado de Direito não tem apenas um contraponto, o despotismo, mas dois, o despotismo e a fraqueza. Ele deve achar o difícil caminho, que passa entre a espada do Estado policial e a cruz do Estado permissivo, para alcançar o seu fim, a segurança dos cidadãos.[218]

4. A concretização do dever de proteção no âmbito do crime organizado

Tendo chegado à conclusão pela existência de crime organizado no Brasil e de que o fenômeno representa, efetivamente, uma forma nova de perigo, resta examinar a forma de concretização da resposta frente a tal perigo, o que pode dar-se mediante três vias distintas, a saber:

a) a *tese fraca*, que reconhece a impossibilidade de tipificação ou conceituação da organização criminosa, motivo pelo qual a disciplina de meios especiais de prova ou técnicas especiais de investigação como concretização do dever de proteção no âmbito do crime organizado, deve dar-se de forma específica em relação a cada meio de prova;

b) a *tese forte*, pela qual a tipificação da organização criminosa como concretização do dever de proteção no âmbito da criminalidade organi-

---

[214] TIGRE MAIA, Rodolfo. *O Estado Desorganizado contra o Crime Organizado*, p. xi. No mesmo sentido: GOMES, Rodrigo Carneiro. *O Crime Organizado na Visão da Convenção de Palermo*, p. 14; HETZER, Wolfgang. Wirtschaftsform Organisierte Kriminalität, S. 134.

[215] ANARTE BORRALO, Enrique. *Conjeturas sobre la Criminalidad Organizada*, S. 37.

[216] KINZIG, Jörg. *Die rechtliche Bewältigung von Erscheinungsformen organisierter Kriminalität*, S. 81.

[217] HETZER, Wolfgang. Wirtschaftsform Organisierte Kriminalität, S. 134; MEYER, Jürgen; HETZER, Wolfgang. Neue Gesetze gegen die Organisierte Kriminalität, S. 1028.

[218] ISENSEE, Josef. *Das Grundrecht auf Sicherheit*, S. 60.

zada, serve como resposta tanto no campo do direito material quanto no direito processual, uma vez que a ocorrência do tipo também fornece o critério para adoção de medidas investigativas específicas;

c) a *tese mista*, que admite a tipificação da organização criminosa, mas não toma essa tipificação como critério único para a possibilidade de adoção de medidas investigativas específicas, podendo ser adotados outros critérios que autorizem a sua adoção, tais como a quantidade ou qualidade de pena, rol de crimes, etc.

4.1. A TIPIFICAÇÃO DA ORGANIZAÇÃO CRIMINOSA

4.1.1. A insuficiência do crime de quadrilha

Considerados os contornos do crime de quadrilha no Brasil, à luz da jurisprudência,[219] impõe-se questionar se a tipificação da organização criminosa pode oferecer algo de novo ou se, como pretende Cirino dos Santos: "do ponto de vista jurídico-penal, o conceito de crime organizado seria desnecessário, porque não designaria nada que já não estivesse contido no conceito de *bando ou quadrilha*, um tipo de crime contra a paz pública previsto em qualquer Código Penal".[220]

Em sentido contrário, para Valle Filho: "A criminalidade organizada tem contornos próprios, onde o embrião de tudo é a associação. (...) É importante, contudo, termos idéia de que o tipo que se quer ver identificado é 'algo mais' ao padrão que tínhamos até então".[221] Em linha análoga, Geraldo Prado e William Douglas afirmam que, do ponto de vista conceitual, a organização criminosa deve ser distinguida daquilo que chamam de *quadrilha de bagatela*.[222] Para Sieber, a distinção reside no emprego de logística de vendas, investimento, divisão de trabalho e fluxo de informação, que caracteriza a organização.[223]

Também para Luiz Flávio Gomes e Raúl Cervini, o conceito de quadrilha ou bando (CP, art. 288) não se identifica com o de organização criminosa, tanto podendo haver crime praticado por quadrilha que não

---

[219] V. item 3.1.2 da Parte II.

[220] CIRINO DOS SANTOS, Juarez. *Crime Organizado*, p. 217. No mesmo sentido: FIGUEIREDO DIAS, Jorge de. *A criminalidade organizada*, p. 15. De modo análogo, qualificando como frágil a distinção entre quadrilha e organização criminosa: ANARTE BORRALO, Enrique. *Conjeturas sobre la Criminalidad Organizada*, p. 26.

[221] VALLE FILHO, Oswaldo Trigueiro do. Sobre o Crime Organizado, p. 776 e 778. No mesmo sentido, vislumbrando uma relação de espécie e gênero entre organização criminal e quadrilha: SÁNCHEZ GARCIA DE PAZ, Isabel. Perfil Criminológico de la Delincuencia Transnacional Organizada, p. 625. Distinguindo a quadrilha da associação pela desnecessidade, na primeira, de organização: BORGES, Paulo César Corrêa, p. 64; MENDRONI, Marcelo Batlouni. *Crime Organizado*, p. 12.

[222] PRADO, Geraldo; DOUGLAS, William. *Comentários à Lei nº 9.034/95*, p. 53-54.

[223] SIEBER, Ulrich. *Logistik der Organisierten Kriminalität in der Bundesrepublik Deutschland*, S. 766.

seja uma organização criminosa, quanto pode haver uma organização criminosa que não constitua uma quadrilha. Isso porque: a) para que haja quadrilha é necessário o número mínimo de quatro agentes e, utilizando computadores ou outros meios que a tecnologia possibilita, por exemplo, é possível haver organização com duas ou três pessoas; b) somente existe quadrilha quando o objetivo for a prática de crimes, não de contravenções, como no "jogo do bicho".[224]

Do ponto de vista dogmático, como lembra Tigre Maia, à luz do art. 1º da Lei nº 9.034/95, em sua feição originária: "organização criminosa é a quadrilha que tenha cometido um ou mais crimes".[225] Assiste-lhe razão, uma vez que, para a consumação do crime de quadrilha se dispensa, ao menos em tese, a efetiva prática de crimes.[226]

De fato, a estabilidade ou permanência é reconhecida como característica da organização criminosa, conforme examinado no item 2.4.1.2 da Parte II, bem como no art. 2º da Convenção de Palermo. Esse traço constitui um contra-argumento à oposição levantada no sentido de que, em caso de tipificação, se trataria de mais um crime de perigo. Na verdade, o tipo de organização criminosa desenhado pela Convenção pressupõe a efetiva ocorrência de crimes, de modo que não pode ser considerado um crime de perigo, embora seja autônomo em relação aos delitos efetivamente cometidos, no sentido de que o apenamento se dará em concurso material. Com efeito, o texto do art. 2º da Convenção assim define o grupo criminoso organizado:

> (...) grupo estruturado de três ou mais pessoas, existente há algum tempo e atuando concertadamente com o propósito de cometer uma ou mais infrações graves ou enunciadas na presente Convenção, com a intenção de obter, direta ou indiretamente, um benefício econômico ou outro benefício material.

Embora o texto faça referência ao *propósito de cometer* uma ou mais infrações e à *intenção de obter* benefício econômico ou material, também exige que o grupo seja *existente há algum tempo* e que esteja *atuando concertadamente*, ou seja, exige-se que o grupo já exista e atue. Desse modo, somente haverá grupo criminoso organizado, para os efeitos da Convenção, quando comprovado o efetivo cometimento de crimes, sendo insuficiente a mera deliberação ou união para o fim de cometê-los.

Na posição ora defendida, a existência do tipo de quadrilha, no Brasil, não afasta a necessidade da tipificação da organização criminosa. O tipo de quadrilha ou bando foi criado para atender a necessidade da época dos bandos, de baixo grau de sofisticação e número mais limitado de

---

[224] GOMES, Luiz Flávio; CERVINI, Raul. *Crime Organizado*, p. 91-92.

[225] TIGRE MAIA, Rodolfo. *O Estado Desorganizado contra o Crime Organizado*, p. 55.

[226] Sobre o tema v. itens 3.1.2.5 e 3.2.1 da Parte II.

Crime Organizado e Proibição de Insuficiência

agentes. A pena prevista para o crime de quadrilha é pouco expressiva, levando, em regra, à prescrição em casos complexos, com grande número de réus, como o são, em regra, os casos atinentes a organizações criminosas. Também a pequena variação entre a pena mínima e a máxima, aliada à tendência de manutenção das penas próximo do mínimo leva a que, na prática, não haja distinção entre pequenas quadrilhas e grandes grupos criminosos organizados, nos quais os mandantes não têm participação efetiva nos atos de execução, o que impõe problemas de imputação.

4.1.2. A tipificação como obrigação de Direito Internacional

Desde a adesão do Brasil e entrada em vigor da Convenção de Palermo,[227] a incriminação específica da constituição de grupos criminosos organizados deixou de ser uma questão de conveniência ou opinião sobre o acerto ou desacerto de tal medida, ao menos para os grupos transnacionais. A lei brasileira terá que ser revista para incriminar a conduta de quem toma parte na organização, independentemente dos crimes efetivamente cometidos, em virtude do compromisso assumido pelo Brasil perante a comunidade internacional ao firmar a Convenção de Palermo, que assim dispõe:

Art. 5

Criminalização da participação em um grupo criminoso organizado

1. Cada Estado Parte adotará as medidas legislativas ou outras que sejam necessárias para caracterizar como infração penal, quando praticado intencionalmente:

a) Um dos atos seguintes, ou ambos, *enquanto infrações penais distintas das que impliquem a tentativa ou a consumação da atividade criminosa*:

i) O entendimento com uma ou mais pessoas para a prática de uma infração grave, com uma intenção direta ou indiretamente relacionada com a obtenção de um benefício econômico ou outro benefício material e, quando assim prescrever o direito interno, envolvendo um ato praticado por um dos participantes para concretizar o que foi acordado ou envolvendo a participação de um grupo criminoso organizado;

ii) A conduta de qualquer pessoa que, conhecendo a finalidade e a atividade criminosa geral de um grupo criminoso organizado, ou a sua intenção de cometer as infrações em questão, participe ativamente em:

a. Atividades ilícitas do grupo criminoso organizado;

b. Outras atividades do grupo criminoso organizado, sabendo que a sua participação contribuirá para a finalidade criminosa acima referida;

b) O ato de organizar, dirigir, ajudar, incitar, facilitar ou aconselhar a prática de uma infração grave que envolva a participação de um grupo criminoso organizado.

2. O conhecimento, a intenção, a finalidade, a motivação ou o acordo a que se refere o parágrafo 1 do presente Artigo poderão inferir-se de circunstâncias factuais objetivas.

---

[227] O conceito dado pela Convenção pode ser conferido no item 3.2.1. da Parte II.

A Convenção volta ao tema, no item 1 do Art. 34, para reafirmar que:

> Cada Estado Parte adotará as medidas necessárias, incluindo legislativas e administrativas, em conformidade com os princípios fundamentais do seu direito interno, para assegurar o cumprimento das suas obrigações decorrentes da presente Convenção.

Considerado o compromisso assumido na Convenção de Palermo, impõe-se a construção de um tipo penal específico que, além disso, não esteja em descompasso com os termos da Convenção.[228] Ainda que se admitisse limitado o compromisso à tipificação da organização criminosa transnacional, o que não parece acertado, como analisado, acima, no item 3.2.1. da Parte II, não faria sentido deixar de tipificar, em termos análogos, a conduta daquele que integra organização criminosa nacional, de modo que o argumento político para a tipificação não perderia força por conta disso.

4.1.3. A possibilidade dogmática de construção do tipo de organização criminosa

Como visto no Item 2 da Parte II, há grandes dificuldades na elaboração de um conceito criminológico satisfatório de organização criminosa. Esse objetivo é distinto, porém, da construção de um conceito legal de organização criminosa, tarefa a ser cumprida dentro de um processo legislativo, por um órgão dotado da legitimidade democrática para tal definição, com participantes mais restritos que aqueles da comunidade científica, e também por regras que podem, ou devem, fazer com que se alcance esse objetivo.

Merece distinção, ainda, o problema criminológico e doutrinário de definir o que seja *crime organizado* enquanto fenômeno, da *organização criminosa*, assim como é diferente investigar o *terrorismo* e o *grupo terrorista*. Registro que a expressão criminalidade organizada ou crime organizado é, eventualmente, utilizada com o duplo sentido de "manifestação criminológica unitária e grupo criminal organizado",[229] o que, no entanto, me parece pouco preciso, devendo preferir-se, para o grupo, a designação de organização criminosa,[230] enquanto a expressão criminalidade organizada designa o fenômeno social, como também o são a criminalidade terrorista, a criminalidade econômico-financeira, a criminalidade ambiental, etc.[231]

---

[228] DANTAS, Marcus Vinicius da Silva. O necessário aperfeiçoamento legislativo sobre o crime organizado, p. 132-133; GOMES, Rodrigo Carneiro. *O Crime Organizado na Visão da Convenção de Palermo*, p. 18.

[229] ANARTE BORRALO, Enrique. Conjeturas sobre la Criminalidad Organizada, p. 21.

[230] Nesse sentido: GONÇALVES, André Matsuhita; MERIGHI, Gustavo de Castilho, *Organização Criminosa no Brasil*, p. 35.

[231] FIGUEIREDO DIAS, Jorge de. *Criminalidade organizada*, p. 14.

O problema está, então, na construção de um tipo ou conceito legal de *organização criminosa,* e não na definição criminológica ou doutrinária de *crime organizado.* Feitas aquela observação e essa distinção, não me parece, efetivamente, que a tarefa seja impossível. Na verdade, a multiplicidade de fórmulas não é exclusividade das organizações criminosas. Já nos tipos penais da criminalidade tradicional encontramos uma multiplicidade de formas de manifestação. Assim, no estelionato encontramos desde o singelo saque bancário com cheque furtado e assinatura falsificada até um elaborado esquema de venda de bens inexistentes lesando um grande número de pessoas. O tipo do furto poderá ter como objeto uma bicicleta furtada de um quintal ou uma grande quantia em dinheiro guardada em cofre bancário e subtraída por um túnel cavado a partir de um imóvel próximo, como no célebre caso do furto ao Banco Central ocorrido em Fortaleza, no Ceará (STJ, HC 54886/CE, Paulo Gallotti, 6ª T., v.u., 26.9.06).

O tipo penal é um modelo, no qual são reunidas algumas características consideradas pelo legislador, naquele momento histórico, como essenciais para sua caracterização.

Em relação à organização criminosa, como visto, há um indicativo sobre esses dados, que constituem as elementares do tipo. Assim, se a organização contar com pluralidade de agentes, estabilidade ou permanência, finalidade de lucro e organização, conforme examinado, acima, no item 2.4.1. da Parte II, estará caracterizado o tipo.

Circunstâncias que acidentalmente ocorrem, consideradas características não essenciais, conforme examinado no item 2.4.2. da Parte II, poderão determinar a incidência de causas de aumento de pena.

Têm-se, assim, alguns elementos essenciais ao tipo e outros acidentais, o que permitiria abranger no tipo, com integral respeito ao princípio da legalidade, um grupo organizado para fraudes bancárias mediante uso de computadores ou uma grande empresa voltada a práticas de sonegação, crimes ambientais ou financeiros, bem como grupos, usualmente mais violentos, dedicados ao tráfico de drogas, pessoas, armas ou animais ou ainda roubo de cargas, bancos, carros-fortes e veículos.

A presença de elementos normativos no tipo, nomeadamente a exigência de um certo grau de organização, como referido, acima, no item 2.4.1.4 da Parte II, nada tem de extraordinário, inovador ou supressor de garantias. Com essa formulação dar-se-ia resposta adequada e legal a uma realidade que se apresenta, efetivamente, multifária.

Na verdade, toda intervenção punitiva é dotada de um certo grau de arbítrio do legislador, o que não impede sua efetivação. A questão é verificar se isso se contém dentro dos limites da legalidade.

Por fim, como visto nos itens 3.2 e 3.3 da Parte II, em várias legislações nacionais e documentos internacionais, existem já definições e tipificações penais de organizações criminosas, em experiências que podem servir para informar o processo legislativo em curso no Brasil, onde tramitam projetos nesse sentido. Segue, então, o exame das soluções possíveis à questão da tipificação e, a seguir, dos projetos em tramitação no Congresso Nacional.

4.1.4. As opções legislativas

A resposta ao perigo do crime organizado, do ponto de vista material, pode dar-se mediante a tipificação autônoma da participação na organização, instituição de uma causa de aumento para os crimes cometidos mediante organização, ou utilização de um conceito instrumental, mas sem tipificação.[232]

4.1.4.1. Tipificação autônoma

A primeira opção disponível ao legislador é a tipificação autônoma da organização criminosa, como quer a Convenção de Palermo.[233] Essa é a solução que apresentaria maior viabilidade política e acabaria por apresentar incidência mais restrita, ao agregar elementares próprias.

Adotada essa solução, restaria discutir a formatação do tipo penal, que poderia dar-se mediante as seguintes possibilidades:

a) um modelo de organização criminosa a partir de suas características, que constituiria o tipo penal respectivo;

b) um modelo aglutinador, que congregue algumas características básicas das organizações com o máximo grau de generalidade possível dentro do marco da legalidade penal, combinado com um rol de infrações[234] cometidas usualmente por meio de organizações criminosas.[235]

A primeira poderia vir a sofrer a crítica de não atender aos princípios de legalidade e taxatividade da lei penal, por ser construída de modo excessivamente aberto. Constitui uma construção que recai sobre o modo de cometer o crime (*process narrative*), ou seja, roubo organizado de veículos ou fraude organizada, em contraposição à abordagem atributiva

---

[232] SILVA SÁNCHEZ, Jesús María. *La Intervención a través de uma organización*, p. 87.

[233] V., acima, 4.1.2 da Parte III.

[234] Pela adoção do rol de crimes: FIGUEIREDO DIAS, Jorge de. *Criminalidade organizada*, p. 26-29; NOGUEIRA, Carlos Frederico Coelho. *A Lei da "Caixa Preta"*, p. 154.

[235] "Uma perspectiva aglutinadora diz-nos que a apreensão do que seja crime organizado deve ser feita com base nos seus actos ou manifestações mas também considerando as pessoas, o grupo que cometeu os actos" (ROCHA, João Luís Moraes. *Crime Transnacional*, p. 91).

(*attribute narrative*), mais voltada às características dos indivíduos ou grupos que praticam os delitos, sua forma de organização, tipos de crimes e origem.[236]

Uma outra tentativa de definir organizações criminosas é considerar o tipo de atividades comumente praticadas, o que teria a vantagem de retirar da incriminação ou de seu controle a imputação de constituir-se em um direito penal de autor ou com traços xenofóbicos. A essa solução contrapõe-se, porém, o argumento de que alguns delitos graves poderiam restar excluídos.[237] Exemplo é o delito de maior gravidade previsto na legislação penal, o homicídio, que não é necessariamente típico de organizações criminosas e poderia restar excluído das medidas investigativas propostas. Além disso, afirma-se que o crime organizado expande-se para qualquer delito que possa gerar lucro, bem como para os delitos necessários à perpetração daqueles que geram lucro, o que faz com que quase todo crime possa ser cometido por organizações criminosas.[238]

Por essa razão a adoção de um rol de crimes, embora facilite a verificação, deixa sempre aberta a possibilidade de que algum delito venha a ser esquecido, razão pela qual o rol não deve ser fechado, mas estar aberto à prática de quaisquer crimes graves. Mais que isso, não resta excluída a possibilidade de surgimento de novas infrações penais, decorrentes do avanço da técnica, o que demandaria o custoso processo de alteração legislativa.

Uma última questão é a ubicação do dispositivo, se em lei especial ou dentro do CP, parecendo mais acertada a inclusão de um art. 288-A no CP, no qual seria inserida a figura da Organização Criminosa, disciplinando-se as medidas investigativas específicas no CPP, o que poderia minimizar os problemas de incompatibilidades gerados pela profusão de leis especiais, muito embora contenham sempre a previsão de aplicação subsidiária do CP e do CPP.

4.1.4.2. Causa de aumento

Do ponto de vista da política legislativa, uma alternativa à criação do tipo de organização criminosa é a introdução de uma causa de aumento de pena para determinados delitos quando cometidos por organizações

---

[236] STELFOX, Peter. *Transnational organised crime*, p. 115.

[237] A adoção de um rol a partir do fato de que certos crimes são comumente praticados por organizações não implica comprometimento com uma concepção fenomenológica ou substancialista de direito penal, mas apenas da adoção de um ponto de partida que leva em conta os fatos na construção do tipo penal.

[238] GUSY, Cristoph. *Beobachtung Organisierter Kriminalität durch den Verfassungsschutz?* S. 321; MINGARDI, Guaracy. *O trabalho da Inteligência no controle do Crime Organizado*, p. 56.

criminosas,[239] em bando,[240] ou de forma empresarial.[241] A incidência tanto poderia ser geral, para qualquer crime, quanto limitada a certas práticas, usualmente cometidas por organizações. Nesse caso: "a intervenção penal acrescida estaria justificada do ponto de vista material no incremento do risco *ex ante* para o bem jurídico protegido pela tipicidade básica que supõe a perpetração de um delito conforme tais procedimentos".[242]

Essa opção teria a vantagem de superar a alegada dificuldade de abranger, em um único tipo penal, realidades muito diversas,[243] de modo que: "a terminologia Crime Organizado não deveria exercer a função de gênero, onde o correto caminho seria a conceituação individual dos diversos tipos, vendo neles figuras de espécies".[244]

É o caso da Alemanha, onde tradicionalmente eram punidos de forma mais grave os seguintes delitos, quando cometidos por bandos: furto (StGB, § 244, I, n. 2); roubo (StGB, § 250, I, n. 2); contrabando (StGB, 373, II, n. 3 AO); tráfico ilícito de drogas (BtMG, § 30, 1ª parte, n. 1). Com a entrada em vigor da Lei do Crime Organizado, foram introduzidas no CP novas causas de aumento de pena, nomeadamente nos seguintes delitos: receptação (StGB, § 260, 1ª parte, n. 2, § 260a, 1ª Parte) e estelionato (StGB, § 263, 5ª parte). Também foi introduzido um tipo assemelhado para a introdução irregular de estrangeiros (AuslG, § 92ª, 2ª parte, n. 2). Como se vê, os delitos incriminados mais severamente são de cometimento típico por organizações criminosas.

Na Colômbia, o tipo de "concierto para delinquir" (CP, art. 340) apresenta-se com forma qualificada quando visar a genocídio, desaparecimento forçado de pessoas, tortura, deslocamento forçado, homicídio, terrorismo, narcotráfico, extorsão mediante sequesto, extorsão ou para organização, promoção, municiamento ou financiamento de grupos armados à margem da lei.

---

[239] "No debate sobre qual dos modelos é o mais apropriado para a compreensão do crime organizado, as posições reduzem-se, nuclearmente, a saber se a conceptualização parte das características de um grupo, ou, pelo contrário, centra a sua atenção na actividade criminal, isto é, nas suas manifestações" (ROCHA, João Luís Moraes. *Crime Transnacional*, p. 87).

[240] Embora não haja previsão atual, era tradicional no direito espanhol a agravante de *cuadrilla* (QUINTERO OLIVARES, Gonzalo. *La Criminalidad Organizada y la Función del Delito de Asociación Ilícita*, p. 178).

[241] Assim na proposta de Pitombo, que enxerga na organização criminosa uma forma de concurso de agentes, mediante acréscimo de dois parágrafos ao art. 29 do CP (PITOMBO, Antônio Sérgio Altieri de Moraes. *Organização Criminosa*, p. 153-179.

[242] FABIÁN CAPARROS, Eduardo A. *Criminalidad Organizada*, p. 179.

[243] "Historicamente, o crime organizado tem sido abordado com base no grupo criminal e respectivas atividades (Cressey, 1969, Steffensmeier, 1995). Mais recentemente tem-se dado maior ênfase às próprias actividades (Cohen, 1977; Halstead, 1998), acreditando-se que esta abordagem evita mistificações e estereótipos (Smith, 1990)" (ROCHA, João Luís Moraes. Crime Transnacional, p. 87).

[244] VALLE FILHO, Oswaldo Trigueiro do. *Sobre o Crime Organizado*, p. 755.

Na Espanha, os artigos 369, 6º, e 370 do CP estabelecem causas de aumento de pena para o acusado de tráfico de drogas ou de matéria-prima ou materiais destinados ao tráfico, quando pertencer ele a uma organização ou associação, ainda que de caráter transitório, que tenha como finalidade difundir drogas, ainda que de modo ocasional. Na interpretação jurisprudencial "tem predominado uma interpretação moderada, nem tão ampla como a poderia ser derivada da literalidade do preceito em questão, nem tão estrita como a que haveria de resultar de seus fundamentos de política criminal".[245] A seu turno, o art. 302 do CP espanhol prevê uma causa especial de aumento de pena para quem pertença a uma organização dedicada a lavagem de dinheiro.

Também no Uruguai, o delito de associação para delinquir, objeto do art. 150 do CP, é agravado quando for cometido para fins de tráfico de drogas, órgãos e tecidos humanos, contrabando ou lavagem de dinheiro.

4.1.4.3. Conceito instrumental

Uma terceira via, que seria necessária caso se concluísse pela impossibilidade da tipificação, seria a adoção de uma definição instrumental,[246] ou seja, de uma norma penal explicativa, que sirva para delimitar os casos de utilização de técnicas específicas de investigação,[247] sem definir um novo crime ou cominar-lhe pena, mas dando segurança para o investigado.[248] A regra serviria para fins de autorização de medidas investigativas específicas ou aumento de pena, como adotado na Alemanha, em que há uma definição semioficial, adotada por ato conjunto dos Ministros de Interior dos Estados-Membros e da União, para fins policiais, que acabou por preencher a lacuna deixada pela legislação penal e processual penal.[249]

4.1.4.4. Tomada de posição

A melhor solução é a tipificação autônoma, com a criação de um tipo próprio de organização criminosa, como aponta a Convenção de Pa-

---

[245] ANARTE BORRALO, Enrique. *Conjeturas sobre la Criminalidad Organizada*, p. 28.

[246] A terminologia é de García de Paz, em referência ao art. 282 bis da Ley de Enjuiciamento Criminal, introduzido pela LO 5/1999, que introduziu um conceito de organização criminosa para fins de delimitar a possibilidade de utilização da infiltração policial (SANCHEZ GARCÍA DE PAZ, Isabel. *Perfil Criminológico de la Delincuencia Transnacional Organizada*, p. 627).

[247] Para Sieber, a amplitude do conceito de criminalidade organizada a torna inadequada para a definição de casos que impliquem restrições de direitos fundamentais, sendo preferível a utilização dos termos tradicionais de bando ou quadrilha ou de catálogo de delitos (SIEBER, Ulrich. *Logistik der Organisierten Kriminalität in der Bundesrepublik Deutschland*, S. 767).

[248] FIGUEIREDO DIAS, Jorge de. *Criminalidade organizada*, p. 14.

[249] V. item 3.3.1 da Parte II.

lermo, em compromisso assumido pelo Brasil.[250] O tipo a ser construído deve ser relativamente aberto, como sugere a Convenção, os quais viriam a ser preenchidos pela jurisprudência, de modo a evitar o engessamento e a inviabilidade de sua aplicação a casos graves. Seria ideal a ubicação do dispositivo no próprio CP, com o que o novo delito estaria subordinado de forma direta às regras da parte geral do CP.

O tipo a ser construído deverá contemplar como elementares as características essenciais das organizações criminosas, examinadas no item 2.4.1. da Parte II, a saber: pluralidade de agentes, estabilidade ou permanência, finalidade de lucro e organização. Já as características não essenciais, tratadas no item 2.4.2 da Parte II, como a hierarquia, divisão de trabalho, conexão com o Estado, violência, monopólio, controle territorial e transnacionalidade deverão ser previstas como causas de aumento de pena, ou, eventualmente, como formas qualificadas.

A mera instituição de uma causa de aumento, seja ela geral ou limitada a alguns crimes poderia levar a críticas no plano internacional, dado o compromisso assumido com a Convenção de Palermo. A forma aberta de participação no delito de organização, que provavelmente será tributário da jurisprudência já firmada em relação ao crime de quadrilha, obviaria muitos dos problemas de imputação e autoria existentes em relação aos demais delitos.

Por fim, a solução do conceito instrumental não atenderia, igualmente, ao compromisso internacional de criminalização assumido quando firmada a Convenção de Palermo, ou poderia colocar em dúvida o seu efetivo cumprimento.

4.1.5. Projetos de lei em tramitação no Brasil

Definida a opção pela criação de um tipo, cabe a análise das propostas existentes no Congresso Nacional, onde tramitam vários projetos que pretendem a reformulação ou substituição da Lei nº 9.034/95, os quais passam a ser analisados abaixo, em ordem cronológica de apresentação.

4.1.5.1. Projeto de Lei nº 3.731/97

Assim dispõe sobre o conceito: "Considera-se organização criminosa a associação de três ou mais pessoas, por meio de entidade jurídica ou não, estruturada de forma estável, visando a obter, direta ou indiretamente, vantagem de qualquer natureza, para a prática de", seguindo-se

---

[250] V., acima, item 4.1.2 da Parte III.

um rol de delitos. Criticável aqui o termo "entidade", que não tem significado jurídico determinado.

Aprovado na Câmara dos Deputados, o Projeto tramita, desde 2003, no Senado, com o número 67/03.

4.1.5.2. Projeto de Lei nº 2.858/00

Oriundo do Poder Executivo, apresenta como aspectos positivo o uso da consagrada locução *organização criminosa*. Mantém o verbo tradicional *associar-se* e é introduzido no CP, como artigo 288-A, junto ao crime de quadrilha, do qual é distinguido pela forma estruturada e divisão de tarefas. Além disso, apresenta uma formulação razoavelmente flexível e próxima daquela da Convenção de Palermo. Elogiável, por fim, a utilização da possibilidade da interpretação analógica em relação aos meios, colocada ao lado da violência, intimidação, corrupção e fraude. Eis o texto do dispositivo proposto:

> Art. 288-A. Associarem-se mais de três pessoas, em grupo organizado por meio de entidade jurídica ou não, de forma estruturada e com divisão de tarefas, valendo-se de violência, intimidação, corrupção, fraude ou outros meios assemelhados, para o fim de cometer crime.
>
> Pena - reclusão, de cinco a dez anos, e multa.
>
> § 1º Aumenta-se a pena de um terço à metade se o agente promover, instituir, financiar ou chefiar a organização criminosa.

4.1.5.3. Projeto de Lei nº 7.223/02

Da autoria do Deputado Luiz Carlos Hauly, conceitua a organização criminosa a partir da presença de pelo menos três das seguintes características: hierarquia estrutural, planejamento empresarial, uso de meios tecnológicos avançados, recrutamento de pessoas, divisão funcional das atividades, conexão estrutural ou funcional com o poder público ou com agente do poder público, oferta de prestações sociais, divisão territorial das atividades ilícitas, alto poder de intimidação, alta capacitação para a prática de fraude, conexão local, regional, nacional ou internacional com outra organização criminosa.

4.1.5.4. Projeto de Lei do Senado nº 150/06

Com origem no Senado, é um dos projetos mais completos, com adiantada tramitação e boas chances de aprovação. Prevê a revogação da Lei nº 9.034/95. Na proposta originária, o tipo ostentava a seguinte redação:

Art. 2º Promover, constituir, financiar, cooperar, integrar, pessoalmente ou por interposta pessoa, associação, sob forma lícita ou não, de cinco ou mais pessoas, com estabilidade, estrutura organizacional hierárquica e divisão de tarefas para obter, direta ou indiretamente, com o emprego de violência, ameaça, fraude, tráfico de influência ou atos de corrupção, vantagem de qualquer natureza, praticando um ou mais dos seguintes crimes:

O texto foi alterado no Plenário do Senado, de modo que, no texto atual, o conceito figura no § 1° do art. 1°, com a seguinte redação

Art 1º. Esta Lei define organização criminosa e dispõe sobre a investigação criminal, meios de obtenção de prova, crimes correlatos e procedimento criminal a ser aplicado.

§1º. Considera-se organização criminosa a associação, de três ou mais pessoas, estruturalmente ordenada e caracterizada pela divisão de tarefas, ainda que informalmente, com objetivo de obter, direta ou indiretamente, vantagem de qualquer natureza, mediante a prática de um ou mais dos seguintes crimes:

Já o tipo penal vem assim definido no art. 2°, que é complementado pela definição do § 1° do art. 1°, acima transcrita:

Art. 2º. Promover, constituir, financiar, cooperar, integrar, favorecer, pessoalmente ou por interposta pessoa, organização criminosa.

Pena: reclusão, de cinco a dez anos, e multa, sem prejuízo das penas correspondentes aos demais crimes praticados

A definição adotada no texto com as emendas de plenário é elogiável, pois está bastante próxima daquela contida na Convenção de Palermo, sendo esse um dos motivos da emenda. Abandonou-se, com isso, a problemática enumeração de características do projeto originário, o que poderá evitar vários problemas em relação a organizações criminosas de modelo empresarial e endógeno.

O texto atual mantém a expressa menção à pessoa interposta, o que é positivo, considerada a estrutura das organizações, justificada nos seguintes termos: "Qualquer um pode, em tese, atuar no crime organizado, e não apenas pessoalmente, mas também por meio de interposta pessoa. Nada impede, portanto, que alguém possa agir às ocultas, colocando-se por detrás do operar criminoso".

De logo chama a atenção o abandono do tradicional verbo *associar-se*, assim justificado:

De início, convém salientar que a proposta diverge de outras iniciativas legislativas que escolheram o verbo "associar" como núcleo do tipo penal em construção. Ora, não nos parece que as idéias participantes do vocábulo "associar" sejam suficientemente explícitas para a compreensão mais abrangente do fenômeno delitivo que mereça o *nomen iuris* de "crime organizado" (não obviamente de "organização criminosa", que possui um sentido mais sociológico do que jurídico-penal). O fato criminoso a ser descrito não se resume à mera reunião, agregação, partilha ou divisão de alguma coisa, ou seja, na conduta de união,

Crime Organizado e Proibição de Insuficiência

237

em si mesma, de um certo número de pessoas, mas sim na ação precedente de promover, constituir, financiar, cooperar ou integrar essa associação.

Antes de tudo, é mister que se explicitem os verbos que constituem o núcleo do tipo penal, os quais retratam condutas humanas que evidenciam a aludida prática criminosa. Para tanto, recorreu-se a cinco verbos que também são desprovidos de carga de ilicitude, mas que adquirem tal característica quando postos em conexão com os outros elementos da composição típica. Promover quer dizer "ser a causa de, gerar, provocar"; constituir significa "formar, organizar, criar"; financiar designa a idéia de "sustentar os gastos (de, com), prover o capital necessário para; custear, bancar"; cooperar representa "atuar, juntamente com outros para um mesmo fim, contribuir com trabalho, esforços, auxílio, colaborar"; e integrar exprime o conceito de "incluir-se um elemento no conjunto, formando um todo coerente, incorporar-se, integralizar".

A justificativa é interessante, em especial porque as condutas, explicitadas no parágrafo a seguir, referem-se a momento anterior à perpetração dos delitos. Não haveria, porém, maior prejuízo na manutenção do verbo *associar-se*, ao lado dos verbos propostos no projeto.

Criticável a manutenção, no texto, de um rol de crimes, com o permanente risco de que algum delito de relevo acabe por ser deixado de fora. Além disso, é critério que se afasta daquele preconizado pela Convenção de Palermo.

4.1.5.5. *Projeto de Lei nº 7.622/06*

Com origem na CPI do Tráfico de Armas, esse projeto tem o mérito de inserir o tipo de organização criminosa dentro do Código Penal, entre os crimes contra a paz pública, precisamente como art. 288-A, próximo de seu antecedente, que é o delito de quadrilha, técnica adotada nas legislações penais de diversos países. Eis o texto do tipo proposto:

Art. 288-A. Participar de organização de pessoas que, em continuidade de propósitos, se aliem na prática de crimes e nas diversas formas de acobertamento dos mesmos e fruição de seus resultados, formando estrutura corporativa para obtenção e distribuição de recursos financeiros ou vantagens de qualquer natureza.

A redação proposta apresenta, porém, vários problemas, a começar pelo verbo nuclear *participar* que tem o inconveniente de confundir-se com a participação que, na terminologia do direito penal, distingue-se da autoria do crime. Segue o tipo proposto com *organização de pessoas*, o que tem a vantagem da amplitude, podendo abranger, empresas, grupos informais e associações, mas não encontra correspondência exata com as formas de pessoas jurídicas adotadas no direito brasileiro. Não haveria prejuízo, ainda, na supressão da expressão "dos mesmos", que pouco contribui para aclarar o texto.

O § 1º, em relação à colaboração, auxílio e incentivo, é desnecessário, pois essas são formas reconhecidas de participação, em sentido estrito, de modo que tais condutas estariam alcançadas, de todo modo, pelo art. 29 do CP. Já para a conduta da apologia a pena restaria desproporcionada, podendo manter-se o tipo, talvez, para quem obtém benefícios, mas isso é também bastante vago, podendo abranger, por exemplo, amigos e familiares do acusado que obtém benefícios materiais ou mesmo o jornalista que escrever um livro sobre a organização. Aconselhável, então, a supressão do parágrafo.

Já o § 2º, que deve ter sido motivado pelos atos violentos do PCC em São Paulo ao longo do ano de 2006 e que, portanto, deve pretender reprimir a violência praticada contra a população em geral, e não contra policiais, peca por não definir o que seriam os atos de terrorismo, os quais, pela definição dominante da doutrina, presupõe, além de atos espetaculares ou da violência contra civis, também a motivação política, ideológica ou religiosa.

4.2. A RESPOSTA PROCESSUAL PENAL AO PERIGO DO CRIME ORGANIZADO

O processo penal tradicional, concebido para a criminalidade eventual, não dá conta de forma adequada do perigo representado pelo crime organizado, em razão, especialmente, das dificuldades no campo da prova, como visto no item 4 da Parte II.

Com isso, surgiu um "novo processo penal", concebido para atingir fins que transcendem ao caso concreto em julgamento, assim como, no processo civil, há instrumentos que protegem interesses coletivos, no que também já foi chamado de *maxiprocesso penal*.[251] Esse novo processo apresenta como características: a) a adoção de alguns meios de prova *específicos* ou técnicas especiais de investigação; b) a utilização intensa de meios de inteligência, antigamente exclusivos dos serviços de informações, na fase investigatória do processo penal; c) a utilização de medidas processuais na prevenção do crime; d) a adoção de soluções negociadas no processo penal.

Parece inadequada a terminologia *processo penal de emergência*[252] ou *ad hoc*,[253] pois não se trata de uma situação que sobreveio de forma súbita e temporária, para as quais há outras regras, até constitucionais, a serem

---

[251] KNIJNIK, Danilo. O "agente infiltrado", "encoberto" e "provocador": recepção, no direito brasileiro, das defesas do *entrapment* e da "conduta estatal ultrajante", como meio de "interpretação conforme" da lei 9.034/1995, p. 414.

[252] Em sentido contrário, afirmando que "emergência vai significar aquilo que foge dos padrões tradicionais": CHOUKR, Fauzi Hassan. *Processo Penal de Emergência*, p. 5-10.

[253] Nesse sentido, quanto a terminologia: CHOCLÁN MONTALVO, José Antonio. *La organización criminal*, p. 4; SÁNCHEZ GARCIA DE PAZ, Isabel. *Perfil Criminológico de la Delincuencia Transnacional Organizada*, p. 623.

aplicadas. A expressão pode ter sido adequada para países que enfrentaram, em determinadas épocas, ondas de terrorismo, como a Itália, Espanha ou Alemanha. Não serve, porém, para o caso do crime organizado, fenômeno que faz parte da sociedade contemporânea, mas que é de difícil controle.

Na verdade, o que se vive é um recrudescimento da criminalidade dos poderosos (*Kriminalität der Mächtigen*).[254] É nesses casos, dos agentes com dinheiro e poder para o exercício da defesa, que se vislumbra um apego excessivo às garantias, às quais é dada uma dimensão maior do que a efetivamente merecida, no chamado *hipergarantismo*,[255] uma hipertrofia na interpretação dos direitos de defesa, que anula qualquer possibilidade de persecução penal efetiva, como mencionado, acima, no item 4.6 da Parte II.

Que a Justiça Criminal alguma efetividade tem, dá prova o fato de que os presídios estão superlotados, mas primordialmente por acusados de crimes contra o patrimônio, violentos ou não, pequenos traficantes de drogas, homicidas e estupradores. Não é o que se vê, porém, quando se lida com sonegadores, autores de fraudes financeiras, grandes traficantes e contrabandistas, lavadores de dinheiro e agentes públicos corruptos.[256] Cabe lembrar Schünemann, ao afirmar que o apego radical às regras do processo penal tradicional deslegitima também a sua aplicação aos crimes de menor gravidade, como segue:

> Como se pode querer justificar, então, que se continue a perseguir intensamente a criminalidade aventureira e miserável, quando se fecha os olhos para a necessidade de uma persecução eficiente da moderna criminalidade organizada e com isso se produz uma pressão desigual da persecução penal, com desvantagem para aquelas formas de criminalidade que causam, em princípio, menores danos?[257]

Veja-se que não se trata de fenômeno exclusivo dos países periféricos, pois também na Europa há referências sobre a tendência à impunidade na criminalidade econômica e política.[258]

O resultado das dificuldades probatórias mencionadas no item 4 da Parte II é um alto grau de impunidade, o que encoraja a repetição do

---

[254] MÜLLER-DIETZ, Heinz. *Die soziale Wahrnehmung von Kriminalität*, S. 62. OSTENDORF, Heribert. Organisierte Kriminalität – eine Herausforderung für die Justiz. Juristenzeitung, S. 65-67. Sobre o tema, com farta fundamentação na Constituição, ver: FISCHER, Douglas. *Delinqüência Econômica*, p. 206-236.

[255] "Não se deve pender para os extremos de um hipergarantismo ou de uma repressão a todo custo" (SCARANCE FERNANDES, Antonio. *O equilíbrio na repressão ao crime organizado*, p. 10).

[256] Quer dizer, apesar do expressivo aumento da população carcerária brasileira na última década, a impunidade segue em relação ao crimes do colarinho branco (BOSCHI, José Antônio Paganella. *Violência e Criminalidade*, p. 41).

[257] SCHÜNEMANN, Bernd. *Kritische Anmerkungen zur geistigen Situation der Deutsche Strafrechtwissenschaft*, s. 215.

[258] RODRIGUES, Cunha. *Os Senhores do Crime*, p. 23-29; PAUL, Wolf. *Über Impunität und Verbrechen ohne Strafen*, S. 310-313.

crime,[259] ou seja, uma situação de perigo que há ser objeto do dever de proteção pelo legislador, mediante a publicação das normas processuais adequadas, incluindo aquelas que assegurem a produção da prova.[260] Se é certo que, no cálculo econômico do crime, em especial dos delitos cometidos de forma empresarial, com objetivo de lucro, a probabilidade de descoberta e punição, e não a gravidade da pena, é que servirá de contra-estímulo, parece evidente que, aqui, o sistema de persecução não está funcionando a contento. Nesse sentido lapidar o trecho que segue, relacionando impunidade e abuso de garantias:

> Creio não ser preciso evidenciar que o mais grave deste novo crime é a quase total garantia da sua impunidade. Beneficiando das oportunidades que lhe proporciona o progresso tecnológico, que dia a dia se reforça; dispondo dos mais abundantes meios econômicos e dos mais sofisticados instrumentos de acção; explorando novos espaços abertos à acção delitiva (os novos meios de pagamento, a pirataria informática, a manipulação bolsista, a engenharia genética); chegando às novas maravilhas da ciência e da técnica antes de que os serviços policiais se abeirem delas; e sobretudo explorando a seu favor, em pé de igualdade com qualquer pessoa de bem, a panóplia garantística dos sistemas processuais dos Estados de Direito, tiram o sono a cada vez maior número de semelhantes sem perderem o seu.[261]

Como refere Schünemann: "E ele [o Estado] deve organizar um processo penal que leve ao esclarecimento dos fatos criminosos, de tal modo que a desativação das possibilidades da persecução penal visadas com a organização do crime sejam compensadas".[262] Quer dizer, tais medidas são justificadas para assegurar a segurança do processo (*Verfahrenssicherheit*).[263]

As técnicas especiais de investigação,[264] como a entrega controlada, as interceptações telefônicas e ambientais, a vigilância eletrônica, a colaboração premiada, a infiltração policial, a quebra de sigilo financeiro[265] e fiscal, além de outras, visam justamente a compensar as dificuldades probatórias encontradas na criminalidade organizada, razão pela qual são recomendadas pelo art. 20 da Convenção de Palermo, assim redigido:

---

[259] MORO, Sergio Fernando. *Os Privilegiados*, p. 66; ZALUAR, Alba. *Democratização inacabada: fracasso da segurança pública*, p. 44.

[260] AMELUNG, Knut. *Zur dogmatischen Einordnung strafprozessualer Grundrechtseingriffe*, S. 739; GRIMM, Dieter. *Die Zukunft der Verfassung*, S. 234.

[261] ALMEIDA SANTOS, António. *Novo Mundo, Novo Crime, Nova Política Criminal*, p. 363.

[262] SCHÜNEMANN, Bernd. *Die deutsche Strafrechtwissenschaft nach der Jahrtausendwende*, S. 211. No mesmo sentido, criticando, porém, um certo excesso que aproxima o processo penal alemão contemporâneo ao de um estado policial: SCHÜNEMANN, Bernd. *Wohin treibt der deutsche Strafprozess*, S. 17-18.

[263] WOLTER, Jürgen. *35 Jahre Verfahrensrechtskultur und Strafprozeßverfassungsrecht in Ansehung von Freiheitsentziehung*, S. 161.

[264] Sobre a disciplina das técnicas especiais de investigação no Brasil: BALTAZAR JUNIOR, José Paulo. *Crimes Federais*, p. 496-511. Veja-se, à propósito, que esse é o objeto central da Lei nº. 9.034/95.

[265] Sobre o tema, ver: BALTAZAR JUNIOR, José Paulo. *Sigilo Bancário e Privacidade*.

Artigo 20

Técnicas especiais de investigação

1. Se os princípios fundamentais do seu ordenamento jurídico nacional o permitirem, cada Estado Parte, tendo em conta as suas possibilidades e em conformidade com as condições prescritas no seu direito interno, adotará as medidas necessárias para permitir o recurso apropriado a entregas vigiadas e, quando o considere adequado, o recurso a outras técnicas especiais de investigação, como a vigilância eletrônica ou outras formas de vigilância e as operações de infiltração, por parte das autoridades competentes no seu território, a fim de combater eficazmente a criminalidade organizada.

Coloca-se, então, como necessária, face ao perigo do crime organizado, a adoção de novas bases no processo penal, que contemplem a adoção de técnicas especiais de investigação, a possibilidade da utilização de meios de inteligência na fase da investigação criminal, a proteção de testemunhas, vítimas e réus colaboradores, a adoção de soluções negociadas e a busca da prevenção. Acredito que essa modificação nas bases do processo penal não significará erosão de direitos individuais, mas que será possível a adoção de tais medidas dentro do marco constitucional e com obediência ao princípio da ampla defesa.

Enfim, resta defendido nesse trabalho um processo penal funcional-garantidor, tendo claro que os direitos fundamentais do acusado devem ser preservados, há que se encontrar, pela ponderação, critério que não atente contra o núcleo essencial dos direitos fundamentais, mas preserve também o interesse de toda a sociedade, na persecução e punição dos fatos delituosos, seja quem for que os tenha cometido.[266] É importante reafirmar que não está sendo defendida aqui uma luta contra o crime a qualquer preço, uma vez que o Estado não poderá, para prevenir ou reprimir o crime, valer-se de meios criminosos.[267]

4.3. A FORMA IDEAL DE CONCRETIZAÇÃO DO DEVER DE PROTEÇÃO NO CRIME ORGANIZADO

Atualmente, não se pode negar a existência do fenômeno da criminalidade organizada e do perigo por ele representado.[268] No item 4.1.3 restaram demonstradas a necessidade e a possibilidade de construção de um tipo penal de organização criminosa, dentro do marco constitucional. Com isso, a resposta ao perigo representado pelo crime organizado deve conter, no plano material, a tipificação autônoma da organização crimi-

---

[266] BECHARA, Fábio Ramazzini. *Crime Organizado e interceptação telefônica*, p. 159-160; BECHARA, Fábio Ramazzini. *Crime Organizado e o Sigilo na Investigação*, p. 60.

[267] KNIJNIK, Danilo. O "agente infiltrado", "encoberto" e "provocador": recepção, no direito brasileiro, das defesas do entrapment e da "conduta estatal ultrajante", como meio de "interpretação conforme" da lei 9.034/1995, p. 417-418.

[268] V., acima, itens 3.2.3 e 3.3 da Parte III.

nosa. No plano processual, a disciplina específica em relação aos casos de admissão de cada modalidade probatória, ignorando o conceito de organização criminosa, ao argumento da impossibilidade de sua conceituação, não se sustenta. Com isso, resta refutada a *tese fraca*, que nega a possibilidade de tal tipificação.

Mas a resposta ao perigo do crime organizado não se dá exclusivamente no campo do direito material, pois as dificuldades impostas pela criminalidade organizada no campo probatório fazem com que o dever de proteção somente seja cumprido com um grau mínimo de eficiência mediante uso de técnicas especiais de investigação, tais como a quebra de sigilos bancário, fiscal e de telecomunicações, a ação controlada e a colaboração premiada.

No entanto, o critério único para a adoção de tais técnicas de investigação não deve ser o reconhecimento do tipo de organização criminosa, como preconizado na *tese forte*. Isso porque há possibilidade de que outras práticas criminosas, embora não se qualifiquem como organizadas, possam demandar a utilização de técnicas especiais de investigação. Assim ocorrerá com o terrorismo, com fatos graves praticados por um único agente e mesmo com algumas modalidades de crimes eventuais, mas graves. Assim, em casos de corrupção ou extorsão, praticada de forma organizada ou não, será necessário lançar mão, por exemplo, de interceptação telefônica.

Bem por isso é que resta adotada a *tese mista*, de modo que a resposta ao perigo da criminalidade organizada será constituída pela tipificação da organização criminosa no plano material, e pela adoção de técnicas específicas de investigação, no plano processual, em casos a serem especificados em cada meio de prova. O reconhecimento do tipo de organização criminosa deverá servir como critério mínimo, mas não único, para a adoção de técnicas especiais de investigação. Quer dizer, todas as técnicas especiais de investigação poderão ser adotadas em todos os casos de organização criminosa, seja ela do modelo tradicional, de rede, empresarial ou endógeno, sem prejuízo da adoção de tais técnicas em outros casos.

Conclusão

Conclusões parciais

1. A teoria dos princípios é uma chave fundamental para a adequada compreensão dos direitos fundamentais e sua devida aplicação, ao permitir a compatibilização em caso de conflitos de direitos fundamentais, na obtenção da concordância prática, que permite a sobrevivência da Constituição e sua permeabilidade a mudanças na situação de fato.

2. No âmbito das restrições aos direitos fundamentais é mais conveniente a adoção da teoria externa, que aumenta o suporte fático e torna mais controlável o processo das restrições.

3. A proibição de insuficiência, como decorrência do caráter objetivo dos direitos fundamentais, entendida como o dever de ação do Estado frente a ameaças provenientes de fontes não estatais contra os direitos fundamentais é reconhecida como geradora de deveres para o Estado e direitos para o cidadão.

4. A proibição de insuficiência não se confunde com a proibição de excesso, que tem por objeto medidas concretas, enquanto aquela pode ser cumprida por vários meios. Não há, no entanto, incompatibilidade entre proibição de insuficiência e proibição de excesso.

5. O legislador é o destinatário principal, mas não exclusivo, do dever de proteção, que não se esgota na publicação da lei, mas sim na sua efetiva aplicação, processo no qual tomam parte também os Poderes Executivo e Judiciário.

6. O dever de proteção é cumprido, em primeiro lugar, quando o Estado se informa sobre as condições fáticas que geram o perigo. Esse dever continua existindo após a publicação da lei, sob a forma de uma tarefa constante de observação e melhora.

7. O dever de proteção surge a partir de qualquer grau de ameaça ou lesão ao direito fundamental a ser protegido, não obstante se admita que não é possível a eliminação total dos riscos.

8. A concretização do dever de proteção é tarefa atribuída essencialmente ao legislador, que goza de um espaço razoável de conformação, mas está obrigado a adotar as medidas possíveis que, com o mínimo grau de afetação de outros bens jurídicos, atinjam o grau máximo de proteção.

9. O crime organizado é fenômeno que não pode ser ignorado, nem superdimensionado, mas representa uma nova realidade de fato, a ser adequadamente observada e enfrentada.

10. O direito e o processo penal não se constituem em puro dogma, tendo uma função a cumprir na prevenção e repressão dos delitos, de modo a preservar os bens jurídicos protegidos constitucionalmente. A sua aplicação se dá, porém, no mardo do Estado de Direito Constitucional.

11. Há quatro paradigmas de organizações criminosas: tradicional, de rede, empresarial e endógeno. Todos devem ser considerados na pesquisa, tipificação e adoção de medidas especiais de investigação, a fim de evitar um caráter xenofóbico, ingênuo ou classista no trato do tema.

12. O crime organizado não se confunde com a criminalidade de grupo, a criminalidade profissional, o crime isolado cometido de forma organizada, a criminalidade de gangues juvenis, o terrorismo e a criminalidade de massa.

13. São características essenciais das organizações criminosas: a pluralidade de agentes, a estabilidade, a finalidade de lucro e a organização. São características não essenciais: a hierarquia, a divisão de trabalho, a disciplina, a conexão com o Estado, a violência, o controle territorial, o monopólio ou cartel na exploração de mercados, o uso de meios tecnológicos sofisticados, a transnacionalidade, o embaraço do curso processual e a compartimentalização.

14. A manutenção da segurança, interna e externa, é um dever do Estado e um direito do cidadão, como condição para o exercício de seus outros direitos fundamentais.

15. As exigências de segurança devem ser compatibilizadas com a liberdade do cidadão que, a seu turno, é vista como liberdade jurídica, ou seja, do cidadão em convívio com os demais. Não há liberdade absoluta, nem segurança absoluta.

Conclusão final

O crime organizado representa um perigo concreto para a segurança, o que determina o dever do Estado de agir para a sua prevenção e repressão. O dever de proteção aqui se dá, também, mas não exclusivamente, pela adoção de medidas de ordem penal e processual penal, que podem ser derivadas do dever de proteção, sem representar uma perversão da ideia de direitos fundamentais.

A tipificação da organização criminosa é possível, do ponto de vista legal, ainda que não exista conceito criminológico consensual de crime organizado. Como qualquer outro tipo penal, cuida-se de um modelo, no qual podem ser utilizados elementos normativos, deixando aos juízes a tarefa de sua concretização. A melhor solução aqui é a tipificação autônoma, dentro ou fora do CP, seguindo o modelo da Convenção de Palermo, ou seja, de um tipo relativamente aberto, com um rol de crimes dotado de um certo grau de generalidade, a fim de que possam ser abrangidas as várias manifestações do fenômeno.

O tipo penal não deve servir como critério único para permitir a adoção de medidas específicas de investigação, embora tais medidas possam ser adotadas em todos os casos de organizações, incluídas aquelas de modelo empresarial, de rede e endógeno, de modo a alcançar todas as manifestações atuais da criminalidade organizada, incluída a criminalidade dos poderosos.

Bibliografia

ABREU E SILVA, Roberto de. Efeitos Civis da Sentença Penal. *Revista da Escola da Magistratura do Estado do Rio de Janeiro*, v. 10, n. 39, p. 17-30, 2007.

ACHTERBERG, Norbert. *Die Rechtsordnung als Rechtsverhältnisordnung*. Berlin: Duncker & Humblot.

ADORNO, Sérgio; SALLA, Fernando. Criminalidade organizada nas prisões e os ataques do PCC. *Revista USP Estudos Avançados. Dossiê Crime Organizado*. V. 21, n. 61, p. 7-29, set.-dez. 2007.

AFONSO DA SILVA, Virgílio. *Grundrechte und Gesetzgeberische Spielräume*. Baden-Baden: Nomos, 2002.

ALBRECHT, Hans-Jörg. Organisierte Kriminalität – Theoretische Erklärungen und empirische Befunde. In: *Organisierte Kriminalität und Verfassungsstaat*. Heidelberg: C.F.Müller, p. 1-40, 1997.

ALBUQUERQUE, Paulo Pinto de. *A Reforma da Justiça Criminal em Portugal e na Europa*. Coimbra: Almedina, 2003.

ALEO, Salvatore. The Definition and Repression of Organized Crime. In: LONGO, Francesca. *The European Union and the Challenge of Transnational Organized Crime. Towards a Common Police and Judicial Approach*. Milão: Giuffré, p. 61-75, 2002.

ALEXY. Robert. *Theorie der juristischen Argumentation. Die Theorie des rationalen Diskurses als Theorie der juristischen Begründung*. Frankfurt am Main: Suhrkamp, 1983.

_____. *Theorie der Grundrechte*. Frankfurt am Main: Suhrkamp, 1986.

_____. Grundrechte als Subjektive Rechte und als objektive Normen. *Der Staat*. n. 29, p. 49-68, 1990.

_____. Individuelle Rechte und kollektive Güter. In: *Recht, Vernunft, Diskurs*. Frankfurt am Main: Suhrkamp, 1995, p. 232-261.

_____. Direitos Individuais e Bens Coletivos. In: *Direito, Razão, Discurso*. Trad. Luís Afonso Heck. Porto Alegre: Livraria do Advogado, 2009.

_____. *Constitucionalismo Discursivo*. Trad. Luís Afonso Heck. 2ª ed. Porto Alegre: Livraria do Advogado, 2008.

ALLEN, Ronald J. Factual Ambiguity and a Theory of Evidence. *Northwestern University Law Review*, v. 88, n. 2, 1993.

ALMEIDA DA COSTA, Renata. *A Sociedade Complexa e o Crime Organizado. A Contemporaneidade e o Risco nas Organizações Criminosas*. Rio de Janeiro: Lumen Juris, 2004.

ALMEIDA SANTOS, António. Novo Mundo, Novo Crime, Nova Política Criminal. *Revista Portuguesa de Ciência Criminal*. Coimbra: Coimbra Editora, ano 10, n. 3, p. 351-371, jul.-st. 2000.

AMBOS, Kai. *El Derecho Penal frente a amenazas extremas*. Madrid: Dykinson, 2007.

AMELUNG, Knut. Zur dogmatischen Einordnung strafprozessualer Grundrechtseingriffe. *Juristen Zeitung*. n. 15-16, p. 737-745, 1987.

ANARTE BORRALLO, Enrique. Conjeturas sobre la Criminalidad Organizada. In: FERRÉ OLIVÉ, Juan Carlos; ANARTE BORRALLO, Enrique. *Delincuencia Organizada. Aspectos Penales, Procesales y Criminológicos*. Huelva: Universidad de Huelva. Fundación El Monte: Huelva, 1999.

ANIYAR DE CASTRO, Lolita. La Sombra Del Padrino (concepto criminológico del delito organizado). *Revista Brasileira de Ciências Criminais*. n. 42, p. 307-316, jan.-mar. 1994.

ANTON PRIETO, José Ignacio. Inmigración y Delito en el Imaginario Coletivo. Alternativas a una Relación Perversa. In: PÉREZ ÁLVAREZ, Fernando (ed.). *Serta in Memoriam Alexandri Baratta*. Salamanca: Aquilafuente. Ediciones Universidad de Salamanca, p. 247-265, 2004.

Crime Organizado e Proibição de Insuficiência

ARNDT, Claus. Zum Abhörurteil des BVerfG. *Neue Juristische Wochenschrift*. n I, 2000, p. 2325-2326.

AROMA, Kauko *et alli*. *Combating Organised Crime. Best Practice Surveys of the Council of Europe.* Estrasburgo: Conselho da Europa, 2004.

ASSIS, Araken de. *Eficácia Civil da Sentença Penal*. São Paulo: Editora Revista dos Tribunais, 1993.

ATHAYDE, Celso; SOARES, Luiz Eduardo; BILL, MV. *Cabeça de Porco*. Rio de Janeiro: Objetiva, 2005.

BACHMANN, Gregor. *Probleme des Rechtsschutzes gegen Grundrechtseingriffe im strafrechtlichen Ermittlungsverfahren*. Berlin: Duncker & Humblot, 1994.

BADARÓ, Gustavo Henrique Righi Ivahy. *Ônus da Prova no Processo Penal*. São Paulo: Editora Revista dos Tribunais, 2003.

BADURA, Peter. Grundpflichten als verfassungsrechtliche Dimension. *Deutsches Verwaltungsblatt*. Ano 97, p. 861-872, 1982.

———. Kodifikatorische und rechtsgestaltende Wirkung von Grundrechten. In: BÖTTCHER, Reinhard.; HUECK, Götz; JÄHNKE, Burkhard. *Festschrift für Walter Odersky zum 65. Geburtstag*. Berlin-New York: Walter de Gruyter, p. 159-181, 1996.

BALTAZAR JUNIOR, José Paulo. *Sigilo Bancário e Privacidade*. Porto Alegre: Livraria do Advogado, 2005.

———. *Sentença Penal*. 3ª ed. Porto Alegre: Verbo Jurídico, 2007.

———. *Crimes Federais*. 4ª ed. Porto Alegre: Livraria do Advogado, 2009.

———. A Sentença Penal de acordo com as Leis de Reforma. In: NUCCI, Guilherme de Souza (Org.). *Reformas do Processo Penal*. 2ª ed. Porto Alegre: Verbo Jurídico, 2008.

BALUTA, Jairo José; CUNHA, J.S. Fagundes. *O Processo Penal à luz do Pacto de São José da Costa Rica. A vigência e a supremacia sobre o Direito Interno brasileiro (Dec. 678/92)*. Curitiba: Juruá, 1997.

BAMBERGER, Christian. *Verfassungswerte als Schranken vorbehaltloser Freiheitsgrundrechte. Vom Verfassungs-zum Gegenseitigkeitsvorbehalt*. Frankfurt am Main: Peter Lang, 1999.

BARCELLOS, Caco. *Abusado. O Dono do Morro Dona Marta*. Rio de Janeiro-São Paulo: Record, 2004.

BARONA VILAR, Sílvia. La Conformidad en el Proceso Penal y la Justicia Negociada. In: GUTIÉRREZ-ALVIZ CONRADI, Faustino (Director). *La Criminalidad Organizada ante la Justicia*. Universidade de Sevilla. Ayuntamento de Sevilla. Universidade Internacional Menendez Pelayo: Sevilha, p. 85-106, 1996.

BARROS, Marco Antônio de. *A Busca da Verdade no Processo Penal*. São Paulo: Revista dos Tribunais, 2002.

BECHARA, Fábio Ramazzini. Crime Organizado e interceptação telefônica. *Revista Síntese de Direito Penal e Processual Penal*. n. 25, p. 158-160, abr.-mai. 2004.

———. Crime Organizado e o Sigilo na Investigação. *Revista Síntese de Direito Penal e Processual Penal*. n. 32, p. 32-60, jv.u.-jul. 2005.

BECK, Francis. *Perspectivas de controle ao crime organizado e crítica à flexibilização das garantias*. São Paulo: Instituto Brasileiro de Ciências Criminais, 2004.

BENDA, Ernst. Frieden und Verfassung. *Archiv des Öffentlichen Rechts*. n. 109, Tübingen: J.C.B. Mohr (Paul Siebeck), 1984.

BENDER, Bernd. Gefahrenabwehr und Risikovorsorge als Gegnstand nukleartechnischen Sicherheitsrecht. *Neue Juristische Wochenschrift*, Caderno 29, p. 1425-1433, jul. 1979.

BENFER, Jost. *Grundrechtseingriffe im Ermittlungsverfahren*. 2ª ed. Munique: Carl Heymans, 1990.

BENTHAM, Jeremy. *An Introduction to the Principles of Morals and Legislation*. Oxford: Clarendon Press, 1907. Disponível em: <http://oll.libertyfund.org/title/278/20748 on 2007-12-15>.

BERND, Werner. *Legislative Prognosen und Nachbesserungspflichten*. Mainz: Ed. do Autor, 1989.

BETHGE, Herbert. *Zur Problematik von Grundrechtskollisionen*. Munique: Franz Vahlen, 1977.

———. Grundrechtsverwirklichung und Grundrechtssicherung durch Organisation und Verfahren. *Neue Juristische Wochenschrift*, Caderno 1, S. 1-7, jan. 1982.

———. Die verfassungsrechtliche Problematik der Grundpflichten. *Juristische Arbeitsblätter*, Caderno 5, S. 249-259, mai. 1985.

———. Aktuelle Probleme der Grundrechtsdogmatik. *Der Staat*. 24. Band. S. 351-380, 1985.

———. Staatszwecke im Verfassungsstaat – 40 Jahre Grundgesetz. *Deutsches Verwaltungsblatt*. 104. Jahrgang, S. 841-850, September, 1989.

BILL, MV; ATHAYDE, Celso. *Falcão. Meninos do Tráfico*. Rio de Janeiro: Objetiva, 2006.

BLAKEY, G. Robert. *Trends in Organized Crime*. v. 9, 4ª ed., p. 8-34, Summer 2006.

BÖCKENFÖRDE, Ernst-Wolfgang. Grundrechtstheorie und Grundrechtsinterpretation. *Neue Juristische Wochenschrift*, Caderno 35, p. 1529-1538, ago. 1974.

BOLLE, Pierre-Henri. Leis Experimentais e Direito Penal. Trad. Mário Torres. *Revista Portuguesa de Ciência Criminal*. Ano 5, p. 7-21, jan.-mar. 1995.

BORGES, Paulo César Corrêa. *Crime Organizado*. São Paulo: Associação Paulista do Ministério Público, 2000.

BOROWSKI, Martin. *La Estructura de los Derechos Fundamentales*. Trad. Carlos Bernal Pulido. Bogotá: Universidad Externado de Colombia, 2003.

————. *Grundrechte als Prinzipien*. 2ª ed. Baden-Baden: Nomos, 2007.

BOSCHI, José Antônio Paganella. Violência e Criminalidade: perspectivas policiais e políticas. In: WUNDERLICH, Alexandre (Coord.). *Política Criminal Contemporânea. Criminologia, Direito Penal e Direito Processual Penal. Homenagem do Departamento de Direito Penal e Processual Penal pelos 60 anos da Faculdade de Direito da PUCRS*. Porto Alegre: Livraria do Advogado, p. 33-47, 2008.

BRANDÃO, Cláudio. Significado Político-Constitucional do Direito Penal. *Revista de Estudos Criminais*. n. 19. p. 65-79, jul.-set. 2005.

BRASIL. Congresso. Câmara dos Deputados. Comissão Parlamentar de Inquérito da Pirataria. *CPI da Pirataria: relatório*. Brasília: Câmara dos Deputados, Coordenação de Publicações, 2004.

BRASIL. Congresso. Câmara dos Deputados. Comissão Parlamentar de Inquérito do Tráfico de Armas. *Relatório da Comissão Parlamentar de Inquérito destinada a investigar as organizações criminosas do tráfico de armas*. Brasília: Câmara dos Deputados. Disponível em: <http://www.camara.gov. br> Acesso em 18.jan.2009.

BRASIL. Ministério da Justiça. Secretaria Nacional de Justiça. *Normas e Princípios das Nações Unidas sobre Prevenção ao Crime e Justiça Criminal*. Brasília: Secretaria Nacional de Justiça, 20009.

BRULFER, Winfried. Vom unbedingten Verbot der Folter zum bedingten Recht auf Folter? *Juristenzeitung*. p. 165-173, fev. 2000.

BUENO ARÚS, Francisco. Política Judicial Común en la Lucha contra la Criminalidad Organizada. In: FERRÉ OLIVÉ, Juan Carlos; ANARTE BORRALLO, Enrique. *Delincuencia Organizada. Aspectos Penales, Procesales y Criminológicos*. Huelva: Universidad de Huelva. Fundación El Monte, p. 59-83, 1999.

BULL, Hans Peter. *Die Staatsaufgaben nach dem Grundgesetz*. 2. Aufl., Kronberg: Athenäum, 1977.

————. Die "Sicherheitsgesetze" im Kontext von Polizei und Sicherheitspolitik. In: BULL, Hans Peter (Org.). *Sicherheit durch Gesetz?* Baden-Baden: Nomos, 1987, p. 15-43.

————. Staatszwecke im Verfassungsstaat. *Neue Zeisschrift für Verwaltungsrecht*. Heft. 9, S. 801-806, September 1989.

BURNHAM, Bill. Measuring transnational organised crime. An empirical study of existing data sets on TOC with particular reference to intergovernmental organisations. In: EDWARDS, Adam; GILL, Peter. *Transnational Organised Crime. Perspectives on global Security*. Londres-Nova Iorque: Routledge, p. 65-77, 2003.

CALDEIRA, Cesar. Presídio sem facções criminosas no Rio de Janeiro. *Revista de Estudos Criminais*. n. 23, p. 107-125, jul.-dez. 2006.

CALLEGARI, André Luís. Legitimidade Constitucional do Direito Penal Econômico: uma crítica aos tipos penais abertos. *Revista dos Tribunais*. v. 851, p. 432-444, set. 2006.

CAMILO OSÓRIO, Luis. *Delincuencia Organizada y Sistema Acusatorio*. Bogotá: Fiscalía General de la Nación, p. XV, s/d.

CANARIS, Claus Wilhelm. Grundrechte und Privatrecht. *Archiv für civilistisches Praxis*. v. 184, p. 201-228, 1984.

————. Grundrechtswirkung und Verhältnismäßigkeitsprinzip in der richterlichen Anwendung und Fortbildung des Privatrechts. *Juristische Schulung*. Caderno 3, p. 162-172, mar. 1989.

CANCIO MELIÁ, Manuel. O estado atual da política criminal e a ciência do direito penal. Trad. Lúcia Kalil. In: CALLEGARI, André Luís; GIACOMOLLI, Nereu. *Direito Penal e Funcionalismo*. Porto Alegre: Livraria do Advogado, p. 89-115, 2005.

————. De nuevo: ¿derecho penal del enemigo? In: STRECK, Lenio. *Direito Penal em Tempos de Crise*. Porto Alegre: Livraria do Advogado, 2007.

Crime Organizado e Proibição de Insuficiência — **251**

————; GÓMEZ-JARA DÍEZ, Carlos. *Derecho Penal Del Enemigo. El discurso penal de la exclusión*. Madrid: Edisofer. Montevideo-Buenos Aires: B de F, 2006.

CARNEIRO, Geraldo. Geraldo Carneiro entrevista Francisco Viriato Corrêa (o Japonês). *Discursos Sediciosos. Crime, Direito e Sociedade*. Rio de Janeiro: Instituto Carioca de Criminologia – Relume Dumará, n.1, p. 13-18, 1996.

CARVALHO, Salo de. Política Criminal e Descriminalização: Breves Considerações. In: BITENCOURT, Cezar Roberto. *Crime & Sociedade*. Curitiba: Juruá, p. 323-341, 1998.

CASABONA, Carmelo. Functions of the Public Prosecutor, Enquiries and Witness turning King's Evidence in the repression of Organized Crime: The Italian Experience. In: LONGO, Francesca. *The European Union and the Challenge of Transnational Organized Crime. Towards a Common Police and Judicial Approach*. Milão: Giuffré, p. 77-89, 2002.

CASTALDO, Andrea R. La criminalidad organizada en Itália: la respuesta normativa y los problemas de la praxis. *Revista Brasileira de Ciências Criminais*. n. 27, p. 11-19, jul.-set. 1999.

CASTILHO, Ela Wiecko V. de. *O Controle Penal nos Crimes contra o Sistema Financeiro Nacional*. Belo Horizonte: Del Rey, 2001.

————. Crimes Antecedentes e Lavagem de Dinheiro. *Revista Brasileira de Ciências Criminais*. n. 47, p. 46-59, mar.-abr. 2004.

————. O Papel do CNMP e do CNJ. *Direito & Justiça. Correio Brasiliense*. p. 3, 16.mai.2005.

————. Federalização de Violações contra Direitos Humanos. In: *Anais da XIX Conferência Nacional dos Advogados*. Brasília: Ordem dos Advogados do Brasil. Conselho Federal, 2006, p. 193-199.

CERVINI, Raúl. Mesa Redonda sobre Crime Organizado. *Revista Brasileira de Ciências Criminais*. n. 8, p. 143-158, out.-dez. 1994.

CHAMBERLIN, Henry Barret. Some observations concerning organized crime. *Journal of Criminal Law and Criminology*. n. 22, p. 652-670, jan. 1932.

CHANG, Juin-Jen. LU, Huei-Chung; CHEN, Mingshen. Organized Crime or Individual Crime. *Economic Inquiry*. V. 43, n. 3, jul. 2005, p. 661-675.

CHAVES DE GUSMÃO, Chrysolito. *O Banditismo e Associações para Delinqüir (Especialmente no Brasil). Estudo Psycho-Pathologico e Juridico com gravuras*. Rio de Janeiro: Jacyntho Ribeiro dos Santos Livreiro-Editor, 1914.

CHIAVARIO, Mario. Direitos Humanos, Processo Penal e Criminalidade Organizada. *Revista Brasileira de Ciências Criminais*. n. 5, p. 25-36, jan.-mar. 1994.

CHOCLÁN MONTALVO, José Antonio. *La organización criminal. Tratamiento penal y procesal*. Madrid: Dykinson, 2000.

CHOUKR, Fauzi Hassan. *Processo Penal de Emergência*. Rio de Janeiro: Lumen Juris, 2002.

CIAPPI, Silvio. Crime Organizado e Gangues Juvenis. A perspectiva Italiana. In: CERETTI, Adolfo *et alli*. *Ensaios Criminológicos*. Trad. Lauren Paoletti Stefanini. São Paulo: Instituto Brasileiro de Ciências Criminais, 2002.

CIRINO DOS SANTOS, Juarez. Crime Organizado. *Revista Brasileira de Ciências Criminais*. n. 42, p. 214-224, jan.-mar. 1994.

CLASSEN, Claus Dieter. Die Ableitung von Schutzpflichten des Gesetzgebers aus Freiheitsrechten – ein Vergleich von deutschen und französischem Verfassungsrecht sowie der Europäischen Menschenrechtskonvention. *Jahrbuch des öffentlichen Rechts der Gegenwart*, v. 36, p. 29-48, 1987.

COELHO, Edmundo Campos. *A Oficina do Diabo e outros estudos sobre criminalidade*. Rio de Janeiro-São Paulo: Record, 2005.

COELHO, Carlos Frederico. A Lei da "Caixa Preta". In: PENTEADO, Jaques de Camargo. *Justiça Penal. Críticas e Sugestões. O Crime Organizado (Itália e Brasil). A Modernização da Lei Penal*. v. 7. São Paulo: Editora Revista dos Tribunais, p. 149-166.

CORDEIRO, Néfi. A Recorribilidade das Interlocutórias no Processo Penal. In: BONATO, Gilson. *Direito Penal e Processual Penal. Uma Visão Garantista*. Rio de Janeiro: Lumen Juris, p. 165-191, 2001.

CUIABANO, Renata Maciel. Ordem de Mercado, Eficiência e suas repercussões na atuação do juiz no processo penal brasileiro. *Revista de Estudos Criminais*. n. 7, p. 95-102, 2002.

DANTAS. O necessário aperfeiçoamento legislativo sobre o crime organizado – Uma visão do PLS 150/2006. *Revista Jurídica*. n. 357, p. 129-138, jul. 2007.

D'AVILA, Fábio. *Ofensividade em Direito Penal. Escritos sobre a teoria do crime como ofensa a bens jurídicos.* Porto Alegre: Livraria do Advogado, 2009.

DE LA CUESTA, Jose (ed.). *Resolutions of the Congresses of the International Association of Penal Law.* Toulouse: Éditions érès, 2009.

DEGENHART, Cristoph. Technischer Fortschrit und Grundgesetz: Friedliche Nutzung de Kernenergie. *Deutsches Verwaltungsblatt*, p. 926-936, set. 1983.

DELGADO GARCIA, Maria Dolores. El Agente Encubierto: Técnicas de Investigación. Problemática y Legislación Comparada. In: GUTIÉRREZ-ALVIZ CONRADI, Faustino (Director). *La Criminalidad Organizada ante la Justicia.* Sevilha: Universidade de Sevilla. Ayuntamento de Sevilla. Universidade Internacional Menendez Pelayo, p. 69-84, 1996.

DENCKER, Friedrich. Organisierte Kriminalität und Strafprozeβ, In: *Organisierte Kriminalität und Verfassungsstaat.* Heidelberg: C.F.Müller, p. 41-56, 1997.

DENNINGER, Erhard. Der Präventions-Staat. *Kritische Justiz*, Caderno 1, p. 1-15, 1988.

DI FABIO, Udo. Rechtsfragen zu unerkannten Gesundheitsrisiken elektromagnetischer Felder. *Die Öffentliche Verwaltung*, Caderno 1, p. 1-9, jan. 1995.

DICKIE, John. *Cosa Nostra. Historia de la Mafia Siciliana.* Trad. Francisco Ramos. Barcelona: Debate, 2006.

DIETLEIN, Johannes. *Die Lehre von den grundrechtlichen Schutzpflichten.* Berlin: Duncker & Humblot, 1991.

———. Das Untermaβverbot. *Zeitschrift für Gesetzgebung. Vierteljahresschrift für staatliche und kommunale Rechtssetzung*, Caderno 2, p. 131-141, 1995.

DIRNBERGER, Franz. Grundrechtliche Schutzpflicht und Gestaltungsspielraum. Eine kurze Betrachtung zur Rechtsprechung des Bundesverfassungsgerichts. *Deutsches Verwaltungsblatt*, S. 879-884, jul. 1992.

DOLDERER, Michael. *Objektive Grundrechtsgehalte.* Berlin: Duncker & Humblot, 2000.

DORNELLES, Renato. *Falange Gaúcha.* Porto Alegre: RBS Publicações, 2008.

DREIER, Horst. Subjektiv-rechtliche und objektiv-rechtliche Grundrechtsgehalte. *Juristische Ausbildung.* S. 505-513. Oktober, 1994.

DÜRIG, Günter. Der Grundrechtssatz der Menschenwürde. Entwurf eines praktikablen Wertsystems der Grundrechte aus Art. 1 Abs. I in Verbindung mit Art. 19 Abs. II des Grundgesetzes. *Archiv des Öffentlichen Rechts*, 81. Band, S. 9-157, 1956.

———. Grundrechte und Zivilrechtsprechung. IN: MAUNZ, Theodor. *Vom Bonner Grundgesetz sur gesamtdeutschen Verfassung. Festschrift zum 75. Geburtstag von Hans Nawiasky.* München: Isar Verlag, p. 157-191, 1956.

DUSS, Vanessa. Ökonomie im Recht: Rationalisierung des Straverfahrenrechts. *Schweizerische Zeitschrift für Strafrecht.* n. 118, p. 178-189, 2000.

DWORKIN, Ronald. Taking Rights seriously. Harvard: Harvard University Press, 1977.

EGMOND, Florike. Multiple Underworlds in the Dutch Republic of the Seventeenth and Eighteenth Centuries. In: PAOLI, Letizia; FIJNAUT, Cyrille. *Organised Crime in Europe. Concepts, Patterns and Control Policies in the European Union and Beyond,* Dordrecht: Springer, p. 77-107, 2004.

EISENBERG, Ulrich. *Kriminologie.* 5ª ed. Munique: C.H. Beck, 2000.

EL HIRECHE, Gamil Föppel. *Análise Criminológica das Organizações Criminosas. Da Inexistência à Impossibilidade de Conceituação e suas Repercussões no Ordenamento Jurídico Penal Pátrio. Manifestação do Direito Penal do Inimigo.* Rio de Janeiro: Lumen Juris, 2005.

ELVINS, Martin. Europe's response to transnational organized crime. In: EDWARDS, Adam; GILL, Peter. *Transnational Organised Crime. Perspectives on global Security.* Londres-Nova Iorque: Routledge, p. 28-41, 2003.

ERICHSEN, Hans-Uwe. Grundrechtliche Schutzpflichten in der Rechtsprechung des Bundesverfassungsgerichts. *Juristische Ausbildung*, Caderno 2, p. 85-89, 1997.

ESPÍNDOLA, Ruy Samuel. *Conceito de Princípios Constitucionais.* 2ª ed. São Paulo: Editora Revista dos Tribunais, 2002.

ESTELLITA, Heloísa. *Criminalidade de Empresa. Quadrilha e Organização Criminosa.* Porto Alegre: Livraria do Advogado, 2009.

FABIÁN CAPARROS, Eduardo A. Criminalidad Organizada. In: GUTIERRES FRANCÉS, Maria Luz; SÁNCHEZ LOPES, Virginia. *El Nuevo Codigo Penal: Primeros Problemas de Aplicación.* Salamanca:

Asociación de Estudios Penales Pedro Dorado Montero. Universidade de Salamanca, p. 169-182, 1997.

FALLER, Hans Joachim, Gewaltmonopol des Staates und Selbstschutzrecht des Bürgers. In: FALLER, Hans Joachim; KIRCHHOF, Paul; TRÄGER, Ernst. *Verantwortlichkeit und Freiheit. Die Verfassung als wertbestimmte Ordnung*. Tübingen: J.C.B Mohr (Paul Siebeck), p. 3-18, 1988.

FARIA COSTA, José de. A Globalização e o Direito Penal (ou o Tributo da Consonância ao Elogio da Incompletude). *Revista de Estudos Criminais*. n. 6, p. 26-34, 2002.

FELDENS, Luciano. *Tutela Penal dos Interesses Difusos e Crimes do Colarino Branco. Por uma relegitimia-ção da atuação do Ministério Público. Uma investigação à luz dos valores constitucionais*. Porto Alegre: Livraria do Advogado, 2002.

————. *A Constituição Penal. A dupla face da proporcionalidade no controle das normas*. Porto Alegre: Livraria do Advogado, 2005.

FERNANDES, Fernando. *O Processo Penal como Instrumento de Política Criminal*. Coimbra: Almedina, 2001.

FERNANDES, Luís Fiães. Criminalidade Transnacional Organizada: Organização, Poder e Coacção. In: VALENTE, Manuel Monteiro Guedes. *Estudos de Homenagem ao Professor Doutor Germano Marques da Silva*. Lisboa: Almedina, p. 423-465, 2004.

FERRAJOLI, Luigi. *Derecho y Razón. Teoría del Garantismo Penal*. Trad. Perfecto Andrés Ibáñez *et alli*. Madrid: Editorial Trotta, 2001.

FERRATER MORA, J. *Dicionário de Filosofia*. Trad. Maria Stela Gonçalves *et alli*. São Paulo: Ed. Loyola, 2001.

FIGUEIREDO DIAS, Jorge de. Os Princípios Estruturantes do Processo e a Revisão de 1998 do Código de Processo Penal. *Revista Portuguesa de Ciência Criminal*. Ano 8, p. 199-213, abr.-jun. 1998.

————. O Direito Penal entre a "Sociedade Industrial" e a "Sociedade do Risco". *Revista Brasileira de Ciências Criminais*. n. 33, p. 39-65, jan.-mar. 2001.

————. A criminalidade organizada: do fenómeno ao conceito jurídico-penal. *Revista Brasileira de Ciências Criminais*. n. 71, p. 11-30, mar-abr. 2008.

FISCHER, Douglas. *Delinqüência Econômica e Estado Social e Democrático de Direito*. Porto Alegre: Verbo Jurídico, 2006.

————. O que é garantismo penal (integral)? In: CALABRICH, Bruno; FISCHER, Douglas; PELELLA, Eduardo. *Garantismo Penal Integral*. Salvador: Editora Jus Podium, 2009, p. 25-50.

FLIEGAUF, Harald. Menschen und Bürgerrechte im Kontext ihrer Pflichten. In: RILL, Bernd. *Grundrechte – Grundpflichten: eine untrennbare Verbindung*. Munique: Hanss Seidel Stiftung, p. 7-14, 2000.

FLORES PÉREZ, Carlos Antonio. El Estado en Crisis: Crimen Organizado y Política. Desafíos para la Consolidación Democrática. In: *Delincuencia Organizada y Sistema Acusatório*. Bogotá: Físcalia General de la Nación, p. 111-147, 2005.

FONSECA, Jorge Carlos. O sistema prisional face às organizações criminosas: um olhar a partir da Constituição Global. *Revista Brasileira de Ciências Criminais*. n. 57, p. 44-71, nov.-dez. 2005.

FOUCALT, Michel. *A Verdade e as Formas Jurídicas*. Trad. Roberto Cabral de Melo Machado e Eduardo Jardim Moraes, 3ª ed., Rio de Janeiro: Nau Editora, 2003.

FREITAS, Ricardo de Brito A. P. Globalização e Sistema Penal. *Revista Brasileira de Ciências Criminais*. n. 43, p. 165-186, abr.-jun. 2003.

FREUND, Georg. Der Zweckgedanke im Strafrecht. *Goltdammer's Archiv für Strafrecht*. S. 4-22, 1995.

FULVETTI, Gianluca. The Mafia and the 'Problem of the Mafia': Organised Crime in Italy, 1820-1970. In: PAOLI, Letizia; FIJNAUT, Cyrille. *Organised Crime in Europe. Concepts, Patterns and Control Policies in the European Union and Beyond*, Dordrecht: Springer, p. 47-75, 2004.

GARCIA, Rogério Maia. A Sociedade do Risco e a (In)eficiência do Direito Penal na era da globaliza-ção. *Revista de Estudos Criminais*. n. 17, p. 77-103, jan.-mar. 2005.

GARZÓN, Baltasar. *Un Mundo sin Miedo*. Buenos Aires: Plaza & Janés, 2005.

GAVARA DE CARA, Juan Carlos. *Derechos Fundamentales y Desarrollo Legislativo*. Madrid: Centro de Estudios Constitucionales, 1994.

GEIS, Max-Emanuel. Anspruchsdenken – Exzessive Inanspruchnahme Von Grundrechten In: RILL, Bernd. *Grundrechte – Grundpflichten: eine untrennbare Verbindung*. Munique: Hanss Seidel Stiftung, p. 27-37, 2000.

254   *José Paulo Baltazar Junior*

GIACOMOLLI, Nereu José. A garantia do devido processo legal e a criminalidade organizada. *Revista de Estudos Criminais*. n. 14, p. 113-121, 2004.

————. O princípio da legalidade como limite do *ius puniendi* e proteção dos direitos fundamentais. *Revista de Estudos Criminais*, n. 23, p. 153-177, jul.-dez. 2006.

GLENNY, Misha. *McMafia. Crime sem Fronteiras*. Trad. Lucia Boldrini. São Paulo: Companhia das Letras, 2008.

GOMES, Abel Fernandes. *Crime Organizado* e suas conexões com o Poder Público. In: *Crime Organizado*. GOMES, Abel Fernandes; PRADO, Geraldo; DOUGLAS, William. Rio de Janeiro: Impetus, p. 3-23, 2000.

GOMES, Luiz Flávio. Crime Organizado. O que se entende por isso depois da Lei nº 10.217, de 11.04.2001? – Apontamentos sobre a perda de eficácia de grande parte da Lei nº 9.034/95. *Revista Síntese de Direito Penal e Processual Penal*. n. 11, p. 9-16, dez.-jan. 2002.

————; CERVINI, Raul. *Crime Organizado. Enfoques Criminologico, Juridico (Lei 9.034/95) e Politico-Criminal*. 2ª ed. São Paulo: Editora Revista dos Tribunais, 1997.

GONÇALVES, André Matsuhita; MERIGHI, Gustavo de Castilho, *Organização Criminosa no Brasil: Tipificação Penal*. Campo Grande: UCDB Editora, 2007.

GONÇALVES, Fernando; ALVES, Manoel João; GUEDES VALENTE, Manuel Monteiro. *O Novo Regime Jurídico do Agente Infiltrado*. Coimbra: Almedina, 2001.

GÖDDEKE, Dieter. *Die Einschränkung der Strafverteidigung*. Colônia: Pahl-Rugenstein Verlag, 1980.

GOMES, Rodrigo Carneiro. *O Crime Organizado na Visão da Convenção de Palermo*. Belo Horizonte: Del Rey, 2008.

GÖPPINGER, Hans. *Kriminologie*. 5. Aufl. Munique: C.H. Beck, 1997.

GRABITZ, Eberhard. Der Grundsatz der Verältnismäßigkeit in der Rechtsprechung des Bundesverfa ssungsgerichts. *Archiv des öffentlichen Rechts*, v. 98, p. 569-615, 1973.

GRECO, Luiz Felipe. Funcionalismo Penal. In: BARRETTO, Vicente de Paulo (Coord.). *Dicionário de Filosofia do Direito*. São Leopoldo: Editora Unisinos; Rio de Janeiro: Ed. Renovar, p. 369-371.

GRIMM, Dieter. *Die Zukunft der Verfassung*. Frankfurt am Main: Suhrkamp, 1991.

GRINOVER, Ada Pellegrini. *Liberdades Públicas e Processo Penal*. 2ª ed. São Paulo: Editora Revista dos Tribunais, 1982.

————. Prefácio. In: BERMÚDEZ, Victor Hugo, et alli. *La Víctima en el Proceso Penal*. Buenos Aires: Depalma, 1997.

GUILLÉN, Francesc; VALLÈS, Lola. Inmigrante e Inseguridad: un problema de delincuencia o de victimización? In: DA AGRA, Cândido *et alli. La Seguridad en la sociedad del riesgo. Un debate abierto*. Barcelona: Atelier, p. 303-323, 2003.

GUIMARÃES, Alberto Passos. *As Classes Perigosas. Banditismo Urbano e Rural*. Rio de Janeiro: Graal, 1982.

GUSY, Cristoph. Beobachtung Organisierter Kriminalität durch den Verfassungschutz? *Strafverteidiger*. p. 320-326, 1995.

————. Rechtsgüterschutz als Staatsaufgabe. *Die Öffentliche Verwaltung*. Caderno 14, p. 573-583, jul. 1996.

————. Organisierte Kriminalität zwischen Polizei und Verfassungschutz. *Goltdammer's Archif für Strafrecht*, S. 319-331, 1999.

HÄBERLE, Peter. *Öffentliches Interesse als juristisches Problem. Eine Analyse vom Gesetzgebung und Rechtsprechung*. Bad Homburg: Athenäum Verlag, 1970.

————. Effizienz und Verfassung. *Archiv des öffentlichen Rechts*. v. 98, p. 625-635, 1973.

————. *Die Wesensgehaltgarantie des Art. 19 Abs. 2 Grundgesetz*. 3. Aufl. Heidelberg: C.F. Müller, 1983.

————. Grundrechte im Leistungstaat. In: HÄBERLE, Peter. *Die Wesensgehaltgarantie des Art. 19 Abs. 2 Grundgesetz*. 3. Aufl. Heidelberg: C.F. Müller, 1983. p. 454-461.

————. Verfassungstaatliche Staatsaufgabenlehre. *Archiv des Öffentlichen Rechts*. 111. B., S. 595-611, 1986.

HABERMAS, Jürgen. Wahrheitstheorien. In: *Vorstudien und Ergänzungen zur Theorie des kommunikati-ven Handelns*. Frankfurt am Main: 1995, S. 127-183.

HAIN, Karl-Eberhard. Der Gesetzgeber in der Klemme zwischen Übermaß und Untermaßverbot. *Deutsches Verwaltungsblatt*. p. 982-984, set. 1993.

Crime Organizado e Proibição de Insuficiência **255**

HARTMANN, Arthur. Die Mafia und ihre Strukturen. Das Unternehmenskonzept der organisierten Kriminalität in der wissenschaftlichen Auseinandersetzung, *Kriminalistik*, S. 642-649, Oktober 2000.

HASSEMER, Hans. Thesen zu Informationeller Selbstbestimmung und Strafverfahren. *Strafverteidiger*. p. 267-268, 1988.

————. Unverfügbares im Strafprozeß. In: KAUFMANN, Arthur; MESTMÄCKER, Ernst-Joachim; ZACHER, Hans F. *Rechtsstaat und Menschenwürde. Festschrift für Werner Maihofer zum 70. Geburtstat*. S. 183-204, 1988.

————. Innere Sicherheit im Rechtstaat. *Strafverteidiger*. p. 664-670, 1993.

————. Aktuelle Perspektiven der Kriminalpolitik. *Strafverteidiger*, S. 333-337, 1994.

————. Perspektiven einer neuen Kriminalpolitik. *Strafverteidiger*. p. 483-490, 1995.

HECK, Luís Afonso. *O Tribunal Constitucional Federal e o Desenvolvimento dos Princípios Constitucionais. Contributo para uma compreensão da jurisdição constitucional alemã*. Porto Alegre: Sergio Antonio Fabris, 1995.

————. Regras, Princípios Jurídicos e sua Estrutura no Pensamento de Robert Alexy. In: Dos Princípios Constitucionais. Considerações em torno das normas principiológicas da Constituição. LEITE, George Salomão (Org.). São Paulo: Malheiros, 2003.

————. Jurisdição Constitucional. Teoria da nulidade *versus* teoria da nulificabilidade das leis. Porto Alegre: Livraria do Advogado, 2008.

HELDRICH, Andreas. Rechtsvergleichung. In: GÖRRES-GESELLSCHAFT. *Staatslexikon*. 7. Aufl. Herder: Freiburg-Basel-Wien, 1988.

HENKE, Wilhelm. Juristische Systematik der Grundrechte. *Die Öffentliche Verwaltung*. p. 1-11, 1984.

HERMES, Cristoph. Nachbarschutz aus grundrechtlicher Schtuzpflicht? *Archiv des Öffentlichen Rechts*. B. 115, p. 610-636, 1990.

HERMES, Georg. *Das Grundrecht auf Schutz von Leben und Gesundheit. Schutzpflicht und Schutzanspruch aus Art. 2 Abs. 2 Satz 1 LF*. Heidelberg: C.F. Müller, 1987.

HESSE, Konrad. Bestand und Bedeutung der Grundrechte in der Bundesrepublik Deutschland. *Europäische Grundrechte-Zeitschrift*. p. 427-437, 1978.

————. *Grundzüge des Verfassungsrechts der Bundesrepublik Deutschland*. Neudruck der 20. Aufl. Heidelberg: C.F. Muller, 1999.

————. *Elementos de Direito Constitucional da República Federal da Alemanha*. Trad. Luís Afonso Heck. Porto Alegre: Sergio Antonio Fabris Editor, 1998.

HETZER, Wolfgang. Wirtschaftsform Organisierte Kriminalität. *Zeitschrift für Wirtschaft, Steuer, Strafrecht*. v. 4, p. 126-136, 1999.

HOBBES, Thomas, *De Cive*. Disponível em: <http://www.constitution.org/th/decive--.htm>. Acesso em: 25 ago.2007.

HOBBS, Dick. Criminal Collaboration. In: MAGUIRE, Mike; MORGAN, Rod; REINER, Robert. *The Oxford Handbook of Criminology*. 2nd. Edition. Oxford: Clarendon Press, p. 802-840, 1997.

HORSTKOTTE, Harthmuth. Os Limites da Prevenção Criminal à luz dos Direitos do Homem. Trad. Helena Moniz. *Revista Portuguesa de Ciência Criminal*. Ano 8, p. 373-408, jul.-set.,1998.

HUBER, Ernst Rudolf. Bedeutungswandel der Grundrechte. *Archiv des öffentlichen Rechts*, v. 23, p. 1-98, 1933.

HUBER, Peter Michael. Das Menschenbild im Grundgesetz. *Juristische Ausbildung*. S. 505-511, Oktober, 1998.

————. In: STARCK, Christian (Org.). *Kommentar zum Grundgesetz*, v. 1, 5ª ed., Munique: Franz Vahlen, 2005.

HUSTER, Stefan. *Rechte und Ziele. Zur Dogmatik des allgemeinen Gleichheitssatzes*. Berlin: Duncker & Humblot, 1993.

IGLESIAS RIOS, Miguel Angel. Criminalidad Organizada y Delincuencia Económica. Aproximación a su incidencia global. In: RUIZ RENGIFO, Hoover Wadith. *Criminalidad Organizada y Delincuencia Económica. Estúdios en homenaje al Profesor Herney Hoyos Garcés*. Bogotá: Ediciónes Jurídicas Gustavo Ibañez, 2002.

IPSEN, Jörg. Die Genehmigung technischer Großanlagen Rechtliche Regelung und neuere Judikatur. *Archiv des öffentlichen Rechts*, v. 107, p. 258-296, 1982.

ISAACS, Nathan. The Law and the facts. 22 *Columbia Law Review*, 1922, n. 1, p. 6.

ISENSEE, Josef. Die verdrängten Grundpflichten des Bürgers. Ein grundgesetzliches Interpretationsvakuum. *Die öffentliche Verwaltung*. Caderno 15, p. 609-618, 1982.

————. *Das Grundrecht auf Sicherheit. Zu den Schutzpflichten des freiheitlichen Verfassungsstaates.* Berlin: Walter de Gruyter, 1983.

JAKOBS, Günther. Kriminalisierung im Vorfeld einer Rechtsgutsverletzung. *Zeitschrift für die gesamte Strafrechwissenschaft*, n. 97, caderno 4, p. 751-784, 1985.

————; CANCIO MELIÁ, Manuel. *Derecho Penal del Enemigo.* Madrid: Thomson Civitas, 2003.

JARASS, Hans D. Grundrechte als Wertentscheidungen. *Archiv des öffentlichen Rechts.* 110. Band. Tübingen: J.C.B. Mohr (Paul Siebeck), S. 363-397, 1985.

————. Bausteine einer Grundrechtsdogmatik. *Archiv des öffentlichen Rechts.* 120. Band. Tübingen: J.C.B. Mohr (Paul Siebeck), S. 345-381, 1995.

————. Objektive Grundrechtsbehalte, insbes. Schutzpflichten und privatrechtsgestaltende Wirkung. In: BADURA, Peter; DREIER, Horst. *Festschrift für 50 Jahre Bundesverfassungsgericht.* Tübingen: Mohr Siebeck, 2001.

JESUS, Damásio de. Criminalidade Organizada: Tendências e Perspectivas Modernas em Relação ao Direito Penal Transnacional. In: ZAFFARONI, Eugenio Raúl; KOSOVSKI, Ester. (Org.). *Estudos em Homenagem ao Prof. João Marcello de Araújo Junior.* Rio de Janeiro: Lumen Juris, 2001, p. 129-136.

JOZINO, Josmar. *Cobras e Lagartos. A vida íntima e perversa nas prisões brasileiras. Quem manda e quem obedece no partido do crime.* São Paulo: Objetiva, 2005.

JUSTIÇA GLOBAL, *Direitos Humanos no Brasil 2002. Relatório Anual do Centro de Justiça Global.* Rio de Janeiro: Justiça Global, 2002.

KANTHER, Manfred. Die Entwicklung der organisierten Kriminalität in der Bundesrepublik Deutschland und geplant Maßnahmen zu ihrer Bekämpfung. In: *Organisierte Kriminalität und Verfassungstaat.* Heidelberg: C.F.Müller, p. 57-72, 1997.

KAUFMANN, Armin. *Die Aufgabe des Strafrechts.* Düsseldorf: Westdeutscher Verlag, 1983.

KAUFMANN, Franz-Xaver. *Sicherheit als soziologisches und sozialpolitisches Problem.* Stuttgart: Ferdinand Enke Verlag, 1970.

KELSEN, Hans. *Reine Rechtslehre.* 2. Aufl. Wien: Franz Deuticke, 1960.

KERNER, Hans-Jürgen. Organisiertes Verbrechen. In: *Kleines Kriminologisches Wörterbuch.* 3. Aufl. Heidelberg: C.F.Müller, 1992.

KINZIG, Geörg. *Die Rechtliche Bewältigung von Erscheinungsformen organisierter Kriminalität.* Berlin: Duncker & Humblot, 2004.

KLEIN, Eckart. Grundrechtliche Schutzpflicht des Staates. *Neue Juristische Wochenschrift*, Caderno 27, p. 1633-1640.

KLEIN, Hans H. Über Grundpflichten. *Der Staat.* 14. Band, p. 153-168, 1975.

————. Die Grundrechtliche Schutzpflicht. *Deutsches Verwaltungsblatt*, Caderno 9, p. 489-497, mai. 1994.

KLERKS, Peter. The network paradigm. Theoretical nitpicking or a relevant doctrine for investigators. Recent development in the Netherlands. In: EDWARDS, Adam; GILL, Peter. *Transnational Organised Crime. Perspectives on global Security.* Londres-Nova Iorque: Routledge, p. 97-113, 2003.

KNIJNIK, Danilo. Os standards do convencimento judicial: paradigmas para o seu possível controle. *Revista Forense*, Rio de Janeiro, n. 353, jan.-fev. 2001.

————. O "agente infiltrado", "encoberto" e "provocador": recepção, no direito brasileiro, das defesas do entrapment e da "conduta estatal ultrajante", como meio de "interpretação conforme" da lei 9.034/1995. *Revista dos Tribunais*, São Paulo, n. 826, p. 413-427, ago. 2004.

————. *A Prova nos Juízos Cível, Penal e Tributário.* Rio de Janeiro: Forense, 2007.

————. Ceticismo fático e fundamentação teórica de um Direito Probatório. In: KNIJNIK, Danilo. *Prova Judiciária. Estudos sobre o novo Direito Probatório.* Porto Alegre: Livraria do Advogado, 2007.

KOPP, Ferdinand. Grundrechtliche Schutz- und Förderungspflichten der öffentlichen Hand, Neue Juristische Wochenschrift, Caderno 28, p. 1753-1757, jul. 1994.

KRAUβ, Detlef. Sicherheitsstaat und Strafverteidigung. *Strafverteidiger*, p. 315-325, 1989.

————. Strafprozeß zwischen Kriminalpolitik und Medienereignis. In: HAMM, Rainer; MÖLLER, Peter. (Org.). *Strafrecht und Datenschutz – ein Widerspruch in sich?* Baden-Baden: Nomos Verlagsgesellschaft, 1997, p. 35-47.

Crime Organizado e Proibição de Insuficiência

KREBS, Walter. Freiheitsschutz durch Grundrechte. *Juristische Ausbildung*. p. 617-627, dez. 1988.

KRÖGER, Klaus. *Forum: Die vernächlässigte Friedenspflicht des Bürgers. Juristische Schulung*. p. 172-176, 1984.

KUNZ, Karl-Ludwig. Innere Sicherheit und Kriminalitätsvorsorge im Liberalen Rechtsstaat. In: KUNZ, Karl Ludwig; MOSER, Rupert (Hrg.). *Innere Sicherheit und Lebensängste*. Bern:Stuttgart: Wien: Haupt, 1997, p. 13-36.

LANDAU, Herbert. Die Pflicht des Staates zum Erhalt einer funktionstüchtigen Strafrechtspflege. *Neue Zeitschrift für Strafrecht*. Heft. 3, 27. Jahrgang, S. 121-127, März 2007.

LANGE, Katrin. 'Many a Lord is Guilty, Indeed for Many a Poor Man's Dishonest Deed: Gangs of Robbers in Early Modern Germany. In: PAOLI, Letizia; FIJNAUT, Cyrille. *Organised Crime in Europe. Concepts, Patterns and Control Policies in the European Union and Beyond*. Dordrecht: Springer, p. 109-149, 2004.

LASARS, Wolfgang. *Die klassisch-utilitarische Begründung der Gerechtigkeit*. Berlin: Duncker & Humblot, 1982.

LEMGRUBER, Julita. Violência, omissão e insegurança pública: o pão nosso de cada dia. In: VELHO, Gilberto (Org.). *Ciência e Estudos de Violência*. Rio de Janeiro: Academia Brasileira de Ciências, 2005.

LEPA, Manfred. Grundrechtskonflite. *Deutsches Verwaltungsblatt*. 87. Jahrgang, S. 161-167, März 1972.

LERCHE, Peter. Vorbereitung grundrechtlichen Ausgleichs durch gesetzgeberisches Verfahren. In: LERCHE, Peter; SCHMITT GLAESER, Walter; SCHMIDT-AβMANN. *Verfahren als staats- und verwaltungsrechtliche Kategorie*. Heidelberg: R.v.Decker & C.F. Muller, 1984.

LEVI, Michael. The Making of the United Kingdom's Organised Crime Control Policies. In: PAOLI, Letizia; FIJNAUT, Cyrille. *Organised Crime in Europe. Concepts, Patterns and Control Policies in the European Union and Beyond*, Dordrecht: Springer, p. 823-851, 2004.

LIMA, Marcellus Polastri. O Processo Acusatório, a denominada verdade real e a busca da prova no processo penal. In: AMBOS, Kai; LIMA, Marcellus Polastri. *O Processo Acusatório e a Vedação Probatória*. Porto Alegre: Livraria do Advogado, 2009.

LOCKE, John. *Two treatises of government by John Locke* London, 1764. *Eighteenth Century Collections Online*. Gale Group. Disponível em: <http://galenet.galegroup.com/servlet/ECCO>. Acesso em: 7. set. 2007.

LOEWENSTEIN, Karl. *Teoria de la Constitución*. 2ª ed. Trad. Alfredo Gallego Anabitarte. Barcelona: Ariel, 1970.

LOPES JÚNIOR, Aury. *Direito Processual Penal e sua Conformidade Constitucional*. V. I, 4ª ed., Rio de Janeiro: Lumen Juris, 2009.

————; BADARÓ, Gustavo Henrique. *Direito ao Processo Penal no Prazo Razoável*. Rio de Janeiro: Lumen Juris, 2006.

LORENZ, Dieter. Der grundrechtliche Anspruch auf effektiven Rechtsschutz. *Archiv des öffentlichen Rechts*. v. 105, p. 623-649, 1980.

LORENZ, Frank Lucien. Absoluter Schutz versus absolute Relativität. Die Verwertung von Tagebüchern zur Urteilsfindung em Strafprozeß. *Goltdammer's Archiv für Strafrecht*, p. 254-279, 1992.

————. Operative Informationserhebung" im Straverfahren, "Unverfügbares und Grundrechtschutz durch "institutionelle Kontrolle". *Juristenzeitung*, p. 1000-1011, 1992.

LÜBBE-WOLFF, Gertrude. *Die Grundrechte als Eingriffsabwehrrechte*. Baden-Baden: Nomos Verlagsgesellschaft, 1988.

LUHMANN, Niklas. *Grundrechte als Institution*. Berlin: Duncker & Humblot, 1965.

LUISI, Luiz. *Os Princípios Constitucionais Penais*. Porto Alegre: Sérgio Antonio Fabris Editor, 1991.

MACHADO, Carla; AGRA, Cândido de. Insegurança e Medo do Crime: da Ruptura da Sociabilidade à Reprodução da Ordem Social. *Revista Portuguesa de Ciência Criminal*. Ano 12, p. 79-101, jan.-mar. 2002.

MACIEL, Adhemar. Observações sobre a Lei de Repressão ao Crime Organizado. *Revista Brasileira de Ciências Criminais*. n. 12, p. 93-100, out.-dez. 1995.

MAGALHÃES GOMES, Mariângela Gama. Devido processo legal e direito ao procedimento adequado. *Revista Brasileira de Ciências Criminais*. n. 55, p. 293-313, jul.-ago. 2005.

MAIEROVITCH, Walter Fanganiello. A Matriz Terrorista do Crime Organizado. In: PENTEADO, Jaques de Camargo. *Justiça Penal. Críticas e Sugestões. O Crime Organizado (Itália e Brasil). A Modernização da Lei Penal.* v. 7. São Paulo: Editora Revista dos Tribunais, p. 89-115.

MALAN, Diogo Rudge. Processo Penal do Inimigo. *Revista Brasileira de Ciências Criminais.* n. 59, p. 223-259, mar.-abr. 2006.

MAPELLI CAFARENA, Borja. Problemas de la Ejecución Penal frente a la Criminalidad Organizada. In: GUTIÉRREZ-ALVIZ CONRADI, Faustino (Director). *La Criminalidad Organizada ante la Justicia.* Sevilla: Universidade de Sevilla. Ayuntamento de Sevilla. Universidade Internacional Menendez Pelayo, p. 53-68, 1996.

MARQUES DA SILVA, Germano. A Criminalidade Organizada e a Investigação Criminal (Nem pactos com o "diabo) nem utilização de meios diabólicos em seu combate. In: VALENTE, Manuel Monteiro Guedes. *I Congresso de Processo Penal.* Lisboa: Almedina, p. 397-414, 2005.

MASTROPAOLO, Alfio. Clientelismo. In: BOBBIO, Norberto; MATTEUCCI, Nicol; PASQUINO, Gianfranco. *Dicionário de Política.* 12ª ed., v. 1. Trad. (Coord.) João Ferreira. Brasília: Editora UnB, 1999, p. 177-179.

MAUNZ, Theodor. Verfassungsinhalt und Verfassungswirklichkeit. *Bayerische Verwaltungsblätter.* Heft 1. S. 1-3, Januar 1969.

MAURER. Hartmut. *Direito Administrativo Geral.* Trad. Luís Afonso Heck. São Paulo: Manole, 2006.

————. *Contributos para o Direito do Estado.* Trad. Luís Afonso Heck. Porto Alegre: Livraria do Advogado, 2007.

MARTIN, Elvins. Europe's response to transnational organised crime.

MEDINA ARIZA, Juan J. Una Introdución al Estudio Criminológico del Crimen Organizado. In: FERRÉ OLIVÉ, Juan Carlos; ANARTE BORRALLO, Enrique. *Delincuencia Organizada. Aspectos Penales, Procesales y Criminológicos.* Huelva: Universidad de Huelva. Fundación El Monte: Huelva, p. 109-134, 1999.

MENDES, Gilmar Ferreira. *Hermenêutica Constitucional e Direitos Fundamentais.* Brasília: Brasília Jurídica, 2000.

MENDRONI, Marcelo Batlouni. *Crime Organizado. Aspectos Gerais e Mecanismos Legais.* 2ª ed. São Paulo: Atlas, 2007.

MERTEN, Detlef. Grundpflichten im Verfassungssystem der Bundesrepublik Deutschland. *Bayerische Verwältungsblätter.* p. 554-559, 1978.

MEYER, Jürgen; HETZER, Wolfgang. Neue Gesetze gegen die Organisierte Kriminalität. *Neue Juristische Wochenschrift,* 51. Jahrgang, S. 1017-1029, April 1998.

MICHAEL, Lothar. Methodenfragen der Abwägunglehre. *Jahrbuch des öffentlichen Rechts der Gegenwart,* v. 48, p. 170-202, 1998.

————. Die drei Argumentationsstrukturen des Grundsatzes der Verhältnismäßigkeit – Zur Dogmatik des Über und Untermaßverbotes und der Gleichheitssätze. *Juristische Schulung.* Heft 2, S. 148-155, 2001.

MICHEL, Lutz H. *Staatszwecke, Staatsziele und Grundrechtsinterpretation unter besonderer Berücksichtigung der Positivierung des Umweltschutzes im Grundgesetz.* Frankfurt am Main: Peter Lang, 1986.

MILITELLO, Vincenzo. Die Grundrechte zwischen Grenzen und Legitimierung eines strafrechtlichen Schutzes auf europäischer Ebene. In: ARNOLD, Jörg et alli. *Menschengerechtes Strafrecht.* München: Verlag C.H. Beck, S. 807-827, 2005.

MINGARDI, Guaracy. O Estado e o Crime Organizado. São Paulo: Instituto Brasileiro de Ciências Criminais: Complexo Jurídico Damásio de Jesus, 1998.

————. O trabalho da Inteligência no controle do Crime Organizado. *Revista USP Estudos Avançados. Dossiê Crime Organizado.* V. 21, n. 61, p. 51-75, set.-dez. 2007.

MIRANDA, Gustavo Senna. Obstáculos contemporâneos ao combate às organizações criminosas. *Revista dos Tribunais.* n. 870, p. 459-503, abr. 2008.

MISSE, Michel. *Crime e Violência no Brasil Contemporâneo. Estudos de Sociologia do Crime e da Violência Urbana.* Rio de Janeiro: Lumen Juris, 2006.

————. Mercados ilegais, redes de proteção e organização local do crime no Rio de Janeiro. *Revista USP Estudos Avançados. Dossiê Crime Organizado.* V. 21, n. 61, p. 139-157, set.-dez. 2007.

MÖHN, Hans-Josef. Ist der Begriff "Organisierte Kriminalität" definierbar? *Kriminalistik,* S. 534-536, August-September 1994.

Crime Organizado e Proibição de Insuficiência

MOREL, Mário. A "caixinha" da Polícia do Distrito Federal. In: MOLICA, Fernando (Org.). *50 anos de Crimes. Reportagens policiais que marcaram o jornalismo brasileiro.* Rio de Janeiro-São Paulo: Record, p. 57-77, 2007.

MORENO CATENA, Victor. La Protección de los Testigos y Peritos en el Proceso Penal Español. In: FERRÉ OLIVÉ, Juan Carlos; ANARTE BORRALLO, Enrique. *Delincuencia Organizada. Aspectos Penales, Procesales y Criminológicos.* Huelva: Universidad de Huelva. Fundación El Monte: Huelva, p. 135-149, 1999.

MORO, Sergio Fernando. *Desenvolvimento e Efetivação Judicial das Normas Constitucionais.* São Paulo: Max Limonad, 2001.

————. *Jurisdição Constitucional como Democracia.* São Paulo: Editora Revista dos Tribunais, 2004.

————. Considerações sobre a operação mani pulite. *Revista CEJ,* n 26, p. 57-62, set. 2004.

————. Neoconstitucionalismo e Jurisdição Constitucional. *Cadernos da Escola de Direito e Relações Internacionais da UniBrasil,* n. 5, p. 247-253, jan.-dez. 2005.

————. Justiça Criminal em Risco. *Revista Jurídica Consulex.* n. 206, p. 54-55, ago. 2005.

————. Os Privilegiados. *Revista Jurídica Consulex.* n. 206, p. 66, set. 2007.

————. Justiça sem Fim. *Revista Jurídica Consulex.* n. 269, p. 66, jan. 2009.

MÖSTL, Markus. Probleme der verfassungsprozessualen Geltendmachung gesetzgeberischer Schutzpflichten – Die Verfassungsbeschwerde gegen legislatives Unterlassen. *Die Öffentliche Verwaltung,* Caderno 24, p. 1029-1039, dez. 1998.

MUELLER, Gerhard O. Crime Prevention as a Human Right: The Task of the United Nations. In: HERZBERG, Rolf Dietrich. *Festschrift für Dietrich Oehler zum 70. Geburtstag.* Köln: Carl Heymanns, S. 517-524, 1985.

MÜLLER, Egon. Der Grundsatz der Waffengleichheit im Strafverfahren. *Neue Juristische Wochenschrift,* Caderno 24, p. 1063-1067, 1976.

MÜLLER, Jens. Bekämpfungsstrategien gegen organisierte Kriminalität aus ökonomischer Sicht. *Monatsschrift für Kriminologie und Strafrechtsreform,* 81. Jahrgang, Heft 4, S. 272-281, 1998.

MÜLLER-DIETZ, Heinz. Die soziale Wahrnehmung von Kriminalität. *Neue Zeitschrift für Strafrecht,* S. 57-65, 13. Jahrgang, Heft 2, Februar, 1993.

MUNIZ, Jaqueline de Oliveira; PROENÇA JÚNIOR, Domício. Muita politicagem, pouca política os problemas da polícia são. *Revista USP Estudos Avançados. Dossiê Crime Organizado.* V. 21, n. 61, p. 159-172, set.-dez. 2007.

NELKEN, David. White-Collar Crime. In: MAGUIRE, Mike; MORGAN, Rod; REINER, Robert. *The Oxford Handbook of Criminology.* 2nd. Edition. Oxford: Clarendon Press, p. 891-924, 1997.

NIEMÖLLER, Martin; SCHUPPERT, Gunnar Folke. Die Rechtsprechung des Bundesverfassungsgerichts zum Strafverfahrenrecht, *Archiv des öffentlichen Rechts,* 107. Band, S. 387-498, 1982.

NIPPERDEY, Hans Carl. Grundrechte und Privatrecht. In: NIPPERDEY, Hans Carl. *Festschrift für Erich Molitor zum 75. Geburtstag.* Munique-Berlim: C.H. Beck'sche, 1962.

————. Freie Entfaltung der Persönlichkeit. In: BETTERMANN, Karl August; NIPPERDEY, Hans Carl. (Hrsg.) *Die Grundrechte.* Berlin: Duncker & Humblot, p. 741-759, 1962.

NUÑEZ PAZ, Miguel Ángel. Criminologia y Grupos Organizados. In: PÉREZ ÁLVAREZ, Fernando (ed.). *Serta in Memoriam Alexandri Baratta.* Salamanca: Aquilafuente. Ediciones Universidad de Salamanca, p. 509-530, 2004.

OLIVEIRA, Adriano. *Tráfico de Drogas e Crime Organizado. Peças e Mecanismos.* Curitiba: Juruá, 2008.

OLLERO TASSARA, Andrés. Responsabilidades Políticas e Razão de Estado. In: GUTIÉRREZ-ALVIZ CONRADI, Faustino (Director). *La Criminalidad Organizada ante la Justicia.* Sevilha: Universidade de Sevilla. Ayuntamento de Sevilla. Universidade Internacional Menendez Pelayo: Sevilha, p. 24-35, 1996.

OSTENDORF, Heribert. Organisierte Kriminalität – eine Herausforderung für die Justiz. *Juristenzeitung.* p. 63-70, 1991.

PACHECO, Rafael. *Crime Organizado. Medidas de Controle e Infiltração Policial.* Curitiba: Juruá, 2008.

PALAZZO, Francesco. *Valores Constitucionais e Direito Penal.* Trad. Gérson Pereira dos Santos. Porto Alegre: Sergio Antonio Fabris Editor, 1989.

————. La Máfia hoy: evolución criminológica e legislativa. In: FERRÉ OLIVÉ, Juan Carlos; ANARTE BORRALLO, Enrique. *Delincuencia Organizada. Aspectos Penales, Procesales y Criminológicos.* Huelva: Universidad de Huelva. Fundación El Monte, p. 161-175, 1999.

―――. Direito Penal e Constituição na experiência italiana. *Revista Portuguesa de Ciência Criminal.* Ano 9, p. 31-44, jan.-mar. 1999.

PAOLI, Letizia. Die italienische Mafia. Paradigma oder Spezialfall organisierter Kriminalität? Monatsschrift für Kriminologie und Strafrechtsreform, 82. Jahrgang, Heft 6, S. 425-441, 1999.

―――; FIJNAUT, Cyrille. *Organised Crime in Europe. Concepts, Patterns and Control Policies in the European Union and Beyond,* Dordrecht: Springer, 2004.

PAUL, Wolf. Über Impunität und Verbrechen ohne Strafen. In: PRITTWITZ, Cornelius *et alli. Festschrift für Klaus Lüderssen zum 70. Geburtstag am 2. Mai 2002.* Baden-Baden: Nomos Verlagsgesellschaft, S. 305-316, 2002.

PENNA MARINHO Jr., Inezil. Concebendo o Direito com a Razão (De como uma teleologia garantista é pressuposto do paradigma democrático de Estado de Direito). *Revista de Estudos Criminais.* n. 19, p. 151-173, jul.-set. 2005.

PIETH, Mark. Die Bekämpfung des organisierten Verbrechen in der Schweiz. *Schweizerische Zeitschrift für Strafrecht.* n. 109, p. 257-271, 1992.

PIEROTH, Bodo; SCHLINK, Bernhard. *Grundrechte. Staatsrecht II.* 22ª ed. Heidelberg: C.F. Müller, 2006.

PIETRZAK, Alexandra. Die Schutzpflicht im verfassungsrechtlichen Kontext – Überblicke und neue Aspekte. Juristische Schulung, Caderno 9, p. 748-749, 1994.

PIRES LEAL, José Manuel. O sentimento de insegurança na discursividade sobre o crime. *Revista Portuguesa de Ciência Criminal.* Ano 17, p. 475-503, jul.-set. 2007.

PITOMBO, Antônio Sérgio Altieri de Moraes. *Organização Criminosa. Nova perspectiva do tipo legal.* São Paulo: Editora Revista dos Tribunais, 2009.

PORTO, Roberto. *Crime Organizado e Sistema Prisional.* São Paulo: Atlas, 2007.

PRADO, Fabiana Lemes Zamalloa. *A Ponderação de Interesses em Matéria de Prova no Processo Penal.* São Paulo: IBCCrim, 2006.   ·

PRADO, Geraldo; DOUGLAS, William. Comentários à Lei nº 9.034/95. In: *Crime Organizado.* GOMES, Abel Fernandes; PRADO, Geraldo; DOUGLAS, William. Rio de Janeiro: Impetus, p. 29-101, 2000.

PREU, Peter. Freiheitsgefährdung durch die Lehre von den Grundrechtlichen Schutzpflichten. Überlegungen aus Anlaß des Gentechnikanlagen-Beschlusses des Hessischen Verwaltungsgerichtshofs. *Juristen Zeitung,* n. 6, p. 265-271, mar. 1991.

PRITTWITZ, Cornelius. O Direito Penal entre Direito Penal do Risco e Direito Penal do Inimigo: tendências atuais em Direito Penal e Política Criminal. Trad.: Helga Sabotta de Araújo e Carina Quito. *Revista Brasileira de Ciências Criminais.* n. 47, p. 31-45, mar.-abr. 2004.

―――. "Feinde Ringsum" Zur begrenzten Krompatibilität von Sicherheit und Freiheit. In: *Institut für Kriminalwissenschaften und Rechtsphilosophie Frankfurt a.M.* (Org.). Frankfurt am Main: Peter Lang, 2006, p. 225-252.

PULEIO, Francesco; FONZO, Ignazio. Seminario de Estudios. Reflexiones sobre la Lucha contra la Delincuencia Organizada en el Modelo Acusatorio Oral. Parte II. La Experiencia Italiana en Matéria de Investigación sobre el Crímen Organizado con Especial Referencia al Narcotráfico. In: *Delincuencia Organizada y Sistema Acusatório.* Bogotá: Físcalia General de la Nación, p. 167-210, 2005.

PUPPE, Ingeborg. Ciência do direito penal e jurisprudência. Trad. Luís Greco. *Revista Brasileira de Ciências Criminais.* n. 58, p. 105-113, jan.-fev. 2006.

QUEIROZ, Carlos Alberto Marchi de. *Crime Organizado no Brasil. Comentários à Lei nº 9.034/95. Aspectos Policiais e Judiciários.* São Paulo: Iglu Editora, 1998.

QUINTERO OLIVARES, Gonzalo. La Criminalidad Organizada y la Función del Delito de Asociación Ilícita. In: FERRÉ OLIVÉ, Juan Carlos; ANARTE BORRALLO, Enrique. *Delincuencia Organizada. Aspectos Penales, Procesales y Criminológicos.* Huelva: Universidad de Huelva. Fundación El Monte, p. 177-190, 1999.

RANDELZHOFER, Albrecht. *Die Pflichtenlehre bei Samuel von Pufendorf.* Berlin: Walter de Gruyter, 1978.

RENNER, Mauro Henrique. Diagnósticos e Perspectivas do Crime Organizado. Reformas Legais Necessárias. Lacunas Normativas. *Revista Ibero-Americana de Ciências Penais.* n 7. p. 115-132, set.-dez. 2002.

Crime Organizado e Proibição de Insuficiência   **261**

RIBEIRO LOPES, Maurício Antônio. Apontamentos sobre o Crime Organizado e Notas sobre a Lei 9.034/95. In: PENTEADO, Jaques de Camargo. *Justiça Penal. Críticas e Sugestões. O Crime Organizado (Itália e Brasil). A Modernização da Lei Penal.* v. 7. São Paulo: Editora Revista dos Tribunais, p. 177-196.

RIEβ, Peter. Sicherung einer effektiven Strafrechtspflege – ein Verfassungsgebot? *Strafverteideger Forum*, S. 364-369, November, 2000.

ROBBERS, Gerhard. *Sicherheit als Menschenrecht. Aspekte der Geschichte, Begründung und Wirkung einer Grundrechtsfunktion.* Baden-Baden: Nomos, 1987.

ROCHA, João Luís Moraes. Crime Transnacional. *Revista Portuguesa de Ciência Criminal.* Ano 13, p. 79-104, jan.-mar. 2003.

RODRIGUES, Cunha. Os Senhores do Crime. *Revista Portuguesa de Ciência Criminal.* Ano 9, p. 7-29, jan.-mar. 1999.

ROOSEVELT. Franklin Delano. The Four Freedoms. Disponível em: <http://www.libertynet.org/edcivic/fdr.html>. Acesso em: 12.dez.2009.

ROTMAN, Edgardo. O Conceito de Prevenção do Crime. Trad. André Gonçalo Dias Pereira. *Revista Portuguesa de Ciência Criminal.* Ano 8, p. 319-371, jul-set. 2008.

ROXIN, Claus. Política Criminal e Sistema Jurídico-Penal. Trad. Luís Greco. Rio de Janeiro: Renovar, 2002.

———. Normativismus, Kriminalpolitik und Empirie in der Strafrechtdogmatik. In: DÖLLING, Dieter. *Jus Humanum. Grundlagen des Rechts und Strafrecht. Festschrift für Ernst-Joachim Lampe zum 70. Geburtstag.* Berlin: Duncker & Humblot, S. 423-437, 2002.

———. *Strafrecht. Allgemeiner Teil.* Band I. 4. Aufl. München: C.H.Beck. 2006.

RUPP, Hans Heinrich. Vom Wandel der Grundrechte. *Archiv des öffentlichen Rechts.* v. 101, S. 161-201, 1976.

SACHS, Michael. Die Relevanten Grundrechtsbeeinträchtigungen. *Juristische Schulung*, Caderno 4, p. 303-307, 1995.

———. Die Gesetzvorbehalte der Grundrechte des Grundgesetzes. *Juristische Schulung*, Caderno 8, p. 693-697, 1995.

SALLA, Fernando. Considerações sociológicas sobre o crime organizado no Brasil. *Revista Brasileira de Ciências Criminais.* n. 71, p. 364-390, mar.-abr. 2008.

SÁNCHEZ GARCIA DE PAZ, Isabel. Perfil Criminológico de la Delincuencia Transnacional Organizada. In: PÉREZ ÁLVAREZ, Fernando (ed.). *Serta in Memoriam Alexandri Baratta.* Salamanca: Aquilafuente. Ediciones Universidad de Salamanca, p. 621-669, 2004.

SANGUINÉ, Odone. Função Simbólica da Pena. *Revista Portuguesa de Ciência Criminal.* Ano 5, p. 77-89, jan.-mar. 1995.

SANTIAGO, Bruno Vinga. A prevenção e a investigação criminais nos preliminares da acção penal. *Revista Portuguesa de Ciência Criminal.* Ano 17, p. 415-458, jul.-set. 2007.

SARLET, Ingo. Constituição e Proporcionalidade: O Direito Penal e os Direitos Fundamentais entre Proibição de Excesso e de Insuficiência. *Revista de Estudos Criminais.* n. 12, p. 86-120, 2003.

SCARANCE FERNANDES, Antônio. Crime Organizado e a Legislação Brasileira. In: PENTEADO, Jaques de Camargo. *Justiça Penal. Críticas e Sugestões. O Crime Organizado (Itália e Brasil). A Modernização da Lei Penal.* v. 7. São Paulo: Editora Revista dos Tribunais, p. 31-55, 1995.

———. *Processo Penal Constitucional.* São Paulo: Editora Revista dos Tribunais, 1999.

———. O equilíbrio entre a eficiência e o garantismo e o crime organizado. *Revista Brasileira de Ciências Criminais.* n. 70, p. 229-269, jan.-fev. 2008.

———. O equilíbrio entre a eficiência e o garantismo e o crime organizado. In: FERNANDES, Antonio Scarance; ALMEIDA, José Raul Gavião de; MORAES, Maurício Zanoide de. *Crime Organizado. Aspectos Processuais.* São Paulo: Editora Revista dos Tribunais, 2009, p. 9-28.

SCHAEFER, Hans-Christoph. Organisierte Kriminalität aus der Sicht der Justiz. In: *Organisierte Kriminalität und Verfassungsstaat.* Heidelberg: C.F.Müller, p. 89-106, 1997.

SCHEFFER, Uwe. Strafprozeßrecht, quo vadis? *Goltdammer's Archiv für Strafrecht.* S. 449-467, 1995.

SHEPTYCKI, James. Global law enforcement as a protection racket. Some skeptical notes on transnational organised crime as an object of global governance. In: EDWARDS, Adam; GILL, Peter. *Transnational Organised Crime. Perspectives on global Security.* Londres-Nova Iorque: Routledge, p. 42-58, 2003.

SCHERZBERG, Arno. "Objektiver" Grundrechtschutz und subjektives Grundrecht. Überlegungen zur Neukonzeption des grundrechtlichen Abwehrrechts. *Deutsches Verwaltungsblatt*, p. 1128-1136, nov. 1989.

SCHIER, Paulo Ricardo. Ensaio sobre a supremacia do interesse público sobre o privado e o regime jurídico dos direitos fundamentais. *Revista de Estudos Criminais*. n. 13, p. 139-152, 2004.

SCHILLING, Flávia. Corrupção, Crime Organizado e Democracia. *Revista Brasileira de Ciências Criminais*, n. 36, p. 401-409, out.-dez. 2001.

SCHLINK, Bernhard. Freiheit durch Eingriffsabwehr – Rekonstruktion der klassischen Grundrechtsfunktion. *Europäische Grundrechte Zeitschrift*, ano 11, Caderno 17, p. 457-468, 1984.

SCHMIDT, Eberhard. Strafrechtspflege in Gefahr. *Zeitschrift für die Gesamte Strafrechtwissenschaft*, 18. Band, S. 567-581, 1968.

SCHMIDT, Andrei Zenkner. O "direito de punir": revisão crítica. *Revista de Estudos Criminais*, n. 9, p. 84-101, p. 2003.

———. Considerações sobre um modelo teleológico-garantista a partir do viés funcional-normativista. In: WUNDERLICH, Alexandre (Coord.). *Política Criminal Contemporânea. Criminologia, Direito Penal e Direito Processual Penal. Homenagem do Departamento de Direito Penal e Processual Penal pelos 60 anos da Faculdade de Direito da PUCRS*. Porto Alegre: Livraria do Advogado, p. 87-118, 2008.

SCHMIDT, Walter. Der Verfassungsvorbehalt der Grundrechte. *Archiv des öffentlichen Rechts*. v. 106, p. 497-525, 1981.

———. Grundrechtstheorie im Wandel der Verfassungsgeschichte. *Juristische Ausbildung*. p. 169-180, 1983.

SCHMIDT-ASSMANN, Eberhard. Anwendungsprobleme des Art. 2 Abs. 2 LF im Imissionsschutzrecht. *Archiv des öffentlichen Rechts*. v. 106, p. 205-217, 1981.

SCHMIDT-BLEIBTREU, Bruno; KLEIN, Franz. *Kommentar zum Grundgesetz*. 9ª ed. Kriftel: Luchterhand, 1999.

SCHMIDT DE OLIVEIRA, Ana. *A Vítima e o Direito Penal*. São Paulo: Editora Revista dos Tribunais, 1999.

SCHMIDT-SEMISCH, Henning. *Kriminalität als Risiko. Schadenmanagement zwischen Strafrecht und Versicherung. Schadenmanagement zwischen Strafrecht und Risiko*. München: Gerling, 2002.

SCHNAPP, Friedrich E. Grenzen der Grundrechte. *Juristische Schulung*, Heft 11, S. 729-735, 1978.

———. Die Verhältnismäßigkeit des Grundrechtseingriffs. *Juristische Schulung*, Caderno 11, p. 850-855, 1983.

SCHNEIDER, Hendrik. Bellum Justum gegen den Feind im Inneren. *Zeitschrift für die gesamte Strafrechwissenschaft*. n. 113, p. 499-515, 2001.

SCHNEIDER, Ludwig. *Der Schutz des Wesensgehalts von Grundrechten nach Art. 19, Abs. 2 LF*. Berlin: Duncker & Humblot, 1983.

SCHOLZ, Rupert. Rechtsfrieden im Rechtsstaat. Verfassungsrechtliche Grundlage, aktuelle Gefahren und rechtspolitische Folgerungen. *Neue Juristische Wochenschrift*. Heft. 14. S. 705-712, April 1983.

SCHÜNEMANN, Bernd. Kritische Anmerkungen zur geistigen Situation der Deutsche Strafrechtwissenschaft. *Goltdammer's Archiv für Strafrecht*, p. 201-229, 1995.

———. Die deutsche Strafrechtwissenschaft nach der Jahrtausendwende. *Goltdammer's Archiv für Strafrecht*, p. 205-225, 2001.

———. Wohin treibt der deutsche Strafprozess. *Zeitschrift für die gesamte Strafrechwissenschaft*. n. 114, p. 1-62, 2002.

SCHOREIT, Armin. Verpolizeilichung des Ermittlungsverfahrens. *Strafverteidiger*. n. 10, p. 449-452, 1989.

SIEBER, Ulrich. Logistik der Organisierten Kriminalität in der Bundesrepublik Deutschland. *Juristenzeitung*, p. 758-768, 1995.

SILVA, Ângelo Roberto Ilha da. *Dos Crimes de Perigo Abstrato em Face da Constituição*. São Paulo: Editora Revista dos Tribunais, 2003.

SILVA, Eduardo Araújo da. *Crime Organizado. Procedimento Probatório*. São Paulo: Atlas, 2003.

SILVA FRANCO, Alberto. Globalização e Criminalidade dos Poderosos. *Revista Portuguesa de Ciência Criminal*. Coimbra: Coimbra Editora, ano 10, Fasc. 1º, p. 183-229, jan.-mar. 2000.

SILVA, Juary C. *Macrocriminalidade*. São Paulo: Revista dos Tribunais, 1980.

Crime Organizado e Proibição de Insuficiência

SILVA SÁNCHEZ, Jesús María. *La expansión del derecho penal. Aspectos de la Política Criminal en las sociedades postindustriales.* 2ª ed. Montevideo-Buenos Aires: B de f, 2006.

SILVA SÁNCHEZ, Jesús María. La Intervención a través de uma organización, ¿Uma forma moderna de participación en el delito? In: CANCIO MELIÁ, Manuel; SILVA SÁNCHEZ, Jesús María. *Delitos de Organización,* Montevideo-Buenos Aires: B de f, 2008.

SIQUEIRA FILHO, Élio Wanderley. *Repressão ao Crime Organizado.* 2ª ed. Curitiba: Juruá, 2003.

SMITH, Adam. *An inquiry into the nature and causes of the wealth of nations.* Vol. 1. Dublin, 1776 *Eighteenth Century Collections Online.* Gale Group. Disponível em: <http://galenet.galegroup.com/servlet/ECCO>. Acesso em 7. set. 2007.

SOARES, Luiz Eduardo. *Meu Casaco de General. Quinhentos Dias no Front da Segurança Pública do Rio de Janeiro.* São Paulo: Companhia das Letras, 2000.

————. *Segurança tem saída.* Rio de Janeiro: Sextante, 2006.

————. A Política Nacional de Segurança Pública: histórico, dilemas e perspectivas. *Revista USP Estudos Avançados. Dossiê Crime Organizado.* V. 21, n. 61, p. 77-97, set.-dez. 2007.

SOARES, Luiz Eduardo; LEMOS, Carlos Eduardo Ribeiro; MIRANDA, Rodney Rocha. *Espírito Santo.* São Paulo: Objetiva, 2009.

SOBRINHO, Mário Sérgio. O Crime Organizado no Brasil. In: FERNANDES, Antonio Scarance; ALMEIDA, José Raul Gavião de; MORAES, Maurício Zanoide de. *Crime Organizado. Aspectos Processuais.* São Paulo: Editora Revista dos Tribunais, 2009, p. 29-64.

SOUZA, Fatima. *PCC. A Facção.* Rio de Janeiro-São Paulo: Record, 2007.

SOUZA, Percival de. *Narcoditatura. O Caso Tim Lopes. Crime Organizado e Jornalismo Investigativo no Brasil.* São Paulo: Labortexto Editorial, 2002.

————. *O Sindicato do Crime. PCC e outros grupos.* São Paulo: Ediouro, 2006.

STARCK, Christian. Der verfassungsrechtliche Schutz des ungeborenen menschlichen Lebens. *Juristenzeitung,* n. 17, p. 816-822, 1993.

————. *Kommentar zum Grundgesetz,* v. 1, 5ª ed., Munique: Franz Vahlen, 2005.

STEINBEIβ-WINKELMANN, Christine. *Grundrechtliche Freiheit und staatliche Freiheitsordnung. Funktion und Regelungsgehalt verfassungsrechtlicher Freiheitsgarantien im Licht neuerer Grundrechtstheorien.* Frankfurt am Main: Peter Lang, 1986.

STEINKE, Wolfgang. Aufstiegchancen für den der schweigt. *Kriminalistik,* s. 353-354, Juli 1984.

STELFOX, Peter. Transnational organised crime. A police perspective. In: EDWARDS, Adam; GILL, Peter. *Transnational Organised Crime. Perspectives on global Security.* Londres-Nova Iorque: Routledge, p. 114-125, 2003.

STERN, Klaus. *Das Staatsrecht der Bundesrepublik Deutschland,* Bd. III/1, Munique: C.H. Becs'che Verlagbuchhandlung, 1988.

STETTNER, Rupert. Die Verpflichtung des Gesetzgebers zu erneutem Tätigwerden bei fehlerhafter Prognose. *Deutsches Verwaltungsblatt,* p. 1123-1128, dez. 1982.

STILLE, Alexander. *Excellent Cadavers. The Mafia and the Death of the First Italian Republic.* Nova Iorque: Vintage, 1996.

STRATENWERTH, Günter; "Größtmögliche Freiheit"? In: KAUFMANN, Arthur; MESTMÄCKER, Ernst-Joachim; ZACHER, Hans F. *Rechtsstaat und Menschenwürde. Festschrift für Werner Maihofer.* Frankfurt am Main: Vittorio Klostermann, p. 571-585, 1988.

STRECK, Lenio. Bem Jurídico e Constituição: da proibição de excesso (Übermassverbot) à proibição de proteção deficiente (Untermassverbot) ou de como não há blindagem contra normas penais inconstitucionais. Disponível em: <www.leniostreck.com.br> Acesso em: 6.jan.2010.

SUANNES. Adauto. *Os Fundamentos Éticos do Devido Processo Penal.* 2ª ed. São Paulo: Ed. Revista dos Tribunais, 2004.

SUDBRACK, Umberto. Política Criminal e Interdisciplinariedade. *Revista Ibero-Americana de Ciências Penais.* n. 2, p. 85-93, jan.-abr. 2001.

SUHR, Dieter. Die Freiheit vom staatlichen Eingriff als Freiheit zum privaten Eingriff? Kritik der Freiheitsdogmatik am Beispiel des Passivrauchproblems. *Juristen Zeitung,* p. 166-176, 1980.

TELLES, Vera da Silva; HIRATA, Daniel Veloso. Cidade e Práticas urbanas: nas fronteiras incertas entre o ilegal, o informal e o ilícito. *Revista USP Estudos Avançados. Dossiê Crime Organizado.* V. 21, n. 61, p. 173-191, set.-dez. 2007.

TENÓRIO, Igor; LOPES, Inácio Carlos Dias. *Crime Organizado (O Novo Direito Penal – Até a Lei nº 9.034/95)*. Brasília, 1995.

TIEDEMANN, Klaus. Gleichheit und Sozialstaatlichkeit im Strafrecht. *Goltdammer's Archiv für Strafrecht*. S. 353-375, 1964.

———. *Verfassungsrecht und Strafrecht*. Heidelberg: C.F. Müller, 1990.

TIGRE MAIA, Rodolfo. *O Estado Desorganizado contra o Crime Organizado. Anotações à Lei Federal nº 9.034/95 (Organizações Criminosas)*. Rio de Janeiro: Lumen Juris, 1997.

TIPKE, Klaus. *Innere Sicherheit, Gewalt und Kriminalität. Die Sicherheitsdefizite unseres Rechtsstaats*. Munique: Bettendorf, 1998.

TONINI, Paolo. *A prova no processo penal italiano*. Trad. Alexandra Martins; Daniela Mróz, São Paulo: Revista dos Tribunais, 2002.

TOURINHO, José Lafaieti Barbosa. *Crime de Quadrilha ou Bando & Associações Criminosas*. Curitiba: Juruá, 2003.

UNRUH, Peter. *Zur Dogmatik der grundrechtlichen Schutzpflichten*. Berlin: Duncker & Humblot, 1996.

UTECHT, Thomas. Bemerkungen zur Polizeiarbeit im Untergrund. In: BULL, Hans Peter (Org.). *Sicherheit durch Gesetz?* Baden-Baden: Nomos, 1987, p. 83-92.

VALLE FILHO, Oswaldo Trigueiro do. Sobre o Crime Organizado. *Boletim da Faculdade de Direito*. Coimbra, v. LXXVII, p. 753-786, 2001.

VASCONCELOS, Frederico. *Juízes no Banco dos Réus*. São Paulo: Publifolha, 2005.

VIEIRA, Antonio. *Sermões*. Alcir Pécora (Org.). São Paulo: Hedra, 2001.

VIEIRA DA SILVA, Antônio; EL HIRECHE, Gamil Föppel. Leis de Combate ao Crime Organizado: Inconstitucionalidades, Impropriedades, Frustrações...In: FARIA JÚNIO, César de. *Processo Penal Especial. Edição Especial em Homenagem aos 110 anos da Faculdade de Direito da UFBA*. São Paulo, Saraiva, 2001.

VILLAS BÔAS FILHO, Fernando Alves Martins. *Crime Organizado e Repressão Policial no Estado do Rio de Janeiro*. Rio de Janeiro: Lumen Juris, 2007.

VOLKMANN, Uwe. Veränderungen der Grundrechtsdogmatik. *Juristen Zeitung*, Caderno 6, p. 261-271, mar. 2005.

VON LAMPE, Klaus. Organisierte Kriminalität unter der Lupe. *Kriminalistik*, S. 465-471, Juli 2001.

VON MÜNCH, Ingo. *Grundgesetzkommentar*. 5. Aufl. V. 1. München: C.H. Beck'sche Verlagsbuchhandlung, 2000.

WAHL, Rainer; MASING, Johannes. Schutz durch Eingriff. *Juristenzeitung*, n. 12, p. 553-604, jun. 1990.

WEBER, Claus (Hrsg.). *Rechtswörterbuch*. München: C.H. Beck, 2004.

WELP, Jürgen. Der SPD-Entwurf eines Zweiten Gesetzes zur Bekämpfung der organisierten Kriminalität. *Strafverteidiger*, S. 161-166, März 1994.

WENDT, Rudolf. Der Garantiegehalt der Grundrechte und das Übermaßverbot. Archiv des öffentlichen Rechts, v. 104, p. 415-474, 1979.

WESSEL, Jan. *Organisierte Kriminalität und Soziale Kontrolle*. Wiesbaden: DUV, 2001.

WOLTER, Jürgen. Freiheitliche Strafprozeß, vorbeugende Straftatenbekämpfung und Verfassungsschutz – zugleich Besprechung des Entwurfs eines StVÄG 1988 – *Strafverteidiger*, n. 8., p. 358-371, 1989.

———. 35 Jahre Verfahrensrechtskultur und Strafprozeßverfassungsrecht in Ansehung von Freiheitsentziehung, (DNA)-Identifizierung und Überwachung. *Goltdammer's Archiv für Strafrecht*, p. 158-181, 1999.

WOODIWISS, Michael. Transnational Organised Crime. The global reach of an American concept. In: EDWARDS, Adam; GILL, Peter. *Transnational Organised Crime. Perspectives on global Security*. Londres-Nova Iorque: Routledge, p. 13-27, 2003.

WÜRTENBERGER, Thomas. Über Freiheit und Sicherheit. In: STRATENWERTH, Günter *et alli*. (Hrsg.) *Festschrift für Hans Welzel zum 70. Geburtstag*. Berlin: Walter de Gruyter, p. 22-29, 1974.

———. Freiheit und Sicherheit – Die Grenzen der Persönlichkeitsentfaltung. In: RILL, Bernd. *Grundrechte – Grundpflichten: eine untrennbare Verbindung*. Munique: Hanss Seidel Stiftung, p. 15-38, 2000.

Crime Organizado e Proibição de Insuficiência **265**

ZAFFARONI, Eugenio Raúl. "Crime Organizado": Uma categorização Frustrada. *Discursos Sediciosos*, Rio de Janeiro, n. 1, p. 45-67, 1º sem. 1996.

———. *El Enemigo en Derecho Penal*. Madrid: Dykinson, 2006.

ZAGREBELSKY, Gustavo. *El Derecho Dúctil. Ley, Derechos, Justicia*. Trad. Marina Gascón. 4ª ed. Madrid: Editorial Trotta, 2002.

ZALUAR, Alba. *Condomínio do Diabo*. Rio de Janeiro: Revan. Ed. UFRJ, 1994.

———. Democratização inacabada: fracasso da segurança pública. *Revista USP Estudos Avançados. Dossiê Crime Organizado*. V. 21, n. 61, p. 31-49, set.-dez. 2007.

ZANETI JÚNIOR, Hermes. O problema da verdade no Processo Civil: modelos de prova e de procedimento probatório. *Revista Gênesis de Direito Processual Civil*, n. 31, jan.-mar. 2004, p. 34-68.

ZIPF, Heinz. Kriminalpolitik. Eine Einführung in die Grundlagen. Karlsruhe: C.F.Müller, 1973.

ZUCK, Rüdiger. Blick in die Zeit. *Monatsschrift für Deutsches Recht*, v. 12, p. 987-988, 1987.

ZUÑIGA RODRIGUEZ, Laura. Criminalidad Organizada, Unión Europea y sanciones a empresas. In: *Criminalidad Organizada. Reunión de la Sección Nacional Española preparatoria del XVI Congreso de la AIDP en Budapest*. Almagro: Universidad de Castilla-La Mancha: AIDP Sección Nacional Española, p. 55-89, 1989.

———. Criminalidad de Empresa, Criminalidad Organizada y Modelos de Imputación Penal. In: FERRÉ OLIVÉ, Juan Carlos; ANARTE BORRALLO, Enrique. *Delincuencia Organizada. Aspectos Penales, Procesales y Criminológicos*. Huelva: Universidad de Huelva. Fundación El Monte, p. 199-235, 1999.

Impressão:
Evangraf
Rua Waldomiro Schapke, 77 - P. Alegre, RS
Fone: (51) 3336.2466 - Fax: (51) 3336.0422
E-mail: evangraf.adm@terra.com.br